LAS AVENTURAS DE UN VIOLONCHELO

A nuestra amiga María Belén, con gran estimación.

Carlos y Chelo Prieto.

N.Y. Julio de 2017.

TEZONTLE

CARLOS PRIETO

LAS AVENTURAS DE UN VIOLONCHELO

Historias y memorias

Prólogo de
ÁLVARO MUTIS

FONDO DE CULTURA ECONÓMICA

Primera edición,		1998
  Primera reimpresión,	1999
Segunda edición,		1999
  Primera reimpresión,	2000
Tercera edición,		2003
  Primera reimpresión,	2008
  Segunda reimpresión,	2010
Cuarta edición,		2011
  Primera reimpresión,	2012
  Segunda reimpresión,	2013

Prieto, Carlos
  Las aventuras de un violonchelo: historias y memorias / Carlos Prieto ; pról. de Álvaro Mutis. — 4ª ed. — México : FCE, 2011
  567 p. ; 21 × 14 cm — (Colec. Tezontle)
  ISBN 978-607-16-0698-3

  1. Laudería 2. Historia 2. Música — Historia — Violonchelo 3. Prieto, Carlos — Vida y obra I. Mutis, Álvaro, pról. II. Ser. III. t.

LC ML910					Dewey 787.422 P667a

Distribución mundial

D. R. © 2011, Fondo de Cultura Económica
Carretera Picacho-Ajusco, 227; 14738 México, D. F.
www.fondodeculturaeconomica.com
Empresa certificada ISO 9001:2008

Diseño de portada: Laura Esponda Aguilar

Fotografía: Miguel Morales

Comentarios: editorial@fondodeculturaeconomica.com
Tel.: (55)5227-4672. Fax: (55)5227-4640

Se prohíbe la reproducción total o parcial de esta obra, sea cual fuere el medio, sin la anuencia por escrito del titular de los derechos.

ISBN 978-607-16-0698-3

Impreso en México • *Printed in Mexico*

A María Isabel
A la memoria de mis padres, Carlos y Cécile
A mi hermano Juan Luis
A Carlos Miguel, Isabel y Mauricio
A los Cuartetos Prieto

AGRADECIMIENTOS

Debo mencionar, en primer lugar, a mi esposa María Isabel, cuyo apoyo y comprensión han sido siempre fundamentales para mí, y quien me ha acompañado en múltiples giras de conciertos y ha colaborado conmigo en diversas expediciones en búsqueda de datos acerca del violonchelo llamado Piatti, protagonista de este libro.

Mi hermano Juan Luis Prieto revisó el manuscrito en varias ocasiones. Sus numerosas sugerencias y observaciones permitieron mejorar considerablemente el texto. Le expreso mi profundo agradecimiento por su colaboración tan valiosa como desinteresada.

Al Fondo de Cultura Económica y especialmente a Miguel de la Madrid y a Adolfo Castañón agradezco su estímulo e interés en la publicación de este libro.

Expreso también mi agradecimiento al Consejo Nacional para la Cultura y las Artes y, en particular, a Rafael Tovar y a Alfonso de Maria y Campos.

México, 1998

Esta nueva edición, muy revisada y enriquecida, se presenta 12 años después del nacimiento de este libro en 1998. Desde entonces han aparecido varias nuevas ediciones y reimpresiones.

Expreso mi agradecimiento a todo el equipo del Fondo de Cultura Económica y, en primer lugar, a su director general, Joaquín Díez-Canedo, por su apoyo y ayuda para la publicación de esta nueva edición. Debo mencionar especialmente a Alejandra García Hernández, Gerardo Cabello García y Carlos Roberto Ramírez Fuentes.

Personas de muy diversos países han aportado datos que han enriquecido el contenido del libro: Yo-Yo Ma, Edith Eisler, Aldo Parisot y Gerardo Dirié, de los Estados Unidos; Philippe Muller, de Francia; Alban Gerhardt y Thomas Blubacher, de Alemania;

Asier Polo, de España; Andrés Posada y Javier Arias, de Colombia; Edgar Fischer, de Chile; José Antonio Abreu, William Molina y Germán Marcano, de Venezuela; María Alice Brandão, Claudio Urgel y Sergio de Sabbato, de Brasil; Mu La Na y Zhu Mu, de China, y muchos más que citaré en el libro. A todos agradezco su valiosa colaboración.

México, diciembre de 2010

Prólogo
LA NOVELA DE UN VIOLONCHELO Y LAS MEMORIAS E HISTORIAS DE SU FELIZ DUEÑO

En pocas ocasiones, que yo recuerde, la palabra *exhaustivo* viene mejor a cuento que cuando la usamos al hablar de este delicioso libro del chelista y escritor Carlos Prieto, cuyo solo título es ya una promesa de buenos ratos. *Las aventuras de un violonchelo. Historias y memorias* cumple cabalmente con lo que anuncia. Pero antes de entrar en materia sobre lo que el autor va a contarnos, vale la pena anotar lo inusitado de su propósito. Que sepamos, ninguno de los grandes ejecutantes y compositores, presentes y pasados, se ha detenido a contar la historia del instrumento que con mayor perseverancia y años haya estado acompañándolo. ¿Por qué ese olvido o negligencia voluntaria y culpable? No quiero hacer el esfuerzo de dilucidarlo. El libro de Carlos Prieto, un concertista del chelo de fama mundial y un hombre culto y sensible, con la inagotable curiosidad de los sabios, ha venido a resolverme esa incógnita en forma tan plena que me deja tranquilo y feliz. No me preguntaré ya más qué fue del piano favorito de Chopin, ni a dónde fue a parar el clavicordio de la familia Bach, ni si Paganini quiso de verdad alguno de sus violines.

Antes de contarnos la truculenta novela de su Piatti, que hubieran firmado gustosos Alejandro Dumas, Eugenio Sue o sir Walter Scott, Prieto nos introduce, con amenidad y certera erudición, al mundo de la laudería y a su historia de remoto y venerable origen. Esa introducción es indispensable para luego poder seguir el azaroso destino de ese chelo bautizado como Piatti, destino que se inicia en 1720 y sigue cumpliéndose hasta el presente; después de haber pasado por casi 300 años que vieron los cambios más radicales y desorbitados de la historia de Occidente, el Piatti vive entre nosotros palpitante, vigente y pasando todavía por escalofriantes avatares.

Este recorrido histórico nos prepara para el que el Piatti y su actual dueño y amoroso cómplice han realizado a través del mundo, cumpliendo una odisea musical que nos llena de envidia, pero también de inquietud al ir conociendo sus experiencias vividas en países asaz inseguros y cambiantes.

Pero Prieto no se queda allí. Pasa en seguida a ofrecernos un erudito resumen de lo que ha sido la música escrita para chelo a partir del siglo XVII hasta hoy, y dedica, con feliz acierto, un capítulo en particular al lapso que va desde Beethoven hasta nuestros días.

Finalmente, para ubicar lo que en el presente musical significa el chelo, hace un recuento y traza los retratos de los grandes chelistas contemporáneos. Para confirmar la riqueza enciclopédica de su libro, Carlos Prieto termina ofreciendo al lector dos repertorios de indispensable utilidad: uno sobre las principales obras escritas para chelo en este siglo que termina, por países y autores, y otro sobre la misma materia para Iberoamérica, España y Portugal.

Así pues, el lector tiene ahora en sus manos un libro de un valor y una trascendencia sin antecedentes en la historia de la música. El autor aúna el testimonio sentimental e íntimo al trabajo historiográfico en el ámbito sin fronteras de la música, tomando como pretexto y guía nada menos que su chelo y la vida de éste entre los hombres. Se trata, digámoslo de una vez, de una hermosa historia de amor. Demos gracias a Carlos Prieto por haber sabido colmar tan plenamente un vacío en nuestra existencia de melómanos incurables.

ÁLVARO MUTIS

INTRODUCCIÓN A LA NUEVA EDICIÓN

Este texto fue concebido originalmente como un nuevo libro, dedicado a notas autobiográficas y a relatos de numerosas andanzas posteriores a la publicación de *Las aventuras de un violonchelo*.

Sin embargo, me pareció que sería mejor combinar el nuevo texto con *Las aventuras de un violonchelo*, puesto que algunos de los materiales del proyectado nuevo libro son una continuación del anterior.

Añadir todo el material nuevo al texto anterior hubiera redundado en un libro excesivamente largo. Tuve que eliminar numerosas páginas de la última edición de *Las aventuras de un violonchelo* aunque conservé las esenciales y añadí relatos de nuevas andanzas con el violonchelo alrededor del mundo, así como algunas notas autobiográficas.

Origen e intenciones de este libro

En Cremona, pequeña población del norte de Italia, nació en 1720 un violonchelo que es protagonista importante de este libro.

El violonchelo en cuestión fue creado en 1720 por Antonio Stradivarius y durante sus más de 290 años de vida ha pasado por las manos de muy diversos violonchelistas en diferentes países. Ha conocido eras apacibles, turbulentas y trágicas.

Desde 1979 tengo el privilegio de ser el depositario temporal de ese violonchelo, conocido como Piatti. Digo "depositario" porque considero que una obra de arte como este instrumento no debe considerarse una propiedad, tal como una casa o cualquier otro objeto material del que puede uno disponer a su antojo. Quienes disfrutamos del privilegio de tocar instrumentos que son auténticas obras de arte, tenemos la responsabilidad de tratarlos como tales, de cuidarlos con esmero y de transmitirlos a sus futuros usufructuarios en las mejores condiciones posibles.

Desde el día en que llegó a mis manos el Piatti empecé a investigar su historia y pronto se me ocurrió que podría haber materia para un libro. La "biografía" de un violonchelo quizás podría parecer un asunto trivial y carente de interés. Las de los grandes hombres nos interesan por múltiples y obvias razones. Pero pocas veces nos detenemos a pensar que también algunos objetos, como ciertos instrumentos musicales, pueden tener una vida llena de episodios y aventuras apasionantes, que reflejan insólitos aspectos de la evolución de las sociedades y de las culturas. Estas investigaciones me han tomado varios años y las he continuado aun después de la primera publicación del libro. La historia del Piatti, su vida y sus milagros —y ciertamente los ha habido durante su larga existencia pronto tricentenaria— son el tema de la segunda parte de este libro.

Pero desde que hace 31 años llegó a mis manos, su vida ha estado íntimamente ligada con la mía. El relato contiene, por tanto, muchos ingredientes autobiográficos. Hago un relato de las andanzas y aventuras en las giras que por todo el mundo he realizado con el violonchelo. Abordo aquí algunas de nuestras giras por Europa, Asia y las Américas. Trato también, en particular, uno de los temas que más me han apasionado a lo largo de los últimos 30 años y que no traté en mis libros anteriores: la promoción y la difusión de la música de México y de Iberoamérica en general.

A lo largo de los años he conocido a muchos personajes de la música de México, España e Iberoamérica en general y, sin pretender hacer aportaciones fundamentales ni mucho menos a la musicología iberoamericana, he querido dejar un testimonio acerca de algunos de los músicos que he tratado, excelentes amigos muchos de ellos, que me han dedicado numerosas obras para violonchelo. Hablo de la música y los músicos iberoamericanos, de las obras que estrené o reestrené, de las circunstancias a veces pintorescas de dichos estrenos y de mis giras y aventuras musicales.

Pensé que la biografía y las aventuras del Piatti se entenderían mejor si fueran precedidas por una breve historia de la laudería. A ese tema está consagrada la primera parte del libro.

En ella hablo del origen remoto de los instrumentos de cuerda, del nacimiento de los diversos integrantes de la familia del violín, de la historia de los grandes lauderos italianos —encabezados por Antonio Stradivarius y Giuseppe Guarnerius del Gesù— y de la evolución del violín, la viola y el violonchelo.

El nacimiento del Piatti coincide con las fechas a partir de las cuales el violonchelo empieza a figurar señaladamente en la historia de la música. De hecho, coincide con las fechas de composición de las *Seis suites para violonchelo solo* de J. S. Bach (*c*. 1720), la primera obra fundamental en la historia de este instrumento.

Como el Piatti no ha sido un testigo mudo sino un participante activo en la historia de la música violonchelística, la tercera parte del libro se titula precisamente "Breve historia de la música para violonchelo desde la época de Stradivarius hasta nuestros días". Aquí abordo temas como la paulatina incorporación del violonchelo al rango de gran instrumento solista, la obra de los principales compositores, las joyas del repertorio y el papel y las aportaciones de algunos de los más importantes violonchelistas del pasado y del presente.

En esta tercera parte destaco solamente los lineamientos principales de la historia de la música para violonchelo, sin meterme en detalles excesivos y sin pretender abarcar el tema en toda su amplitud y profundidad.

La literatura y la pintura latinoamericanas son mejor conocidas que nuestra música, cuyo valor, sin embargo, es equiparable. Los iberoamericanos tenemos la obligación, en la medida de nuestras posibilidades, de enaltecer y difundir nuestro patrimonio artístico (en mi caso, el musical), máxime en estas épocas en que buena parte del primer mundo contempla a nuestros países a través de un cristal deformante —lleno de prejuicios y simplismos— que parece enfocarse casi únicamente a los aspectos más negativos de nuestra realidad y menosprecia el interés y el mérito de nuestras variadas y riquísimas culturas milenarias.

Utilizo la palabra *laudero* para designar al fabricante de violines, violas, violonchelos y otros instrumentos de cuerda, y la palabra *laudería* para referirme al arte de los lauderos. En francés se dice *luthier* y *lutherie,* y en italiano *liutaio* y *liutaria,* palabras que provienen de *luth,* laúd. Laudero es, pues, el exacto equivalente de *luthier* y de *liutaio*. En los diccionarios de la lengua española no aparece *laudero,* aunque en México es término de uso común. Aparece la palabra *violero,* definida por el Diccionario de la Real Academia como constructor de instrumentos de cuerda y como "el que toca la viola o la vihuela". Sin embargo, este término no está plenamente aceptado como lo prueba el importante y lujoso libro de Ramón Pinto Comas publicado en 1988 en España, cuyo título es *Los luthiers españoles* y no *Los violeros españoles*. Utilizo, pues, las palabras *laudero* y *laudería* y evito así tanto los galicismos *luthier* y *lutherie* como el mal sonante *violero*.

A los instrumentos de los grandes lauderos se les suele identificar con el nombre de algún músico famoso o importante coleccionista por cuyas manos hayan pasado. También se les bautiza, a veces, con un nombre que describa bien algún rasgo distintivo o algún aspecto de su vida. Así, por ejemplo, la viola Stradivarius que tuvo Paganini se conoce como la "ex Paganini" o la "Paganini". El violín Guarnerius del mismo Paganini fue bautizado como "il Cannone", por su extraordinaria potencia sonora. Un violonchelo Montagnana que pasó un siglo intocado e inmóvil en su estuche en Inglaterra fue llamado "la Bella Durmiente". Mi violonchelo fue conocido como "the Red Stradivari" mientras estuvo en Irlanda e Inglaterra entre 1818 y 1900. Poco después de 1900 se le llamó "Piatti" o "ex Piatti", por haber sido Alfredo Piatti, prominente violonchelista italiano, quien lo tuvo de 1867 a 1901.

PRIMERA PARTE

BREVE HISTORA DE LA LAUDERÍA

I. COMENTARIOS SOBRE EL ORIGEN DE LOS VIOLINES Y LOS VIOLONCHELOS

El origen remoto de los instrumentos de cuerda

El origen de la música y de los instrumentos musicales se pierde en la oscuridad de los tiempos y éste no es el lugar apropiado para intentar explorar el apasionante tema de la evolución de los instrumentos musicales. Baste decir, para nuestros propósitos, que desde el tercer milenio antes de Cristo existían en Sumeria y en Egipto instrumentos de cuerda del tipo de las cítaras, liras, laúdes y arpas. La lira y la cítara fueron instrumentos fundamentales en Grecia, que cita Homero en la *Ilíada,* aunque no son de origen griego sino adaptaciones de aquellos instrumentos más antiguos.

De Grecia y Roma los instrumentos musicales siguieron un doble recorrido hacia Europa. Uno, a través de los árabes, que cultivaron con gran refinamiento la música y que llevaron a España instrumentos tan importantes como el laúd (*ud* en árabe y *la ud* o *alaud* con el artículo), la guitarra morisca y el *rebec* o *rabel,* pequeño instrumento de cuerda tocado con arco y que es un antepasado directo de nuestro violín. El segundo camino fue desde Bizancio hacia el norte, pasando por Italia.

Más adelante volverían a encontrarse estos instrumentos de origen común pero de recorridos distintos y, por lo tanto, de evolución algo diferente: la guitarra "latina" y la guitarra "morisca", el laúd morisco, tañido con pluma de ave, y el laúd europeo, tocado con los dedos, y el *rebec* o rabel árabe y su equivalente europeo, la giga o *geige*. Por cierto, esta dualidad "giga-rebec" sigue presente en nuestros días.

Al violín sigue llamándosele *geige* en alemán, en tanto que en portugués se le dice "rebeca" a un tipo de violín popular. Sin embargo, no hay que confundir el *rebec* o el *geige* con el violín. Como indica Adolfo Salazar, "la evolución semántica va perdiendo conexión con el hecho instrumental: el antiguo rabel [...] aunque fuese el real antepasado del violín, se ha convertido ahora en otro instrumento".[1] Otro tanto se podría decir de la giga o *geige*.

El vocablo griego *kytara* y el latino *fidícula* denominaban en la Antigüedad al mismo tronco común de las liras y cítaras griegas. Es muy curiosa la evolución filológica de ambos términos. *Kytara* engendró una variedad de instrumentos, de los cuales el más conocido es la guitarra. El término latino *fidícula* ha resultado de una riqueza filológica notable. En las lenguas romances *fidícula* perdió la *d*. Evolucionó a *fielle* o *vielle* en el francés medieval y posteriormente a *viole;* en italiano se convirtió en *viola;* en español dio origen a viela, viola, vihuela, vihuella.

En las lenguas germánicas *fidícula* evoluciona a *fidele* en anglosajón y *fiddle* en inglés; a *Fiedel* y *Videl* en alto alemán.

En castellano, el término *vihuela* es genérico y se aplicaba a instrumentos de cuerda con caja plana de resonancia y mango, fueran tocados con los dedos, con plectro, pluma o arco. En el siglo xiv, el Arcipreste de Hita distingue entre las *vihuelas de arco* y las *vihuelas de péñola* (pluma). También existía la *vihuela de mano*. En el siglo xvi el término *vihuela* se refería a la vihuela de mano o vihuela común.

La introducción del arco traza una importante línea divisoria en la evolución de los instrumentos de cuerda de la Antigüedad al Renacimiento. El sonido producido pulsando una cuerda con un plectro, con los dedos o con una pluma de ave es corto y se apaga. El arco, en cambio, permite obtener sonidos continuos y de duración e intensidad variables.

El arco, que no se conocía en las culturas de Egipto, Mesopotamia, Creta o Grecia, proviene del Oriente. Encontramos las primeras evidencias de su existencia en el Asia Central, en el siglo ix, y es muy probable que en esa región haya nacido el distante antepasado tanto de los arcos europeos como de los chinos. En otro capítulo regresaremos a este tema.

---

[1] Adolfo Salazar, *La música en la sociedad europea,* Alianza Música, Madrid, 1983, vol. ii, p. 212.

La familia instrumental de los violines. Nacimiento del violonchelo

El violonchelo hace su aparición en la historia de la música en Italia, a principios del siglo XVI, algunos años después que sus hermanos, el violín y la viola. El primer testimonio de la existencia de un violonchelo es un fresco de Gaudenzio Ferrari, pintado en 1535-1536 en la iglesia de Santa Maria dei Miracoli, en Saronno, cerca de Milán. En dicho fresco aparece un ángel tocando una versión primitiva del violonchelo y también están representados un violín y una viola.

Como es bien sabido, el violín, la viola y el violonchelo constituyen la familia de los violines, que nació cuando otra familia de instrumentos de cuerda, la de las violas da gamba, alcanzaba su apogeo.

Por su nomenclatura italiana, tiende a suponerse que las violas da gamba tuvieron su origen en Italia. Sin embargo, parece ser que las más antiguas proceden de España y, más precisamente, de Valencia.[2] En el siglo XV aparecen en cuadros valencianos. Uno de los primeros, *La virgen y el niño,* data de cerca de 1475 y se encuentra en la ermita de San Félix, en Játiva, Valencia. De Valencia las violas o vihuelas de arco —como también se llamaron en España— pronto se extendieron por el Mediterráneo a las Islas Baleares, Cerdeña e Italia. Se han perdido aquellas violas primitivas pero Vincenzo Galilei, padre de Galileo, parece confirmar su procedencia española pues escribió en 1658: "En España es donde se halla la primera música escrita para violas, en tanto que los instrumentos más antiguos los encontramos en Bolonia, Brescia, Padua y Florencia".[3]

Los instrumentos de cuerda del Renacimiento no nacieron, es obvio, con una forma perfectamente establecida ni con nombres bien definidos, y problemas iniciales de terminología han ocasionado múltiples confusiones. Los nombres violín y violonchelo —*violino* y *violoncello* en italiano— son muy posteriores a su aparición. Antes mencioné la evolución filológica *fidícula-viela-*

---
[2] Stanley Sadie (ed.), *The New Grove Dictionary of Music and Musicians,* 1980, vol. 19, p. 793.
[3] Giuseppe Strocchi, *Liutería: Storia ed arte,* Tip. Cortesi, Lugo, 1937, p. 15.

viola. Hacia 1500 el término italiano *viola* no se aplicaba a nuestra viola actual sino, en general, a los instrumentos de cuerda tocados con arco. Dichos instrumentos se dividían, a su vez, en dos grandes familias: las *violas da gamba,* así llamadas por sujetarse entre las piernas y las *violas da braccio,* sujetadas con el brazo. Existían violas da gamba de distinto tamaño y lo mismo ocurría con las violas da braccio. Los miembros individuales de cada familia se designaban por sus registros relativos.

Las violas da gamba más comunes eran la viola da gamba soprano, la tenor y la bajo.[4] Los integrantes de la familia de las violas da braccio también se conocían por sus tesituras. El violín se conocía como "soprano di viola da braccio" o "violone da braccio". Nuestra viola actual era el "alto di viola da braccio"; el violonchelo, el "basso di viola da braccio", y el contrabajo, el "contra basso di viola da braccio", a pesar de que estos últimos no se sujetaban con el brazo.

Es preciso aclarar una confusión recurrente: los instrumentos de la familia de las gambas no dieron origen a la familia del violín. Ambas familias tienen el mismo origen remoto y existieron simultáneamente.[5]

El término *violone da braccio* empezó a aplicarse al violín poco después en el siglo XVI y su diminutivo definitivo *violino* aparece en Italia en 1538. El "basso di viola da braccio"—nuestro violonchelo— empezó a llamarse simplemente *violone* en Italia en el siglo XVII. En 1641 aparece el diminutivo *violoncino,*[6] y en 1665, el también diminutivo *violoncello,* 130 años después del fresco de Gaudenzio Ferrari de 1535. A finales del siglo XVII el término *violoncello* era de uso común.

Ningún término tuvo una evolución más curiosa que "alto di viola di braccio" —nuestra viola—. En Italia empezó a llamarse

---

[4] La familia completa de las violas da gamba incluye la *pardessus de viole,* o viola contra soprano, la soprano, la tenor, la bajo y la *violone* (aumentativo de viola) o contrabajo de viola da gamba.

[5] Existió otro instrumento intermedio que aparece en numerosas pinturas de fin del siglo XV y de todo el siglo XVI, la llamada *lira da braccio,* de siete cuerdas, tocada con arco, de gran parecido con el violín pero que, como las gambas, tiene trastes.

[6] El término *violoncino* deriva del italiano *violone piccino* y, más concretamente, de *violone cino* (violón pequeño). Aun en nuestros días se dice *cino* en Bolonia por *piccino* (pequeño). Lauro Malusi, *Il Violoncello,* Edizioni G. Zaribon, Padua, 1973, p. 231.

"viola da braccio" a principios del siglo XVII y poco después desapareció *da braccio* y quedó sólo *viola*. En alemán desapareció *viola* y subsistió *braccio*, y la viola se conoce en esa lengua como *Bratsche*. En Francia, el *alto di viola di braccio* perdió *viola* y *braccio* y el instrumento se conoce en francés simplemente como *alto*.

Las violas da gamba alcanzaron su forma bien definida en el siglo XV, antes que las violas da braccio, y se caracterizaron por su tapa posterior plana, por su mango ancho dotado de trastes, seis o siete cuerdas y un sonido bello pero débil.

En España, uno de los más notables músicos del siglo XVI fue el toledano Diego Ortiz, famoso gambista o violero cuyo *Tratado de glosas* (Roma, 1553) es uno de los primeros monumentos en el arte de la variación y la fantasía.

En Inglaterra, las violas da gamba, llamadas *viols*, se utilizaron en los pequeños conjuntos instrumentales llamados *consorts*, palabra que tiene el mismo origen que *concierto*. Un *viol consort* incluía por lo general seis *viols* de diferentes tamaños. También se utilizaban en los *consort songs*, con voz y violas, cuyo más eminente representante fue William Byrd.

La viola da gamba, utilizada aún considerablemente por J. S. Bach, estaba en vías de desaparición en Alemania en el siglo XVIII y la escuela alemana de gambistas se extinguió en 1787, a la muerte de Carl Friedrich Abel, el último gran virtuoso del instrumento.

En Francia duró más tiempo la popularidad de las gambas, llamadas en francés *violes*. De 1675 a 1770, la escuela francesa de gamba fue la más importante de Europa y su más célebre exponente fue Marin Marais (1656-1728), autor de las conocidas *pièces de violes*.

En un lapso de menos de dos siglos, la familia de los violines desplazó a las violas da gamba para ocupar un lugar preferente en la música. ¿A qué se debe tal transformación?

Éste es un tema del más alto interés pero no es esta obra el lugar para ahondar en su análisis. Sólo diré que el arte es siempre reflejo de la evolución histórica y que, por lo tanto, la música y los instrumentos musicales van sufriendo las transformaciones que cada época impone.

El periodo barroco, que se inicia en 1600, señala el principio de una revolución musical. El madrigal lírico del siglo XVI daba paso al drama musical. Las nuevas generaciones buscaban emociones más fuertes y estilos musicales más expresivos. El nuevo estilo se inicia por lógica con el más flexible de los instrumentos: la voz humana. Los cantantes italianos llegaron a expresar las pasiones tan emotivamente que, por ejemplo, en la representación de una ópera de Monteverdi, en la corte de Mantua en 1608, muchos de los presentes no pudieron contener las lágrimas tras una escena en la que Ariana, abandonada por Teseo, canta un desconsolado lamento. Es natural que lauderos y músicos procuraran que la capacidad expresiva de los instrumentos se acercara lo más posible a la de la voz. Así, el recién nacido violín tenía tres ventajas fundamentales sobre la *viola da gamba soprano* o el *pardessus de viole:* el volumen sonoro, la capacidad de expresividad y la facilidad para un mayor despliegue virtuosístico. Las mismas ventajas encontramos en el violonchelo y la viola en relación con el bajo y el alto de las violas da gamba, respectivamente.

Sin embargo, tal sustitución no se llevó a cabo sin una feroz resistencia. La élite musical y la aristocracia daban un lugar preferente a las violas da gamba. El compositor francés Philibert Jambe de Fer (1515-1556), en su *Epítome musical,* publicado en 1556, describe las diferencias entre ambas familias y coloca al violín en el más bajo nivel musical, calificándolo como "apto nada más para el baile y las procesiones". El padre Ménestrier, autor del libro *Des ballets anciens et modernes* (1682), llama al violín "ruidoso" ("quelque peu tapageur"),[7] y en 1705 Jean Laurent Lecerf de la Viéville, en su *Comparaison de la musique italienne et la musique française,* escribe que "el violín no es un instrumento noble; todo el mundo está de acuerdo".[8]

Los ataques en contra del violonchelo fueron similares y duraron más tiempo. En 1740, Hubert le Blanc escribió una "Défense de la basse de viole contre les entreprises du violon et les prétentions du violoncel", en la que lamenta que el violonchelo, "miserable canalla y pobre diablo, en vez de morir de inanición como hubiera sido lógico esperar, esté presumiendo que

---

[7] Curt Sachs, *The History of Musical Instruments,* W.W. Norton & Co. Inc., Nueva York, 1968, p. 360.
[8] *Idem.*

va a ocupar el lugar del bajo de la viola da gamba".[9] Y añade que, como el violín y el violonchelo con su sonido chillón no pueden rivalizar con la delicadeza y la finura de las violas, tienen que acudir al expediente de usarse en salas inmensas que no son propicias para las violas da gamba. En este comentario se advierte la desventaja de las violas da gamba cuyo débil sonido las hacía poco audibles en salas grandes. Por otra parte, como todo es relativo, esas "salas inmensas" eran los salones de las cortes que hoy, por su reducido tamaño, nos parecen óptimas para la música de cámara.

La anatomía del violonchelo

Son casi humanos los términos que describen la anatomía de los instrumentos de cuerda. Se habla de su cabeza, cuello, cuerpo, costillas, hombros, caderas e inclusive de su alma. El violonchelo, al igual que el violín o la viola, consta de más de 70 piezas.[10]

La lámina 5 muestra los principales componentes del instrumento. Veamos primero las partes exteriores.

La *tapa* generalmente consiste en dos piezas de madera de abeto, pegadas a lo largo de la línea central. Paralelamente a los bordes de la tapa y muy cerca de dichos bordes corre una triple línea muy fina llamada *filete*. El filete está constituido por dos líneas negras en madera teñida de peral y una línea central de madera de chopo. El filete no tiene meramente propósitos estéticos pues ayuda a evitar grietas en los bordes.

El *fondo* suele estar hecho con madera de arce y, a veces, de álamo. Igual que la tapa, el fondo normalmente consta de dos piezas unidas a lo largo de su eje central.

Las *costillas, fajas* o *aros*, en general de arce, van pegadas a la tapa y al fondo. Son seis, tres por lado. La primera va del mango al principio de la cintura; la segunda es la cintura, también llamada *ce*, por su forma de letra *c*; la tercera va de la cintura al centro de la parte inferior del instrumento. En el inte-

---

[9] Hubert le Blanc, "Défense de la basse de viole contre les entreprises du violon et les prétentions du violoncel", *La Revue Musicale IX* (1927-1928), p. 54.

[10] La anatomía de la viola y el violín es igual a la del violonchelo, salvo en sus dimensiones y en el uso del puntal.

rior llevan pegadas unas líneas de madera, llamadas *contrafajas,* para reforzar la estructura de las costillas.

La cabeza es una pieza de arce. Termina en la *espiral* o *voluta,* a veces de notable belleza. La función de la cabeza es alojar el *clavijero,* caja en la cual cuatro *clavijas,* habitualmente de ébano, sujetan los extremos de cada una de las cuatro cuerdas, cuya tensión se ajusta haciendo girar las clavijas.

El *mango, mástil* o *cuello* es la pieza que une la cabeza al cuerpo del instrumento. Antiguamente, el mango y la cabeza estaban hechos de un solo pedazo de madera de arce. En vista de que la ejecución actual requiere cuellos más largos, nuevos mangos se han insertado en las cabezas originales de los instrumentos antiguos.

El resto del instrumento consta de piezas modernas que pueden cambiarse con cierta facilidad.

El *batidor,* o *tasto,* es una pieza de madera de ébano, pegada al mango, a cuyo largo corren las cuerdas. El batidor provee la superficie para que los dedos presionen las cuerdas y determinen las notas que van a tocar.

El *puente,* de madera de arce, transmite las vibraciones de las cuerdas a la tapa. La elección de una madera adecuada así como un buen tallado del puente son fundamentales para obtener el sonido óptimo del instrumento.

El puente es una pieza exterior que no está pegada a la tapa sino sostenida por la presión de las cuerdas.

El interior del instrumento actúa como caja de resonancia o amplificador del sonido, cuyas ondas salen por las *efes,* como se llaman, por su forma, los dos orificios de la tapa situados a cada lado del puente.

El *cordal* es la pieza a la cual están sujetos los extremos inferiores de las cuerdas. Estaba hecho, por lo general, de madera de ébano y, a veces, de boj o palisandro. En la actualidad suele utilizarse plástico. El cordal está sujeto al *botón inferior* por medio de un tirante, que solía ser un cordón de tripa y que hoy es un alambre de acero o un cilindro de fibra sintética.

Las cuatro cuerdas del violonchelo son, en orden descendente, la, re, sol y do. En su origen, las cuerdas eran de tripa. Hoy suelen ser de acero o de un material sintético entorchado con acero, aluminio, tungsteno u otros metales.

La *pica, puntal* o *espiga* es una pieza cilíndrica, hoy generalmente de acero, de afilada punta y de longitud ajustable, cuya función es permitir al ejecutante la comodidad de apoyar el violonchelo en el suelo. El puntal entra al interior del instrumento por un orificio en el botón y un tornillo permite su ajuste a la longitud deseada por el ejecutante.

La *sordina,* no ilustrada en el dibujo, es un aditamento que se coloca sobre el puente y lo sujeta firmemente, lo cual reduce las vibraciones de las cuerdas y la potencia sonora. Produce, por tanto, un sonido mas "sordo".[11]

Examinemos ahora dos piezas situadas en el interior del violonchelo que son de vital importancia.

La *barra armónica* es una larga y delgada pieza de pino que va pegada al interior de la tapa y que pasa debajo del pie del puente situado del lado de la cuerda más baja. Por ello en inglés se llama *bass-bar.* Su función es hacer la tapa más resistente a la fuerte presión ejercida por las cuerdas a través del puente.

Finalmente, hay una pieza tan delicada y vital que se llama *alma*. El alma es una pequeña barra cilíndrica de abeto que se coloca en ángulo recto entre la tapa y el fondo, más o menos bajo el otro pie del puente. El alma no va pegada; es la presión de la tapa lo que la sujeta al fondo. Su función es transmitir las vibraciones de la tapa al fondo y así hacer resonar todo el interior del instrumento. Su exacta colocación es fundamental para la emisión de un buen sonido. El más leve cambio en su colocación altera por completo la calidad y el volumen del sonido. De ello depende reforzar los tonos graves o agudos, producir un sonido más lleno, o más redondo, aterciopelado o penetrante. La colocación ideal depende del instrumento pero también del ejecutante y los grandes lauderos se guían por un misterioso sexto sentido para colocarla óptimamente. En todas las lenguas latinas esta pieza se llama igual: *alma* en español y portugués, *âme* en francés, *anima* en italiano. En inglés se conoce como *sound-post.*

[11] Se utilizó por primera vez en la ópera *Armide* (1686) de Lully. En un aria del segundo acto, las partes de los instrumentos de cuerda tienen la indicación: "Il faut jouer ceci avec des sourdines".

II. STRADIVARIUS, GUARNERIUS DEL GESÙ Y LOS GRANDES LAUDEROS ITALIANOS

EN EL NORTE de Italia se encuentra la pequeña ciudad de Cremona, llamada a tener una gran importancia en la historia de la música. En efecto, a partir del siglo XVI y durante más de dos siglos Cremona fue el centro de la laudería y de sus talleres salieron la enorme mayoría de los instrumentos que hoy escuchamos en manos de los artistas más famosos del mundo. Dos nombres ilustres llevarían el arte de la laudería a su máxima expresión: Antonio Stradivarius y Giuseppe Guarnerius del Gesù.

Cremona era una población perteneciente al ducado de Milán y la segunda en importancia económica y política del ducado, después de Milán, la capital. Situada a 75 kilómetros de esta ciudad, se encontraba en las proximidades de los dominios de los Gonzaga (Mantua), de los Farnese (Parma) y de Venecia. A su vez, el ducado de Milán formaba parte, desde 1559, de los territorios de la corona española, así como del reino de Nápoles y Cerdeña.

La proximidad de Venecia era importante para Cremona. Durante el siglo XVII y parte del XVIII, Venecia podría considerarse el centro musical de Europa. Era la única ciudad donde la ópera se presentaba como empresa comercial rentable y no dependía del apoyo de una corte o de los caprichos de algún noble. Venecia abrió su primer teatro de ópera en 1637. Nápoles, que durante el siglo XVIII sería un importante rival de Venecia como centro operístico, no presenció ninguna ópera sino hasta que una compañía veneciana presentó en 1651 una ópera de Monteverdi.

Monteverdi, el primer gran compositor operístico y la máxima figura de la música de su época, nació en 1567, precisamente en Cremona, donde estudió y vivió hasta cerca de 1590, cuando pasó a la corte de Mantua. Vivió en Venecia a partir de 1613, año de su nombramiento como maestro de capilla de San Marcos.

Monteverdi, que supo aprovechar cuantas novedades se presentaran, fue el primer compositor en especificar el uso de violines y violonchelos en sus partituras.[1] En su ópera *Orfeo* (1607), la partitura especifica el uso tanto de violonchelos (con el nombre de *basso de viola da braccio*) como de violas da gamba. En el tercer acto de la misma partitura exige de los violines efectos inéditos tales como "trémolos" o expresiones dinámicas extremas ("morendo") que nos indican que con este compositor empieza a desarrollarse el arte del violín.

Orfeo se estrenó en Mantua en 1607 y la composición de la orquesta dependió en buena parte de los músicos que logró juntar el compositor. Pero cuando los venecianos empezaron poco después a presentar óperas con propósitos lucrativos, se hizo imperativo sistematizar la integración de las orquestas, teniendo como núcleo básico el cuarteto de cuerdas, es decir, dos violines, viola y violonchelo. La creciente pasión por la ópera incrementó considerablemente la demanda de instrumentos de cuerda y, por otra parte, la aparición de violinistas de la talla de Archangelo Corelli (1653-1715), la figura más eminente entre los primeros compositores-violinistas, planteó nuevas exigencias de calidad sonora en dichos instrumentos. Todo ello explica el extraordinario desarrollo de la laudería, no sólo en Cremona, sino en otras ciudades como Brescia y la propia Venecia.

Andrea Amati y la dinastía Amati

El primer gran laudero de la historia fue Andrea Amati, nacido en Cremona en 1511 y fallecido en 1581. A él se deben los más antiguos violines, violas y violonchelos conocidos hoy. Amati no inventó dichos instrumentos. Antes señalé que existían desde principios del siglo XVI, como atestiguan los cuadros de la iglesia de Saronno, pero fue Amati quien perfeccionó su forma y les dio las características básicas que conservan hasta nuestros días.

Andrea Amati adquirió tal fama que, poco después de 1560, el rey Carlos IX de Francia le encargó 38 instrumentos de cuer-

---

[1] Adolfo Salazar, *La música en la sociedad europea I*, Alianza Música, Madrid, 1983, vol. II.

da para la corte de Francia, incluyendo ocho violonchelos, varios de los cuales se han perdido.[2] Tuve ocasión de examinar uno de ellos, llamado el Rey, construido hacia 1572. Es un instrumento con pinturas en los lados y en la tapa posterior, en el que aparece sobre la letra "K" (de Karolus, el rey francés) una corona pintada. En cada una de las esquinas de la tapa está pintada una flor de lis, símbolo de la familia real francesa. Se trata de uno de los violonchelos más antiguos que se conservan y se encuentra en un estado revelador de su edad. El propio Corelli, a quien aludimos antes, tenía un violín de Andrea Amati, hecho en 1578, con el que probablemente ejecutaba sus obras para violín, tales como sus famosas *Doce sonatas para violín, violonchelo y clave*. También tenía un violín "moderno", de su contemporáneo Albani, del cual se servía cuando dirigía orquestas desde su puesto de concertino.[3]

De toda la producción de Andrea Amati sobreviven muy pocos instrumentos —quizás 15 o 17—,[4] caracterizados por la elegancia de su forma, su precisión y la belleza de su barniz.

Andrea Amati creó una gran dinastía de constructores de instrumentos de cuerda, todos nacidos en Cremona:[5]

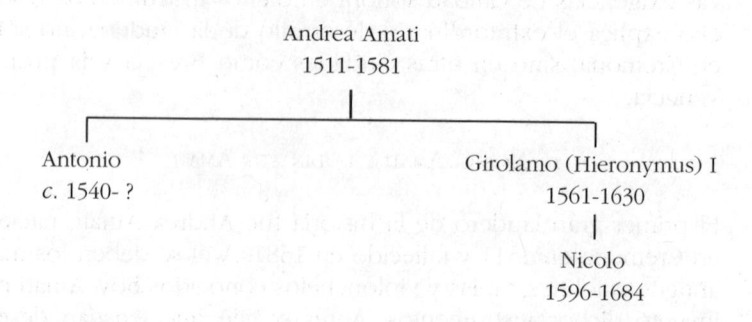

Andrea Amati
1511-1581

Antonio
c. 1540- ?

Girolamo (Hieronymus) I
1561-1630

Nicolo
1596-1684

Antonio y Hieronymus continuaron el trabajo de su padre e hicieron muchos y excelentes violines, un buen número de vio-

---

[2] Charles Beare, *Capalavori di Antonio Stradivari*, Arnoldo Mondadori Editore, Milán, 1987, p. 23.
[3] Alfred, Arthur y W. Henry Hill, *The Violin Makers of the Guarneri Family*, W. E. Hill & Sons, Londres, 1965, p. 110.
[4] Charles Beare, *op. cit.*, p. 23.
[5] Elizabeth Cowling, *The Cello*, Charles Scribner's Sons, Nueva York, 1975, p. 30.

las grandes, violas-tenor, y violonchelos grandes o *bassettos*, la mayor parte de los cuales fueron reducidos en tamaño durante los siglos XVIII y XIX. Un tamaño más reducido de viola, la viola-contralto, fue introducida en Brescia por Gasparo da Salo y su alumno Giovanni Paolo Maggini pero tanto la viola como el violonchelo de gran tamaño continuaron siendo la norma hasta la época de Stradivarius, cerca de 1700. Los hermanos Antonio y Hieronymus trabajaron siempre juntos y, por ello, todos sus instrumentos llevan la etiqueta de ambos.

El último de la dinastía, Nicolo, llamado a convertirse en el más famoso de los Amati, nació en 1596. Como era entonces costumbre, debe haber empezado a trabajar de niño, a los 11 años de edad. En 1620 era ya el principal laudero de la casa Amati. En 1628, su producción de instrumentos sufrió una abrupta interrupción que duró una década. La causa fue la terrible hambruna, seguida por la plaga, que asoló la región de Cremona y que ocasionó la muerte de una gran parte de la población. Nicolo sobrevivió pero fallecieron sus padres y dos de sus hermanas. En la cercana Brescia murió Giovanni Paolo Maggini y el destino de la laudería quedó en manos de Nicolo. Sin Nicolo, es posible que la tradición de la laudería se hubiera extinguido antes de alcanzar las cimas a que la condujeron Antonio Stradivarius y Giuseppe Guarnerius del Gesù y diferente hubiera sido la evolución de los instrumentos de cuerda. Quizá Nicolo haya salido de Cremona durante aquellos años de crisis. El hecho es que no fue sino una década después cuando Nicolo reanudó su actividad, como lo prueban las etiquetas de varios de sus violines.[6]

En respuesta a la creciente demanda de instrumentos, Nicolo empezó a contratar ayudantes y discípulos a partir de 1640. El primero fue Andrea Guarneri, fundador, a su vez, de otra dinastía destinada a tener un brillante y fundamental papel en la historia de la laudería. Otros importantes discípulos fueron Francesco Rogeri y Giovanni Battista Rogeri.

Finalmente, es probable que Antonio Stradivarius haya sido también discípulo de Nicolo Amati, aunque la única posible prueba de ello es un solo violín de Stradivarius con la siguiente

---

[6] Charles Beare, *op. cit.*, p. 25.

etiqueta: *Antonio Stradivarius. Cremonensis Alumnus Nicolaij Amati, Faciebat Anno 1666.*

La Escuela de Brescia: Gasparo da Salò y Giovanni Paolo Maggini

Brescia tiene una tradición de laudería aún más antigua que Cremona. En esta población cercana a Cremona y a Venecia se empezaron a construir instrumentos en el siglo xv, especialmente laudes y violas da gamba. Aunque se conocen los nombres de algunos de los primeros lauderos brescianos, como el legendario Giovanni Kerlino (1310-1451) o como Zanetto da Montichiari (1488-?), no se conserva uno solo de sus instrumentos.[7]

Es posible que Andrea Amati haya recibido la influencia de los lauderos brescianos o incluso que hay sido aprendiz en esa ciudad. El hecho comprobado es que hacia 1540 Andrea Amati trabajaba en Cremona.

Gasparo da Salò (1542-1609) y Giovanni Paolo Maggini (1580-1630) hicieron en Brescia magníficos violines y, sobre todo, insuperables violas que no le piden nada ni siquiera a las pocas que salieron de las manos de Antonio Stradivarius siglo y medio después.

Jacobus Stainer[8]

Stainer nació en 1617 en Absam, en el Tirol austriaco. Probablemente hizo su aprendizaje en Venecia, aunque algunos expertos pretenden que trabajó un tiempo con el gran Nicolo Amati en Cremona. Hacia 1638 regresó a Absam y su prestigio se fue extendiendo por toda Europa, como lo prueba la serie de instrumentos que construyó hacia 1638 a pedido de la corona española. Durante su vida, se le reconoció como un maestro de la talla de Nicolo Amati y sus instrumentos eran más apreciados que los de Stradivarius y mucho más que los Guarnerius. Su

---

[7] Lauro Malusi, *Il Violoncello*, Edizioni G. Zanibon, Padua, 1973, p. 15.

[8] Jacques Français, *J. Stainer & 18th Century Violin Masters*, folleto preparado en ocasión de la exposición presentada por J. Français en el Lincoln Center de Nueva York, octubre de 1981-enero de 1982.

influencia fue importante en la laudería europea, incluyendo la italiana, con excepción de la cremonense.

Su fama declinó posteriormente. Nadie pone en duda la gran calidad del sonido de sus instrumentos ni su belleza y excelencia artesanal. Lo que ha demeritado su valor es la impresión —equivocada según grandes conocedores como Jacques Français— de que su sonido carece de la potencia requerida para proyectarse en las grandes salas de conciertos de nuestros días.

La dinastía Guarnerius[9]

La dinastía Guarnerius, llamada a cubrir de gloria a la laudería cremonense, se inicia con Andrea Guarnerius. Hablaremos en esta sección de Andrea y de sus hijos Petrus de Mantua y Giuseppe filius Andreae. De su nieto Petrus de Venecia, hablaremos más adelante, cuando examinemos la Escuela de Venecia, y a Guarnerius del Gesù, por su importancia, lo trataremos aparte.

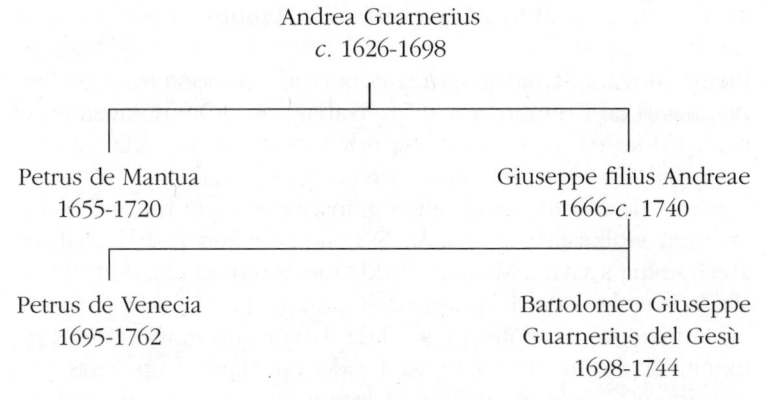

Andrea Guarnerius
c. 1626-1698

Petrus de Mantua
1655-1720

Giuseppe filius Andreae
1666-c. 1740

Petrus de Venecia
1695-1762

Bartolomeo Giuseppe
Guarnerius del Gesù
1698-1744

Andrea Guarnerius

Andrea, el fundador de la dinastía, nació en 1626. De muy pequeño, a los 10 años, entró a trabajar como aprendiz al taller de

---

[9] Me he basado fundamentalmente en la obra de Alfred, Arthur y W. Henry Hill, *The Violin Makers of the Guarneri Family*, Londres, 1931. He utilizado la reedición de 1965.

Nicolo Amati. La primera muestra de su trabajo es un violín de 1638, hecho cuando tenía 12 años. Andrea vivió en la casa de Amati hasta 1654 y probablemente construía instrumentos bajo la supervisión de su maestro, que les daba el acabado y los toques finales y les ponía su etiqueta.

Andrea Guarnerius no fue un innovador. Continuó trabajando en la tradición de su ilustre maestro, produciendo excelentes instrumentos, aunque sin alcanzar sus niveles de perfección y belleza. Dos importantes avances se pueden, sin embargo, señalar: su admirable concepción de violas y sus violonchelos de menor tamaño. Este nuevo tipo de violonchelo debe, sin duda, haber influido en Stradivarius cuando éste desarrolló su modelo ideal.

Andrea no fue prolífico. Quizás porque trabajó para Nicolo hasta los 28 años, el número de instrumentos que se le conocen es relativamente bajo y alcanza, según Hill, 250 violines, 14 violonchelos y cuatro violas.

Petrus Guarnerius de Mantua

Pietro Giovanni Guarneri, mejor conocido como Petrus de Mantua, nació en Cremona en 1655. Trabajó desde muy joven en el taller de su padre y pronto se advirtió su excepcional calidad artesanal, así como su toque original y personal.

Petrus de Mantua es el único gran laudero que fue, asimismo, un gran violinista y gambista. Ésa fue la razón por la cual, en 1685, se fue a vivir a Mantua, donde fue nombrado Maestro de los Violines en la corte del duque de Gonzaga, Ferdinando Carlos.

Mantua era un centro musical de mayor importancia que Cremona. El duque de Gonzaga fundó en Mantua en 1568 una "Accademia" para el estudio de la poesía y la música y sus sucesores fueron generosos patronos de las artes. Otro cremonés distinguido, Monteverdi, ingresó en 1583 a la orquesta de la corte de Mantua, también como gambista, para luego ser nombrado *maestro di capella*.

Es indudable que Pietro combinó en Mantua sus servicios como músico con su actividad como laudero y ello explica que su producción de instrumentos haya sido más bien escasa. Los barnices que cubren sus violines son de una belleza sin par y las maderas utilizadas suelen ser arce y pino de excepcional calidad.

No se le conoce ninguna viola ni violonchelo y sus violines no rebasan 50. Es una lástima porque, como escriben los Hill, Pietro de Mantua superó en destreza artesanal a todos los miembros de la familia, sin excluir siquiera a su genial sobrino Giuseppe del Gesù.

Giuseppe Guarnerius filius Andreae

Giuseppe, hermano menor de Pietro de Mantua, es conocido como Giuseppe Guarnerius filius Andreae. Nació en 1666 en Cremona. Fue aprendiz en el taller de su padre, para quien trabajó largos años. Entre sus primeros violines se cuentan uno de 1690 y uno de 1696. A la muerte de Andrea en 1698, Giuseppe heredó el taller. Su producción no fue muy elevada: unos 250 violines y quizá una veintena de violonchelos.

Sus instrumentos se atienen a los excelentes principios de construcción típicos de la familia y por lo general sus acabados son buenos. La calidad del barniz es irregular. En sus mejores instrumentos, el barniz es superior al de Andrea y rivaliza con el de su hermano Pietro de Mantua aunque, a veces, tiene una textura seca y poco interesante. Sus maderas también fueron variables. En tanto que el pino que usó es en general excelente, el arce no es excepcional y en ocasiones utilizó otras maderas de menor belleza, como el álamo y el tilo. Es posible que las mejores maderas fueran reservadas para su vecino Antonio Stradivarius que, con su talento genial y su laboriosidad incansable, eclipsaba indudablemente a todos sus colegas.

Los precios de los instrumentos, no sólo de Giuseppe sino de los demás Guarnerius, eran notoriamente inferiores a los de Stainer, Amati o Stradivarius y quizás ello explique que Giuseppe filius Andreae haya producido muy pocos instrumentos en los últimos 20 años de su vida y que haya fallecido en la pobreza y cargado de deudas.

Giuseppe tuvo dos hijos, el genial Del Gesù y Pietro Guarnerius de Venecia. A ellos me referiré después de Antonio Stradivarius.

Antonio Stradivarius (1644-1737)
y el pináculo de la laudería[10]

Antonio Stradivarius representa la cumbre más elevada de la laudería. Nadie ha superado jamás la excelencia sonora, la belleza y la perfección artesanal de sus instrumentos.

Desde muy joven trabajó como aprendiz y ayudante del gran Nicolo Amati en Cremona. Pronto se independizó y empezó a trabajar por su cuenta. Heredó lo mejor de la tradición cremonense y tomó en cuenta las virtudes de la laudería bresciana pero, además, fue un gran innovador que nunca dejó de experimentar en búsqueda del instrumento ideal.

Sus contemporáneos contemplaban con asombro su capacidad de trabajo y su innata facilidad. Debe haber tenido una salud de roble pues trabajó incesantemente durante 70 años, hasta su muerte a los 95. Una de las pocas descripciones que tenemos de su figura es elocuente en extremo: "Era alto y delgado, invariablemente ataviado con su traje de trabajo, que rara vez cambiaba porque estaba ocupado en su taller a todas horas".[11]

No es de extrañar el enorme número de instrumentos que nos ha dejado. Los Hill estiman el total en unos 1500, de los cuales quedan alrededor de 600 violines, 60 violonchelos y 10 violas. Es imposible saber, por supuesto, la cantidad exacta de instrumentos perdidos o destruidos a lo largo de tres siglos.

Los violines de Stradivarius

Aunque las generalizaciones no deben tomarse al pie de la letra, los violines de Stradivarius se pueden dividir en tres tipos. Sus primeros violines, hechos entre 1666 y 1690, reflejan la influencia de Nicolo Amati en la forma —con un marcado arco o bóveda pronunciada en la parte central—, en las dimensiones

---

[10] Me he basado principalmente en W. Henry Hill, Arthur F. Hill y Alfred E. Hill, *Antonio Stradivarius. His Life and Work (1644-1737)*, Dover Publications, Inc., Nueva York, 1963. Reedición del original publicado en Londres en 1902.

[11] *Ibid.*, p. 285.

relativamente chicas y en el barniz de un amarillento dorado. Por estas razones, este tipo de violín recibe el nombre francés de *amatisé*.

Hacia 1690, Stradivarius sintió la necesidad de dirigirse hacia espacios inexplorados y diseñó un nuevo tipo de violín, más largo y más grande, que intentó combinar la fácil y clara emisión sonora de los Amati con el sonido más oscuro y potente de los instrumentos de Brescia, como los de Maggini. Entre 1692 y 1697 prácticamente todos los violines de Stradivarius son del patrón largo y se conocen como *longuets*. Después de 1699 no volvió nunca a los violines *longuets*.

Un violín excepcional de 1704, llamado el Betts, nos indica que la búsqueda de Stradivarius había alcanzado su objetivo en cuanto a sonoridad pues, salvo en detalles, ya nunca se alejó de los principios constructivos de dicho instrumento en todos sus demás violines. Son de tamaño intermedio entre los *amatisés* y los *longuets* y se caracterizan por su sonido aterciopelado pero al mismo tiempo potente.

Hay dos ejemplos representativos de este instrumento: el Ries de 1693, de patrón largo, y el Alard, de 1715, considerado un de sus obras maestras.

Los violonchelos de Stradivarius

Los violonchelos de Stradivarius también pueden dividirse en tres grupos. Los primeros 30, hechos entre 1684 y 1700, son todos de gran tamaño. Estos instrumentos eran perfectamente adecuados para el repertorio violonchelístico anterior a 1700, pero sus dimensiones los hacían incómodos para las nuevas obras que requerían subir a registros más agudos y cantar en la cuerda la.

Por esta razón, todos sus violonchelos de esa época han sido achicados, con excepción de uno. La operación "quirúrgica" fue bien llevada a cabo en diversos casos pero algunos de aquellos grandes y majestuosos violonchelos están hoy convertidos en sombras de su antiguo esplendor debido a las barbaridades cometidas por lauderos inexpertos.

Dos magníficos violonchelos de 1700 indican con toda claridad que Stradivarius inició a partir de entonces la búsqueda de un nuevo tipo de instrumento: el Cristiani y el del Palacio Real de Madrid, cuyas dimensiones son más reducidas que los anteriores. Sobre el instrumento de 1700 del Palacio Real se encontrará mayor información en el capítulo vi.

En 1707 Stradivarius rompió con todas las tradiciones anteriores y nos dio lo que los Hill han calificado como el *non plus ultra* de la perfección, el tipo ideal de violonchelo. No hay dos idénticos, pero entre 1707 y 1727 el modelo básico no cambió. De esta época son los instrumentos que se enlistan en el cuadro de abajo.

Hacia el final de su vida, Stradivarius hizo cinco violonchelos de dimensiones bastante más pequeñas. El mejor de ellos, el De Munck de 1730, se hizo famoso por ser el instrumento preferido de Emanuel Feuermann, uno de los más extraordinarios violonchelistas del siglo xx.

El último violonchelo es del año 1736 y tiene una etiqueta

Nombre y año del violonchelo	*Localización actual*
Castelbarco, 1707	Aurora Nátola-Ginastera
Gore-Booth o Rothschild, 1710	Rocco Filippini
Mara, 1711	Heinrich Schiff
Duport, 1711	Ex Rostropovich, Nippon Music Foundation, Japón
Romberg, 1711	Fundación Chi Mei, Taiwan
Davidoff, 1712	Yo-Yo Ma
Bajo de España, 1713	David Fulton Collection, EU
Batta, 1714	Germaine Rothschild-Piatigorsky
Suggia, 1717	Fundación Stradivari Habisreutinger, Suiza
Piatti, 1720	Carlos Prieto
Hausmann, 1724	Felix Fan
Baudiot, 1726	Evan Drachman
Vaslin, 1725	Tatiana Vassilieva
Marqués de Corberon, 1726	Zara Nelsova
Chevillard, 1726	Museo de la Música, Lisboa

auténtica con la leyenda manuscrita "D'Anni 92", lo que revela que su creador había cumplido ya 92 años. Curiosamente, este violonchelo revierte al patrón del periodo 1707-1727, como si, tras el experimento de los cinco violonchelos pequeños, Stradivarius hubiera decidido que el modelo anterior era el ideal o le hubieran encargado uno de ese tipo.

Las violas de Stradivarius

Cuando Stradivarius comenzó su larga carrera, el tamaño de las violas era relativamente grande, según los modelos de Andrea Amati, Gasparo da Salò y Maggini. Algunos lauderos habían hecho violas de menores dimensiones, en particular los hermanos Antonius y Hieronymus Amati, Stainer y Andrea Guarnerius.

Stradivarius, tan fecundo productor de instrumentos, dedicó poco tiempo a las violas y no conocemos más que 10. Su primera viola data de 1772 y es de tamaño muy reducido (aún más que las mencionadas). Hizo después dos violas muy grandes y dos de tamaño intermedio en 1690 y 1696 para dos quintetos de instrumentos que incluían cada uno dos violines, dos violas (la de gran tamaño llamada "tenor" y la otra "contralto") y un violonchelo. Las restantes violas que construyó son todas de tamaño intermedio.

Aunque no puede dejarse de admirar la belleza y el sonido de estos instrumentos, el genio de Stradivarius se manifestó con mayor claridad en sus violines y en sus violonchelos que en sus violas.

El reducido número de violas que hizo Stradivarius se explica porque su vida coincidió con un periodo que podríamos llamar de transición en el papel de las violas. Consideremos que las primeras obras de Corelli, los *XII Tríos para dos violines y bajo* de 1683, no incluyen parte de viola y que las primeras obras con un papel importante para la viola son los *XII Concerti grossi*, también de Corelli, publicados en 1712. E incluso estos conciertos podían ejecutarse en una versión sin violas. Tanto los *Concerti grossi* como obras posteriores de Haendel y de Bach tienen partes de viola que rara vez requieren que el ejecutante pase de la primera posición para tocar notas agudas, por lo que podían tocarse con facilidad en las violas grandes, de insuperable sonido, de Da Salò, Andrea Amati y Maggini.

Quizás la primera obra que otorga a la viola un papel solista es el *Sexto concierto de Brandenburgo* de Bach, cuya instrumentación es insólita: dos violas y un violonchelo constituyen el grupo solista —con marcado predominio de las violas— y dos violas da gamba, contrabajo y cémbalo forman el conjunto *ripieno*, o de acompañamiento, el que, junto con los solistas, toca los *ritornellos*. Enteramente novedoso fue el papel virtuosístico de las dos violas en el primer y tercer movimientos y su papel melódico expresivo en el segundo movimiento.

Recordemos también que fueron Haydn y Boccherini quienes, ya después de desaparecido Stradivarius, consagraron en sus cuartetos el papel central de la viola. El primer cuarteto de Haydn data de 1755 y el primer grupo de cuartetos de Boccherini se publicó en París en 1768.

Es probable, por las razones anteriores, que Stradivarius haya recibido pocos encargos de violas y que haya optado por el tamaño intermedio del instrumento, por la comodidad que entrañaban su menor peso y sus dimensiones más reducidas.

Entre sus violas más famosas destacan la Macdonald de 1701 (tocada durante varias décadas por Peter Schidloff, el violista del Cuarteto Amadeus) y la Paganini de 1731, del mismo tipo y carácter que la Macdonald.

Paganini conoció la viola de 1731 en ocasión de su primera visita a Inglaterra en 1832 y la compró para completar un cuarteto de instrumentos Stradivarius. Paganini se entusiasmó tanto con la viola que, ante la falta de obras solistas para este instrumento, le encargó a Hector Berlioz una obra concertante con orquesta por la que le pagó 20 000 francos. Dice Berlioz al respecto: "Paganini vino a verme y me dijo: 'Tengo una maravillosa viola Stradivarius y me gustaría tocarla en público. Pero me falta música *ad hoc*. ¿No quisiera usted componer una obra para viola? Es usted el único compositor en que confío para tal obra'".[12]

El resultado fue *Haroldo en Italia,* un poema sinfónico con viola solista. A Paganini no le gustó la obra y se negó a tocarla.

---

[12] E. N. Doring, *How Many Strads?*, W. Lewis & Son, Chicago, 1945, p. 309.

Era excesivamente orquestal y no daba a la viola las oportunidades de lucimiento que Paganini había buscado.

Francesco Stradivarius (1671-1743) y Omobono Stradivarius (1679-1742)

No deja de ser misterioso el caso de los hijos de Stradivarius, Francesco y Omobono. Sabemos que ambos eran excelentes lauderos y que trabajaron en el taller de su padre. Comparada con más de 1000 instrumentos hechos por Antonio, la producción de sus hijos parece raquítica: 26 instrumentos de Francesco y seis de Omobono.[13]

Creo que dichas cifras se prestan a confusiones, derivadas del injusto eclipse sufrido por Francesco y Omobono ante el resplandor extraordinario de su padre. Sin duda, habrán sido, en buena medida, colaboradores en la preparación de materiales para los nuevos instrumentos y en reparaciones diversas. Pero también es cierto que un buen número de sus instrumentos ha sido falsamente atribuido a Antonio. La fama y el valor crecientes de los instrumentos de este último deben haber sido un poderoso aliciente para que, desde principios de siglo XIX, prominentes comerciantes y lauderos hayan introducido en los violines de Francesco y Omobono etiquetas con el nombre del padre.

En algunos de los instrumentos que hizo Antonio a partir de los 80 años de edad es posible detectar la influencia de otras manos. Algunos habrán sido hechos conjuntamente; otros, más bien por Francesco y Omobono. Tal es el caso, por ejemplo, del magnífico violonchelo Stuart, de 1732, el cual, según Simone Sacconi, es obra de Francesco y de Omobono y no de su padre, al que siempre se le ha atribuido.[14]

---

[13] Datos proporcionados por René Morel, Nueva York.
[14] Simone Sacconi, *I "segreti" di Stradivari*, Librería del Convegno, Cremona, Italia, pp. 44-45.

El extraordinario caso de Giuseppe Guarnerius del Gesù (1698-1744)[15]

Giuseppe del Gesù nació en Cremona en 1698, cuando Stradivarius tenía ya 58 años de edad. Aprendió el oficio con su padre Giuseppe filius Andreae, teniendo como compañeros en el taller a su hermano Pietro de Venecia y a Carlo Bergonzi, otro futuro gran laudero.

Pronto se independizó y empezó a trabajar por su cuenta. Sus primeros violines muestran la influencia familiar y la de su compañero Bergonzi pero también, como es lógico, la de Stradivarius. Muestran, además, su gran capacidad artesanal y una fuerte personalidad pero nada hace presagiar la sorprendente originalidad y extraordinaria calidad que alcanzarían sus instrumentos a partir de 1730.

En 1737, a los 93 años de edad, falleció Stradivarius, quien durante 60 años mantuvo en la sombra a los Guarneri. Quizá Giuseppe del Gesù se haya percatado de que, a partir de ese momento, quedaba él como único posible heredero de Stradivarius. No lo consideraron así sus contemporáneos, que apreciaban mucho más los instrumentos de Stainer, Amati y Stradivarius, en ese orden.

Giuseppe Guarnerius del Gesù, el más enigmático de los grandes lauderos, representa, junto con Antonio Stradivarius, el pináculo del arte de la laudería.

El nombre Del Gesù proviene de una cruz y de las iniciales IHS que aparecen, junto con su nombre, en las etiquetas en el interior de sus instrumentos. IHS puede ser, a su vez, la abreviatura del nombre griego de Jesús, IH(ΣOY)Σ, o bien la abreviatura de "Iesus Hominum Salvator".

La vida y la obra de Giuseppe Guarnerius del Gesù está rodeada por el misterio y la leyenda. Se dijo que hacia el final de su vida había pasado algunos años en prisión por haber matado a un colega laudero en un riña callejera. Incluso circuló la noticia de que la hija del carcelero, apiadada de la suerte de

---

[15] Mi principal fuente de información ha sido la obra ya citada de Alfred, Arthur y W. Henry Hill, *The Violin Makers of the Guarneri Family*.

Del Gesù, le procuró herramientas y materiales para poder continuar su labor tras las rejas. Hoy parece comprobada la falsedad de estas imputaciones pues se ha localizado en Milán el nombre del laudero que, efectivamente, mató a un colega y que fue quien dio pábulo a la leyenda.

A diferencia de Stradivarius —tan longevo y prolífico—, Del Gesù falleció a los 46 años de edad y su producción de instrumentos fue relativamente escasa. En tanto que, como vimos, Stradivarius hizo unos 1500 instrumentos de varios tipos, los violines de Del Gesù no pasan de 150 y no se le conoce más que un violonchelo y ninguna viola. Durante su vida, sus violines fueron poco apreciados. Guarnerius no contaba entre sus clientes a reyes, príncipes y nobles, como Amati o Stradivarius. Eran más bien modestos músicos locales quienes tocaban sus violines. Esto empezó a cambiar a principios del siglo XIX, en gran medida gracias a los hermanos Mantegazza, lauderos y comerciantes de instrumentos de Milán, quizás los primeros en reconocer la extraordinaria personalidad y calidad de sus violines.

Pero fue Nicolo Paganini quien dio el vuelco dramático a la reputación de Guarnerius del Gesù, pues hizo toda su espectacular carrera con uno de los más notables de sus violines, un instrumento que Paganini bautizó por su potencia sonora como Il Cannone, y que hoy se conoce también como el Paganini. Según los Hill, un francés, monsieur Livron, le regaló este instrumento al joven Paganini, de 15 años, que acababa de quedarse sin violín al perder el suyo en deudas de juego. Paganini poseyó muchos violines durante su vida pero Il Cannone fue siempre su preferido. Al morir, lo legó a su ciudad natal de Génova con la condición de que allí se conservara siempre. "Legio il mio violino alla citta di Genova onde sia perpetuamente conservato", reza su testamento.[16]

Una pléyade de violinistas ilustres se han enamorado de los violines de Del Gesú. Ya cité a Paganini y sólo añadiré aquí los nombres de Joseph Joachmin, Henri Vieuxtemps, Wieniawski, Eugène Ysaÿe, Jascha Heifetz, Fritz Kreisler, Itzhak Perlman, Isaac Stern, Henryk Szeryng, Pinchas Zukerman y Gidon Kremer.

[16] Hill, *op. cit.*, p. 94.

A finales de 1994 tuve la fortuna de asistir a una excepcional exposición organizada por Peter Biddulph en el Museo Metropolitano de Nueva York. Por vez primera se reunieron bajo un mismo techo 25 de los más importantes violines de Del Gesù. El evento tuvo lugar en ocasión del 250 aniversario de su muerte. Para no abrumar al lector con excesivos datos, sólo citaré 10 de los violines expuestos:

El Stretton, de 1726, uno de los primeros Del Gesù, hoy propiedad de Elmar Oliveira.
El Kreisler, de 1733, violín por muchos años de Fritz Kreisler, quien lo donó a la Biblioteca del Congreso, en Washington.
El maravilloso Violon du Diable, de 1734, uno de los Del Gesù en más perfecto estado de conservación.
El Joachim, de 1737.
El Ysaÿe, de 1740, hoy propiedad de Isaac Stern.
El Heifetz o David, de 1740, que utilizó Jascha Heifetz hasta su muerte y que donó al Museo de Bellas Artes de San Francisco.
El Vieuxtemps, de 1741.
El Sauret, de 1742, hoy propiedad de Itzhak Perlman.
El Paganini ("Il Cannone"), de 1742, uno de los dos Del Gesù que conservan el mango original, y el violín preferido de Nicolo Paganini.
El Leduc de 1743, con su delgada cabeza y efes alargados, típicos del último periodo de Del Gesù, recubierto por un incomparable barniz rojizo y propiedad de Henryk Szeryng hasta su fallecimiento.

El 2 de diciembre se dio un insólito concierto para dar un complemento auditivo a la exposición visual. Insólito porque, por primera vez, se reunieron cinco notables violinistas para tocar nada menos que 18 violines de Guarnerius del Gesù en un mismo recital. Ruggiero Ricci, Elmar Oliveira, Aaron Rosand, Leonidas Kavakos y Eugen Sarbu tocaron obras para violín sólo de J. S. Bach, Ernst, Ysaÿe y Paganini.

Era imposible comparar el sonido de tantos instrumentos y no era ése el propósito del concierto. El sonido es más el producto del ejecutante que del instrumento en sí. El mismo violín no suena igual en manos de dos violinistas diferentes. Por supuesto, un mal violín no suena como un Stradivarius o un Del Gesù ni tocado por el mejor violinista. Por otra parte, la sonoridad depende mucho del ajuste que un laudero experto haga según los gustos de cada ejecutante, y finalmente, cada violinista tocó obras diversas, cada una con requisitos diferentes de sonoridad. Fue, sin embargo, fascinante y memorable esta "orgía" violinística.

La Escuela de Venecia: excelencia de sus violonchelos[17]

En párrafos anteriores me he referido a la intensa actividad musical que distinguió a Venecia. El primer teatro de ópera se fundó en Venecia en 1637. Antes de fines de ese siglo funcionaban 11 teatros adicionales, lo cual, para una población de 140 000 habitantes, indica una verdadera pasión por la música y por la ópera.

Monteverdi, nombrado maestro de capilla de San Marcos en 1613, duplicó el número de los integrantes de su orquesta, pasando de 12 a 24 músicos. Su sucesor Giovanni Legrenzi (1626-1690) no sólo aumentó a 34 las plazas de la orquesta sino que decidió remplazar a los gambistas por violinistas y violonchelistas.

La creación de los cuatro *ospedale* influyó sin duda en el desarrollo musical veneciano. Eran hospicios de niñas dedicadas al estudio de las ciencias, la filosofía y la música, a fin de "prepararlas para el matrimonio". Pero algunas de ellas optaron por quedarse en el Ospedale y se convirtieron en excelentes maestras de música de futuros virtuosos.

Vivaldi, nacido en Venecia en 1678, fue maestro en el Ospedale de la Pietà de 1703 a 1740. Además de ser gran violinista, compuso 27 conciertos para violonchelo que figuran entre los primeros escritos para este instrumento y 250 conciertos para violín. Otro compositor veneciano fue Benedetto Marcello (1686-1739), que otorgó al violonchelo un papel particularmente destacado.

Todo ello explica el desarrollo de la laudería veneciana.

Su fundador fue el alemán Martinus Kaiser, reputado por sus excelentes laúdes aunque es con Matteo Gofriller (1659-1742)

---

[17] Consulté, entre otros, el libro *Les Violons. Lutherie Vénitienne*, Association pour la Promotion des Arts, Hotel de Ville de Paris, 1995.

cuando se inicia la gran laudería veneciana. Gofriller, alumno de Kaiser, nació en un pequeño pueblo italiano cercano a la frontera austriaca. Desde su llegada a Venecia en 1685 fue, durante 25 años, el único fabricante de violines y violonchelos. Estos últimos son particularmente apreciados. Nada menos que Pablo Casals hizo toda su carrera con un Gofriller de 1733, del que dijo nunca haber encontrado violonchelo que se acomodara mejor a sus manos. Pierre Fournier y Janos Starker tocaron también violonchelos de este maestro.

Domenico Montagnana (1687-1750) llegó de niño a Venecia y se formó en el taller de Gofriller. Abrió su propio taller hacia 1711 y recibió numerosos encargos de violonchelos, a favor de la creciente popularidad de este instrumento en Venecia. Sus violonchelos, robustos y anchos, tienen características muy personales, diferentes a todos sus contemporáneos de Cremona o Venecia, que les confieren una sonoridad excepcional. Gregor Piatigorsky tocó muchos años un famoso Montagnana, antes de adquirir dos violonchelos Stradivarius (el Batta de 1714 y el Baudiot de 1726). Yo-Yo Ma tiene un Montagnana y un Stradivarius (el Davidoff de 1712) y escoge uno u otro en función de las obras que va a tocar. El violonchelista Evan Drachman toca el precioso instrumento ilustrado en la lámina 5.

Petrus Guarnerius (1695-1762) es hijo de Giuseppe Guarnerius, con quien aprendió el oficio en su pueblo natal de Cremona, y hermano de Del Gesù. Se le considera miembro eminente de la escuela veneciana porque emigró a Venecia en 1717 y allí trabajó hasta su muerte en 1762. Por ello se le conoce como Petrus Guarnerius de Venecia. Indudablemente había pocos pedidos en Cremona para la Casa Guarneri, en un mercado dominado por la figura de Stradivarius. Con su intensa actividad musical, Venecia atrajo a Petrus Guarnerius y le ofreció un campo más propicio. Empezó su trabajo en su ciudad de adopción, con Montagnana o con Tononi, y poco después se independizó. Sus primeros instrumentos tienen, como es natural, un pronunciado sello cremonense pero luego desarrolló un estilo personal. Sus violonchelos, en particular, son auténticas joyas por su elegancia, belleza y sonoridad.

Al morir Petrus Guarnerius en 1762 se extingue la gran laudería en Venecia, al igual que ocurrió en Cremona con el fallecimiento de su hermano Giuseppe del Gesù en 1744. En otros países surgieron excelentes lauderos, como Lupot o Vuillaume en Francia, José Contreras el Granadino en España, Forster en Inglaterra y la dinastía Guadagnini en Italia. Pero la muerte de Petrus de Venecia en 1762 señala el fin de la época de oro de la laudería.

La maduración de los instrumentos

Llama la atención actualmente que en vida de Stradivarius o de Guarnerius del Gesù (e incluso durante varias décadas después de su muerte) fueran más apreciados otros instrumentos más antiguos, tales como los Amati o Stainer. Hacia 1775 los violines Amati se cotizaban en 40 *gigliati* (moneda de oro de la época), en tanto que los Stradivarius valían una tercera parte, de 12 a 15 *gigliati*. Los de Guarnerius del Gesù valían aún menos y un gran coleccionista, el conde Cozio di Salabue, pretendía que poco antes de 1800 se podían conseguir "varios Del Gesù por 2 o 3 *gigliati*".

Un factor que puede explicar tal situación es la "maduración" de los instrumentos, o sea, el periodo requerido para que alcancen su potencial sonoro. Dicho periodo depende de la naturaleza del instrumento y de la calidad de las maderas utilizadas. Así, A. y H. Hill, famosos comerciantes de instrumentos y lauderos londinenses, presentaron la siguiente tabla, que reproduzco a continuación algo abreviada, relativa a los años de maduración de los violines de los más famosos constructores:[18]

Laudero	Periodo de maduración
Stainer	10 a 15 años
Nicolo Amati. Tamaño "promedio"	20 a 25
Nicolo Amati. Tamaño mayor	30 a 35
Stradivarius. Anteriores a 1710	30 a 50
Stradivarius. De 1710 a 1736	50 a 60
Guarnerius del Gesù. Los más representativos	50 a 80

[18] Hill, *op. cit.*, p. 111.

Este fenómeno era ya conocido desde hacía tiempo. El violinista y compositor italiano Veracini (1690-1750) fue nombrado violinista solista de la orquesta privada del rey Augusto de Polonia en 1720. Cinco años antes, Giovanni Battista Volème, director de dicha orquesta, había llegado a Cremona, con órdenes de esperar a que Stradivarius terminara nada menos que 12 violines encargados por el rey. Volème se quedó tres meses, al cabo de los cuales se llevó los instrumentos a Polonia. Cuenta Hart que "aunque eran violines nuevos, su sonido sería indudablemente pleno y hermoso. Podemos suponer que Veracini los vio, escuchó y tocó. Aunque se percató de sus extraordinarias cualidades, Veracini prefería sus propios violines de Stainer pues éstos habían alcanzado ya su madurez".[19]

Los instrumentos de Stainer eran particularmente apreciados. La herencia que dejó J. S. Bach al morir en 1750 incluyó 19 instrumentos musicales, entre los cuales había un violín de Stainer y otro "menos valioso".[20] Durante su periodo como maestro de capilla y director de música de cámara de la Corte de Anhalt-Cöthen de 1717 a 1723, el propio Bach, contemporáneo de Stradivarius, tuvo indudablemente que ocuparse de que su orquesta contara con buenos instrumentos. Un inventario de 1773 incluye varios violines de Stainer y ninguno de procedencia italiana.[21] Mozart tocó un violín de Stainer de 1659, heredado a su muerte por su hermana Nannerl.

La famosa orquesta de Esterháza, dirigida muchos años por Joseph Haydn, incluía dos *viola di bordone (barytones)* de Stainer, un violín de Stradivarius y varios instrumentos de Nicolo Amati.[22]

---

[19] E. N. Doring, *How Many Strads?*, W. Lewis & Son, Chicago, 1945, p. 201.

[20] *The Bach Reader*, editado por H. T. David y A. Menzel, W. W. Norton & Company, Nueva York, 1966, p. 193.

[21] Hans Vogt, *Johann Sebastian Bach's Chamber Music*, Amadeus Press, Portland, Oregon, 1988, p. 42.

[22] H. C. Robbins Landon, *Haydn at Eszterháza*, en Haydn, *Chronicle and Works*, vol. 2, p. 90.

1. Antonio Stradivarius, violín Rey Maximiliano, 1709.
Fotografía de Stewart Pollens.

2. Guarnerius del Gesù, violín Le Diable, 1734.

3. Violonchelo Gofriller.

4. Petrus Guarnerius de Venecia, violonchelo, 1726.

5. Anatomía de un violonchelo.

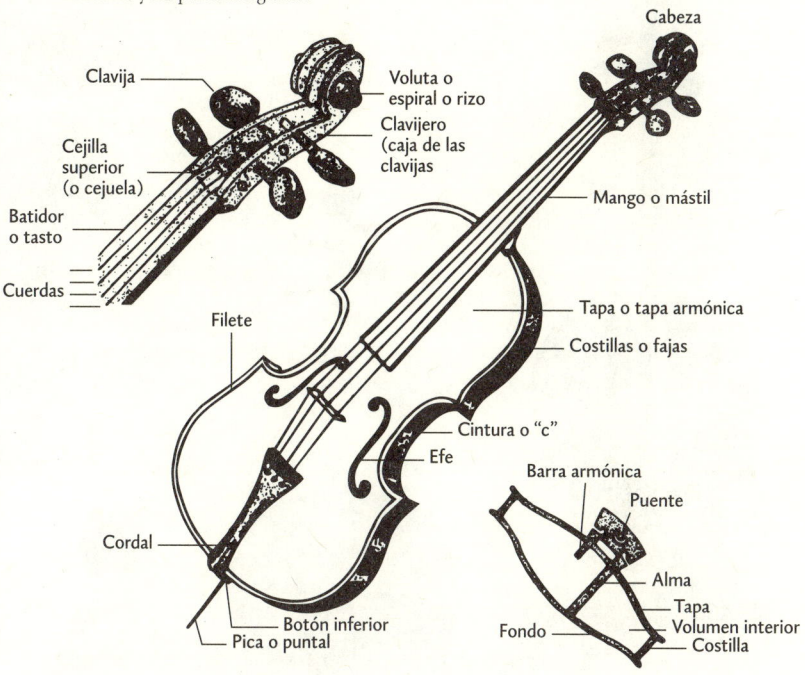

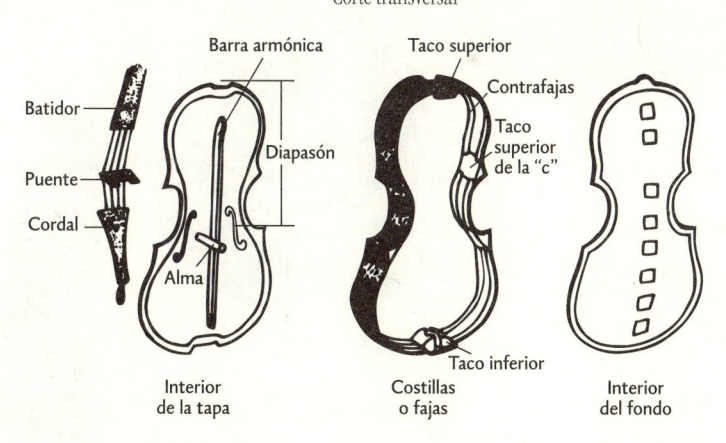

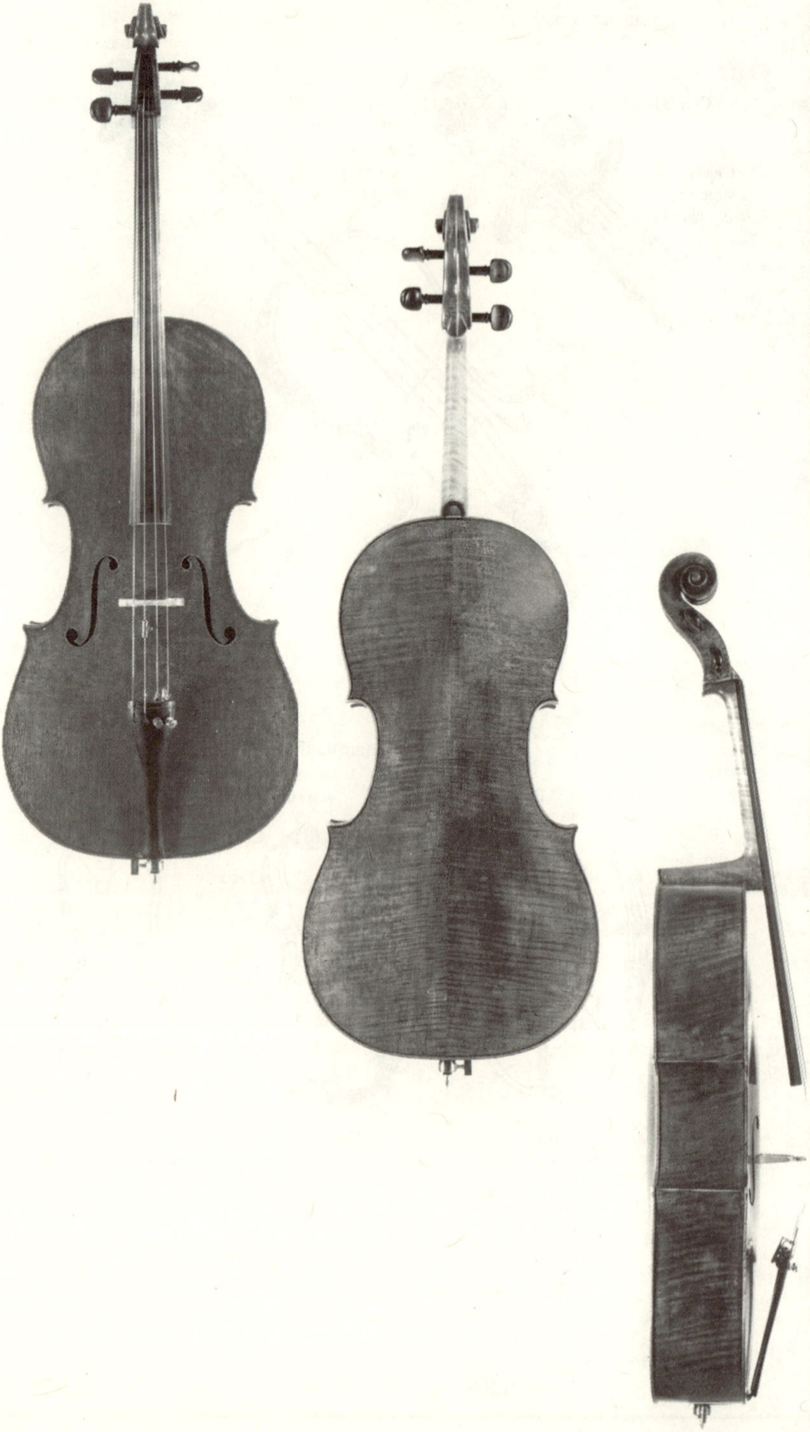

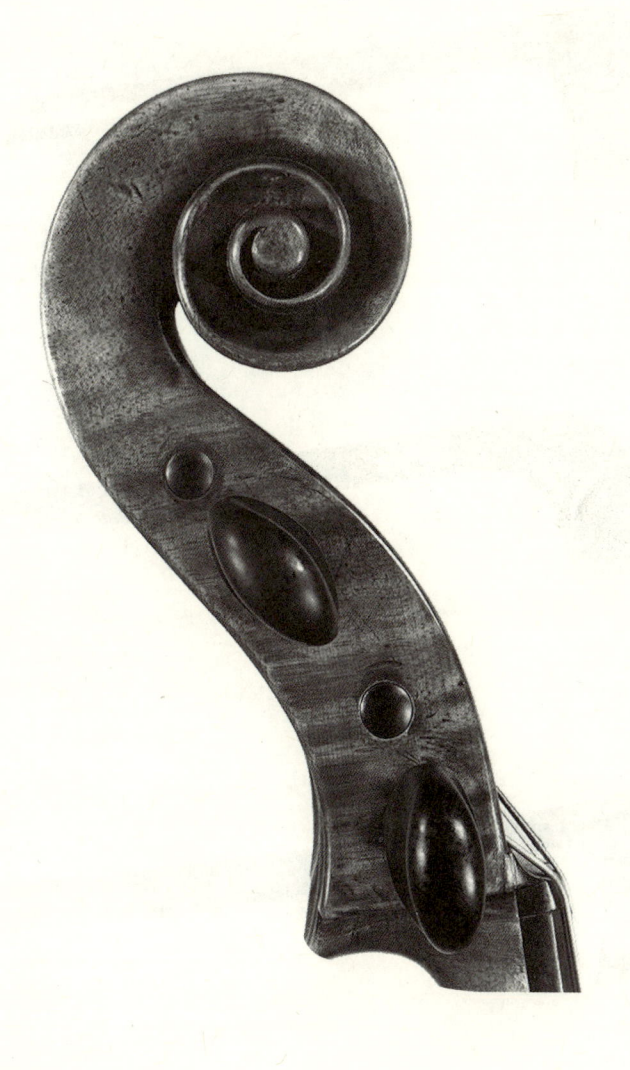

6. Antonio Stradivarius, violonchelo Piatti, 1720.
Fotografía de Stewart Pollens.

7. Tres arcos de violonchelo: *a)* François Tourte

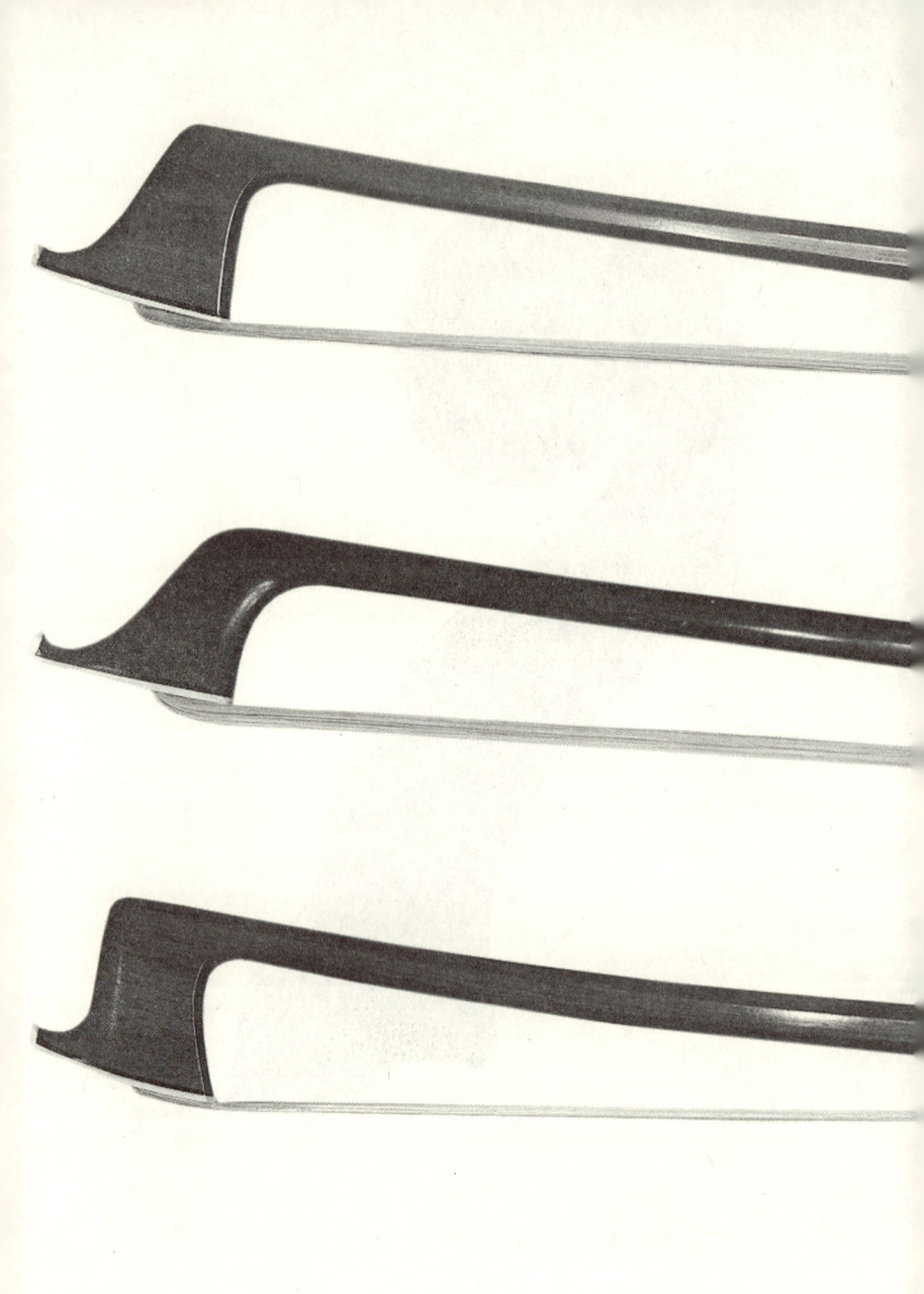

Dominique Péccatte, *c)* William Salchow.

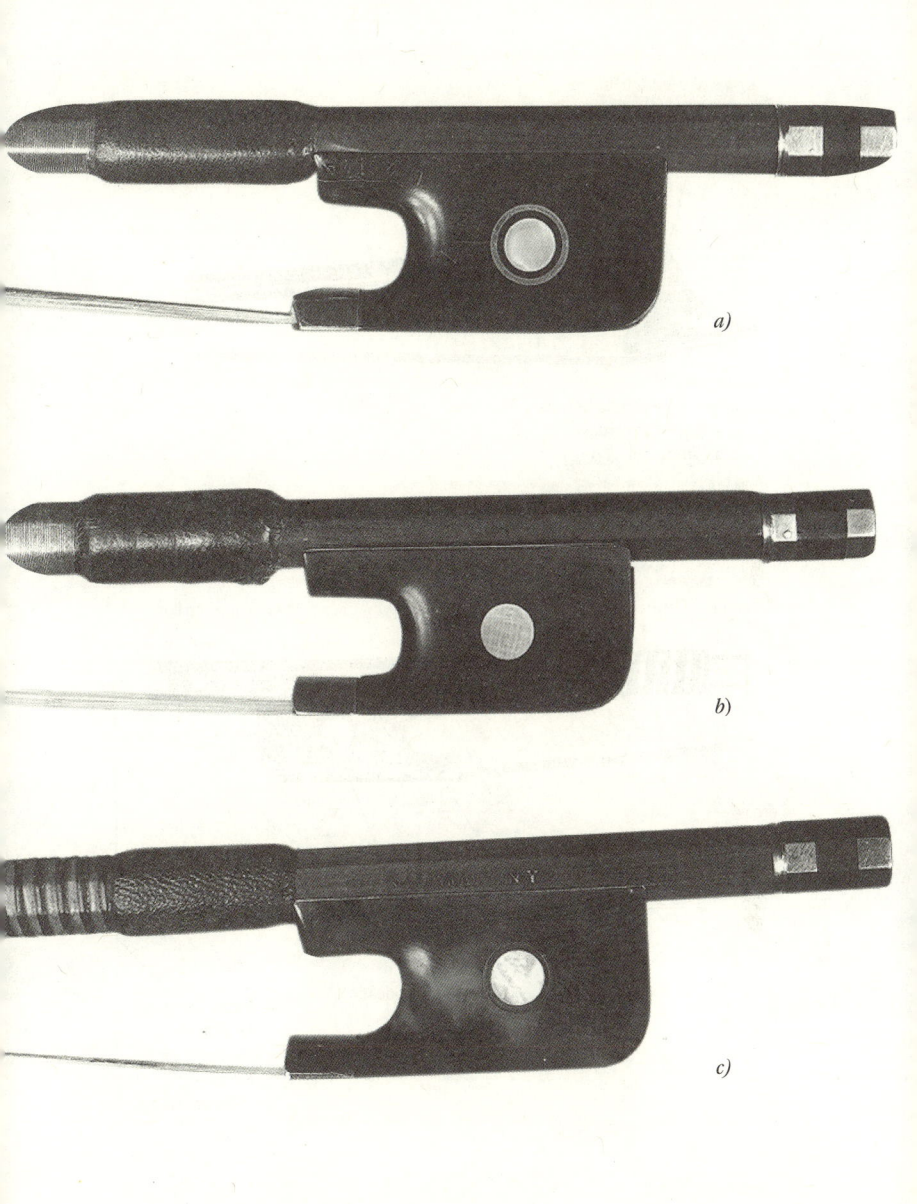

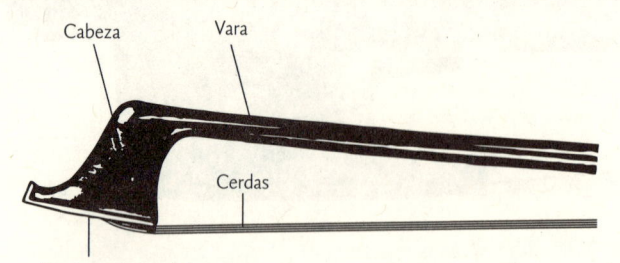

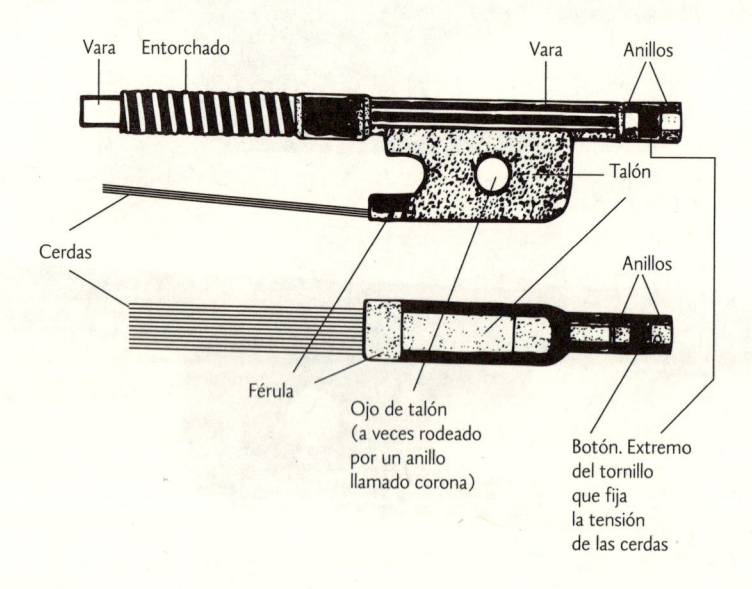

8. Anatomía del arco. La parte superior muestra una vista lateral de la cabeza del arco, la parte inferior una vista lateral y una vista desde abajo del talón del arco.

Importancia del barniz

Es legendario el barniz de los maestros cremonenses. Fue Stradivarius quien le dio su máximo esplendor pero, como señala Charles Beare, Andrea Amati, el fundador de la Escuela de Cremona, ya lo aplicaba a sus instrumentos y también sus contemporáneos de Brescia, tales como Zanetto da Montichiari, que fue probablemente el maestro del gran Gasparo da Salò.

El barniz era un líquido que aplicaban sobre la parte exterior de los instrumentos al quedar terminados y que, al secarse, le daba una gran belleza tanto a las maderas utilizadas como al sonido de los instrumentos. El barniz también tenía como propósito mantener en óptimas condiciones las maderas y evitar el ataque de insectos.

Los barnices no eran todos iguales. En los instrumentos de la familia Amati predominan los bellísimos tonos amarillos dorados. Stradivarius aplicó barnices de diversos tintes, desde el dorado y el naranja hasta el rojizo oscuro. Los Guarneri también utilizaron barnices variados. Pero todos tenían en común los mismos efectos mágicos. No eran el producto de una receta secreta, celosamente guardada, ni eran todos iguales. Algún ingrediente sencillo de aquellos barnices se desconoce hoy y por ello se dice que se ha perdido el secreto del barniz. No hay duda de que los barnices fueron uno de los importantes y múltiples factores que explican la insuperable calidad de los instrumentos de Cremona, Venecia y Brescia.

El arco: su importancia fundamental y su origen

La importancia del arco es tal que un excelente instrumento no alcanzará su plenitud sonora —tanto en volumen como en calidad— si no es tocado con un arco adecuado.

Como apunté en el capítulo anterior, las primeras referencias artísticas y literarias acerca de la existencia de un arco primitivo datan del siglo IX y ubican su origen en el Asia Central, en la Transoxiana Sogdiana, Khwarizm y Khurasan, en lo que hoy sería aproximadamente Uzbekistán y Turkmenia. El uso del arco era ya común en el siglo X en los imperios islámicos y bizantinos y de ello dan evidencia ilustraciones bizantinas y documentos árabes.[23]

Igual que ocurrió con los instrumentos de cuerda, fueron los árabes quienes introdujeron el uso del arco en Europa por la doble ruta de España y Bizancio. Un manuscrito español de los años 920-930, del monje Beatus de Liévana, es uno de los más antiguos testimonios españoles acerca del arco. El manuscrito, escrito en la época del califa Abd-el-Rahman III, incluye un precioso dibujo a colores de siete ángeles y de cuatro músicos tocando instrumentos de cuerda con arco.[24]

El arco moderno. François Tourte: el Stradivarius de los arqueros

Si bien la laudería alcanzó su apogeo con Stradivarius y Guarnerius del Gesù en los siglos XVII y XVIII en Italia, la gran arquería empezó en el siglo XVIII en Francia con François Tourte (1747-1835), el más genial fabricante de arcos de la historia, el Stradivarius de los arqueros.

Tourte nació en 1747, unos 10 años después de la muerte de Stradivarius y, como él, fue longevo —murió a los 88 años— y su vida se caracterizó por su incansable dedicación a su arte, del cual se retiró a los 85 años, cuando la vista empezó a fallarle. Trabajaba todo el día en su pequeño taller del cuarto piso del número 10, Quai de l'Ecole, en París, frente al Sena. Su único pasatiempo era la pesca con su caña en las aguas del río, al ponerse el sol y terminarse la jornada de trabajo.

Los arcos anteriores a Tourte, pese a las mejoras introducidas, entre otros, por Archangelo Corelli, no permitían extraer de los instrumentos toda la gama y riqueza posible de sonidos. Tourte trabajó de cerca con los principales virtuosos de la época, Viotti en particular, para conocer bien sus requisitos. Tourte no inventó pero estableció el tipo ideal de arco: estandarizó las dimensiones, peso, balance y, especialmente, introdujo o reintrodujo la madera de pernambuco, del Brasil, la única en

---

[23] Werner Bachman, *The Origins of Bowing*.
[24] Madrid, Biblioteca Nacional, MS. Hh 58, fol. 127r.

combinar de modo óptimo flexibilidad, elasticidad, resistencia y peso. Daba una meticulosa atención al encerdado de sus arcos, escogiendo cada una de las 200 cerdas del arco por su perfecta redondez y uniformidad en toda su longitud. Su hija le ayudaba en estos menesteres y a ella se atribuye una diminuta etiqueta encontrada en uno de sus arcos con el texto: "Cet archet a été fait par Tourte en 1824, âgé de soixante-dix-sept ans".[25] (Este arco fue hecho por François Tourte en 1824, a la edad de 77 años.) Los arcos de Tourte son verdaderas obras de arte, no sólo por su incomparable belleza y perfección sino por el sonido que hacen posible en un gran instrumento en manos de un artista.

La escuela francesa de arquería dominó este arte del mismo modo que ocurrió en la laudería con la escuela italiana. Entre los sucesores de Tourte sobresalen François Lupot, Nicolas Eury, Dominique Péccatte (1810-1874), hoy apreciado casi al nivel de Tourte, François N. Voirin (1833-1885) y otros. También hay arqueros importantes de otras nacionalidades. Mencionaré entre los más distinguidos a los ingleses John Dodd (1752-1839) y James Tubbs (1835-1919) y a Nicolas Kittel en Rusia.

La lámina 8, titulada "Anatomía del arco", muestra los principales componentes del arco.

Como se ve, el grosor de la vara no es uniforme. Sus dimensiones son producto de una precisa fórmula matemática. La forma curva se le da a la vara mediante la aplicación de calor seco y requiere una gran sensibilidad de toque por parte del arquero.

Los muy buenos arcos son verdaderas obras de arte. Es curioso que aun entre violinistas y chelistas, pocos se detienen a meditar acerca de la extraordinaria diversidad de materiales empleados en un arco.

La vara está hecha de la madera llamada pernambuco. Esta madera viene del árbol también llamado *pau-brasil* en portugués y *palo brasil* en español, conocido en Europa desde el siglo XI pues el árbol también se da en otras latitudes. Se le conocía con el nombre de *brasilium* o *palo brasil*. Fue el árbol el que dio su nombre al país llamado Brasil (y no al revés), por

---

[25] Joseph Roda, *Bows for Musical Instruments of the Violin Family*, W. Lewis & Son, Chicago, 1959, p. 287.

encontrar los descubridores portugueses grandes bosques de estos árboles rojizos en sus territorios.

El talón está hecho de ébano, madera proveniente de las regiones centrales de África, o bien de carey o marfil, cuyo uso se encuentra hoy severamente restringido en el afán de evitar la desaparición de tortugas y elefantes. La chapa de marfil se llama así por el material utilizado. Para el ojo del talón, y para la corona que a veces lo rodea, se usa nácar procedente de conchas marinas. La férula es generalmente de plata u oro. El entorchado era frecuentemente de hueso de ballena; hoy suele ser de hilo de plata u oro. El tornillo que fija la tensión de las cerdas es de acero y el botón en el que termina, de bronce con dos anillos de plata o de oro. Las cerdas, finalmente, provienen de las colas de caballos blancos generalmente de países fríos. Las cerdas se van rompiendo con el uso y de cuando en cuando hay que "reencerdar" el arco, es decir, ponerle cerdas nuevas.

Hace años que tengo un excelente arco del neoyorquino contemporáneo William Salchow, cuyos arcos de violonchelo son particularmente notables. Es con este arco con el que he dado la mayoría de mis conciertos. Siempre que puedo, encargo el reencerdado de mis arcos a Salchow, pues es esencial la calidad de las cerdas. Las mejores son las blancas. Salchow compra por lo general cerdas de caballos de Rusia y Mongolia, animales de frías estepas y de pelambre gruesa que aseguran una calidad óptima.

La lámina 7 muestra tres arcos de violonchelo: uno de François Tourte, uno de Dominique Péccatte —del modelo llamado *tête de cygne* o *cabeza de cisne,* por la delicada forma de la punta— y uno de William Salchow.

La resina

Si se le ponen cerdas nuevas a un arco y se desliza éste sobre una cuerda, no se produce ningún sonido pues el contacto de las cerdas limpias con la cuerda no la hace vibrar. Para ello se requiere que estén adheridas a las cerdas cientos de diminutas partículas sólidas que, al entrar en contacto con las cuerdas, van produciendo una rápida sucesión de choques que redundan en la continua vibración de éstas y, por lo tanto, en la emisión de sonido del instrumento. Tal es la misión de la resina, que hay que aplicar al arco con frecuencia. La resina para arcos se obtiene tras la destilación de las secreciones, llamadas "resinas", de ciertos tipos de pinos. Es, pues, un producto de la naturaleza, una secreción vegetal que, al ser refinada en diversos procesos, tiene aplicaciones en la medicina, el comercio y el arte. En la Antigüedad se creía que la mejor resina era la que provenía de Colofonia, en la Jonia griega, y, por ello, lo que en español llamamos resina y en inglés *rosin,* se conoce como *colophane* en francés, *colofonia* en italiano y *Kolophon* en alemán.

El hiper-cello y otros hiper-instrumentos

En el capítulo anterior escribí que el arte siempre es reflejo de la evolución histórica y que, por lo tanto, la música y los instrumentos musicales van sufriendo las transformaciones que cada época impone. El lector recordará cómo la familia del violín desplazó a las violas da gamba en el siglo XVIII. Vivimos en una era de progreso tecnológico y científico sin precedentes y han surgido instrumentos musicales y medios de producir música radicalmente nuevos. Mediante el uso de computadoras, Tod Machover y sus grupos han inventado nuevos y fantásticos instrumentos en el Media Lab del Instituto Tecnológico de Massachusetts. Machover los ha llamado *hiper-instrumentos*. Entre otros, creó un hiper-cello en colaboración con Yo-Yo Ma. Existen también hiper-violines, hiper-pianos y otros instrumentos que mezclan los sonidos de instrumentos tradicionales y de sintetizadores con interfaces de fácil control de computadoras.

¿Acaso estos y otros inventos desplazarán gradualmente a los instrumentos tradicionales del lugar central que ocupan en la música? ¿Tendrán nuestros violines, violas y violonchelos un papel vital en la música del los siglos XXII y XXIII? ¿Seguirán tan cerca del corazón de los melómanos las obras de Bach, Beethoven, Debussy, Bartok o Shostakovich?

Segunda parte

LAS AVENTURAS DE UN STRADIVARIUS DESDE 1720 HASTA NUESTROS DÍAS

III. LAS AVENTURAS DE UN STRADIVARIUS: DE CREMONA EN 1720 HASTA NUEVA YORK EN 1979[1]

Nacimiento del violonchelo Piatti

En 1720, a la edad de 76 años, Stradivarius construyó 14 violines y un solo violonchelo, el protagonista de estas páginas, el cual, años después, llegaría a conocerse como el Piatti. A pesar de su edad, la capacidad de trabajo y la perfección artesanal de Stradivarius permanecían inalteradas. Su segunda esposa, Antonia María Zambelli, con quien tuvo cinco hijos, le ayudaba con todos los quehaceres domésticos de su casa de la Piazza San Domenico núm. 1, permitiéndole dedicar, como siempre, todas las horas de luz a la construcción de instrumentos. Ni siquiera el fallecimiento en 1720 de su hija Francesca Maria parece haber afectado su trabajo.

Materiales usados y características del violonchelo de 1720

Stradivarius escogió con particular esmero las maderas para su nuevo violonchelo. El arce del fondo y de la cabeza proviene de un lote de madera que adquirió ese mismo año de un árbol originario de los Balcanes. Dicho arce le gustó por sus propiedades acústicas —una sonoridad plena y resonante— y por sus hermosas y delicadas ondas. El fondo está hecho de dos piezas. La cabeza, con sus volutas neta y finamente esculpidas, es, en sí, una obra de arte. Los aros o costillas son también de arce, de

---

[1] En el único periodo sobre el cual no he obtenido información detallada acerca de la historia de este instrumento es el que va desde su nacimiento en Cremona hasta sus primeros años en Cádiz. He suplido los huecos con la hipotética pero probable historia del violonchelista Carlo Moro, que está apoyada, en lo posible, en datos históricos reales cuyas fuentes van apareciendo en las notas al pie de página. A partir de 1818, en Cádiz, toda la historia está perfectamente documentada.

ondas más ricas y amplias. Proceden de un árbol diferente, cuya madera volvió a utilizar en violonchelos posteriores. La tapa está hecha de dos piezas también, pero de abeto de las Dolomitas, de grano fino y uniforme. El barniz es de un rojo profundo y de textura suave. Un poco más de un mes le tomó a Stradivarius la construcción del violonchelo. Una vez barnizado, lo colgó en el taller frente a un amplio ventanal, para que el sol secara bien el maravilloso barniz.

Este violonchelo resultó uno de los mejores de la larga vida de Stradivarius. "Es realmente un admirable ejemplo, que constituye en sí un digno monumento a su autor... En su conjunto, está por encima de cualquier reproche y cuanto más se le observa, mayor es el impacto de la total armonía que irradia", escribirían muchos años después los hermanos Hill.[2]

Dudas acerca de quién encargó el Piatti

La disparidad en el número de violines y de violonchelos de Stradivarius se debe, evidentemente, a la demanda mucho mayor de violines. Muchos de sus violines respondían a encargos específicos y estaban destinados a los palacios de la nobleza o a la Iglesia. En 1715, por ejemplo, Giovanni Battista Volème, director de la orquesta del rey Augusto de Polonia, llegó a Cremona con órdenes de esperar a que Stradivarius terminara nada menos que 12 violines encargados por el rey. Al cabo de tres meses de permanencia en Cremona, regresó Volème a Polonia con el pedido completo.[3] Pero Stradivarius también los hacía sin pedido, dado que siempre los vendía con facilidad.

El caso de los violonchelos era diferente. Vendía uno o dos por año y, en general, los hacía bajo pedido, ya que la tarea de construir un violonchelo es más larga y físicamente más ardua que la que exige un violín. Entre quienes encargaron violonchelos a Stradivarius se cuentan, por ejemplo, el cardenal Orsini (futuro papa Benedicto XIII), en 1685; el duque de Módena,

---

[2] Hill, *Antonio Stradivari. His Life and Work (1644-1737)*, Dover Publications, Inc., Nueva York, 1963, p. 140.
[3] *Ibid.*, p. 245.

Francisco II, en 1686; el príncipe Fernando de Toscana, en 1690; el duque de Toralba en 1702 —como regalo para el duque de Alba—, y el marqués Desiderio Cleri, en 1707, para la corte real de España.[4] Ese parece haber sido también el caso del Piatti pero no he logrado encontrar datos concretos al respecto. La búsqueda de pistas es una labor extremadamente difícil. Los instrumentos de Stradivarius no tenían ni la fama ni el valor que alcanzaron posteriormente, como lo prueba el hecho de que sólo de muy contados instrumentos conocemos la historia completa desde su nacimiento hasta nuestros días. Aunque los precios de sus instrumentos no eran tan elevados como los que se pagaban por los de Stainer y Amati, pocos músicos estaban en condiciones de adquirir los violonchelos o violines de Stradivarius. No se sabe de ningún violonchelo que le hayan encargado en 1720 las cortes o la nobleza española o francesa. Inglaterra tenía aún poco contacto con Stradivarius, y en Viena y en las ciudades germanas no eran todavía apreciados los instrumentos italianos. La excelente orquesta que dirigía Bach en Coethen, precisamente en la época del nacimiento del Piatti, disponía de varios Stainers pero de ningún instrumento italiano.

Es lógico inferir que el encargo del Piatti haya provenido de una localidad italiana como Mantua, Milán o Nápoles, más que Venecia. Esta última era, como hemos visto, una gran capital de la música, pero la demanda de violonchelos era cubierta por los tres eminentes lauderos locales, tan famosos precisamente por sus violonchelos: Matteo Gofriller, Domenico Montagnana y Petrus Guarnerius de Venecia.

Los primeros años del Piatti: 1720-1762 en Cremona

Poco importa quién haya encargado el Piatti. El hecho es que Antonio Stradivarius y sus hijos y colaboradores Francesco y Omobono no lo vendieron en 1720 y optaron por conservarlo. Quizá tomaron tal decisión porque se trataba de un instrumento excepcional, al igual que una serie de violines y de violas que permanecían en el taller.

[4] *Ibid.*, pp. 94, 245.

Stradivarius falleció en 1737. Su hijo Francesco heredó todos los instrumentos que quedaban en el taller: 92 violines, cinco violas y tres violonchelos. Entre los violonchelos se encontraban un instrumento decorado, anterior a 1700, el Piatti de 1720 y otro, que no he logrado identificar, de la última época de su creador. El violonchelo decorado formaba parte de un quinteto de instrumentos especiales que Stradivarius construyó antes de 1700 para el rey de España.

Stradivarius fue, al nacer, súbdito de España. En efecto, en 1644, año de su nacimiento, el ducado de Milán pertenecía a la corona española. Desde 1559, fecha del tratado de Cateau-Cambresis, España era la potencia dominante en Italia. El reino de Nápoles y Cerdeña también pertenecía a la corona española.

Fue todavía en la época de Carlos II, el último Habsburgo español,[5] cuando Stradivarius construyó su quinteto de instrumentos. El quinteto consistía en dos violines, dos violas (una llamada *tenore* por su gran tamaño) y un violonchelo. En virtud de la alta jerarquía del personaje al cual estaban destinados, Stradivarius decidió recurrir a la práctica, ya en desuso, de decorar los instrumentos con preciosos dibujos y con incrustaciones de ébano y marfil.

Felipe V, sucesor de Carlos II, fue a Italia en 1702 a combatir en contra de las fuerzas austro-inglesas en la Guerra de Sucesión y a defender, con éxito, los reinos de Nápoles y Sicilia. Pasó por Cremona en julio y en octubre de 1702 y Stradivarius quiso aprovechar la ocasión para hacer la solemne entrega, pero las autoridades municipales no se lo permitieron debido probablemente a las nacientes divergencias políticas provocadas por la guerra.[6]

---

[5] Carlos II el Hechizado murió sin descendientes en 1700. Fue sucedido por Felipe de Anjou (Felipe V de España), nieto de Luis XIV de Francia. Con Felipe V se instaura en España la casa de Borbón.

[6] Felipe V llegó en junio de 1702 a Lombardía y el 3 de julio a Cremona. Permaneció allí algunos días, recibió las visitas de los duques de Parma y de Mantua y presidió varios consejos de guerra con los generales de las fuerzas aliadas franco-españolas. Volvió a Cremona a principios de octubre, en un clima de celebraciones tras las victorias de Luzzara y Gustalla. Don A. de Ubilla y Medina, marqués de Ribas, *Sucesión de el Rey D. Philipe V. Diario de sus Viages,* Madrid, 1704. Citado también en George Hart, *The Violin*, Londres, 1884, p. 191.

Desde entonces, Antonio Stradivarius y luego su hijo Francesco se negaron a vender el quinteto ornamentado, que constituye, sin duda, un conjunto único.

Al fallecer Antonio en 1737, Francesco vendió algunos de los numerosos instrumentos que quedaban en el taller, incluyendo uno de los tres violonchelos, el de la última época, pero conservó la mayor parte de tal suerte que a su muerte, apenas cinco años después que su padre, su hermano menor Paolo heredó una colección de instrumentos que era impresionante no sólo por su cuantía sino por su calidad. A muchos de los instrumentos que tuvo, aunque no a todos, Paolo los marcó con las iniciales PS (Paolo Stradivari) en la superficie interior del cuello, a la altura de la entrada al clavijero.

Hacia 1760 un violonchelista llamado Carlo Moro se acercó a Paolo con la intención de adquirir uno de los dos violonchelos. No he logrado averiguar casi nada acerca de la trayectoria de Moro en Italia, salvo que era protegido de los duques de Mantua y conocido de Paolo Stradivari. Paolo se negó a vender el violonchelo ornamentado que formaba parte del mencionado quinteto concebido para la corona española. Si algún día decidiera venderlo, sólo lo haría junto con los otros instrumentos del quinteto.[7]

Con el apoyo de la corte de Mantua, Moro logró convencer a Paolo de venderle el otro violonchelo, o sea el Piatti. Poco después de 1760 dicho instrumento salió por primera vez de Cremona, donde permaneció prácticamente intocado durante los primeros 40 años de su vida.

Carlo Moro era un joven músico que vivía obsesionado con la idea de ir a probar fortuna a España. Estaba deslumbrado por las maravillas que se contaban acerca de la actividad musical española y de la buena acogida que se dispensaba en aquel país a los músicos italianos.

---

[7] Así ocurrió en 1775. Estando ya Paolo muy enfermo, llegó a Cremona un enviado del rey Carlos III, el padre Brambilla, quien logró adquirir para la corona española el quinteto ornamentado, cumpliendo así, póstumamente, el deseo de Antonio Stradivarius.

Una breve digresión histórica

La relación musical italo-española era intensa desde principios de siglo. Cuando Felipe V retornó a España en 1703 tras su victoriosa defensa de los territorios italianos pertenecientes a la corona española, llevó consigo no el quinteto decorado de Stradivarius mas sí una primera compañía de ópera italiana que se estableció en el Coliseo del Buen Retiro y que después fue seguida por otras compañías italianas.

En sus últimos años, Felipe V sufrió intervalos de ensimismamiento y demencia. La música y sobre todo el canto era de las pocas actividades que lo distraían. Su esposa, Isabel de Farnesio, tuvo la idea de traer a la corte al más famoso cantante de la época, Farinelli, cuya deslumbrante carrera lo había llevado a Londres. Isabel de Farnesio consiguió su objetivo: en 1737 llegó Farinelli a Madrid y, con el apoyo real, se dedicó a difundir la música italiana, a proteger a los músicos de su país y, por supuesto, a distraer al rey. Su omnipotencia en la corte continuó después de la muerte de Felipe V con su sucesor Fernando VI y su esposa Bárbara de Braganza.

Fue Bárbara de Braganza quien llevó a España al compositor Domenico Scarlatti. Scarlatti, nacido en Nápoles en 1685, aceptó en 1721 el puesto de maestro de capilla de la corte portuguesa de Juan V y maestro de música de la princesa Bárbara de Braganza. Doña Bárbara invitó a su maestro a seguir con ella en España al casarse en 1728 con el príncipe de Asturias, el futuro rey Fernando VI.[8]

Moro estaba enterado de la buena fortuna de Farinelli y de Scarlatti en España y había presenciado la continua emigración de músicos italianos.

[8] Scarlatti pasó 34 años en España, hasta su muerte en 1762. Siguió, por supuesto, instruyendo a la ahora reina, mujer de gran sensibilidad musical que llegó a tocar el clave y a componer de manera estimable. Fue maestro también de numerosos músicos españoles, entre los cuales destacaron el padre Soler y el sevillano Blasco de Nebra. Scarlatti tenía la obligación de tocar el clave todas las noches ante la familia real y de componer únicamente obras para clave, pues de las óperas se ocupaba Farinelli. Ello explica el enorme número de sonatas para clave compuestas por Scarlatti, más de 500, todas dedicadas a la reina. Aún en nuestros días siguen apareciendo sonatas de Scarlatti en archivos mal explorados.

En 1759 ocurrió un hecho histórico que confirmó la decisión de Moro de viajar a España. Ese año falleció Fernando VI, rey de España. Su hermano, el tercer hijo de Felipe V, don Carlos, quien hasta entonces había sido rey de Nápoles y Sicilia, lo sucedió en el trono de España como Carlos III.

Nápoles era escenario de una intensa vida musical y en el campo de la ópera probablemente no tenía rival en el mundo. Con 300 000 habitantes, era la ciudad más poblada de Italia. En Europa sólo Londres y París la superaban en población.

Nápoles era centro de actividad de muchos de los más destacados compositores, instrumentistas y cantantes de Italia: Scarlatti, Farinelli, Porpora, Vinci, Leo, Pergolesi, entre otros. Don Carlos, como rey de Nápoles, había realizado una notable labor y había propiciado la realización de importantes obras públicas, tales como el Teatro de la Ópera (Teatro di San Carlo), que tanto contribuían a la brillantez de la actividad musical napolitana.

Carlo Moro estaba enterado también de que en Nápoles había pasado su niñez y su juventud el hijo de Carlos III, el príncipe Carlos. El príncipe era muy aficionado a la música y había tenido en Nápoles excelentes profesores de violín. Quizás algún día sucedería a Carlos III, pensó Moro.[9] Todo ello auguraba, en la mente de Moro, un futuro promisorio en España.

La oportunidad se le presentó en 1762 cuando un empresario invitó a un grupo de músicos a integrarse en una orquesta de ópera que empezaría sus actividades en Cádiz ese mismo año.

El Piatti en Cádiz, España: 1762-1818

Moro y el Piatti se embarcaron en Génova, puerto que mantenía estrechas relaciones con Cádiz, a donde arribaron algunos días más tarde para incorporarse inmediatamente al Teatro de Ópera Italiana. Ésta fue la primera actividad del Piatti, el cual, como antes señalé, había pasado sus primeros 40 años de vida en estado prácticamente virginal.

Cádiz es una ciudad excepcional en cuanto a su ubicación.

---

[9] En efecto, Carlos, príncipe de Asturias, sucedió a su padre como Carlos IV. Su pasión siguió siendo el violín, pero resultó tan mediocre en la música como en la política.

Es una isla y una ciudad-puerto en uno de los grandes cruces de las comunicaciones marítimas mundiales. Su condición marítima y atlántica propició el inicio de su riqueza con la llegada de los españoles a tierras americanas. La prosperidad de Cádiz, notable en el siglo XVII, aumentó de manera considerable en el XVIII. Como escribe María Pemán, "la recaudación de la Aduana gaditana era cuatro veces superior a la de Barcelona y muy superior a todas las demás españolas juntas".[10] A la par se desarrolló en Cádiz una vida refinada y culta. Se formaron buenas bibliotecas y algunas excelentes colecciones pictóricas. Creció el gusto por la música.

Varios miles de extranjeros vivían en Cádiz a la llegada de Moro. Los más numerosos eran los franceses y los genoveses, dedicados casi todos a actividades comerciales. Carlo Moro no fue el primer músico italiano en llegar a Cádiz. En la primera parte del siglo residían y trabajaban en Cádiz, además de españoles, prominentes músicos italianos. Entre ellos estuvo Ignacio de Jerusalem, compositor y violinista nacido en 1710 en Italia y considerado por sus contemporáneos como "un milagro musical". Jerusalem tocaba en el Coliseo de Cádiz. En 1742, un nuevo teatro que abrió sus puertas en la Ciudad de México recibió el permiso de reclutar en Cádiz maestros de música y de danza y, por esa razón, Jerusalem viajó a la Ciudad de México,[11] donde permaneció hasta su muerte.

Moro encontró en Cádiz una notable actividad musical, sobre todo operística. Entre 1762 y fines de siglo se presentó en Cádiz el mayor número de óperas italianas de cualquier ciudad española, con excepción de Madrid y Barcelona. En 1762 había un local dedicado a la ópera italiana. En 1773 existían, adicionalmente, un teatro español y otro francés.[12] En 1767 se instala una nueva compañía de ópera.

[10] *El viaje europeo del marqués de Ureña (1787-1788)*, estudio, comentarios y notas de María Pemán, Unicaja, España, 1992, p. 31.

[11] En la Ciudad de México, aparte de tocar en el nuevo Coliseo, Jerusalem compuso música religiosa para la Catedral Metropolitana, en cuyos archivos obran manuscritos suyos a partir del año de 1746. En 1749 fue nombrado maestro de capilla de la catedral, donde sucedió al genial compositor Manuel de Zumaya. Jerusalem es considerado uno de los grandes compositores novohispanos, pues fue en estas tierras donde compuso prácticamente la totalidad de su obra.

[12] Antonio Martín Moreno, *Historia de la música andaluza*.

Moro estuvo, por tanto, continuamente ocupado pero su sueldo no le permitía lujos de ningún tipo. En 1773 su situación empeoró al interrumpirse la actividad operística en Cádiz. Moro se vio de repente privado de su principal fuente de ingreso. No sería sino en 1787 cuando se reanudarían las actividades de la ópera en Cádiz.

Para su fortuna, había conocido a varios personajes de gran importancia en la vida cultural de Cádiz durante la Ilustración. Me referiré primero al sacerdote José Sáenz de Santa María, pues fue quien primero ayudó a Moro al conseguirle en 1773 una plaza en la orquesta de la catedral. Además, el padre Santa María propició que Moro fuera invitado a participar también en sesiones de música de cámara en los salones de la nobleza y la burguesía ilustrada de Cádiz. Con tal motivo conoció al marqués de Méritos, con quien pronto congenió por razones lingüísticas y musicales. El marqués de Méritos hablaba el italiano a la perfección pues su padre, un magnate nacido en Italia, lo había enviado a pasar dos años en Génova, Florencia, Bolonia y Nápoles. Era, además, muy aficionado a la música y amigo de Haydn.[13]

Moro conoció también al marqués de Ureña, el primer español en formular la teoría del nacionalismo musical y destacado músico aficionado que, según María Pemán "dominó diversos instrumentos, como el violín, la viola, el fagot, la flauta, el clave y el órgano. Compuso algunas piezas, estimables sobre todo por su buen gusto y elegancia, que interpretaba luego en compañía de sus amigos, entre los que se contaban músicos aficionados y profesionales, como era entonces habitual en los ambientes más selectos de Europa, aunque no precisamente en España".[14] Moro se contó entre los músicos profesionales invitados con frecuencia por el marqués de Méritos.

---

[13] María Pemán, *op. cit.*, p. 34.
[14] *Idem.*

El padre Santa María (marqués de Valde Íñigo), la Santa Cueva y *Las Siete Palabras* de Haydn

Pero fue el padre Santa María quien, por azares del destino, desempeñaría un papel crucial en la vida de Moro y de su violonchelo Stradivarius. El asunto se inicia en 1771, cuando el padre Santa María fue invitado a asumir la dirección espiritual de una hermandad que desde 1730 se reunía todos los jueves santos, en una casa particular, a practicar los ejercicios de la Pasión del Señor, también llamados de la Venerable Madre Antigua. En 1756 se descubrió junto a la Parroquia del Rosario una cueva que fue adaptada para que los congregantes de la Venerable Madre Antigua celebraran allí sus ejercicios, en lo que se llamó desde entonces la Santa Cueva. A partir de 1771, y gracias al padre Santa María, la hermandad "prosperó grandemente gracias a su celo apostólico y excepcionales virtudes".[15]

El viernes santo de 1774, el padre Santa María invitó a Carlo Moro a presenciar los ejercicios espirituales que se celebraban cada viernes santo en la Santa Cueva y que tenían por nombre "la Devoción de las Tres Horas". Moro quedó profundamente impresionado por la espiritualidad de la ceremonia: las murallas, ventanas y pilares estaban cubiertos de negro y sólo una gran lámpara que colgaba del centro del techo rompía la solemne oscuridad. Al mediodía las puertas se cerraron y se inició la ceremonia. Esta consistió, como cada año, en la lectura de consideraciones sobre los tormentos que Cristo padeció en la Cruz y sobre las últimas palabras que pronunció.

En 1778 falleció el padre del sacerdote Santa María y éste heredó el marquesado de Valde Íñigo y una cuantiosa fortuna. El padre Santa María, ahora marqués de Valde Íñigo, supo inmediatamente lo que debía hacer con su fortuna. Apenas ordenado sacerdote en 1761, se trasladó con su familia a Madrid, donde ejerció su ministerio de 1761 a 1766.

Una mañana de mayo de 1764, atendiendo una invitación de

---

[15] Pablo Antonio Solé, "Un testimonio artístico y religioso de la burguesía gaditana: la Santa Cueva," *Anales de la Real Academia de Bellas Artes de Cádiz*, núm. 2, Cádiz, 1984.

un personaje de la corte, acudió a visitar el Palacio Real. Apenas llegaron a la escalera principal, el joven sacerdote se detuvo. No quiso continuar contemplando las maravillas y la riqueza que ya advertía desde la escalera. Le dolía el contraste con la pobreza de muchos de los templos de Cádiz.

En 1766, el padre Santa María regresó a Cádiz, con el firme propósito de llegar un día a engrandecer y embellecer algún lugar del culto y continuar allí su ministerio religioso.

Ignoro en qué año conoció Carlo Moro al padre Santa María. Quizás al regreso a Cádiz del sacerdote en 1766 o sólo en 1773, cuando éste le ayudó a conseguir la plaza en la catedral. Moro conocía las intenciones de su amigo sacerdote y no fue para él una sorpresa cuando en 1781 el padre Santa María emprendió a sus expensas la total renovación y ampliación de la Santa Cueva. Se abrió al culto el jueves santo de 1783. El viernes santo de ese año, la Devoción de las Tres Horas se llevó a cabo en la renovada Santa Cueva.

Resulta de interés consignar que la Devoción de las Tres Horas tuvo su origen en el Nuevo Mundo y, más concretamente, en Perú. Según relata Robert Stevenson,[16] se debe al jesuita peruano Francisco del Castillo la práctica iniciada en 1600 de reunir a los fieles de Lima el viernes santo, desde el mediodía hasta las tres de la tarde, para meditar acerca de las Siete Palabras. El jesuita peruano Alonso Messia Bedoya (1655-1732) tuvo la idea de intercalar música entre las meditaciones y propagó la devoción en un libro publicado por primera vez en Sevilla en 1757.

El duque de Híjar encargó en 1783 al organista Guillermo Ferrer la composición de un adagio para cada una de las Siete Palabras que debía ejecutarse durante la Devoción de las Tres Horas en la iglesia del Espíritu Santo en Madrid.

Con estos antecedentes y con el fin de dar una relevancia mucho mayor a dicha devoción, se le ocurrió al padre Santa María encargar una obra musical al más importante compositor de la época. Moro sugirió el nombre de su compatriota Boccherini, quien desde 1768 vivía en España y había conquistado

---

[16] Robert Stevenson, "Los contactos de Haydn con el mundo ibérico", *Revista Musical Chilena*, 1982, XXXXVI, núm. 157.

gran fama. Pero el padre Santa María apuntaba más alto. Tenía en mente nada menos que a Franz Josef Haydn, indudablemente el compositor más famoso y más admirado internacionalmente y, en particular, en España y el mundo hispánico. Haydn vivía en esa época en Esterháza, cerca de Viena, donde era *Kapellmeister* de la magnífica orquesta de la capilla del príncipe Nicolás de Esterházy.

Se tocaban sus cuartetos en reuniones de la nobleza en Madrid. Para entrar en contacto con Haydn, el padre Santa María solicitó la intervención de su amigo y cofrade, Francisco de Paula Micón, marqués de Méritos, de quien ya hablé anteriormente, noble ilustrado, buen músico, maestro de capilla de la catedral de Cádiz y, además, repito, amigo de Haydn. El marqués de Méritos encargó la obra al gran compositor austriaco por medio de una carta de 1785 que envió al Castillo de Esterháza y que contenía explicaciones detalladas acerca de las características que debería tener la composición.

Haydn aceptó el encargo y se dio a la tarea de componer *Las Siete Palabras de Cristo* en 1786. Según Haydn, la composición se facilitó grandemente gracias a las explicaciones contenidas en la carta del amigo del padre Santa María, el señor de Micón, Marqués de Méritos. Es una pena que se haya perdido en España la correspondencia de Haydn con el marqués, pero un sobrino de este último recordó que Haydn, en la carta de envío de la obra, escribió que "más se debía la composición a la exposición que había recibido por escrito del señor de Micón que a su propia invención, porque aclaraba de modo tan singular todos los pasos, que le parecía cuando estaba leyendo la instrucción remitida de España, leer sólo música".[17]

A. C. Dies, amigo de Haydn, escribió una serie de testimonios acerca de sus visitas al compositor y, en uno de ellos, reflejando sin duda la opinión de Haydn, dice lo siguiente acerca de la carta del señor de Micón:

> La explicación sucinta recibida hace honor a su autor español. Debe haber tenido la sensibilidad de un gran poeta para saber que unas cuantas breves palabras, dichas con expresión, pueden mover el

---

[17] Stevenson, *op. cit.*, p. 11.

corazón; además, para que fueran claramente comprensibles, no se expresan en el canto sino en lenguaje hablado, aclarado incluso por medio de un breve sermón.[18]

El propio Haydn escribió al respecto:

Las paredes, ventanas y columnas de la iglesia se cubrían con telas negras y sólo una gran lámpara, colgada del centro del techo, rompía la solemne oscuridad. Al mediodía se cerraban las puertas y empezaba la ceremonia... El obispo ascendía al púlpito, pronunciaba la primera de las Siete Palabras (o frases) y hacía unas reflexiones al respecto, tras de lo cual bajaba del púlpito y se postraba ante el altar. La pausa se llenaba con música. El obispo retornaba y en igual forma pronunciaba la segunda palabra, la tercera, y así sucesivamente, con las intervenciones de la orquesta al concluir cada reflexión. Mi composición estaba sujeta a estas condiciones y no fue tarea fácil componer siete adagios con duración de diez minutos cada uno... y que no fatigaran a los auditores.[19]

La instrumentación original consistió en dos flautas, dos oboes, dos fagotes, dos trompetas, cuatro cornos, dos timbales, cuarteto de cuerdas y contrabajo.

La partitura de Haydn llegó a Cádiz a principios de 1787. Su título completo es *Musica istrumentale sopra le sette parole del Nostro Redentore in croce, o sianno Sette Sonate con una introduzione, ed al fine un Terremoto*. Tanto la introducción *(maestoso ed adagio)* como las sonatas están escritas en *tempo lento* (tres *largos,* dos *graves,* un a*dagio* y un *lento*). Sólo el *Terremoto* tiene, por lógica, un carácter enteramente diferente. Es un *Presto e con tutta la forza*.

Su estreno mundial tuvo lugar el viernes santo de 1787 en la Santa Cueva. Por supuesto, el padre Santa María no escatimó los recursos para tan señalado acontecimiento. Conocía a los mejores músicos de Cádiz, entre ellos a su amigo Carlo Moro,

---

[18] A. C. Dies, *Biographische Nachrichten von Joseph Haydn y Joseph Haydn, Eighteenth Century Gentleman and Genius,* The University of Wisconsin Press, Madison, 1963, p. 288.
[19] Prefacio de la partitura de la obra, publicada en 1801 por Breitkopf und Hartel. Véase Karl Geiringer, *Hayn. A Creative Life in Music,* University Press, 1982.

cuyo violonchelo, así como los demás y muy numerosos Stradivarius de España, empezaba a tener cierta fama.

El Piatti fue así testigo presencial y actor en el estreno de *Las Siete Palabras* de Haydn.

Pero la participación del Piatti en dicho estreno no fue la única sorpresa que me produjeron mis investigaciones acerca de las aventuras de mi violonchelo. La segunda fue cuando me enteré que ese singular personaje llamado don José Sáenz de Santa María, marqués de Valde Íñigo, era veracruzano.[20] En efecto, José Sáenz de Santa María nació en Nueva España, en el puerto de Veracruz, en 1738. Sus padres fueron el español don Pedro Sáenz de Santa María, "de la más antigua y calificada nobleza de la Rioja", y doña Ignacia Sáenz Rico, veracruzana según algunas fuentes, de la Rioja según otras. Cuando José tenía 12 años, falleció su madre y entonces su padre, un rico comerciante, decidió ir a España para establecerse en Cádiz, a la sazón en la cúspide de la prosperidad comercial gracias al comercio con América.

Su padre quiso educarlo para el comercio pero el joven José estaba movido por una profunda vocación religiosa y decidió ser sacerdote. Encontrándose fuera de su jurisdicción religiosa, José tuvo que solicitar de su obispo, el de Puebla de los Ángeles, en la Nueva España, las correspondientes dimisionarias, o sea, las cartas que dan los prelados a sus súbditos para que puedan ir a recibir las sagradas órdenes. El obispo de Puebla, que lo conocía y estimaba, escribió con gusto dichas dimisionarias, con las que se presentó José en 1757 ante el obispo de Cádiz, fray Tomás del Valle, quien lo tonsuró, le confirió el 9 de octubre de 1757 las órdenes menores y lo ordenó sacerdote en 1761.

José, ahora conocido como el padre Santa María, se trasladó con su familia a Madrid, donde ejerció su ministerio de 1761 a 1766.

No deja de ser extraordinario que el violonchelo Piatti haya tenido, a través del padre Santa María, originario de Veracruz, su primer contacto indirecto con México, en cuyo ambiente musical estaría íntimamente involucrado dos siglos después.

---

[20] *Carta edificante del V. sacerdote o Relación Sumaria de la vida de José Sáenz de Santa María, Marqués de Valde Íñigo*, Biblioteca de Estudios Gaditanos, 1807.

Al poco tiempo del estreno de *Las Siete Palabras*, el padre Santa María, marqués de Valde Íñigo, se encargó de hacerle llegar a Haydn los honorarios convenidos y lo hizo de manera ciertamente original. El compositor recibió un día una pequeña caja procedente de Cádiz. La abrió y advirtió que sólo contenía un pastel de chocolate. Con gran disgusto lo partió y se encontró con que el pastel estaba relleno de monedas de oro.[21]

La obra tuvo un éxito inmediato. El propio Haydn otorgó una gran importancia a *Las Siete Palabras*. Prueba de ello es que poco después de compuesta la versión original para orquesta, hizo una versión para cuarteto de cuerdas —incluida en algunas ediciones como *Cuarteto op. 51*— y revisó y aprobó la transcripción para piano que le sometió un colega. Años después, hizo otra versión más para cuarteto vocal, coro y orquesta.

En admirable persistencia de una tradición, desde su estreno en 1787 hasta nuestros días, *Las Siete Palabras* se han ejecutado en ese mismo recinto de la Santa Cueva todos los viernes santos. Manuel de Falla, nacido en Cádiz en 1876, las escuchó allí siendo niño y atribuyó a la honda impresión que esta obra le produjo el despertar de su vocación musical.

La munificencia de nuestro sacerdote veracruzano, don José Sáenz de Santa María, no se limitó a las obras arquitectónicas de la Santa Cueva y al encargo de la obra musical a Haydn. Sobre la Santa Cueva mandó construir, también a sus expensas, un oratorio dedicado al Santísimo Sacramento y decidió encargar una serie de cuadros de acuerdo con un plan de conjunto que él mismo trazó. Y, del mismo modo que en el caso de la música acudió al más célebre compositor de la época, Josef Haydn, en el caso de la pintura escogió nada menos que a Francisco de Goya.

Para entrar en contacto con el pintor recurrió a su amigo don Sebastián Martínez, hombre de amplia cultura, poseedor de una notable biblioteca y gran coleccionista de pinturas y grabados. Goya conocía bien a don Sebastián Martínez, en cuya casa de Cádiz pasó una larga y grave enfermedad desde finales de 1792 hasta mediados del siguiente año, cuidado por don Sebastián y sus hijas. Muestra de su amistad y agradecimiento hacia Sebas-

---

[21] Geiringer, *op. cit.*, p. 84.

tián Martínez es el magnífico retrato que le hizo en 1792 y que hoy se puede admirar en el Museo Metropolitano de Nueva York.

Es probable que haya sido durante esta estancia cuando el padre Santa María, directa o conjuntamente con don Sebastián, le haya encargado a Goya los tres cuadros que aún hoy se encuentran en el Oratorio de la Santa Cueva. La concepción de los cuadros y los primeros bocetos datan seguramente del invierno de 1792. La ejecución final de los tres cuadros es de 1796, época del segundo viaje de Goya a Andalucía. El hecho es que los tres óleos —*La última cena*, la *Multiplicación de los panes* y el *Invitado a las bodas*— estaban en su lugar el día de la bendición del Oratorio, el jueves de Pascua, 31 de marzo de 1796, probablemente en presencia de Goya.

He visitado en diversas ocasiones la Santa Cueva. Pude contemplar el retrato de don José Sáenz de Santa María, pintado por el alemán Riedmayer, y ver sobre su tumba un retrato de la Virgen de Guadalupe, traído de la Nueva España por el joven José, como si hubiera querido recordar su origen novohispano este notable personaje nacido en Veracruz y que tuvo un papel tan central en la vida artística de Cádiz y en la creación de obras maestras tanto de Haydn como de Goya.

Hacia 1791, Carlo Moro, que empezaba a sentir el peso de los años, se vio precisado, igual que le ocurrió poco después a Boccherini, a separarse del Stradivarius que lo había acompañado durante 30 años.

Moro conocía a un violinista italiano apellidado Vaccari que tocaba en la corte de Carlos IV en Madrid. Sabiendo que también vivían allí Boccherini, Brunetti y otros músicos italianos y españoles dueños de instrumentos de Stradivarius, Moro fue a Madrid hacia 1791.[22] Recordaba las épocas de Carlos IV en Nápoles, cuando éste era un joven príncipe aficionado al violín en la corte de su padre, el futuro Carlos III de España. Moro pensaba vender su violonchelo, por conducto de Vaccari, a algún miembro de la nobleza.

Vaccari conocía bien a Carlos IV, pues participaba con él en sesiones de música de cámara en palacio. El rey era el primer

---

[22] Había en esa época en España por lo menos 50 instrumentos de Stradivarius, incluyendo ocho violonchelos.

violín, Vaccari el segundo, Dámaso Cañada la viola y Francisco Brunetti, el violonchelo. Vaccari no tenía un alto concepto de Su Majestad como violinista y le contó a su amigo Moro dos anécdotas que, según él, reflejaban fielmente sus capacidades violinísticas. Antes de tocar con Vaccari, Carlos IV se reunía periódicamente con músicos profesionales a tocar cuartetos de cuerda. El primer violín era el famoso violinista francés Alexandre Boucher. El rey, segundo violinista del cuarteto, tenía ciertas dificultades en contar bien sus compases de silencio y, a veces, entraba a destiempo. Según informaron a Vaccari testigos presenciales, cuando Boucher le hizo ver, en una ocasión, la necesidad de esperar hasta el fin de sus compases de silencio, el rey respondió inapelablemente: "¡El rey de España no espera a nadie!"[23]

La segunda anécdota se refería a su compatriota Luigi Boccherini, llamado ahora don Luis, pues llevaba ya muchos años en España. Don Luis Boquerini formaba parte, como violonchelista y compositor, de la orquesta de la corte del infante don Luis, hermano de Carlos III y tío, por tanto, del rey Carlos IV. El infante estimaba mucho a Boccherini y fue su principal protector en España. Un día, el infante don Luis condujo a palacio a Boccherini para que su sobrino don Carlos, entonces príncipe de Asturias, conociera los quintetos que acababa de componer. El príncipe tocó el primer violín y ocurrió el siguiente desastre:

> El príncipe hacía de primer violín. Su parte tenía una serie de compases monótonos: do, si, do, si. El príncipe, cansado, se levantó y dijo con acento colérico:
>
> —¡Esto es detestable!; un principiante no haría otro tanto! ¡Do, si, do, si!
>
> —Señor —contestó Boccherini—, preste vuestra alteza atención a las modulaciones que el segundo violín y la viola ejecutan... Esta uniformidad pierde su monotonía desde el momento en que entran los otros instrumentos y se mezclan en el diálogo.
>
> —¡Do, si, do, si! Y esto durante media hora. ¡Delicioso diálogo! ¡Música de principiante y de mal principiante! —repitió el príncipe.

---

[23] Ruiz Casaux, *La música en la corte de don Carlos IV y su influencia en la vida musical española*, Real Academia de Bellas Artes de San Fernando, discurso del 22 de noviembre de 1959, p. 16.

—Señor, antes de emitir semejante juicio es preciso saber de música —dijo Boccherini.[24]

La reacción no se hizo esperar. El príncipe, que aunaba un temperamento irascible a una fuerza física descomunal, se abalanzó sobre el autor de la temeraria frase y sólo los gritos despavoridos de la princesa de Asturias libraron al compositor de una paliza. Desde aquel día don Luis Boccherini no volvió a poner los pies en el Palacio Real.

A Vaccari le pareció poco realista la idea de Moro de vender su Stradivarius en la corte de Carlos IV. La corte había adquirido durante el reinado de Carlos III el famoso quinteto decorado de Stradivarius. Por otra parte, la corte era en aquellos momentos un hervidero de ambiciones y rencillas. Todos conspiraban contra todos y lo menos que les podía interesar era un violonchelo. Carlos IV, irascible pero bonachón, no se enteraba de nada, ni siquiera de cómo lo engañaba su esposa María Luisa de Parma, a quien dejaba hacer y deshacer.

Vaccari planteó en la corte el asunto de la compra del Piatti pero, tal como había vaticinado, no hubo el menor interés. Los violonchelistas Boccherini y Brunetti habían llegado a España con sendos magníficos instrumentos de Stradivarius y Boccherini empezaba ya a pensar en la conveniencia de vender el suyo. Había en esos momentos por lo menos ocho violonchelos de Stradivarius en España, casi todos en Madrid, y por tal motivo decidió regresar a Cádiz donde esperaba encontrar mejores condiciones para la venta de su instrumento.

No existen muchos más datos acerca de Carlo Moro, salvo que falleció hacia 1794 y que logró finalmente vender su violonchelo en Cádiz.

De acuerdo con datos de María Pemán, es altamente probable que el comprador haya sido don Sebastián Martínez, el amigo de Goya, gran coleccionista de pinturas y grabados y dueño de la Compañía de Vinos de Jerez de Martínez y Cía. con bodegas en Jerez de la Frontera y en Sanlúcar de Barra-

---

[24] Esta historia aparece relatada por un bisnieto de Boccherini, en Solar-Quintes, "Nuevos documentos sobre Luigi Boccherini", *Anuario Musical*, Barcelona, 1947, vol. II, p. 91.

meda.[25] Don Sebastián poseía también una notable biblioteca y una colección de valiosos instrumentos musicales con los que el marqués de Ureña y otros amigos tenían ocasión —según María Pemán— de "satisfacer ese imperioso deseo que todo intérprete aficionado experimenta de utilizar instrumentos ajenos de alta calidad".[26] El Piatti vino así a ser la joya de su colección de instrumentos.

Don Sebastián Martínez había destacado también en el mundo de las finanzas y la economía y fue nombrado, hacia 1792, tesorero mayor del reino, cargo que ostentó hasta su muerte en 1800.

Cuando falleció, el violonchelo Stradivarius no figuraba entre sus bienes. En mis intentos por seguirle la pista al Piatti, se me ocurrió que hubiera podido adquirirlo el duque de Alba, que pasaba temporadas en su palacio de Sanlúcar de Barrameda, muy cerca de Cádiz. Era aficionado a la música y violinista y se recordará que encargó varios cuartetos de cuerda a Haydn. Tanto el duque como don Sebastián eran amigos de Goya y ambos fueron objeto de sendos magníficos retratos del pintor.

Lo que se sabe con precisión es que el Piatti estaba en Cádiz en 1818, en manos de un irlandés llamado Allen Dowell.[27] Es posible que Allen Dowell haya adquirido el violonchelo directamente de manos de don Sebastián Martínez, o bien, que al morir don Sebastián hacia 1800, el violonchelo haya quedado en los inventarios de la compañía de don Sebastián, la Compañía de Vinos de Jerez de Martínez y Cía., y que haya sido ésta la que haya vendido el Piatti a Dowell, comerciante también de vinos de Jerez.

En 1801 residían en Cádiz más de 100 irlandeses,[28] en su mayoría comerciantes. Veamos ahora quién era Dowell, este personaje irlandés dueño del Piatti.

---

[25] "La colección artística de don Sebastián Martínez, el amigo de Goya", *Archivo Español de Arte,* núm. 201, Consejo Superior de Investigación Científica, Instituto Diego Velázquez, Madrid, 1978.
[26] *El viaje europeo del Marqués de Ureña (1787-1788),* estudio y notas de María Pemán, Serie Fuentes Documentales, núm. 11, Unicaja, p. 35.
[27] Hill, *Antonio Stradivarius,* p. 137.
[28] Ramón Solís, *El Cádiz de las cortes,* Silex, 1987, p. 63.

Allen Dowell —o "don Alonso Dowell", como aparece en varios documentos gaditanos de la época—[29] era un comerciante dedicado principalmente al comercio de los vinos de Jerez. Fue, además, contratista del ejército inglés durante la guerra de independencia. Nació en 1774 en Roscommon, Irlanda, hijo de Edmundo Dowell y doña Catalina Plunckett, según reza en testamentos registrados en Cádiz.[30] Era "vasallo de S. M. Británica" pero vivía en Cádiz por lo menos desde 1809. Su casa comercial se llamaba Alonso Dowell y Compañía y era socio de don Alonso Fallow. Su casa y su negocio estaban ubicados en el número 136 de la calle de las Cinco Torres.[31]

Dowell tocaba el violín y era gran admirador de Stradivarius. En 1809 vendió un violín Stradivarius, que envió desde Cádiz, a John Betts, importante comerciante londinense de instrumentos.[32] En los siguientes años y aprovechando el creciente caos imperante en España, logró adquirir por lo menos cinco violines adicionales de Stradivarius para luego venderlos en Inglaterra a precios sustancialmente mayores.[33]

Un breve paréntesis histórico

Permítaseme ahora hacer un breve resumen histórico de lo que acontecía en España en ese entonces. La situación política y económica estaba en franco deterioro. En 1805, el Almirante Nelson había destruido en Trafalgar la armada hispano-francesa. En 1808, las turbas amotinadas en Aranjuez obligaron a Carlos IV a renunciar a favor de su hijo Fernando VII, quien no pudo subir al trono porque Napoleón lo secuestró en Bayona en compañía de su padre, de María Luisa de Parma y de Godoy.

Napoleón instaló como rey a su hermano José e impuso una constitución liberal en España, aboliendo la Inquisición y pro-

---

[29] Tomo 2622, folios 69-72; tomo 5401, folios 778-81, Archivo de Protocolos, Cádiz.
[30] *Idem.*
[31] *Lista general de los comerciantes establecidos en Cádiz, así nacionales como extrangeros,* Guía Patriótica de España para el año de 1811, Real Isla de León, Imprenta de D. Miguel Segovia, impresor de la Real Marina Guía.
[32] Hill, *op. cit.*, p. 267.
[33] *Ibid.*, p. 137.

clamando los derechos del hombre. Los españoles, puestos a escoger entre la libertad ofrecida por los invasores franceses y el despotismo de los Borbones, gritaron ¡Vivan las cadenas! y lucharon contra las fuerzas del Imperio.

El ejército francés sufrió una derrota en Bailén, premonitoria de Moscú y de Waterloo, pero se impuso su superioridad y ganó todas las batallas aunque sin conseguir la sumisión de ninguna provincia. La guerrilla —fenómeno nacido en España— surgió por doquier y no dejó reposo a las fuerzas francesas de ocupación. De ello se aprovecharon los liberales y los representantes de todas las tendencias independentistas, para reunir a las Cortes en Cádiz. Las Cortes asumieron la soberanía nacional, declararon rey único a Fernando VII y, obra capital, proclamaron una constitución liberal y moderna. La fatídica campaña de Napoleón en Rusia permitió el regreso de Fernando VII al trono de España en 1814 pero señaló la derrota de las fuerzas liberales. Fernando VII rehusó jurar la Constitución de Cádiz y cerró las puertas a las transformaciones pacíficas tanto en España como en Hispanoamérica.

Se inicia el éxodo de España de los grandes instrumentos

José Bonaparte regresa a París. Las dos violas del quinteto ornamentado desaparecen del Palacio Real, probablemente saqueadas en el equipaje del rey Bonaparte.

Las turbulencias políticas y económicas de España, la invasión francesa, la guerra de independencia, el regreso de Fernando VII y la derrota de las fuerzas liberales señalan el fin de la época más brillante de Cádiz y la instauración de décadas de profunda decadencia en España. No es casualidad que, a partir de esas fechas, se inicie el éxodo de la mayor parte de los magníficos instrumentos musicales que había en Cádiz y, en general, en España, todos vendidos por coleccionistas y artistas asustados por las guerras y el desorden generalizado.

En 1818, también Allen Dowell y el Piatti —que entonces cumplía sus primeros 98 años de vida— se embarcaron, abandonaron tierras españolas y se dirigieron a Irlanda.

El "Violonchelo Rojo" en Irlanda: 1818-1853.
Allen Dowell, el reverendo Booth y el violonchelista Pigott.
Alfredo Piatti descubre el violonchelo

Dowell se retiró de los negocios y se quedó en Dublín con el violonchelo. Decidió venderlo tres años después, en 1821. Para ello, acudió a su amigo Paul Alday. Alday era un violinista y compositor francés, afincado desde 1809 en Dublín, donde abrió una academia de música y se convirtió, además, en uno de los principales editores de música de la ciudad. Alday conocía a fondo el medio musical irlandés y le recomendó a Dowell venderle el violonchelo al reverendo Booth, violonchelista aficionado del pequeño condado de Carlow, a poco más de 100 kilómetros al sur de Dublín. También estaba interesado en el Stradivarius un joven violonchelista de Dublín llamado Samuel J. Pigott, pero fue el reverendo Booth quien lo adquirió en 1821 en la cantidad de 300 guineas.

Al morir Booth, sus herederos decidieron vender el violonchelo y optaron por ponerlo en manos de Cramer & Beale's, casa londinense especializada en el comercio de instrumentos de cuerda, pensando que así podrían obtener un mejor precio.

A Pigott le había ido bien en el negocio de la música. En 1823 fundó una empresa, Pigott & Co., Musical Instrument Importers and Music Publishers, ubicada en la calle Westmoreland, en Dublín. El negocio prosperó y llegó a convertirse en la principal empresa de su ramo en toda Irlanda. Cramer & Beale's vendió el Stradivarius en Londres, en 1831, y el comprador fue nada menos que Samuel J. Pigott, quien realizó así su sueño de adquirir el Stradivarius. Pigott era, sin duda, un hábil comerciante. En 1833 la casa de la calle Westmoreland era ya insuficiente y el negocio se mudó al 112 de la calle Grafton, en el corazón de Dublín.

Dublín era entonces escenario de una activa vida musical cuyos antecedentes se remontan al siglo XVIII. Geminiani fue a Dublín en 1731 y Haendel, que llegó en 1741, dirigió el estreno local del *Mesías* en 1742. Una de las principales figuras de la música irlandesa fue el compositor y pianista John Field, nacido en Dublín en 1782. Field y su familia se mudaron a Londres en

1792, donde estudió con Clementi. Su estilo romántico y soñador —Field fue el creador del "nocturno"— lo convirtieron en uno de los pianistas-compositores más populares de la primera parte del siglo XIX, especialmente en Rusia, donde murió en 1835.

En 1844 el italiano Alfredo Piatti, uno de los violonchelistas más destacados del siglo XIX, hizo su primera gira de conciertos por Inglaterra e Irlanda. En Dublín, como es natural, conoció a Pigott, quien le enseñó su Stradivarius. Piatti, siempre vivamente interesado en los buenos instrumentos, nos dejó el siguiente testimonio acerca de su primer encuentro con el violonchelo: "Grande fue mi asombro al ver tan noble instrumento y debo confesar que me embargó una gran envidia hacia su dueño, el cual parecía apreciar su tesoro en todo lo que valía".[34]

El negocio de Pigott siguió creciendo a pesar de que Irlanda atravesó por épocas catastróficas. Entre 1845 y 1849 una terrible hambruna asoló al país. Una epidemia destruyó la cosecha de papas, base de la alimentación de la población irlandesa. Casi un millón de personas fallecieron por la hambruna, el tifo y el cólera. Otro millón emigró, fundamentalmente a los Estados Unidos.

Samuel J. Pigott falleció en 1853 y el negocio pasó a manos de su viuda y, posteriormente, de su hijo John. Un documento de la casa Pigott, escrito a los 25 años de la muerte de Samuel, nos da el siguiente interesante testimonio acerca de la personalidad de su fundador:

> El nombre de Pigott es muy conocido del público musical irlandés gracias a la casa de gran tradición y reputación relacionada con la venta y alquiler de pianos y otros instrumentos y con la venta y edición de partituras musicales. La firma de Pigott fue originalmente establecida en 1823 por Samuel J. Pigott, el padre de su actual propietario, John A. Pigott... Cuando Samuel J. Pigott falleció en 1853, Dublín sufrió la pérdida no sólo de un hombre bondadoso y de un hábil comerciante, sino de un excelente músico y violonchelista. Fue dueño del famoso Stradivarius de 1720 conocido como el "Violonchelo Rojo", actualmente en manos del Signor Piatti...[35]

---

[34] Hill, *op. cit.*, p. 138.
[35] Documento interno de la casa Pigott. Debo el conocimiento de este documento al profesor Bara Boydell, de Dublín.

El Piatti en Inglaterra: 1853-1867.
Sir Robert Gore-Booth, Maucotel, el coronel Oliver y Alfredo Piatti

Pigott, el dueño del Piatti, murió en 1853 y Mary Salmon, su viuda, entregó el instrumento a sir Robert Gore-Booth, amigo de su difunto esposo, para que lo vendiera. Sir Robert era un violonchelista aficionado y era también poseedor de un violonchelo de Stradivarius de 1710. Como sir Robert era amigo de Alfredo Piatti, lo invitó a que conociera el instrumento, pensando que podría ser un cliente ideal. Nuevamente, las palabras del propio Piatti:

> Tuve la agradable sorpresa de reconocer inmediatamente a mi antiguo amigo y grande fue mi pena y disgusto al no estar en posibilidad de comprarlo, porque simplemente carecía de los medios para ello. Al poco tiempo visité al laudero Maucotel. Hablamos del instrumento y le recomendé insistentemente que lo viera e intentara adquirirlo. Siguió mi consejo y tras cierto regateo se convirtió en su dueño mediante la muy modesta cifra de 300 libras.
>
> Lo conservó poco tiempo porque, a sugerencia mía, se lo ofreció al coronel inglés (luego general) Oliver, quien aceptó. Esto ocurrió en 1853. Poco después, vino a Londres Vuillaume [el más grande laudero francés de la época].
>
> Estaba enterado por Maucotel de la existencia del instrumento. Visitó al dueño e, *ipso facto,* le ofreció 800 libras pero el coronel se negó a venderlo.[36]

El coronel Oliver era un violonchelista aficionado, residente en Londres. Era amigo de Piatti y conservó el Stradivarius durante 14 años, de 1853 a 1867.

En 1867 ocurrió un hecho totalmente inesperado. El propio Piatti lo cuenta:

> Era yo un asiduo visitante de la casa del coronel Oliver y con frecuencia tocaba el Stradivarius. De hecho, era yo quien le cambiaba

---
[36] Hill, *op. cit.*, p. 138.

las cuerdas y lo cuidaba como si fuera mi propio hijo. Un día de 1867 —un día grabado en mi memoria— me encontraba yo, como de costumbre, en casa del coronel y estaba tocando y comparando sus tres violonchelos: un Antonio y Hieronymus Amati, un Montagnana y el Stradivarius. De repente, el coronel me preguntó: "¿Cuál de los tres prefiere?" Repuse riendo: "'No puede uno tener la menor duda: el Stradivarius". "¡Pues lléveselo!", me dijo. Me sentí tan confundido por lo que me pareció una decisión precipitada que decliné cortésmente y, en su debido momento, me despedí y me fui a casa. Cuál no sería mi asombro —y debo agregar, mi alegría— cuando momentos después me llegó el Stradivarius.[37]

El gran violonchelista Alfredo Piatti, dueño del Piatti de 1867 a 1901

A partir de entonces, Piatti siempre tocó el Stradivarius. Tuvo muchos violonchelos durante su larga carrera: un Antonius y Hieronymus Amati que le regaló Franz Liszt, un Pietro Giacomo Rogeri que fue su preferido durante muchos años, dos Matteo Gofriller (uno de 1697, que llegó a ser propiedad del gran violonchelista estadunidense Leonard Rose, y otro de 1700, que fue de Nicolo Paganini) y varios más. Con autoridad poco común escribió Piatti:

> A veces me he enamorado a la vista de grandes instrumentos y me ha impresionado su belleza. Cuando he llegado a adquirirlos, he querido creer que su sonido igualaba al de mi Stradivarius. El tiempo me ha visto retornar siempre a mi viejo amigo con un sentimiento de satisfacción difícil de explicar. Cierto, son sutiles las diferencias de sonido, pero sólo puedo decir que obtengo de mi violonchelo una profundidad y nobleza de sonido que siempre me llenan de contento; de hecho, es algo que me resulta inalcanzable con los demás.[38]

Poco después del sorpresivo y extraordinario regalo, llegó Piatti a París. Enterado de que Vuillaume ansiaba ver el instru-

[37] *Ibid.*, p. 139.
[38] *Ibid.*, p. 127.

mento, Piatti concertó una entrevista con él, descrita en los siguientes términos por W. E. Whitehouse, su discípulo favorito:

> El espléndido Stradivarius era un instrumento perfecto. Incluso tenía entonces el cuello original... Vuillaume quedó anonadado de admiración y, tras de examinar minuciosamente hasta el último detalle, le comentó a Piatti: "Es un sueño de belleza y de grandeza. Hay apenas algunas señales de uso, unas marcas del puente y un borde desgastado en la sección en la que la mano izquierda entra en contacto con el cuerpo del violonchelo. Podría yo fácilmente remover las marcas del puente y poner un borde nuevo". Piatti le agradeció cumplidamente su ofrecimiento pero no aceptó. Piatti se sentía muy orgulloso del estado de prístina originalidad del violonchelo.[39]

Alfredo Piatti nació en Bérgamo en 1822. Inició el estudio del violonchelo a los cinco años, con su tío-abuelo Zanetti, primer violonchelo de la orquesta de la Ópera. Los progresos que hacía tenía atónitos a cuantos le conocían. Apenas cumplidos los siete años, le permitieron ingresar a la orquesta de la Ópera de Bérgamo. A los pocos meses falleció Zanetti y Alfredo, pese a su corta edad, fue nombrado su sucesor como violonchelista principal de la Ópera.

A los 10 años de edad fue admitido en el Conservatorio de Milán, donde permaneció cinco años en la clase del profesor Vincenzo Merighi. En casa de su maestro vio Piatti por vez primera un violonchelo de Stradivarius. Se trataba de un instrumento adquirido en curiosas circunstancias. Un día de 1822, andando por las calles de Milán, Merighi se percató de que un trabajador llevaba en una carreta un montón de objetos viejos entre los cuales se encontraba un destartalado violonchelo. Merighi lo abordó y terminó comprándole el violonchelo que resultó ser un Stradivarius auténtico de 1707, cuyo estado era tan lamentable que el precio fue insignificante. En 1834 o 1835, Merighi se lo vendió a Paganini y éste, a su vez, al gran laudero francés Vuillaume, quien probablemente lo restauró y lo revendió en 1854 al conde Stanlein.[40]

---

[39] Whitehouse, *The Strad*, Londres, mayo de 1929, p. 15.
[40] Hill, *op. cit.*, p. 132.

En 1838 el joven Piatti,[41] de 16 años, dio un recital en el Teatro della Scala, en Milán. Causó tan honda impresión que fue invitado a tocar el año siguiente en Viena, donde tuvo un éxito fenomenal. En 1843 tocó en Munich ante Franz Liszt, que le regaló un violonchelo de Antonio y Hieronymus Amati.

En 1844 Piatti viajó a Inglaterra. Su primer concierto en Londres, dado en Her Majesty's Theater en mayo de ese año lo consagró de inmediato como un artista extraordinario. Poco después tocó en el Atheneum y los críticos destacaron su infalible precisión, pero sobre todo su *cantabile* que, según uno de ellos, "se había formado obviamente bajo la influencia de los cantantes de su país". Precisamente acerca de ese concierto contó Piatti que "creía haber tocado bastante bien y se sentía contento con la impresión causada en el público, cuando salió al escenario un niño regordete, de rojas mejillas, que tocó el violín de tal manera que lo opacó totalmente". Era Joseph Joachim, el futuro legendario violinista con quien Piatti llegaría a tocar con gran frecuencia.

El debut de Piatti en la Sociedad Filarmónica de Londres se llevó a cabo el 24 de junio de 1844, en circunstancias también insólitas. En efecto, la obra inmediatamente anterior a la participación de Piatti fue el *Concierto en sol mayor para piano y orquesta,* con Felix Mendelssohn como solista de Beethoven. Era uno de los conciertos preferidos de Mendelssohn y su interpretación resultó particularmente brillante. Es probable que Piatti no hubiera aceptado presentarse de haber sabido que lo iba a preceder una figura tan notable y tan popular como Mendelssohn. Pero su éxito fue grande. Tocó una *Fantasía* de Kummer y el crítico del *Morning Post* escribió: "Su magnífica ejecución al violonchelo le conquistó a Piatti la admiración general, por la perfección de su sonido y su evidente dominio de todas las dificultades de su instrumento".

Después del concierto, el pianista Moscheles le hizo saber a Piatti el deseo de Mendelssohn de tocar juntos una sonata. Se reunieron en casa de Moscheles y Mendelssohn sacó el manuscrito de su nueva sonata en si bemol. Quedó el compositor tan en-

---

[41] Datos biográficos de Piatti tomados de *Alfredo Piatti. A Grand Master of the Violoncello. Violoncello, Society Inc. Newsletter,* Nueva York, mayo de 1978.

tusiasmado que le envió de inmediato una nota con el siguiente texto: "A M. Piatti avec mille remerciements du plaisir qu'il m'a fait en jouant ma sonate ce matin et avec l'admiration la plus sincère de son beau talent. Felix Mendelssohn Bartholdy. Londres, 8 Juillet, 1844".[42] ("Al Sr. Piatti con miles de gracias por el placer que me produjo al tocar esta mañana mi sonata y con la admiración más sincera por su gran talento. Felix Mendelssohn Bartholdy. Londres, 8 de julio de 1844.")

Poco después, Mendelssohn inició la composición de un concierto para violonchelo y orquesta, dedicado a Piatti, y terminó el primer movimiento. Por desgracia, el manuscrito, enviado a Piatti, se perdió en el correo y Mendelssohn ya nunca intentó ni reescribirlo ni terminar la obra. Piatti había conocido el manuscrito en manos del compositor y posteriormente dijo que "la obra no estaba a la altura, ni remotamente, del concierto para violín".

A partir de 1846 Piatti estuvo continuamente en Londres. Inglaterra se convirtió en su segunda patria. En adición a sus conciertos como solista en Inglaterra y en el continente, Piatti participó en muy frecuentes conciertos de música de cámara junto con artistas de la talla de Joachim, Vieuxtemps, Sivori, Ernst y otros.

En 1858 se organizaron en Londres los Conciertos Populares —los "Pops", como llegaron a llamarse— a precios accesibles que permitían el acceso de los amantes de la música de ingresos modestos y ya no sólo, como antes, de pequeños grupos de aristócratas y acaudalados aficionados. En el concierto inaugural tocaron Henri Wieniawski, primer violín; Louis Ries, segundo violín; C. W. Doyle, viola; Alfredo Piatti, violonchelo, y Charles Halle, piano.

En el último concierto de la temporada 1885-1886, Joachim, Ries, Straus y Piatti tocaron con Clara Schumann al piano el espléndido quinteto de Robert Schumann. El violonchelo utilizado fue el Stradivarius. El crítico musical del *Times* escribió acerca del concierto: "Es tan difícil imaginar quiénes van a tomar el lugar de Mme. Schumann, Herr Joachim y el Signor Piatti cuando estos artistas se retiren del escenario como nombrar al nue-

---

[42] Whitehouse, *op. cit.*, p. 16. Copiado del manuscrito de la condesa Rosa Constanza Piatti-Lochis, hija de Piatti.

vo compositor que vaya a componer las óperas, sinfonías y cuartetos de nuestro futuro".[43]

Durante los últimos años de Piatti, Robert von Mendelssohn, sobrino del compositor y violonchelista aficionado, intentó en varias ocasiones adquirir el violonchelo. Piatti desechó una oferta de 2000 libras, lo cual movió a Mendelssohn a ofrecerle un cheque en blanco. Pero ni así aceptó separarse de su instrumento.

Le gustaba tanto contemplar y admirar su noble belleza que, aun cuando se encontraba mal de salud y no podía tocar, le pedía a su fiel ama de llaves, miss Freeman, que trajera el estuche y lo abriera para deleitarse, por lo menos, con la contemplación del violonchelo.

Piatti se retiró en 1898 y fue a pasar sus últimos años a su pueblo natal de Bérgamo, en compañía de su hija Rosa.

Falleció el 18 de julio de 1901 y en su funeral se tocó, de acuerdo con su deseo, el *andante* del *Cuarteto en re menor* de Schubert.

Tras su muerte, su hija, la condesa Rosa Lochis-Piatti, decidió con gran renuencia separarse del violonchelo. Pensó que era peor condenar el instrumento al silencio. Finalmente aceptó el ofrecimiento del persistente Robert von Mendelssohn y se lo vendió, en 1901, en 4000 libras.

El Piatti en Alemania: 1901-1936.
La familia Mendelssohn

Robert y su hermano Franz von Mendelssohn eran descendientes del filósofo judío Moses Mendelssohn (1729-1786) y sobrinos de Felix Mendelssohn. Los hijos de Moses se convirtieron al cristianismo y todos sus descendientes, como Felix y los hermanos Robert y Franz, fueron protestantes. Franz y Robert eran prominentes banqueros en Berlín y destacados músicos aficionados. Robert, como hemos visto, tocaba el violonchelo, y Franz, el violín. Sus casas palaciegas albergaban Goyas, Grecos, Rembrandts y, entre ambos, tenían una extraordinaria colección de instrumentos musicales, que incluía un septeto de Stradiva-

---

[43] *Violoncello Society Inc., Newsletter*, mayo de 1978, Nueva York.

rius (cuyos dos violonchelos eran el Piatti, de 1720, y el Paganini, de 1736, el último violonchelo de Stradivarius).

Los Mendelssohn eran grandes patronos de la música de cámara y sus casas eran frecuentadas por muchos de los principales músicos de la época, tales como los pianistas Artur Schnabel y Rudolf Serkin, los violonchelistas Pablo Casals, Gregor Piatigorsky, Emanuel Feuermann, Gaspar Cassadó y Hermann Busch, los violinistas Adolf Busch, Bronislaw Huberman, Nathan Milstein y muchos más.

Robert von Mendelssohn se casó con una italiana, Giulietta Gordigiani, con quien procreó dos hijos, Francesco y Eleanore. Giulietta, a quien todos llamaban *contessa,* era una buena pianista que con frecuencia participaba en las sesiones palaciegas de música.

El joven Francesco, nacido en 1902, estudió violonchelo y recibió clases y consejos de, entre otros, Casals y Cassadó. Cuenta Piatigorsky una anécdota que retrata bien el ambiente de la casa de los Mendelssohn:

> Mi gran deseo era oír a Casals. Un día, mi deseo fue cumplido casi totalmente y conocí a Casals pero, irónicamente, fui yo quien tuvo que tocar. Ocurrió en casa de los Von Mendelssohn, una casa llena de Grecos, Rembrandts y Stradivarius. Francesco von Mendelssohn, el hijo del banquero y violonchelista de talento, me llamó por teléfono y me preguntó si podía pasar a recogerme. Tenían un invitado interesado en conocerme.
>
> Me presentaron a un hombrecito calvo que fumaba la pipa. Era Casals. Dijo que tenía gusto en conocer a jóvenes músicos como Serkin y yo. Rudolf Serkin estaba de pie junto a mí, tenso y tieso. Había tocado antes de mi llegada y Casals quería ahora escucharnos juntos. La *Sonata en re mayor* de Beethoven estaba sobre el piano. "¿Por qué no la tocan?" Serkin y yo casi no nos conocíamos y, presa del nerviosismo, la tocamos mediocremente. "¡Bravo! ¡Magnífico!" dijo Casals, aplaudiendo. Francesco trajo entonces el *Concierto para violonchelo* de Schumann, que Casals quería oír. Nunca toqué peor... Casals me abrazó y me dijo: "Splendide! Magnifique!" Confuso y desconcertado, abandoné la casa...[44]

[44] Piatigorsky, *Cellist*, Doubleday & Company, Nueva York, 1965, p. 128.

Es difícil saber en cuál violonchelo tocó Piatigorsky ante Casals pero es probable que haya sido el Piatti.

Entra ahora en escena el joven violonchelista español Gaspar Cassadó. Cassadó, nacido en 1897, había sido alumno de Casals en París y en 1918 empezó una brillante carrera internacional. En 1923 llegó a Italia, se enamoró del país y pronto fijó su residencia en Florencia. Poco después llegó a Berlín de vacaciones y, por supuesto, fue invitado a la casa de los Mendelssohn, donde conoció a Giulietta, la *contessa,* a su hijo Francesco y al Piatti. Giulietta había enviudado recientemente y es difícil saber si Cassadó se enamoró de la *contessa,* del Piatti o de ambos. El hecho es que congeniaron. Durante sus vacaciones, Cassadó tuvo oportunidad de hacer música de cámara con Giulietta e incluso de tocar tríos con Giulietta al piano y con Albert Einstein al violín. Entusiasmado por esta experiencia, compuso entonces un trío para violín, violonchelo y piano.

A partir de estas fechas, Giulietta se convirtió en frecuente acompañante al piano de Cassadó en sus recitales y fue el Piatti, otorgado en préstamo, el instrumento con el cual el violonchelista dio la mayor parte de sus conciertos en la década de los veinte y principios de los treinta. En 1925 o 1926 estrenó en Venecia su propia *Sonata en el estilo antiguo español.* En diciembre de 1936 Cassadó hizo su debut en Nueva York, en un concierto con la Orquesta Sinfónica-Filarmónica de esa ciudad. Ése fue también el debut del Piatti en tierras americanas. El *New York Times* publicó una entusiasta reseña titulada: "Cassadó triunfa en el Carnegie Hall. Toca el *Concierto* de Haydn".[45] La larga nota destaca que "su cantilena despertaría la envidia de cualquier cantante" y que "su sonido es muy rico y potente". A los cuantos días Cassadó tocó su propia transcripción del *Concierto para clarinete* de Weber y nuevamente el *New York Times* se deshizo en elogios: "Cassadó tocó con gran brillantez... Rara vez puede uno encontrar en un violonchelista un sonido tan lleno de vida, tan humanamente expresivo y tan potente".[46]

La familia Mendelssohn vendió, entre las dos guerras mundiales, la mayor parte de la colección de instrumentos formada

---

[45] *New York Times*, 11 de diciembre de 1936, 34:2.
[46] *Ibid.*, 13 de diciembre de 1936, II, 7:1.

por Franz y Robert Mendelssohn, con excepción del Piatti.[47] Mientras tanto, Francesco y su hermana Eleanore seguían viviendo en Berlín. Por algún tiempo Francesco fue integrante del Cuarteto de Cuerdas Klinger. Fue también ocasional productor teatral y dirigió, sin mucho éxito, obras de Brecht. Estuvo en los Estados Unidos en 1928 y 1933 y dirigió *The Three Penny Opera* de Kurt Weil en el Teatro Empire en Broadway. El fracaso fue tal que sólo se dieron 12 representaciones.[48]

Eleanore, en cambio, destacó como actriz y desarrolló una importante carrera en el teatro.

Las relaciones de Francesco con su madre no eran excesivamente cordiales. La *contessa* era la dueña legítima del Piatti pero Francesco se consideraba despojado de su herencia. Molesto por el préstamo a Cassadó, se vengaba acusando a su madre de haber entregado su Stradivarius a un "fascista" (pues Cassadó vivía con Giulietta en la Italia de Mussolini, aunque era por completo apolítico). "Hay tres cosas que odio —decía su madre— los judíos, los comunistas y los homosexuales", a lo que le respondía Francesco: "¡Pues soy precisamente las tres cosas!"[49]

Pese a todo, la *contessa* acabó entregándole el violonchelo a Francesco.

Francesco, o "Cesco", como le decían, era muy amigo de la familia Busch, el violinista Adolf Busch, su esposa Frieda, su hermano, el violonchelista Hermann, y de Rudolf Serkin, futuro yerno de Adolf y Frieda pues se casó con Irene Busch. Adolf era un artista muy activo en todos los campos de la música. En 1919 fundó el Cuarteto de Cuerdas Busch, cuyo violonchelista fue, a partir de 1931, su hermano Hermann.[50] Con Rudolf Serkin y con Hermann formó también el Trío Busch.

La situación política en Alemania se había tornado siniestra. La toma del poder por los nazis en 1933 lanzó señales de alarma que no fueron percibidas inmediatamente por muchos intelectuales y artistas, judíos y no judíos. Pero el gobierno empezó

---

[47] Conversación con Charles Beare, Londres, febrero de 1998.
[48] Conversaciones con Thomas Blubacher en Kronberg, Alemania, octubre de 2002.
[49] Conversación con el escritor Joe Roddy, Nueva York, 1980.
[50] El Cuarteto Busch subsistió 32 años, hasta la muerte de Adolf en 1951.

pronto a dictar medidas tendientes a sujetar al arte y a los artistas, de manera parecida a lo que ocurría simultáneamente en la Unión Soviética bajo Stalin.

El Trío Busch había sido contratado para dar un concierto en Hamburgo, en mayo de 1933, en las celebraciones del aniversario del nacimiento de Johannes Brahms. Después del cambio de régimen, Adolf Busch recibió una comunicación oficial en el sentido de que no sería bienvenida la participación de Rudolf Serkin —que era judío—, ya que el Führer estaría presente en el concierto. Busch respondió al instante: "Estoy escandalizado ante su impertinencia. Por supuesto, tampoco yo tocaré".[51]

Busch dio un concierto en Alemania en abril de 1933 y se percató de la brutalidad del boicot antijudío. A partir de entonces, canceló todos sus compromisos en Alemania y jamás regresó a su país natal. Los Busch se quedaron a vivir en la ciudad suiza de Basilea, cercana a la frontera alemana.

En 1933 Wilhelm Fürtwängler, director de la Orquesta Filarmónica de Berlín, se negó a acatar las órdenes de expulsar a los cinco músicos judíos de su orquesta: el concertino y eminente violinista Szymon Goldberg, los violonchelistas principales Nikolai Graudan y Joseph Schuster y otros dos violinistas.[52] Pero no había fuerza que contuviera la avalancha de odio antijudío. Por fortuna, antes de 1938 lograron salir o fueron expulsados miles de intelectuales y artistas judíos y arios, entre los que se contaban músicos de la talla de Arnold Schönberg, Alban Berg, Paul Hindemith, Ernst Krenek, Kurt Weil, Fritz y Adolf Busch, Emanuel Feuermann, Artur Schnabel, Bruno Walter, Otto Klemperer, Erich Kleiber, Nikolai Graudan y Joseph Schuster.

El infame Goebbels sometió a la literatura, el arte y la prensa a un férreo control. En 1937 organizó en Munich una exposición pictórica representativa de lo peor del "arte decadente". La exposición, titulada "Entartete Kunst" ("Arte degenerado"), incluyó obras de Pablo Picasso, Oskar Kokoschka, Vassily Kandinsky, Paul Klee y otros pintores "de semejante ralea".[53]

---

[51] Adolf Busch, *Letters-Pictures-Memories,* Walpole, New Hampshire, 1991, p. 247.
[52] Sam H. Shirakawa, *The Devil's Music Master. The Controversial Life and Career of Wilhelm Furtwängler*, Oxford University Press, Nueva York, 1992, p. 151.
[53] *Ibid.*, p. 272.

Goebbels patrocinó en 1938 un festival titulado "Días de la Música Alemana" en Düsseldorf. Paralelamente al "Musikfest" y siguiendo el ejemplo de la exposición de "Arte degenerado", se organizó también una exposición-audición de "Música degenerada", para ilustrar cómo elementos salvajes y perniciosos habían infectado la música de Alemania. La exposición mostraba partituras, programas, carteles y otras pruebas de degeneración musical y los visitantes podían, además, escuchar en cabinas individuales grabaciones de obras de Mendelssohn, Mahler, Schönberg, Krenek, Hindemith y otros "degenerados" en interpretaciones de los igualmente "degenerados" Bruno Walter, Otto Klemperer, Emanuel Feuermann y Fritz Kreisler. Esta exposición-audición tuvo un éxito inesperado pero diametralmente opuesto a los objetivos perseguidos, tanto que el propio Goebbels emitió una orden terminante prohibiendo a la prensa cualquier mención del evento.[54]

Los Mendelssohn eran, como vimos, protestantes y, además, habían recibido del gobierno nazi un título que pretendía protegerlos de la persecución antijudía: fueron nombrados "Ehrenarien" ("arios honorarios"). Ello no evitó que a partir de 1934 se prohibiera la ejecución de la música de Felix Mendelssohn, tío de Francesco. Francesco y Eleanore, "arios honorarios", eran, además, hijos de italiana pero, como es natural, la Alemania nazi no les inspiraba la menor confianza. Pero cuando decidieron emigrar, en 1936, estaba prohibido salir del país con objetos de arte. El gobierno nazi los decomisaba sin contemplaciones.

Sin embargo, lo intentaron. Eleanore, la primera. Descolgó buena parte de su extraordinaria colección de cuadros. Les quitó los marcos e hizo un paquete con los cuadros apilados unos sobre otros, envueltos en papel periódico. Se vistió con ropa harapienta y llegó a tomar el barco en Hamburgo. Agentes de la Gestapo le preguntaron cuál era el contenido del paquete y ella repuso que se trataba de viejos retratos familiares. "¡Ábralo!", le ordenó un agente. Eleanore levantó parte del papel periódico y apareció el primer cuadro. Era nada menos que un autorretrato de Rembrandt. Sin inmutarse, Eleanore demostró sus grandes dotes de actriz. "Es el retrato de mi pobre tío, el

[54] *Ibid.*, p. 247.

rabino", dijo, rompiendo en tan desconsolado llanto que los propios guardias —cuyos conocimientos pictóricos eran, por fortuna, nulos— le ayudaron a cerrar el paquete y le desearon buen viaje.[55]

Francesco, por su lado, se fue a vivir temporalmente a un pequeño pueblo próximo a la frontera suiza. En la muy cercana población suiza de Basilea vivía la familia Busch, cuyos integrantes —el violinista Adolf Busch, el violonchelista Hermann Busch y sus hermanos— habían sido, en otra época, huéspedes frecuentes de los Mendelssohn en Berlín. Francesco se las ingenió para pasar la frontera con frecuencia para ir a tocar con ellos música de cámara. Por un precio irrisorio Francesco compró un violonchelo de fábrica, malo y feo, una bolsa de lona particularmente burda y una bicicleta. Con tal cargamento intentó una primera vez pasar la frontera. Los guardias fronterizos lo detuvieron para indagar a dónde se dirigía. Francesco repuso que a tocar música de cámara con amigos suizos. Los guardias examinaron con atención su horrendo violonchelo y lo dejaron pasar. Por la noche, Francesco regresó a su pueblo. La escena se repitió numerosas veces hasta que los guardias juzgaron innecesario seguir examinando el contenido de la bolsa de lona y se contentaban con saludar, un tanto burlonamente, a su estrafalario amigo. Un día, Francesco metió su Stradivarius en la bolsa y, disimulando a duras penas su intenso nerviosismo, saludó como siempre a los guardias y pasó la frontera en su bicicleta. Ya en Suiza siguió pedaleando pero lo vencieron los nervios, pues empezó a temblar de tal manera que por poco se cae con el violonchelo a cuestas. ¡Fue así como salió el Piatti de la Alemania nazi![56]

La emigración de Eleanore y de Francesco no pudo venir en momento más providencial. Su estatus de "arios honorarios" no era ninguna garantía fiable, como lo prueba el caso —entre muchos— de Max Friedländer, el septuagenario y legendario historiador del arte —antiguo director del Kaiser Friedrich Museum— y de su colega Vitale Bloch. Al igual que muchos intelectuales judíos de Alemania, vivían en la Holanda ocupada por

---

[55] Conversación con Anna Lee Wulitzer, Nueva York, 23 de enero de 1998.
[56] *Idem.*

los nazis. Ambos fueron arrestados e internados en el campo de concentración de Osnabrück. El "Reichmarschall" Goering envió de inmediato a Holanda a Hofer, su especialista en asuntos artísticos. Hofer dirigió a las autoridades nazis de ocupación un memorándum según el cual "el Reichmarschall Goering deseaba que Friedländer y Bloch se quedaran en La Haya y, en virtud de sus profundos conocimientos sobre la pintura alemana y holandesa, no fueran afectados por las disposiciones del delegado del Reich en asuntos judíos". Friedländer y Bloch fueron declarados "arios honorarios", pero a condición de convertirse en asesores artísticos de los coleccionistas nazis empeñados en adquirir en Holanda obras maestras de la pintura europea. Su encarcelamiento fue calificado como un "error" burocrático y quedaron en "libertad".[57] Otros "arios honorarios" no merecieron semejante clemencia ante la atroz orgía antijudía de los nazis.

Tras una temporada en Suiza, Francesco decidió emigrar a los Estados Unidos.

El Piatti en los Estados Unidos.
Francesco Mendelssohn

Francesco desembarcó con el Piatti en Nueva York en 1939. Al terminar la segunda Guerra Mundial, Francesco prestó el Piatti durante algún tiempo a su querido amigo Hermann Busch, integrante del Cuarteto Busch. Poco después los Busch emigraron a los Estados Unidos. En 1951, junto con Rudolf Serkin fundaron, en el estado de Vermont, la Marlboro School of Music, que pronto se convirtió en una institución fundamental en la vida musical de los Estados Unidos.[58]

Eleanore, la hermana de Francesco, vivía también en Nueva York. Era amiga y, según algunos, más que amiga, de Arturo Toscanini. También conocía a David Sarnoff y a Samuel Chotnizoff, dirigentes de la National Broadcasting Corporation y fundadores de la NBC Orchestra que dirigiera Toscanini durante 17 años, hasta 1954.

[57] L. H. Nicholas, *The Rape of Europa,* A. Knopf, Nueva York, 1994, p. 101.
[58] Los fundadores fueron Rudolf Serkin, Adolf y Hermann Busch, Marcel Moyse, Louis Moyse y Blanche Honegger Moyse.

La familia Mendelssohn había establecido un fideicomiso que le asignaba una cierta cantidad semanal a Francesco. El dinero se le agotaba tan rápidamente que, a media semana, empezaba a vivir de los préstamos de sus amigos. Dilapidaba el dinero pero también ayudaba con generosidad a artistas e intelectuales que llegaban a Nueva York huyendo de la guerra.

Francesco era un tipo simpático, bohemio y dotado de un gran sentido del humor. Desde su arribo a Nueva York se hizo muy amigo de Rembert Wurlitzer, el más importante comerciante y experto de violines de aquella época, y de su esposa Anna Lee.

El Piatti era de cuando en cuando huésped del taller de instrumentos de Wurlitzer en la calle 42. Allí trabajaba un laudero extraordinario, Fernando Sacconi, que le hacía al violonchelo los ajustes y las reparaciones que pudiese requerir. (Recuerdo bien a Wurlitzer y a Sacconi, a quienes visitaba yo ocasionalmente desde mi época de estudiante en el MIT.)

Los testimonios de quienes lo conocieron coinciden en que Francesco era un violonchelista de talento —como escribió Piatigorsky— y que tocaba de manera más que estimable. Sin embargo, estudiaba poco y aparecía con escasa frecuencia en conciertos públicos. Era muy amante del teatro y le gustaba impresionar a sus amigos con sus estentóreas recitaciones de monólogos de Shakespeare.

Llevaba una vida desordenada y cada vez más disipada. Sus recurrentes crisis alcohólicas lo conducían periódicamente al hospital, pero Francesco no perdía su sentido del humor. Rembert Wurlitzer era uno de los amigos a los que acudía cuando se le agotaban los fondos. Una vez, Eleanore le rogó que ya no le diera dinero a su hermano: estaba en periodo de rehabilitación pero no resistiría la tentación de gastarse el préstamo en bebidas alcohólicas. Al llegar Francesco, le informó Rembert que "no tenía ni cinco centavos y, por lo tanto, no podía prestarle nada". Al día siguiente, Wurlitzer recibió un giro bancario de parte de Francesco por la cantidad de ¡cinco centavos![59]

Un domingo por la mañana llegó Francesco a la casa de Rembert y Anna Lee Wurlitzer. Anna Lee, que le tenía mucho

---

[59] Conversación con Anna Lee Wurlitzer, Nueva York, 23 de enero de 1998.

cariño, lo recibió amablemente pero no despertó a su marido porque a Rembert le gustaba dormir hasta tarde y, sobre todo, porque Anna Lee sospechaba que la visita no era del todo desinteresada. Francesco tomó un café y luego, con toda calma, estuvo enseñándole a la señora Wurlitzer una inacabable serie de fotografías familiares y recitando conocidos pasajes de obras de Shakespeare. El tiempo pasaba y pasaba hasta que Anna Lee le dijo: "Lo lamento, Francesco. Debes estar ya muy impaciente pero Rembert sigue durmiendo". "No tengo prisa alguna —contestó Francesco—. ¡El que sí debe estar muy impaciente es el taxista que me trajo y me está esperando a la puerta!"

Como Francesco era, como hemos visto, un "violonchelista intermitente" y, como no precisaba del instrumento de manera continua, lo prestaba a distinguidos artistas. Cassadó, viejo amigo del Piatti que seguía viviendo en Italia con la madre de Francesco, volvió a tocarlo en ese país y en España.[60] Hermann Busch —en cuya casa de Basilea tocó Francesco mientras planeaba su fuga en bicicleta— dio muchos conciertos con el Piatti en Europa y los Estados Unidos como integrante del Cuarteto Busch. También lo tocó en los Estados Unidos con el Trío Busch (integrado por los hermanos Busch y Rudolf Serkin). También alguna vez lo tocó en compañía de Yehudi Menuhin en Nueva York.

Nada menos que Pablo Casals lo tocó en varias ocasiones. En el verano de 1964, don Pablo le dejó su famoso violonchelo Gofriller a Sacconi para una larga reparación. Necesitaba otro instrumento para sus recitales y sus clases en el Festival de Marlboro (Vermont), dirigido entonces por Rudolf Serkin que, desde su juventud, había conocido a la familia Mendelssohn en Berlín. Con la natural aprobación de Francesco, Marianne Wurlitzer, hija de Rembert y Anna Lee Wurlitzer, sacó el Piatti de la caja fuerte del taller de su padre, donde estaba a la sazón guardado, y lo llevó en avión a Vermont. Rudolf e Irene Serkin la esperaban en el aeropuerto y juntos le llevaron el violonchelo a

---

[60] Tanto el gran violinista español Víctor Martín —amigo de Cassadó y asistente a sus cursos en Siena— como la señora Felicitas Keller —antigua representante de Cassadó en España— me confirmaron esta información en noviembre de 1997. Ambos recuerdan bien el "Stradivarius de Mendelssohn".

Casals.[61] El Piatti no era un desconocido para don Pablo, que recordó haberlo admirado en Berlín en la casa de los Mendelssohn. Con ese violonchelo, pues, actuó don Pablo en Marlboro y quedó tan contento que un año más tarde volvió a usarlo en el mismo festival.[62]

Casals tuvo incluso la intención de adquirirlo en esa época pero su oferta no fue aceptada por Francesco y Eleanore.[63]

Francesco era, por supuesto, el principal usuario del violonchelo pero su vida bohemia, sus aventuras amorosas y su abuso del alcohol hicieron correr graves riesgos al Piatti.

Tras un concierto con dicho instrumento, se le pasaron las copas y, cuando un taxi lo depositó en su casa de East 62nd Street, Francesco no acertaba a abrir la puerta de su casa. Pensó haberse confundido de edificio y dejó el estuche con el violonchelo en la banqueta mientras localizaba la puerta debida. Por fin, logró entrar y cayó dormido sobre su cama. A la mañana siguiente entró la criada, que a duras penas logró despertarlo. "¿No es éste su violonchelo? —le dijo—. ¡Lo encontré tirado en la calle en el momento en que el camión de la basura estaba a punto de recogerlo!"[64]

En más de una ocasión, el Piatti pasó la noche en bares de Nueva York, dejado en garantía hasta en tanto Francesco pudiera liquidar sus deudas.[65]

En estas circunstancias, se comprenderá que Eleanore haya juzgado no sólo prudente sino indispensable alejar al Piatti de Francesco y alejar a Francesco de las tentaciones de Nueva York. Por instigación de Eleanore y de Arturo Toscanini, el director de la Orquesta de San Antonio, Texas, Max Reiter, invitó a Francesco a formar parte de la sección de violonchelos de su orquesta. Texas era un estado menos liberal que Nueva York y, además, era un estado "seco", lo cual quizá era más saludable para Francesco. Rembert Wurlitzer tenía un violonchelo hecho por él mismo cuando trabajaba como aprendiz en el taller de Dieudonné en Mirecourt, Francia. Wurlitzer y Sacconi conven-

---

[61] Conversación con Marianne Wurlitzer, Nueva York, 23 de enero de 1998.
[62] Conversación con Marta Casals Istomin, Nueva York, 15 de enero de 1998.
[63] Conversación con Marianne Wurlitzer, Nueva York, 23 de enero de 1998.
[64] Conversación con Anna Lee Wurlitzer, Nueva York, 23 de enero de 1998.
[65] Conversación con Joe Roddy, Nueva York, 1980.

cieron a Francesco de llevárselo y dejar el Piatti en la caja fuerte de la Calle 42. El gran laudero René Morel trabajaba en aquellos años con Sacconi. René —que ha estado íntimamente ligado al Piatti desde 1979, como veremos más tarde— recuerda perfectamente tanto las reparaciones que Sacconi hizo al Piatti como el violonchelo de Wurlitzer prestado a Francesco. Dicho instrumento distaba de ser una obra maestra. Era más bien el trabajo de un aprendiz aún novato.[66]

Francesco se fue pues a San Antonio y empezó a tocar en la orquesta de esa ciudad. Pero su estancia no estuvo desprovista de incidentes y de accidentes. Jascha Heifetz tocó en una ocasión como solista y montó en cólera ante la actitud poco disciplinada y burlona de Francesco. Sólo la indulgencia de Max Reiter lo salvó de ser expulsado.[67]

Al poco tiempo de estar en San Antonio, Francesco se emborrachó en su cuarto. Se durmió con un cigarrillo encendido, que provocó un tremendo incendio. Francesco salió ileso pero su apartamento se quemó por completo y del violonchelo de Wurlitzer no quedaron más que las cenizas.[68] ¡Providencialmente no se trataba del Piatti!

Francesco regresó a Nueva York y ocasionalmente le dejaban el Piatti. Sus últimos años fueron patéticos. Cuando no estaba en el hospital regresaba a su apartamento de 91 Central Park West, donde lo atendía una enfermera. Allí lo visitaban jugadores expertos, contratados para jugar con él partidas de bridge; a veces venían dos estudiantes de música de la Escuela Juilliard a tocar con Francesco y con su Piatti tríos de violín, violonchelo y piano.

Francesco falleció el 22 de septiembre de 1972 en St. Clare's Hospital en W 51st.

El Piatti fue encontrado bajo el piano de su apartamento de Central Park West.[69]

---

[66] Conversación con René Morel, Nueva York, enero de 1998.
[67] Conversación con Anna Lee Wurlitzer, Nueva York, 23 de enero de 1998.
[68] *Idem*.
[69] Conversaciones con Joe Roddy, Nueva York, 1980.

9. Don José Sáenz de Santa María, marqués de Valde Íñigo. Cuadro de Francisco Javier Riedmayer, Santa Cueva, Cádiz.

10. La Santa Cueva, Cádiz.

11. Allen Dowell.

12. Don Sebastián Martínez,
cuadro de Goya.
The Metropolitan Museum
of Art, Rogers Fund, 1906
(06.289), Nueva York.

13. El violonchelista italiano Alfredo Piatti con el Stradivarius, violonchelo de 1720, *ca*. 1880.

14. Francesco Mendelssohn, Piatigorsky, Horowitz, *ca.* 1930.

Comentarios de Casals acerca del Piatti

Años después de la muerte de Francesco Mendelssohn, Casals tuvo ocasión de describir sus impresiones del Piatti en unos diálogos que sostuvo con José María Corredor y que transcribo a continuación:

> Casals: Nunca me he sentido tentado por un Stradivarius. Esos admirables instrumentos tienen, en mi opinión, demasiada personalidad; al tocarlos, no puedo sustraerme a la idea de que tengo un Stradivarius en mis manos, lo cual me molesta considerablemente... Decía yo un día a un amigo, refiriéndome a estos instrumentos: "A ver si Sus Majestades me dan permiso de tocarlas..."
>
> Corredor: Sin embargo, estuvo usted a punto de comprar uno de los más hermosos violonchelos que llevan la etiqueta del célebre laudero.
>
> Casals: Es cierto. Hace ya mucho tiempo me sentí fascinado por el Stradivarius que tenía el señor Mendelssohn y que está considerado como el número uno. Le propuse comprárselo pero no aceptó mi oferta. Posteriormente me alegré de no haberlo adquirido, por las razones que acabo de exponer y porque el violonchelo era demasiado grande para mí y hubiera sido necesario achicarlo, lo cual hubiera podido echarlo a perder. Al principio de la persecución nazi, el señor Mendelssohn emigró a los Estados Unidos, donde tuvo un fin trágico; su violonchelo se encuentra actualmente en manos de un gran laudero de Nueva York.[70]

Rudolf Serkin, la Escuela y el Festival de Música de Marlboro

En su testamento, Francesco dejó el Piatti a la Fundación Marlboro, dirigida por su amigo de toda la vida, el gran pianista Rudolf Serkin, el mismo que, invitado por Francesco, tocara con Piatigorsky ante Casals medio siglo antes en la casa de los Mendelssohn en Berlín.

---

[70] J. M. Corredor, *Conversations avec Pablo Casals*, Éditions Albin Michel, Collection Pluriel, París, 1982, p. 288.

Serkin y el Piatti eran también viejos amigos. Serkin lo conoció por primera vez en la casa de los Mendelssohn en la década de los veinte y desde entonces fue su frecuente compañero en conciertos de música de cámara. En 1964 fue él quien acompañó a Marianne Wurlitzer a entregarle en préstamo ese violonchelo a Pablo Casals en Marlboro.

Serkin, nacido en Austria en 1903, tuvo mucha relación con los Mendelssohn en Berlín. Un concierto en esa ciudad con la Orquesta de Cámara Busch lo condujo a formar un dúo con el violinista Adolf Busch, con cuya hija Irene Ise casó.

Su debut en los Estados Unidos ocurrió en 1936, en un concierto con la Orquesta Sinfónico-Filarmónica de Nueva York, dirigida por Arturo Toscanini. En 1939 se hizo ciudadano estadunidense.

Por segunda vez, el Piatti cambiaba de manos sin una operación de compraventa. En 1867 el coronel Oliver lo regaló a Alfredo Piatti. En 1972, Francesco Mendelssohn lo legó a la Escuela Marlboro.

En 1973, Serkin, en nombre del patronato de la Escuela de Marlboro, prestó el Piatti al joven violonchelista Paul Tobias, alumno de su compañero y amigo Gregor Piatigorsky. Durante varios años fue así Paul Tobias el usufructuario del violonchelo hasta que Serkin optó por recuperarlo. [71]

El patronato decidió, en 1978, ponerlo en venta, habiendo acordado que, en vez de conservarlo, era preferible utilizar los fondos que generara su venta para ayudar a jóvenes músicos de valía. La única condición que puso el patronato fue que no se vendiera ni a un museo ni a un coleccionista, sino a un violonchelista que lo tocara por el mundo. [72]

El patronato propuso el Piatti a Rostropovich, que declinó la oferta porque ya había adquirido de la señora Warburg el maravilloso Stradivarius Duport. Serkin se puso entonces en contacto con Jacques Français, el principal comerciante de instrumentos de cuerda de Nueva York y uno de los de mayor tradición en el mundo.

---

[71] Conversaciones con Jacques Français, Nueva York, 1978.
[72] *Idem*.

Mis primeros contactos con el Piatti

7 de septiembre de 1978

Esa fecha está grabada en mi memoria. Me encontraba yo temprano en un desayuno en la Ciudad de México cuando me localizó mi hermano Juan Luis para darme una noticia sensacional: me estaba buscando con urgencia nuestro gran amigo Jacques Français para decirme que era probable que el Piatti se vendiera en un futuro cercano. El Piatti era para mí un instrumento legendario que sólo conocía por referencias y por libros. De inmediato me comuniqué con Jacques. En efecto, Rudolf Serkin, presidente de la Escuela Marlboro, había llegado prácticamente a la conclusión de vender el violonchelo. Me ligaba con Jacques una amistad de toda la vida y, por ello, fui yo la primera persona a quien llamó. Le dije que, por supuesto, el asunto me interesaba mucho en principio, pero que, como era obvio, me resultaría indispensable conocer el instrumento y probarlo con toda calma. En su caso, además, debería yo vender un violonchelo que tenía para allegarme los fondos requeridos. Quedamos en volver a hablar si se confirmaba la decisión de Rudolf Serkin de vender el Piatti.

Pocos días después me llamó nuevamente Jacques. Sabía que tenía yo que pasar por Nueva York en octubre y Serkin le había ofrecido dejarle el violonchelo unas horas para que pudiera yo verlo y probarlo.

20 de octubre de 1978

Llegué con mi esposa al taller de Jacques Français, ubicado en la Calle 57 Oeste, muy cerca del Carnegie Hall. A las 10:15 de la mañana apareció Jacques con una caja que contenía el violonchelo. En medio de gran expectación, intentó abrirla pero estaba cerrada con llave. Tras 10 interminables minutos apareció la llave y, por fin, pudimos ver el famoso violonchelo. Su estado de conservación era maravilloso pero estaba muy sucio y requería ciertas reparaciones. Me dejaron solo para probar el violonchelo. A los pocos minutos salí de la habitación y le dije a

Jacques: "Estoy verdaderamente desilusionado. Este violonchelo no suena. Está anémico, sordo y opaco. ¿Así suena el famoso Piatti?"

Jacques quedó desconcertado y le pedí que lo escucharan tanto él como René Morel, colaborador suyo en esa época y extraordinario experto. Mientras tocaba, advertí en ambos miradas de extrañeza.

"Tienes razón —comentó René—. No suena. Pero esto no se debe al violonchelo en sí sino a que está muy mal ajustado. No tengo duda alguna de que tiene todo el potencial sonoro. Hay que ajustar el violonchelo, mover el alma, quizás también cambiar el ángulo del mango y del tasto y entonces verás la maravilla que es el Piatti."

Jacques estuvo de acuerdo. "El violonchelo está prestado hasta fin de año al violonchelista Paul Tobias. A fines de diciembre nos lo entregará la Fundación Marlboro y podremos entonces ajustarlo y repararlo. Te llamaremos a principio del año próximo y verás cómo cambias de opinión."

Desilusionados y un tanto escépticos, salimos del taller de Jacques Français. Me esperaba un año particularmente cargado de conciertos —97, para ser exacto—. Con el intenso trabajo de preparación de tantos conciertos, que incluían, además, un buen número de obras nuevas para mí, el Piatti quedó relegado al recuerdo.

16 de mayo de 1979

En mayo de 1979 pasé otra vez por Nueva York, camino a Europa, y el 16 de ese mes tuve un nuevo encuentro con el Piatti. Estaba transformado. El ajuste que le hizo René le hizo recuperar parcialmente su voz perdida y la madera de la tapa ya no parecía tan cubierta de suciedad, aunque el trabajo de minuciosa limpieza aún no había empezado. Tampoco se le había cambiado el ángulo del mango para ajustarlo al estilo actual de ejecución, pues para ello era menester abrir el violonchelo. Si el sonido había mejorado de tal manera, pensé, indudablemente debían tener razón Jacques y René de que el potencial del instrumento era extraordinario. Ahí mismo decidí que Jacques hiciera en mi nombre una oferta a Rudolf Serkin, sujeta a la venta por parte de Jacques del violonchelo que había yo de dejarle.

Al poco tiempo me dijo Jacques que ya tenía un cliente para mi violonchelo y que Rudolf Serkin había recibido mi oferta. Éste había confirmado la condición de que el Piatti no fuera a parar a las vitrinas de un museo, donde quedaría condenado al silencio, ni a la sala de algún coleccionista, sino que lo adquiriera alguien que lo tocara por todo el mundo. Por tal motivo, le envié a Serkin una copia de mi calendario de conciertos correspondiente a 1979: casi 100 conciertos en México, Polonia, Bulgaria, la República Federal de Alemania y la República Democrática Alemana, Rusia y las cinco repúblicas soviéticas del Asia Central, Japón y la República Popular China.

El 17 de julio de 1979 me llamó Jacques Français por teléfono para decirme que Serkin había aceptado la oferta. El 23 de julio se formalizó la operación. ¡El Piatti era mío!

IV. BREVE NOTA AUTOBIOGRÁFICA

Debo empezar esta sección presentando al siguiente dueño o usufructuario del Piatti, o sea, a mí mismo. En estas páginas me referiré única y muy sucintamente a algunos aspectos de mi vida anterior a la metamorfosis que me convirtió en violonchelista.

En alguna ocasión he dicho que debo mi existencia a la música. Esta afirmación en apariencia tan cursi no es una frase exagerada o una imagen romántica: es la expresión de un hecho.

Los cuartetos Prieto

Mi padre era un excelente violinista aficionado. Estudiaba la carrera de derecho en la ciudad española de Oviedo y formaba parte desde hacía ya varios años de la filarmónica local. Pero lo que musicalmente deseaba, con pasión, era formar un cuarteto de cuerda. Vivía entonces en Oviedo una familia francesa también muy aficionada a la música. Maurice Jacqué, mi abuelo materno, tocaba la viola; sus hijos —Cécile, mi madre, y Léon—, el violín y el violonchelo, respectivamente. Ellos, a su vez, estaban en búsqueda de un violinista para completar un cuarteto. Un amigo común, enterado de estas pesquisas recíprocas, los presentó. El destino musical —y más específicamente el cuartetístico— hizo pues que mis padres, Carlos y Cécile, se conocieran. Las reuniones cuartetísticas se volvieron habituales y se formó así el primer Cuarteto Prieto, integrado por cuatro excelentes músicos no profesionales. Al cabo de los años se casaron mis padres, vinieron a México y nací yo en la capital mexicana, bajo el signo de la música.

El ambiente de nuestra casa era excepcionalmente propicio al cultivo de la música. Desde antes de mi nacimiento, mi madre había decidido que debía yo estudiar el violonchelo pues mi tío Léon vivía en Francia y, por tanto, faltaba un violonchelista en la familia. A los cuatro años empecé a estudiarlo con el maestro Imre Hartman, miembro del Cuarteto Lener de Budapest, el cual, a raíz de la segunda Guerra Mundial, se refugió en México, para fortuna de incontables melómanos y estudiantes de música. Después le tocó el turno a mi hermano Juan Luis, dos años menor que yo, el cual inició sus estudios de violín. Pronto, cuando aún éramos muy pequeños, empezamos a tocar cuartetos. Así nació el Cuarteto Prieto 2, integrado por mi padre y mi hermano a los violines, mi madre a la viola y yo al violonchelo. El Cuarteto Prieto se rejuveneció cuando crecieron mi hijo Carlos Miguel —hoy director de orquesta y violinista— y mi sobrino Juan Luis. Ambos iniciaron también de muy pequeños el estudio del violín. ¿Cómo no iba entonces a formarse el Cuarteto Prieto 3? Mi hermano, industrial de profesión, se pasó del violín a la viola, Carlos Miguel y Juan Luis (hijo) se turnan en los violines primero y segundo, y yo permanezco al violonchelo. El Cuarteto Prieto ha abarcado, pues, cuatro generaciones y ahora, en su tercera versión, constituye lo que es probablemente un caso poco común de ininterrumpida tradición musical. A diferencia de los anteriores cuartetos Prieto, que sólo tocaban en la intimidad del hogar, el nuevo cuarteto empezó a dar conciertos públicos, en México, los Estados Unidos y Europa, a partir de 1989.

El Instituto Tecnológico de Massachusetts (MIT)

Al mismo tiempo que hacía mis estudios escolares en el Liceo Franco Mexicano de la Ciudad de México, continuaba yo la práctica del violonchelo, y a los 16 años, cuando terminé en el Liceo, ya había dado varios recitales y conciertos como solista. Parecía que mi camino hacia la música estaba trazado. Y, sin embargo, fue después de una larga incursión en otras actividades enteramente diferentes cuando pude convertirme en un violonchelista de tiempo completo.

Terminé mis estudios en el Liceo con excelentes calificaciones en física y matemáticas. Se abrían dos caminos ante mí: uno, el de la música; otro, el de una carrera ligada a mi aparente vocación científica. Opté por el segundo, influido en parte por mis padres, que temían los rigores y sacrificios de una carrera musical. Atraído por la reputación del Instituto Tecnológico de Massachusetts (MIT), me preparé para los exámenes y demás requisitos muy rigurosos de ingreso a dicha institución. Un día recibí una carta con el membrete rojo del MIT. ¡Me habían aceptado! Recordando aquel momento clave para mí, no sé ahora si calificarlo como afortunado o desafortunado. Mis estudios en el MIT me permitieron, ciertamente, recorrer un camino apasionante, pero retrasaron muchos años la realización de mi verdadera vocación: la de la música.

En septiembre de 1954, a la edad de 17 años, ingresé al MIT. Allí terminé dos carreras, ingeniería metalúrgica y economía. El MIT no es solamente uno de los grandes centros de la enseñanza y la investigación científica y tecnológica. Las humanidades tienen allí una importancia considerable; en particular, la música. Lo comprobé con el alto nivel de su Orquesta Sinfónica —de la que fui primer violonchelo y solista— y con su magnífica Biblioteca Musical, en la que descubrí incontables obras nuevas para mí, empezando por las de Dmitri Shostakovich, las cuales llegarían a tener una importancia decisiva en mi vida, como más adelante se verá.

La industria del acero

Al terminar mis estudios en el MIT regresé a México y empecé a trabajar como ingeniero en la Fundidora Monterrey, uno de las más importantes complejos siderúrgicos de México. En 1964 me fui a vivir a Monterrey, como subdirector de producción de la planta de acero.

El trabajo era intenso y por ello el violonchelo estaba relegado a un segundo lugar, aunque por las noches lograba estudiar un par de horas. Cada vez que sacaba el violonchelo, sentía crecientes remordimientos por no haberme consagrado a la música.

Pasaron algunos años y en la década de los setenta era yo un hombre de negocios de cierta prominencia en México. Era ya director general de Fundidora Monterrey y presidente de diversas organizaciones patronales nacionales. Aunque mi actividad era apasionante, los remordimientos por haber abandonado el violonchelo se hacían más intensos y amargos. Estaba convencido de haberme traicionado a mí mismo al no haber obedecido los dictados de mi vocación musical. Llegó finalmente un día de 1975, cuando me planteé la siguiente disyuntiva: o bien sigo con el estéril sentimiento de que escogí el camino equivocado (y pronto ya no habrá otra opción) o bien "cojo el toro por los cuernos" y dejo mis actividades industriales y empresariales para dedicarme en cuerpo y alma a la música.

Una difícil metamorfosis

En 1975, pues, tras una profunda lucha o crisis interior, opté por lo segundo. Cierto que desde mi más temprana niñez había estudiado el violonchelo, pero la profesión de músico solista exige normalmente la más total e ininterrumpida dedicación. Al tomar la decisión de cambiar de profesión y de vida, creía estar plenamente consciente del grado de riesgo y de dificultad que suponía el cambio. En un lado de la balanza estaba una actividad empresarial destacada; en el otro, una carrera de violonchelista cuyo resultado era enteramente incierto: podía encaminarme a una carrera gris y mediocre o incluso a un fracaso completo, con graves consecuencias no sólo para mí sino para mi familia. Me animaba la confianza en mí mismo, una verdadera pasión por la música y un ardor por trabajar con una intensidad que me permitiera compensar los años, ciertamente no desperdiciados, pero sí perdidos en cuanto al violonchelo se refiere.

Pasé largos meses estudiando con Pierre Fournier, en Ginebra, y varios veranos con Leonard Rose en Nueva York.

Como escribí más arriba, creía estar consciente de las dificultades que me esperaban. De haber dispuesto de una bola de cristal, quizá el fiel de la balanza se hubiera inclinado del otro lado pues el camino fue más arduo de lo que yo suponía. No lo sé. Pero, por fortuna, no consulté el referido artefacto óptico y nada ni nadie me disuadió de una decisión de la cual jamás me he arrepentido.

A partir de 1975 empecé a tocar cada vez con mayor frecuencia tanto en México como en muy diversos países.

Largo contacto con Rusia y la URSS: Shostakovich y Stravinsky. Episodios de mi primera estancia en la URSS

He estado en múltiples ocasiones en Rusia y en la URSS. Conviene aclarar cuál es el origen de esta relación tan especial.

Mi interés por Rusia empezó cuando inicié mis estudios universitarios en el MIT. En su Biblioteca Musical escuché por primera vez, en 1955, una sinfonía de Shostakovich. Me impactó profundamente y, al poco tiempo, había yo escuchado toda la obra grabada de este compositor y leído todas las partituras que de él tenía la biblioteca. No es que me gustara toda su música; por el contrario, al lado de obras que me entusiasmaban había otras cuya banalidad, superficialidad y bajo nivel musical me producían asombro y decepción. El más completo misterio rodeaba una significativa fracción de su obra. Su segunda y tercera sinfonías y su ópera *Lady Macbeth de Mtsensk* se habían tocado en la Unión Soviética y pronto, condenadas como "formalistas, burguesas y decadentes", habían quedado proscritas del repertorio. Su *Cuarta sinfonía* se había ensayado, y en las vísperas de su estreno, el autor, extrañamente, la retiró. Habían pasado más de 20 años y la obra no se había tocado jamás. Esperaba yo la aparición de cada nueva obra o la resurrección de obras anteriores con gran impaciencia y hacía lo indecible por conseguir sus nuevos discos. A veces, la novedad en cuestión era para mí una total desilusión; en otras ocasiones se trataba de obras maestras que volvían a acrecentar mi entusiasmo y mi curiosidad por su figura y su música, envueltas ambas en el misterio.

Mi interés por Shostakovich pronto se extendió a la lengua, la historia y la cultura rusas. Me inscribí en el Departamento de Ruso del MIT y tomé todos los cursos que allí se impartían. Todavía cuando estudiaba en el MIT se presentó una primera oportunidad de ir a Rusia. En 1958 el Departamento de Estado convocó a estudiantes interesados en ir como intérpretes para una gran exposición que los Estados Unidos montaron en Moscú. Aprobé el examen requerido pero tuve la gran desilusión de que no me aceptaran por no ser ciudadano estadunidense. Por una serie de casualidades, la oportunidad se presentó poco después, en 1959. Durante ese año vino a México una importante delegación oficial soviética encabezada por Anastas I. Mikoyan, a la sazón viceprimer ministro de la URSS, habilísimo político, uno de los pocos en sobrevivir a las purgas desde la era de Lenin. Formaron parte de la delegación los compositores Shostakovich y Kabalevsky, a quienes tuve entonces la oportunidad de conocer en la Ciudad de México. La misión oficial soviética incluyó, en un recorrido por la capital de Nuevo León, una visita a la Fundidora Monterrey, empresa donde yo trabajaba. El intérprete oficial sufrió una indisposición temporal y, a falta de mejor opción, tuve que remplazarlo. Acompañé durante algunas horas a Mikoyan, al embajador soviético Bazykin y a otros delegados. Al despedirse, Anastas I. Mikoyan me dijo: "Usted, amigo Prieto, debería ir a conocer la Unión Soviética. ¿No le interesaría ir?" "Por supuesto: me interesaría no sólo ir, sino quedarme algún tiempo y tomar cursos intensivos de ruso." "Le encargo a usted, camarada Bazykin, que organice usted el viaje y la estancia del ingeniero Prieto", terminó ordenándole Mikoyan al embajador, dejándome estupefacto.

Por mi lado, obtuve los permisos del caso para ausentarme algunos meses de la fábrica. Empezaron a pasar las semanas y no había noticias del viaje a la URSS. Pasaron los meses; mi decepción iba creciendo. Transcurrió un año y me olvidé del asunto. Pero yo no conocía entonces la burocracia soviética. A los dos años y medio recibí una llamada del embajador Bazykin. El viaje estaba arreglado así como mi inscripción en la Universidad Lomonosov de Moscú. El 11 de septiembre de 1962 llegué a Moscú. Me parecía increíble estar allí.

Era la época de Nikita Jruschov, el primer renovador tras la terrible dictadura de Stalin. Se vivía —en pequeña escala— una primera *glasnost* y una primera *perestroika*. Grandes logros tecnológicos y científicos habían permitido a la URSS ser la pionera de la exploración espacial, con el primer satélite artificial, el *Sputnik*, y con el primer vuelo orbital humano de Yuri Gagarin. El optimismo reinante había inducido a Jruschov a predecir que en 20 años la URSS sobrepasaría el nivel de vida de los estadunidenses y que el sistema soviético llevaría a los Estados Unidos a la tumba. "Los sepultaremos", había proclamado.

Aquella primera estancia —al cabo de la cual obtuve un diploma de lengua rusa en la Universidad Lomonosov— fue para mí de un interés apasionante. Me referiré aquí únicamente a tres episodios de aquella estancia.

Histórico viaje de Igor Stravinsky

Llevaba yo tres semanas en Moscú cuando ocurrió un acontecimiento sensacional. Llegó Igor Stravinsky, que llevaba medio siglo fuera de su país natal.

Stravinsky, igual que otros compositores occidentales, había sido objeto de las más virulentas críticas en la URSS. Había sido calificado como "ideólogo artístico de la burguesía imperialista", "apóstol de las fuerzas reaccionarias en la música burguesa", "desvergonzado profeta del modernismo burgués"... "Debe estar castrada y destrozada el alma de un compositor para poder crear música tan horrorosa como ésta", escribió un musicólogo soviético.

Stravinsky, por su parte, nunca se había limitado en sus críticas y comentarios mordaces acerca del sistema político y del arte y la música soviéticos.

Con tales antecedentes se comprenderá que la llegada de Stravinsky y su estancia de cuatro semanas en la URSS hayan sido un acontecimiento histórico notable. Su primer concierto, el 26 de septiembre de 1962, causó la más extraordinaria expectación. A invitación oficial del gobierno soviético, que tan virulentamente lo había criticado, retornaba a su tierra uno de los más grandes compositores del siglo xx, un antiguo discípulo de Rimsky-Korsakov, una figura legendaria que había salido hacía medio siglo de la Rusia zarista y regresaba ahora a la Rusia soviética.

Como es natural, las entradas se agotaron de inmediato. Tuve la suerte de que el propio Stravinsky me consiguiera una invitación. Lo conocía desde mi niñez. En cada uno de sus viajes a México iban él y su esposa Vera a comer o a cenar a casa de mis padres, de quienes eran buenos amigos. Meses antes de su viaje a Rusia habían estado con nosotros en México e inclusive mi hermano Juan Luis y yo habíamos tenido la insólita experiencia de acompañar a los Stravinsky y a su amigo, el director Robert

Craft, a una corrida de toros a la que nos había manifestado su deseo de asistir.[1]

Apenas me enteré de su llegada a Moscú, en compañía de Vera y de Robert Craft, los fui a saludar y amablemente me consiguieron un pase para todos los ensayos y para sus dos conciertos en Moscú. El día del primer concierto quedé citado con ellos a las 18:15 horas en su *suite* del Hotel Nacional, y media hora más tarde Stravinsky, Vera, Robert Craft, un inglés amigo de ellos llamado Ralph Parker y yo, nos dirigimos a la Gran Sala del Conservatorio.

Estaban presentes muchos personajes de la política y de la *intelligentsia* soviéticas, encabezados por Ekaterina Furtseva, ministra de Cultura. El secretario general del Sindicato de Compositores de la URSS, Tijon Jrennikov, el mismo que años antes había escrito los más viles ataques contra Stravinsky, fue el encargado de pronunciar el discurso oficial de bienvenida a su tierra rusa. Fue atronador el aplauso cuando apareció Igor Stravinsky. El programa constó de tres obras: *Oda, La consagración de la primavera* y *Orfeo*. El éxito fue extraordinario.

Al terminar el concierto, regresamos al Hotel Nacional en donde cenamos a solas en la *suite* de los Stravinsky. La cena consistió en champaña soviética, caviar, pollo frío, pan negro y mantequilla. Stravinsky estaba emocionado y eufórico por el calor del público ruso y muy contento, a diferencia de Robert Craft, de cómo había tocado *La consagración* la Orquesta del Estado de la URSS. Había sido, según su autor, una de las mejores versiones que jamás había escuchado. No sólo en su euforia en torno a la orquesta sino en muchos otros detalles pude advertir cómo afloraba el rusianismo de Stravinsky. Todo le gustaba, el sabor del pan, el olor de su tierra, el *sovetskoye champanskoye* que bebíamos, el estar hablando constantemente su lengua materna.

Ekaterina Furtseva, ministra de Cultura, ofreció dos recepciones oficiales, de bienvenida y de despedida, en honor a Stravinsky.

---

[1] Nos había afirmado Stravinsky que le gustaba la fiesta de toros y que la conocía bien. Apenas se inició el paseíllo advertimos que la afirmación del maestro había sido un tanto exagerada. "¿Qué son esos colchones?", nos preguntó al ver los petos de los caballos y confesó que la última vez que había ido a los toros había sido en Barcelona en 1904 o 1905.

En ellas se conocieron dos eminentes petersburgueses, Stravinsky y Shostakovich. En la cena final se acercó Shostakovich a Stravinsky y, en un rasgo emocionante, le confió que, al oír por vez primera la *Sinfonía de los salmos*, había quedado tan profundamente impresionado que había hecho una transcripción para dos pianos que quería regalarle, como recuerdo, en su despedida. Esta actitud generosa de Shostakovich contrasta con la de Stravinsky hacia el primero. Ante la pregunta que le formulé: "¿Qué piensa usted de Shostakovich", contestó: "Yo nunca pienso en Shostakovich; sólo pienso en él cuando alguien me pregunta: '¿Qué piensa usted de Shostakovich?'"

Otras opiniones de Stravinsky que anoté: acerca del talento de Prokofiev como compositor, Stravinsky dijo escuetamente: "Prokofiev fue un gran pianista", y acerca de Jachaturián expresó en ruso: "¿Quién puede necesitar música como la de Jachaturián?", y añadió en francés: "Toute sa musique est laide et vulgaire!"

A partir de la estancia de Stravinsky en Moscú me otorgaron un tratamiento especial en la Gran Sala del Conservatorio. Como me vieron entrar con el ilustre compositor a tantos ensayos y a sus conciertos, deben haber supuesto que era yo un personaje de la música o del partido. Nunca me detuve a indagar. El caso es que, cuando no había boletos, me dejaban invariablemente entrar por la puerta del escenario y escuchar los conciertos entre bastidores.

Una gravísima crisis

El 16 de octubre de 1962 estalló una crisis que acercó al mundo como nunca antes —ni después— al peligro de una confrontación nuclear. El gobierno del presidente Kennedy descubrió que, en medio del mayor secreto, los rusos estaban instalando en Cuba bases militares de lanzamiento de proyectiles balísticos de alcance medio dotados de cabezas nucleares. La instalación todavía no había alcanzado su fase operacional y barcos soviéticos se acercaban a Cuba, cargados de cohetes y equipos de infraestructura militar.

El 22 de octubre el presidente Kennedy anunció un bloqueo

naval de Cuba y declaró que se impediría por la fuerza, en caso necesario, el paso de los barcos soviéticos.

Me enteré del estallido de la crisis en circunstancias de lo más insólitas y, al mismo tiempo, tranquilizadoras.

El 23 de octubre asistí al teatro Bolshoi. Se daba esa noche *Boris Godunov* de Mussorgsky, una de las pocas óperas que me entusiasmaban y que de ninguna manera quería perderme. Cantaba el papel de Boris el bajo estadunidense Jerome Haynes.

En el palco oficial estaban el primer secretario del partido, Nikita Jrushchov, Anastas I. Mikoyan —gracias a quien, según relaté, estaba yo en la URSS—, Kozlov y otros funcionarios, así como una numerosa delegación rumana encabezada por Gheorgiu Dej.

Jruschov parecía la imagen misma de la tranquilidad y del buen humor. Lo observaba yo hacer bromas con sus compañeros de palco y adivinaba sus risotadas. Aplaudía con entusiasmo al gran bajo Haynes. No podía yo imaginar lo que en esos precisos momentos estaba ocurriendo.

Al salir del teatro fui a tomar un sándwich a la cafetería del cercano hotel Moskva. Como siempre, mientras cenaba, leía el periódico *El Vespertino de Moscú*. De repente me sorprendió una nota en la última página del periódico. Era un breve comunicado de la agencia TASS acerca del discurso del presidente Kennedy en que anunciaba un bloqueo naval a Cuba. Leí también los editoriales que protestaban con indignación contra semejante arbitrariedad. No había mención alguna de los cohetes rusos en Cuba. Me quedé desconcertado. No entendía ni los motivos ni los propósitos de Kennedy. Infructuosos resultaron más tarde mis intentos de escuchar noticias del exterior en un radio de onda corta que tenía en mi cuarto.

La noticia me había parecido grave pero no llegó a inquietarme. La imagen de Nikita Jruschov en el teatro Bolshoi, sus risas y su excelente humor no me hacían presagiar una crisis verdaderamente alarmante.

Los periódicos matutinos proporcionaban poca información concreta pero, eso sí, sus múltiples editoriales reflejaban gran indignación por la provocación estadunidense contra la Isla de la Libertad. La sección de noticias de la prensa extranjera contenía tan sólo una mención de que los gobiernos de Europa occidental estaban sumidos en la confusión y el disgusto por la acción norteamericana.

Esa tarde, cuando regresé a mi cuarto, me esperaba un telegrama en clave de mi padre:

> TELEGRAMA. 22 DE OCTUBRE. 10:30 P.M.
>
> CONVIENE VAYAS URGENTEMENTE A PARÍS A ENTREVISTARTE CON TU TÍO. LE URGE TENER REUNIÓN CONTIGO EN VISTA DE LAS DIFICULTADES SURGIDAS CON TU TÍO JUAN.
>
> CARLOS PRIETO

Inmediatamente comprendí que Tío Juan era John F. Kennedy y que me daba mi padre un pretexto para salir de Moscú. Hasta recibir este mensaje no me había cruzado por la mente la idea de salir de la URSS. Recordaba siempre a Jruschov en el Bolshoi y, por otra parte, pensaba que si fuera a estallar un conflicto mayúsculo, el mismo peligro existiría en Moscú que en París o en Nueva York. Así que decidí quedarme y contesté telegráficamente:

> MOSCÚ. 24 DE OCTUBRE.
>
> TELEGRAMA RECIBIDO. CALMA ABSOLUTA.
>
> CARLOS

Dos días después los medios de información soviéticos dieron a conocer que el problema estaba resuelto: Kennedy anunciaba la terminación del bloqueo, la URSS retiraba los cohetes y, a cambio de ello, los Estados Unidos se comprometían a no invadir Cuba.

Mientras duró la crisis, experimenté en carne propia la ansiedad de información que durante tantas décadas padecieron los soviéticos. Leía y releía todos los periódicos para ver si entre líneas se filtraba algo de luz, y durante las noches pasaba horas pegado a mi radio, intentando y a veces logrando captar emisiones occidentales.

15. Mi madre, Cécile Jacqué de Prieto; mi padre, Carlos Prieto; mi abuelo, Maurice Jacqué; mi nana y yo, al año de edad, 1938.

16. Con Igor Stravinsky en 1948 en casa de mis padres. Carlos Bousoño, Juan Luis Prieto, Igor Stravinsky, mi madre Cécile Jacqué de Prieto, yo, María Teresa Prieto y mi padre Carlos Prieto.

17. En 1952 en casa de mis padres. En primer plano, yo, mi madre, Igor Stravinsky, mi padre y Juan Luis Prieto.

18. Con los Stravinsky en los toros (México, 1961). En barrera de primera fila, sobre la V de Vel-a-gas, yo, Stravinsky (tapándose la boca con las manos), Vera Stravinsky, Juan Luis Prieto y Robert Craft.

Emocionante acercamiento de dos hermanas separadas hacía 25 años

Poco antes de salir de México, me fui a despedir de mis queridos amigos Masha y Vladimir Kaspé.

Vladimir era un gran arquitecto y, al mismo tiempo, un excelente pianista con quien mi familia y yo hicimos música de cámara en numerosas ocasiones.

Masha, su esposa, era una mujer de excepcional sensibilidad y cultura, conocedora a fondo de la poesía y la literatura rusas. Con ella inicié en 1957 el estudio del ruso, antes de inscribirme en los cursos de esa lengua en el Instituto Tecnológico de Massachusetts.

Fui, pues, a despedirme de los Kaspé y Masha me contó que tenía una hermana en Rusia, Rosa Vikker, con quien había perdido todo contacto desde antes de la segunda Guerra Mundial. Le rogué que me diera alguna información al respecto por si acaso pudiera yo hacer alguna indagación en Moscú.

Masha no tenía dirección alguna de Rosa e ignoraba incluso si aún estaba con vida. El único dato que me pudo dar fue la última dirección en Moscú de su hermana mayor, Betty Prissman, fallecida hacía ya muchos años: calle Maroseyka número 69. Me la dio con cierta renuencia, pues me previno sobre el posible peligro que entrañaba hacer indagaciones de este tipo en la URSS, que el KGB vería con muy poca simpatía.

El 7 de diciembre de 1962 llevaba yo casi tres meses en la URSS y me movía con mucha libertad. Nunca me percaté si alguien me seguía o si había micrófonos ocultos en mi habitación. Quizá fui objeto de vigilancia pero había llegado a la conclusión de que el KGB seguramente tenía tareas más importantes que investigar las actividades de un joven estudiante mexicano.

El 7 de diciembre opté por extremar las precauciones. Había memorizado el nombre de la hermana de Masha, Rosa Vikker, o de soltera, Rosa Shapiro. También había memorizado el nombre y la dirección de la difunta hermana mayor, Betty Prissman: Maroseyka número 69. No llevaba conmigo ningún papel comprometedor para mí, ni para Rosa, si acaso vivía.

Tras un recorrido en Metro, llegué a pie a Maroseyka número 69.

Era un gran edificio de apartamentos. Pregunté a la conserje si conocía a Betty Prissman, pero como era una mujer joven resultaba obvio que no podía haberla conocido. Quien pudiera recordarla, me dijo, era Olga Novikova, la decana del edificio. La ciudadana Novikova (el término "señora" había dejado de usarse desde 1917) estaba de compras. Llegó a los 20 o 30 minutos. Se acordaba de Betty Prissman pero nunca conoció a Rosa ni sabía de su existencia. Le pregunté si habría alguien más en el edificio que pudiera recordar a Betty. Nadie. Pero de repente me dijo: "Sí, Betty tenía una cocinera llamada Tania. Tania está jubilada y vive en un edificio de la calle Novoslobodskaya".

Con la esperanza puesta en Tania, me dirigí a la lejana calle Novoslobodskaya. Localicé a Tania. Me recibió con evidente recelo, pero tras un breve intercambio de palabras le pareció, supongo, que no era yo persona de peligro. En efecto, había sido cocinera de Betty Prissman.

—¿Conoció a la hermana de Betty, a Rosa Vikker?
—Por supuesto. Es la hermana menor.
—¿Está viva?
—Claro. La veo de cuando en cuando.

Sentí una gran emoción. La hermana de Masha vivía. Sólo me faltaba la dirección. Tania la recordaba perfectamente. Vivía en Petrovsko Razumovsky Proyezd número 25.

Localicé el edificio y entré. A las tres de la tarde, al cabo de varias horas de búsqueda, estaba ante el apartamento de Rosa Vikker. Toqué y abrió la puerta una señora de pelo blanco.

—Vengo de México. Soy amigo de Masha y de Vladimir Kaspé.

La señora palideció y, sin decir palabra, cerró la puerta, dejándome fuera. Opté por esperar. Si quien abrió fue Rosa, la mención de su hermana perdida desde 1937 pudo haberle causado una conmoción. La presencia de un extranjero, además, hubiera podido llenarla de temor. No estaban lejanas las épocas de Stalin, cuando el mero contacto con extranjeros podía implicar una denuncia y la cárcel o el Gulag.

Transcurrió menos de un minuto. Ahora abrió la puerta un hombre de edad quien con voz muy baja me pidió repetir lo que había dicho. Me hizo pasar y cerró la puerta con cuidado. "Perdone a mi esposa, pero ha tenido un verdadero *shock*. Ahora mismo vendrá."

Se había realizado el milagro. Había localizado a la hermana de Masha, Rosa Vikker, y se encontraba en buen estado de salud.

Vino Rosa. Primero, todo fue preguntas sobre Masha y Vladimir. Me sirvieron té. A medida que pasaba el tiempo era visible cómo iba desapareciendo el temor de sus rostros. Pero toda la conversación era en voz muy baja. "Las paredes son muy delgadas. Se oye todo y usted sabe..."

Momentos después me comentaron lo terrible que había sido la época de Stalin. No quedó familia intacta. Quienes no perdieron al padre, perdieron a un hijo o a un hermano. Desaparecieron familias enteras. Cuando mencionaban el nombre de Stalin bajaban el tono de voz a un nivel casi inaudible.

No comuniqué nada a los Kaspé mientras permanecí en Rusia. Sabía que podía ser peligroso para Rosa y su familia.

Pero en el avión de Air France que me condujo a París, lo primero que hice fue redactar una larga carta para Masha y Vladimir.

Las hermanas restablecieron el contacto perdido. Rosa nunca pudo salir de Rusia pero su yerno Leonid vino a México en la época de Brezhnev como miembro de una delegación de arquitectos y logró conocer a sus tíos de México.

Tras aquella primera estancia en la URSS regresé a México a seguir trabajando en la industria del acero hasta cuando pude dedicarme por entero al violonchelo.

A partir de entonces volví muchas veces a la URSS en calidad de concertista, tal como relataré más adelante.[2]

---

[2] Mis vivencias detalladas en aquella vasta región del mundo a lo largo de tres décadas están relatadas en mi libro *De la URSS a Rusia. Tres décadas de observaciones y experiencias de un testigo,* publicado en México en 1993 y 1994 por el Fondo de Cultura Económica.

V. ALREDEDOR DEL MUNDO CON EL VIOLONCHELO. NOTAS Y MEMORIAS

TAL COMO mencioné al final del capítulo III, adquirí el Piatti el 23 de julio de 1979.

Inmediatamente antes de iniciar una larga gira por Europa y Asia con el Trío México, me reuní en Nueva York con Français y René Morel para acordar los trabajos por realizar en relación con el Piatti.

René Morel es uno de los grandes lauderos de nuestra época. Es, además, pariente lejano mío y gran amigo. En su opinión, el Piatti se encontraba en un excepcional estado de conservación pero juzgaba conveniente proceder a los siguientes trabajos, con los que estuve totalmente de acuerdo:

1. Limpieza general
2. Retocar el barniz donde se requiriera.
3. Poner nuevos bordes donde los antiguos estuvieran excesivamente desgastados.
4. Abrir el violonchelo, poner una nueva barra armónica y ajustar el ángulo del mango.
5. Reparar cualquier rajadura que se advirtiera.

Volví a principios de febrero de 1980 al taller de Jacques Français para ver el avance de los trabajos. René le había quitado la tapa al violonchelo y, por lo tanto, se podía observar perfectamente el interior del instrumento. Según René y Jacques, nunca habían visto un instrumento de esta edad en tan perfecto estado de conservación. Se habían limpiado apenas unos centímetros cuadrados de madera y en ellos había aparecido el maravilloso barniz rojizo original. No se requería ninguna reparación de importancia. René estimó que el violonchelo estaría listo en cinco o seis meses. Mientras tanto, tocaba yo mi violonchelo Gofriller, de 1725, de maravilloso sonido.

A principios de 1981 me entregaron el Piatti. René Morel me

previno que era necesario que el violonchelo fuera tocado lo más posible. Los instrumentos pierden sonido, enmudecen cuando pasan largos periodos en silencio. Las fibras de la madera deben vibrar muchas horas antes de que el instrumento recupere la plenitud de su voz. René me repitió que la constancia era el único secreto para que el Piatti pudiera revelarse en todo su esplendor. Seguí su consejo y le dediqué al Piatti incontables horas.

Los primeros conciertos del Piatti en México

Mis primeros conciertos con el Piatti tuvieron lugar en octubre de 1981, cuando di una serie de recitales en la Sala Ponce del Palacio de Bellas Artes de la Ciudad de México, repetidos en el Instituto Politécnico Nacional. Para dichos recitales escogí unos programas maratónicos de obras para violonchelo solo:

Los *Ricercare* de Domenico Gabrielli (1689), probablemente la obra más antigua escrita para violonchelo solo.
Las seis *suites* de J. S. Bach de 1720, contemporáneas del nacimiento del Piatti y, en mi concepto, la cima de la literatura violonchelística.
La *Sonata, op. 8*, de Zoltan Kodaly, pieza fundamental de la música del cello del siglo xx, y una de las obras que más a fondo explotan todos los recursos del violonchelo (y del violonchelista).
Como una fantasía, de Joaquín Rodrigo.
Los *Caprichos* de Alfredo Piatti.

Incluí los *Caprichos* de Piatti como un homenaje íntimo —pues no anuncié nada públicamente— al gran violonchelista italiano que me precedió en el uso y disfrute de este instrumento. Son obras de notable dificultad técnica; al estudiarlas, pensaba que para el instrumento eran sin duda piezas muy conocidas, tocadas con frecuencia por su autor y que, como ocurre con los caballos que siempre conocen el camino de regreso a la cuadra, la familiaridad del violonchelo con los *Caprichos* me simplificaría la tarea de orientarme a través de la maraña de arpegios y de dobles notas. Pero mi vana esperanza pronto se disipó y tuve que dedicar muchas arduas horas a vencer sus dificultades, aunque no tantas como las infinitas que requieren las *suites* de Bach. Fue un verdadero maratón de obras para violonchelo solo, dignas del venerable instrumento que por primera vez tocaba yo en público. En el diario que guardo escribí: "Con estos recitales estrené el Piatti. Experiencia memorable. Sonido excelente y distinguido que debe desarrollarse aún mucho más".

En noviembre y diciembre hice una gira de conciertos por España, Suiza, Noruega, Suecia y Francia aún con el Gofriller.

El verano de 1982 pasé unas semanas en Nueva York con mi gran amigo y maestro Leonard Rose. Pasamos horas comparando el sonido de su espléndido Nicolo Amati con el del Piatti y el Gofriller. Rose estaba deslumbrado con el Gofriller que le parecía "a truly first-rate concert instrument" y un poco desconcertado con el Piatti, que no respondía aún plenamente.

Juntos llevamos el Piatti a René Morel para que lo escuchara y lo examinara detenidamente. René encontró que los cambios de clima habían causado un cierto desajuste en el violonchelo y que el puente que le había puesto Rose en vía de prueba era contraproducente. Al día siguiente regresé al taller a probar el violonchelo. Estaba transformado. Ahora sí, por fin, sonaba como habíamos esperado. René estaba contento pero no sorprendido. Su vaticinio se había cumplido. Opinaba que las horas que había yo pasado tocando el Piatti ya habían producido los resultados apetecidos pero que el desajuste sufrido en la posición del alma no me había permitido percatarme de la transformación del violonchelo.

Regresé con Leonard Rose. Volvimos a nuestras comparaciones de rigor. Nos turnamos tocando el Amati, el Gofriller y el Piatti, cuerda por cuerda, registros graves, registros agudos, etc. Ese día, el Piatti quedó en primer lugar y desde entonces me ha acompañado casi siempre. En ocasiones he preferido, para ciertas obras, la sonoridad profunda y poderosa del Gofriller. La infidelidad chelística —no tan grave como la conyugal— añade variedad a la experiencia musical y permite dejar reposar a un violonchelo, lo cual es conveniente de cuando en cuando.

Primeras giras por los Estados Unidos y Canadá: 1983-1984

Con el Piatti, pues, realicé en enero de 1983 mi primera gira a los Estados Unidos. Me acompañó la excelente pianista Doris Stevenson y el programa que tocamos consistió en una sonata de Bach, la sonata de Kodaly para violonchelo solo, la sonata de Shostakovich y el *Pezzo capriccioso* de Chaikovsky. Iniciamos la gira en el estado de Nueva York con conciertos en Poughkeepsie, Binghampton, Long Beach, Buffalo y Rochester (en la Eastman School of Music). La gira prosiguió por Cincinnati, Boston (Jordan Hall), Atlanta, Baltimore y Washington, D. C. (Kennedy Center).

El concierto en Boston, donde había yo pasado más de cinco años como estudiante, resultó para mí particularmente emotivo y tuve la satisfacción de saludar en el camerino, al final del concierto, al gran pianista Cary Graffman y a varios ex profesores que había yo tenido en el Instituto Tecnológico de Massachusetts.

Contando nuevamente con Doris Stevenson al piano, la segunda gira se desarrolló en enero y febrero de 1984 y constó de 10 recitales, de los cuales los principales fueron en San Francisco, Dallas, Toronto (Canadá), Kean College en Union, N. J., y, finalmente, en el Carnegie Hall en Nueva York.

Nueva York. Carnegie Hall

Sólo haré aquí algunos comentarios acerca del concierto en el Carnegie Hall, en la sala grande, del 11 de febrero de 1984. Este teatro es una de las catedrales de la música en el mundo y tocar allí representaba la realización de un sueño. El día del concierto fuimos a ensayar por la mañana y sólo entrar en el escenario, ante la sala vacía, fue un momento de gran emoción. Nos quedamos maravillados ante la acústica y la grandiosa belleza del teatro contemplado desde el escenario.

Al día siguiente me fui a tocar a Toronto e inmediatamente después a Bulgaria. Abandoné Norteamérica sin saber si el tan temido e influyente *New York Times* publicaría una reseña de mi debut. Una semana después, en Bulgaria, me llamó a Plovdiv mi buen amigo Carlos Lagunas, entonces embajador de México en ese país, para comunicarme la excelente noticia de que en dicho periódico acababa de salir una crítica muy positiva.

Sería tedioso continuar un relato tan pormenorizado de mis conciertos. A continuación me limitaré a aspectos generales, momentos sobresalientes y anécdotas curiosas de mi vida con el violonchelo.

Alrededor del mundo con el violonchelo: 1985

El año 1985 fue para mí particularmente cargado de conciertos. Di 78 conciertos en 10 países: México, Colombia, los Estados Unidos, la República Federal de Alemania, Francia, los Letonia, Estonia, Lituania, Rusia, China y la India. Recorrí con el Piatti 150 000 kilómetros e hice 51 vuelos, casi todos internacionales. Pasé cientos de horas a bordo de aviones. Aproveché el privilegio de tanto tiempo "libre" para poner al día notas que eventualmente se convirtieron en un libro que publicó Alianza Editorial Mexicana en 1988 y 1989, titulado *Alrededor del mundo con el violonchelo*.

El tricentenario de J. S. Bach

En 1985 se celebró el tricentenario del nacimiento de Juan Sebastian Bach. Siempre me ha parecido que la música de Bach constituye una de las más elevadas cumbres jamás alcanzadas por el espíritu humano. Sus seis *suites* para violonchelo sólo son un monumento incomparable dentro del repertorio del violonchelo. Por esta razón, muchos de mis conciertos de ese año estuvieron total o parcialmente dedicados a la obra de Bach.

Toqué las *Suites completas* ese año en numerosos foros de México, los Estados Unidos y Europa. Sólo me referiré aquí a Nueva York y a París.

Las *Suites completas para violonchelo* en el Lincoln Center de Nueva York

El 18 de marzo, tres días antes de la fecha del tricentenario, toqué las seis *suites* en un solo concierto en la Sala Alice Tully del Lincoln Center de Nueva York. Es insólito programar las *Suites completas* en un solo concierto. Ello requiere un especial poder de concentración por parte del público (y del violonchelista) y, por tal motivo, es más frecuente abordarlas en dos recitales de tres *suites* cada uno. Sin embargo, es muy interesante el poder escuchar en un solo evento las *Suites completas* y observar la extraordinaria riqueza y variedad que logró Bach en estas obras maestras.

La obra integral de Bach para violonchelo en París

En noviembre del mismo año di un ciclo de tres conciertos en París, en la Sala Chopin Pleyel, que se tituló "La obra integral de Bach para violonchelo". El ciclo incluyó, además de las seis *suites,* las tres sonatas para violonchelo y clavecín, originales para viola da gamba pero que se pueden ejecutar perfectamente en el violonchelo. Conté para estas últimas con la excelente colaboración de la clavecinista francesa Claire Corneloup.

Alemania: una grabación en Berlín

En junio de 1985 llegué a Berlín en compañía del director Jorge Velazco. Estábamos invitados a grabar el primer concierto para violonchelo compuesto por un compositor mexicano: el concierto de Ricardo Castro, del cual hablaré en el próximo capítulo. Tuvimos un ensayo el 11 de junio y grabamos el día siguiente. El tiempo, como suele ocurrir, fue un enemigo implacable. Sólo dispusimos de una hora y media efectiva para la grabación. A las cinco en punto de la tarde terminamos, justo al agotarse el tiempo. Frau Schabert, la productora, afirmó tener suficiente material grabado para una buena versión final.

Conciertos en Nueva York: octubre de 1990 a enero de 1991.
La exposición "México: 30 siglos de esplendor". Samuel Zyman

Entre el 10 de octubre de 1990 y el 13 de enero de 1991 se llevó a cabo la mayor exposición de arte mexicano jamás presentada en Nueva York. La exposición, llamada "México: 30 siglos de esplendor", tuvo como marco el Museo Metropolitano y alcanzó un éxito extraordinario. En ella se presentaron muchas de las más importantes piezas de la arqueología y del arte de México a lo largo de 3 000 años.

En cuanto a música, se presentaron en total 23 conciertos de música renacentista, barroca y contemporánea. Yo di dos conciertos dentro de ese ciclo y un tercero que no tuvo que ver con la exposición de México pero que coincidió con sus fechas y con su tema, pues hice el estreno mundial del concierto para cello y orquesta del compositor mexicano Samuel Zyman, en el Lincoln Center. Los programas de mis conciertos neoyorquinos fueron los siguientes:

14 de noviembre de 1990
Alice Tully Hall, Lincoln Center
Doris Stevenson, piano

Suite do mayor	Bach
Sonata, op. 40	Shostakovich
Tres preludios	Ponce
Cuatro piezas	Enríquez
Pampeana	Ginastera
Pezzo capriccioso	Chaikovsky

28 de noviembre de 1990
Avery Fisher Hall, Lincoln Center
American Symphony Orchestra
Catherine Comet, directora

Concierto para violonchelo y orquesta
(estreno mundial), Samuel Zyman

7 de enero de 1991
Merkin Hall
Doris Stevenson, piano

Sonatina	Chávez
Sonata	Ponce
Tres danzas	Bernal-Jiménez/Enríquez
Quotations	Lavista
Sonatina	Enríquez
Pampeana	Ginastera

En total, de noviembre a enero toqué en Nueva York 14 obras, entre las cuales nueve eran de compositores mexicanos. De estas últimas, una fue un estreno mundial, y seis estrenos en Nueva York. La difusión que hizo la prensa fue amplia y muy favorable, como se puede ver en los artículos del *New York Times* y de la revista *Strings* que se reproducen en el apéndice 3. El estreno del concierto de Zyman estuvo envuelto en una atmósfera de *suspense,* para utilizar este término cinematográfico. Antes de explicar los motivos, daré algunos breves antecedentes acerca de la singular carrera de Samuel Zyman.

Lo conocí en Nueva York en 1980. Poco antes, Samuel había terminado la carrera de medicina en la Universidad Nacional Autónoma de México. Su vocación musical lo hizo dejar la medicina para dedicarse totalmente a la composición. Hizo estudios en el Conservatorio Nacional de Música en la Ciudad de México y, cuando nos conocimos, estaba a punto de ingresar a la Escuela Juilliard de Nueva York, donde obtendría una maestría y un doctorado en composición para luego ser nombrado allí maestro. He seguido paso a paso su carrera desde nuestro primer encuentro en Nueva York.

Samuel inició la composición de su concierto para violonchelo a principios de 1990. Poco después me llamó para darme la noticia de que el estreno mundial se llevaría a cabo el 28 de noviembre de ese mismo año en el Lincoln Center de Nueva York.

El 30 de abril me reuní con Samuel en la Escuela Juilliard. Tenía concebida la tercera parte del primer tiempo y la tocó al piano. Ese principio me causó una honda impresión pero no dejé de sentir cierta preocupación ante la creciente cercanía de la fecha fijada para el estreno y ante la carga de trabajo particularmente pesada que tenía yo por delante, y que incluía los estrenos mundiales de los conciertos para violonchelo y orquesta de Federico Ibarra y de Manuel de Elías (México) en el Foro Internacional de Música Nueva de México, y el de Celso Garrido-Lecca (Perú) en el Segundo Festival Internacional de Morelia.

El estreno de la obra de Zyman continuaba acercándose inexorablemente. No fue sino en junio y septiembre cuando me entregó los dos primeros movimientos. El 4 de octubre llamé a Samuel. El tercer tiempo estaba "básicamente terminado", me dijo, y prometió entregármelo la siguiente semana en Nueva York. El 12 de octubre llegué a Nueva York. Me fui directamente a la Escuela Juilliard, donde tenía cita con Samuel. Transcribo las notas de mi diario, que reflejan mejor las crecientes angustias de Samuel y mías.

> Llegué a Juilliard a las 5:40 p.m. Samuel llegó 20 minutos más tarde. Llegó empapado por el diluvio. ¡La víspera terminó el tercer tiempo! Acababa de sacar dos copias, una para la directora Catherine Comet y otra para mí. Samuel estaba extenuado. Estos últimos días casi no ha dormido ni comido. Ese mismo día Samuel entregó la partitura a un copista, con tiempo sobrado para tener oportunamente las partichelas orquestales.

El 21 de octubre inicié una serie de recitales con la pianista Doris Stevenson y el 3 de noviembre toqué en Boston el concierto de Elgar con la Orquesta Sinfónica del MIT, dirigida por David Epstein.

El 14 de noviembre toqué en la Sala Alice Tully del Lincoln Center de Nueva York, con el programa que mostré en páginas anteriores, ya como parte de las actividades paralelas a la exposición "México: 30 siglos de esplendor". El 18 de ese mes repetí el programa en el Jordan Hall de Boston.

El estreno del concierto de Zyman estaba programado, repito, para el 28 de noviembre en la Sala Avery Fisher del Lincoln Center, con la American Symphony Orchestra y la directora Catherine Comet. Quedaron fijados dos ensayos para los días 23 y

24 y un breve ensayo general, para el 27 de noviembre. Fue durante estos ensayos cuando el *suspense* alcanzó su punto álgido.

El ensayo del 23 de noviembre se llevó a cabo en un salón de la Manhattan School of Music. Quedé bastante contento de ese primer ensayo, a pesar de que fue excesivamente corto, pues la directora Comet estaba molesta porque el copista no había entregado las partes de los cornos. Al terminar el brevísimo ensayo, Samuel se lanzó en búsqueda del copista, quien no se encontraba ni en su casa ni en su oficina.

El día 24 llegué a las 9:45 a.m. a la Manhattan School of Music. El segundo ensayo estaba citado para las 10:30 a.m. El copista no había aparecido; Samuel, sudoroso y pálido, no había dormido, y Catherine Comet, en vez de dirigir sin los cornos, canceló el ensayo a cuatro días del estreno, el único en el que se podría aspirar a dominar las dificultades de la obra. Yo mismo me vi tentado un momento a cancelar mi participación. No quedó más que el ensayo general, la víspera del concierto, en el Lincoln Center. Las partes faltantes estaban en su lugar y procedimos a tocar, sin detenernos una sola vez, la obra de Zyman.

El estreno se llevó a cabo, pues, el 28 de noviembre, en la Sala Avery Fisher del Lincoln Center, totalmente repleta. La reacción del público fue entusiasta y obligó a Samuel a subir al escenario a agradecer el aplauso. Muy pocos de los asistentes se habían enterado del *suspense* y de las angustias que habían sufrido compositor, directora y solista.

Tal como ocurre con frecuencia tras una primera ejecución, el compositor hizo una importante revisión del concierto, en particular del tercer movimiento, que era un poco repetitivo, y aligeró la orquestación. Fue esta nueva versión, corregida y mejorada, la que toqué el siguiente año en la Ciudad de México, con la Orquesta Sinfónica Nacional, bajo la batuta de Enrique Arturo Diemecke. Posteriormente grabamos la nueva versión con la Orquesta Nacional de México, y volví a tocarla en los Estados Unidos, en la Expo 92 de Sevilla y en Buenos Aires.

Largo contacto con Rusia y la URSS: 1962-2005

Rusia es un país que ha ejercido siempre sobre mí un poderoso atractivo. Después de mi primera estancia como estudiante en la Universidad Lomonosov de Moscú en 1962, nunca perdí el interés en este apasionante y con frecuencia desconcertante país. Viajé muchas veces a la URSS en las épocas de Jruschov, Brezhnev, Chernenko, Andropov, Gorbachov y Yeltsin. Mi última gira a la URSS tuvo lugar en octubre y noviembre de 1991, dos meses después del fallido golpe de Estado contra Gorbachov y apenas unas semanas antes del colapso de la Unión Soviética el 25 de diciembre de 1991. Volví en 1993 a la Rusia presidida por Yeltsin y en 2003, 2004 y 2005 a la muy cambiada Rusia bajo Putin.

Las largas e intensas giras musicales me permitieron conocer Rusia desde el norte hasta Crimea y el Cáucaso, y desde Leningrado hasta más allá de los Urales y a los más remotos confines de Siberia. También tuve la oportunidad de conocer casi todas las antiguas repúblicas soviéticas, en las que estuve, por lo general, en varias ocasiones: las tres bálticas (Lituania, Estonia, Letonia), las cinco del Asia Central (Kirguizia, Kazajstán, Uzbekistán, Tadjikistán y Turkmenia), Ucrania, Moldavia y, en el Cáucaso, Georgia.

Tuve también la oportunidad de tocar con numerosas orquestas y conocer a importantes compositores e intérpretes. En las páginas siguientes me limitaré a destacar los momentos esenciales de algunas de mis giras, tal como los describí al terminar cada estancia.

Moscú y las repúblicas de Asia Central: 1979

La gira incluyó Moscú y las cinco repúblicas soviéticas de Asia Central. Tocamos en Alma Ata (Kazajstán), Tashkent (Uzbekistán) y Frunze (Kirguizia). Tocamos también en Dushanbe (Tajikistán), localizada a 100 kilómetros de la aún tranquila frontera con Afganistán y dimos dos conciertos en Ashjabad (Turkmenistán), muy cerca de la frontera con Irán.

Me llamó la atención la belleza de algunas de estas ciudades así como la riqueza histórica y artística de Asia Central, que se remonta al Imperio persa de Ciro el Grande y, posteriormente, de Alejandro Magno. Son ciudades ubicadas a lo largo de la legendaria Ruta de la Seda originada en China. A la muerte de Mahoma la fulgurante expansión del islam pronto alcanzó toda la región. En el siglo VIII el Asia Central —o Turquestán— se había convertido al islam. Las ciudades mercantiles, como Bukhara y Samarkanda, alojaban grandes escuelas donde el árabe era la lengua universal, igual que en Baghdad, Basora, Córdoba, Granada o Sevilla.

Me parecen ilustrativos algunos párrafos de mi diario del 15 de octubre de 1979:

> Me llamó la atención la ausencia de mezquitas en la región y pregunté si el gobierno soviético las había destruido, tal como hizo con miles de iglesias y con numerosas sinagogas. La explicación que se me dio no careció de originalidad. "Lo que ocurre es que recientemente sufrimos un terrible terremoto. El gobierno ya reconstruyó totalmente las ciudades con excepción de sus mezquitas, ya que a nadie hacían falta. El gobierno y el Partido no tienen por tanto la culpa de que no haya mezquitas. La tiene el propio Alá", concluyeron nuestros acompañantes con grandes carcajadas.

Cerca de Ashkhabad vimos el enorme canal de Kara Kum, el más largo del mundo, para traer aguas del caudaloso río Amu-Daria a estos antiguos desiertos que ahora producen 90% del algodón soviético, así como frutas y arroz. (Hoy sabemos que este y otros canales han ocasionado un colosal desastre ecológico.)

Leningrado y Moscú: 1982. Un encuentro con Alfred Schnittke

El 22 de enero de 1982 di un recital en Leningrado con el pianista Itzaak Itzachik en la preciosa sala de la Filarmónica.

La víspera de mi recital se dio un concierto dedicado a estrenos de obras recientes de Schnittke, uno de los más eminentes compositores de la generación postshostakovichiana y cuya obra fue tolerada —cuando no proscrita— por los gobiernos soviéticos anteriores a Gorbachov. Asistimos mi esposa María Isabel y yo al concierto, que incluyó sus *Himnos para violonchelo* y diversas combinaciones de instrumentos, y salimos impresionados por la originalidad y la novedad de su música y por el entusiasmo del público, en su mayoría joven, hacia un tipo de música oficialmente visto con malos ojos por no sujetarse a los dictados del realismo socialista.

Me presentaron a Schnittke durante el concierto y el día siguiente tuvimos oportunidad de conversar un buen rato. Le manifesté mi gran interés en conseguir algunas de sus obras para violonchelo. Aunque se habían editado en la URSS, me dijo que no podría encontrarlas en las tiendas de música, por lo que ofreció regalármelas, si podíamos vernos en Moscú. Ambos debíamos regresar a Moscú el día siguiente y quedamos citados en un café de un hotel céntrico, pues no era prudente que acudiera yo a su apartamento. Nos encontramos a la hora citada y me dio unas partituras con tal sigilo y disimulo como si se tratara de secretos militares entregados a un espía extranjero.

Me contó que compositores como él vivían con sentimientos encontrados en los que se mezclan las satisfacciones y las amarguras. Satisfacciones, porque cuando se tocaban sus obras, lo cual era poco frecuente, se llenaban los teatros, por lo menos en Moscú y en Leningrado, y los aficionados les demostraban admiración y afecto. Amarguras, porque el éxito alcanzado había sido a pesar de la oposición de las agencias oficiales y del Sindicato de Compositores Soviéticos, cuya función debería consistir en apoyar a sus miembros y en defender sus intereses, pero que, en realidad, eran en buena medida herramientas de control y de represión. Me contó que sabía que varias organizaciones musicales occidentales habían pretendido encargarle obras —gestión que tenía que hacerse a través del Sindicato de Compositores—, pero que, ya fuera por envidias o por consignas de las autoridades, las cartas de encargo se habían "extraviado" sistemáticamente.

Entre las obras que me regaló estaba su impresionante sonata para violonchelo y piano, que a las pocas semanas empecé a tocar en público y que estrené en México en 1987.

Esa política de represión empezó a cambiar radicalmente a

partir de Gorbachov y de la implantación del *glasnot*. Schnittke se mudó a Hamburgo en 1990 donde falleció en 1998.

Una nueva gira: 1985. Las repúblicas bálticas, Moscú y el Kol Nidrei *de Max Bruch*

La nueva gira incluyó recitales con el pianista Vadim V. Projorov en Moscú, Tallinn y Parnu (Estonia), Vilnius y Kaunas (Lituania) y un concierto con la Orquesta Sinfónica de Letonia en Riga.

Mil novecientos ochenta y cinco fue el año en el que Gorbachov se convirtió en el nuevo líder de la Unión Soviética. Advertimos sentimientos de optimismo en todas partes. Bajo Gorbachov renacieron las esperanzas de un futuro mejor. "He aquí un líder moderno, capaz de llevar a cabo profundas reformas y de lograr importantes progresos para el país", era el consenso que escuchábamos. Sin embargo, en cada gira sucesiva a la Unión Soviética nos encontramos con desilusiones y frustraciones crecientes.

El programa de nuestros recitales incluyó el *Kol Nidrei* de Max Bruch, en su versión con piano. Un músico judío soviético residente en los Estados Unidos me había asegurado que yo no podría tocar esta obra en la Unión Soviética por su implicación religiosa y judía, pero no hubo problema alguno. Vadim Projorov no la conocía y le había costado mucho trabajo conseguir una vieja copia en los archivos del Conservatorio.

Después de nuestro concierto en Vilnius, un anciano vino a saludarme y me entregó un sobre que me rogó no abrir allí. La nota decía: "Gracias por un magnífico concierto. Gracias especiales por el *Kol Nidrei*". Esta emocionante nota me pareció la mejor justificación de haber incluido la obra de Bruch en nuestra gira soviética.

Tras un ensayo para nuestro concierto en Moscú, fuimos a la Biblioteca Glinka, donde teníamos cita con Anatoly Paniushkin y Vladimir Makarov, dirigentes de la biblioteca. Estaban enterados de mi proyecto de escribir una larga nota acerca de Shostakovich y amablemente me enseñaron la documentación que tenían.

Salimos de la Biblioteca Glinka y decidimos caminar un rato.

Cerca de la calle Fadeev nos topamos con una inmensa cola. Las colas son un espectáculo frecuente en Moscú y en la URSS. Se forman por las más diversas causas, desde la oferta en la calle de una limitada cantidad de pescado fresco recién llegado, hasta la venta a precios reducidos de productos que urge rematar para cumplir así el plan mensual de venta. Cuando empieza a formarse una cola, lo aconsejable es acudir inmediatamente, asegurar buen lugar y luego enterarse de qué se vende. Con esta sencilla regla en mente, María Isabel consiguió en una ocasión unas latas de caviar a precios regalados en el Hotel Europa de Leningrado.

La fila que nos llamó la atención cerca de la calle Fadeev se había formado ante una tienda de vinos y licores. A la entrada, policías vigilaban para evitar posibles desórdenes. Supongo que este tipo de cola debe ser una de las consecuencias de las recientes limitaciones impuestas en bares y restaurantes a la venta de bebidas alcohólicas. La campaña antialcohólica emprendida por Gorbachov es muy intensa. La prensa y la televisión destacan continuamente los efectos nocivos de vinos, licores y, particularmente, de vodka, y califican el alcoholismo como un "problema nacional de gran magnitud, verdadera amenaza al progreso soviético".

Nuestro concierto en Moscú se llevó a cabo en el Tsedri o Edificio Central de Trabajadores del Arte y fue organizado por el Club de Violonchelistas de Moscú, presidido por Daniil Shafran. Al terminar el concierto, Alexandr Salomonovich Benditsky me colocó en la solapa una insignia simbólica como miembro del Club de Violonchelistas de Moscú.

Mi última gira
a la Unión Soviética: 1991

El texto siguiente fue extraído de mi libro *De la URSS a Rusia* y fue escrito en 1992, justo después de mi última gira a la Unión Soviética:

Un mes y medio tras el fallido golpe de Estado contra Gorbachov, llegamos María Isabel, el violonchelo y yo a Moscú el 15 de octubre de 1991 para una gira prevista de ocho conciertos y seis recitales —con el pianista Victor Yampolski— y dos conciertos con orquesta— que nos llevaría a recorrer una buena parte de los inmensos territorios de lo que todavía era la Unión Soviética.

El plan de viaje fue el siguiente: Moscú-Kurgan (Siberia)-Chelyabinsk-Katerinburg-Tbilisi (Georgia)-Kiev (Ucrania)-Moscú.

Una ilustrativa cena en Moscú

Poco después de nuestra llegada a Moscú asistimos a una magnífica cena que en nuestro honor organizó en su residencia el embajador de México, Carlos Tello. Asistieron A. Paniushkin, director del Museo Glinka de Moscú, donde se daría el último concierto de la gira; el director de la Sala de Conciertos del Conservatorio Chaikovsky de Moscú, mi amigo de hace 29 años, Volodia Sajarov y su esposa Tatiana, y el especialista en jefe de los países de América Latina del Ministerio de Cultura de la URSS, Ovsep S. Manasarián, que habla un español excelente. La conversación fue, para mí, altamente reveladora de la total transformación soviética. Se habló con franqueza de la crisis económica y política de la URSS. Volodia Sajarov comentó el lamentable deterioro académico que ha sufrido el Conservatorio Chaikovsky como consecuencia de la muerte o emigración de sus más eminentes pedagogos. Manasarián dijo, medio en broma medio en serio, que si Gorbachov hubiera sido miembro de la CIA norteamericana, su labor no hubiera sido muy diferente:

> El antiguo Pacto de Varsovia se ha disuelto. Los países socialistas del Este europeo, antes bajo dominio soviético, se están volviendo capitalistas. La República Democrática Alemana ha sido absorbida por la República Federal. Incluso las repúblicas soviéticas declaran su autonomía y amenazan desligarse de la Unión Soviética. La URSS se desintegra política y económicamente.

Un concierto en Ekaterinburgo. La casa de Nikolai Ipatiev y el asesinato del zar Nicolás II y de su familia

Ekaterinburgo, capital del Distrito Federal de los Urales, es una de los cientos de ciudades rusas que han recuperado sus nombres prerrevolucionarios. Hasta hacía poco tiempo su nombre era Sverdlovsk, así llamado en honor del líder bolchevique Jakov Sverdlov.

Nuestro concierto tuvo lugar en el Teatro de la Filarmónica.

Casi frente al teatro se encuentra un terreno baldío en el que nos detuvimos un buen rato, pues allí ocurrió un hecho de trascendencia histórica: el asesinato, en 1918, del zar Nicolás II y de toda su familia, último capítulo en la historia de los zares y un anticipo del terror que se desataría en Rusia el año siguiente, el "Terror Rojo", y que alcanzaría su culminación bajo Stalin.

Los hechos esenciales de la masacre ocurrida aquí se conocen desde la década de los veinte, cuando se publicó en París el informe de Nikolai A. Sokolov, presidente de la comisión investigadora nombrada por el almirante Kolchak. Pero nuevos materiales han visto la luz recientemente. La revista *Ogonëk* publicó en 1989 las memorias del comandante de la escuadra asesina, Yakov M. Yurovsky.[1] La historia, en resumen, es la siguiente:[2]

> Por orden de Lenin, Nicolás II —entonces conocido como Nicolás Romanov— y toda su familia fueron enviados a principios de 1918 a Ekaterinburgo, y fueron alojados en la casa del ingeniero Nikolai Ipatiev, a quien los bolcheviques ordenaron abandonarla para convertirla de hecho en una prisión.
>
> Junto con Nicolás estaban su esposa Alejandra, sus cuatro hijas, su hijo, el zarevich Alexis de 14 años —aquejado por la hemofilia—, su médico el doctor Botkin y demás ayudantes de la familia. La primavera pasó en relativa tranquilidad aunque tuvieron que soportar burlas y robos por parte del numeroso destacamento armado que los vigilaba día y noche.

[1] *Ogonëk*, núm. 21 (1989), pp. 4-5 y 30-32.
[2] Me he basado fundamentalmente en Richard Pipes, *The Russian Revolution*, Alfred A. Knopf, Nueva York, 1990.

Richard Pipes[3] menciona que existen pruebas contundentes de que Lenin acordó el asesinato de los Romanov hacia mayo o junio de 1918 y encargó a la Cheka, es decir la policía secreta, la ejecución del plan.

El 4 de julio de 1918 fue cambiado el equipo de vigilantes y llegó como comandante de la fuerza especial de la Cheka un siniestro personaje llamado Yacov Mijailovich Yurovsky, hombre resentido, cruel y lleno de odio.

La noche del 17 de julio Yurovsky despertó al doctor Botkin a la 1:30 a.m. y le ordenó levantara a toda la familia pues, por motivos de seguridad, era menester trasladar a todos al sótano. A las 2 a.m. bajó las escaleras Yurovsky seguido de los 11 presos: Nicolás que en brazos llevaba a su hijo Alexis, su esposa Alejandra, sus hijas María, Tatiana, Olga y Anastasia, el doctor Botkin, la ayudante Demidova, el valet Trup y el cocinero Kharitonov, así como un grupo de guardias. Una vez todos reunidos, Yurovsky dijo repentinamente que, en vista de que los partidarios de Nicolás continuaban luchando contra los bolcheviques, debían matarlos. Alejandra y alguna de sus hijas apenas tuvieron tiempo de santiguarse. Yurovsky personalmente mató al ex zar. Cada uno de los guardias disparó al corazón de las demás víctimas pero seis sobrevivieron entre gemidos: el niño Alexis, tres de sus hermanas, Demidova y el doctor Botkin. El propio Yurovsky disparó dos tiros de gracia a la cabeza de Alexis. Los demás se encargaron de los sobrevivientes, incluyendo a Jemmy, el perrito de Anastasia. Las niñas llevaban sus joyas ocultas en sus corsets y ello impedía a veces que las bayonetas de los guardias atravesaran los cuerpos de las víctimas.

Los cadáveres ensangrentados fueron llevados a una abandonada mina de oro de poca profundidad. Entre las peores burlas, los guardias desnudaron a la zarina y a las niñas y, siempre comandados por Yurovsky, quemaron todos los cuerpos y los arrojaron a la mina. Al día siguiente Yurovsky regresó con sus hombres, pues estaba preocupado de que la mina no fuera lo suficientemente profunda. Desenterraron los restos y los llevaron a un lugar cercano, donde fueron rociados de ácido sulfúrico y nuevamente quemados y enterrados para que quedaran perdidos para siempre. El lugar

---

[3] Richard Pipes, *op. cit.*, pp. 763-764.

quedó sumido en el olvido y no fue sino en 1989 cuando un grupo de investigadores logró encontrarlo.

En el terreno que ocupó la casa, hoy baldío, está trazado con ladrillos el perímetro de la antigua construcción y la distribución de los cuartos. En uno de ellos está una lápida, para indicar que precisamente allí ocurrió la matanza. En otro está erigida una cruz ortodoxa de madera de unos dos metros de altura. De la cruz cuelga una cubeta de plástico en la cual algunos transeúntes depositan ocasionalmente flores, tal como observamos al visitar el lugar.

En 1977 Brezhnev, preocupado por el creciente número de visitantes a la casa de Ipatiev, convertida en museo y club, ordenó su destrucción al secretario general del Partido Comunista en Sverdlovsk. Ese hombre era Boris Yeltsin. Aunque al parecer no le agradaron las instrucciones, Yeltsin las acató y es ésa la razón por la que no queda nada de la última morada del zar y de su familia. (Más adelante veremos que esto ya no es cierto.)

Ekaterinburgo-Tbilisi: un vuelo bien relajado

El despertador sonó a las tres de la madrugada pues el vuelo debía salir a las 5:30 a.m.

El aeropuerto de Ekaterinburgo debe ser uno de los grandes nudos aéreos soviéticos a juzgar por su tamaño y por el número de aeronaves que allí vimos Pero la terminal aérea, a las 4 a.m., tenía un aspecto deprimente. Miles de pasajeros dormían como amontonados en una cárcel. Nos condujeron a la sala de viajeros oficiales y luego, en plena oscuridad, recorrimos a pie medio kilómetro y abordamos el avión aún vacío. Sólo estaban dos azafatas y un sobrecargo en animadísima conversación. Tenían la música del avión a todo volumen, bailoteaban y era evidente que la estaban pasando muy bien. Bajo un gran letrero iluminado que decía PROHIBIDO FUMAR, estaban los tres fumando como cosacos. Seguíamos solos en el avión Yulia (nuestra acompañante de Gosconcert), María Isabel, el pianista Victor Yampolsky, el chelo y yo. Entró el capitán y nos informó que éramos los primeros extranjeros en abordar aquí un vuelo, pues Ekaterinburgo estaba hasta hace poco vedado a los viajeros internacionales.

De pronto se llenó totalmente el avión. Los pasajeros, en su mayoría georgianos y azerbaidjanos, venían cargados de enormes bultos que introdujeron a la cabina sin la menor objeción por parte de las azafatas. Por haberse sobrevenido el vuelo quedaban en la escalerilla unos 15 pasajeros, con boleto pero sin asiento. Como no hacían caso a las azafatas, y se negaban a descender, intervino el capitán para imponer su autoridad pero también fracasó. El problema se resolvió con la total capitulación del capitán y de las azafatas. Les permitieron entrar al avión y viajar de pie en la parte posterior del aparato. Algunos, que tenían amigos entre los pasajeros ya sentados, se acomodaron entre ellos. En la fila anterior a la nuestra viajaban cinco pasajeros apretados en tres asientos. Habían levantado los descansabrazos y, por supuesto, no se habían puesto los cinturones de seguridad.

El vuelo duró tres horas. Nunca aparecieron las azafatas a revisar cómo iban los pasajeros ni menos a ofrecer aunque sólo fuera un vaso de agua.

Quince minutos antes del aterrizaje, cuando sobrevolábamos espectaculares picos nevados del Cáucaso y se advertía que se había iniciado el descenso, empezaron a aproximarse pasajeros a las portezuelas de salida. Querían estar en buena posición para ser de los primeros en salir. Al momento de aterrizar había no menos de 15 personas agolpadas de pie, con sus enormes bultos, a ambos lados de la puerta.

Conciertos en Tbilisi

Nuestros conciertos en Tbilisi fueron los primeros en llevarse a cabo tras varias semanas de intensa agitación y de tiroteos en las principales calles de lo que ha sido una hermosa ciudad.

Fue un placer tocar con la orquesta de Georgia y su excelente director A. Kakhidze. El programa consistió en el estreno mundial del *Poema* del compositor Iraklii Tsintsadze, hijo de Sulján Tsintsadze, el más famoso compositor georgiano, el *Concierto para violonchelo* de Dvorak y la *Décima sinfonía* de Shostakovich.

El compositor Sulján Tsintsadze y su esposa nos invitaron a su casa y pudimos disfrutar de una excelente cena típica georgiana, acompañada de vinos de la región. Tsinsadze está colmado de honores que según él ya no significan nada: Artista del Pueblo de la URSS (cuando la URSS está a punto de desaparecer), el Premio Stalin (cuando el nombre de Stalin está maldito), etcétera.

Moscú-Nueva York: 2 de noviembre.
Último contacto con la Unión Soviética

A las 6 a.m. despegamos rumbo a Francfort y Nueva York.

Para sintetizar el cúmulo de mis impresiones al terminar la gira, debería destacar los siguientes aspectos fundamentales:

a) Es radical la transformación de la URSS en los años de Gorbachov. Como ya habíamos notado por primera vez en 1988, ha desaparecido el miedo que durante 70 años oprimió a los soviéticos. En todo se percibe la *glasnost,* la apertura y la transparencia. Se respira una libertad incipiente

b) Por desgracia, esa conquista tan valiosa no se ha visto acompañada por una mejoría material sino al contrario. El nivel de vida se ha deteriorado año tras año desde 1985, cuando se inició la *perestroika.* Ésta era indispensable pero no fue ni bien concebida ni bien ejecutada. Las reformas económicas se han caracterizado por sus titubeos y sus vaivenes; han sido tímidas, contradictorias, insuficientes y extemporáneas.

c) Durante nuestra estancia nos dominó la sensación de estar en un país sumido en una aguda crisis y que se encuentra al borde de peligros imprevisibles.

d) Todos los días fuimos testigos atónitos del desmoronamiento de lo que era la Unión Soviética y sus instituciones. También pudimos percatarnos de la fuga de cerebros que, en todos los campos, aqueja a esta región.

e) Ante tales cambios vertiginosos, el país y la gente se encuentran desorientados. La esperanza y el optimismo que advertimos al iniciarse la era de Gorbachov se han esfumado. Reinan la preocupación y el pesimismo. Gorbachov, tan popular fuera de la URSS, es continuamente criticado en su país.

f) Uno de los grandes obstáculos lo constituye el desbordamiento de los nacionalismos que, convertidos en sentimientos irracionales y primitivos, amenazan con envenenar las relaciones entre los muy diversos pueblos no sólo de la URSS sino de cada una de sus repúblicas y con crear graves focos de inestabilidad.

Así terminó mi último viaje a la Unión Soviética. Apenas unas semanas después, el día de Navidad de 1991, Mijaíl S. Gorbachov presentó su renuncia y la Unión de Repúblicas Socialistas Soviéticas dejó de existir oficialmente. Fue arriada a lo largo y a lo ancho de la inmensidad del territorio ruso la bandera roja de la hoz y el martillo, izada por Lenin en 1923. Boris N. Yeltsin, presidente de Rusia, ocupó ese día las que habían sido las oficinas de Mijaíl S. Gorbachov, presidente de la URSS. Desde ahora sólo ondean sobre el Kremlin los colores blanco, rojo y azul de la bandera rusa.

De mis detalladas experiencias y observaciones en la URSS a lo largo de tres décadas, surgió mi libro *De la URSS a Rusia*, publicado en 1993 y 1994 por el Fondo de Cultura Económica.[4]

Con Irina y Zoya Shostakovich: 1993.
La *Sonata para viola y piano*

En 1993 estuve en Moscú y fui a visitar a Irina y Zoya Shostakovich, la viuda y la hija, respectivamente, del compositor. La visita tuvo lugar en su apartamento de Moscú. Estaba yo escribiendo una nota acerca de Shostakovich para mi libro *De la URSS a Rusia* e Irina amablemente me había invitado para conversar, aclarar dudas y responder a mis preguntas. La nota, titulada "Dmitri Shostakovich. La tragedia de un artista bajo el comunismo", se convirtió en un capítulo completo de mi libro. Fue para mí una emocionante experiencia encontrarme en el mismo apartamento en el que vivió tantos años el compositor. Un busto de Beethoven captó mi atención y me trajo inmediatamente a la memoria la última obra de Shostakovich: su *Sonata para viola y piano, op. 147*. La salud de Shostakovich se había agravado terriblemente desde 1973. En alguna ocasión había mencionado que le sería imposible vivir sin componer y, en efecto, continuó trabajando hasta el final. Compuso la sonata en mayo

---

[4] Carlos Prieto, *De la URSS a Rusia*, FCE, México, 1993 y 1994.

y junio de 1975. En julio tuvo que ser internado en el hospital pero siguió trabajando y corrigiendo las hojas puestas en limpio por el copista. A los cuantos días, el 9 de agosto de 1975, Shostakovich falleció.

La *Sonata para viola y piano* es una obra extraordinaria por su profundidad y su belleza. En sus tres movimientos domina una atmósfera de introspección tranquila. Un motivo del *adagio* final es una reminiscencia de la sonata *Claro de luna* de Beethoven, una especie de homenaje que el compositor ruso, a las puertas de la muerte, le rinde a su ilustre predecesor. La obra termina en una atmósfera de luminosa pero triste belleza. Es la despedida de un gran artista del atormentado mundo en el que le tocó vivir.

Allí mismo, en el apartamento de Shostakovich, decidí transcribirla para violonchelo y piano. La he tocado con frecuencia y la grabé en Nueva York con la pianista Doris Stevenson.

Retorno a una nueva Rusia: 2003

Volví a Rusia en octubre de 2003. Mi nueva gira fue variada: dos recitales de violonchelo solo y dos conferencias en Orenburgo, capital de la homónima provincia, fronteriza con Kazajstán, dos conciertos en San Petersburgo, en el Teatro del Hermitage y en la Gran Sala de la Filarmónica de San Petersburgo, que incluyeron el estreno mundial del *Concerto da Chiesa* para violonchelo y cuerdas del compositor español José Luis Turina, y, finalmente, un recital en el Conservatorio Chaikovsky de Moscú con el pianista Gennady Dzubenko.

Regresaba con el enorme interés de observar, con los ojos bien abiertos, en qué ha cambiado en estos últimos años Rusia, donde viví por primera vez en 1962, hacía 41 años.

Ciertamente, me encontré una Rusia extraordinariamente cambiada, con avances muy importantes y, al mismo tiempo, retrocesos en diversos campos.

La vez anterior que toqué en Moscú, lo hice en la capital de la Unión Soviética. Regresaba yo ahora a Moscú, capital de la Federación Rusa. Sobre el Kremlin ya no ondeaba la bandera roja de la hoz y el martillo sino la bandera tricolor azul-blanco-rojo de Rusia. Ya no era la capital de la segunda potencia mundial sino la capital de un país cuya economía, medida en términos del producto nacional bruto, ocupa el décimo lugar en el mundo, aunque ha crecido aceleradamente a lo largo de los últimos seis años (1998-2003)

Nuestras primeras actividades se llevaron a cabo en Orenburgo, ciudad de cerca de un millón de habitantes y capital de la homónima provincia. Igor Jramov, presidente de la Sociedad Eurasia, organizó nuestra estancia. El nombre Eurasia es particularmente apropiado pues Orenburgo se encuentra sobre la línea divisoria de Europa y Asia. Nuestro avión de Orenburg Airlines partió del aeropuerto de Domodiedovo a las 9 p.m. y aterrizó en Orenburgo a la 1 a.m.

Igor Khramov y Ruslan Galimov nos esperaban para llevarnos a lo que creíamos sería nuestro hotel. Menuda sorpresa nos llevamos al descubrir que no nos hospedaríamos en un hotel sino en una amplia *suite* en la Clínica de Ojos del doctor Fiodorov, el mejor alojamiento en la ciudad. Al llegar, en vez de *bell boys* nos ayudaron con el equipaje dos enfermeros con sus uniformes verdes de hospital. (El doctor Fiodorov es, por cierto, un eminente médico cuyas técnicas quirúrgicas por medio de rayos láser causaron una revolución en las operaciones de ojos.)

El día siguiente fuimos cálidamente recibidos en la casa de los Rostropovich, una casa privada propiedad de la familia Goncharuk que es una especie de Museo Rostropovich. Allí se alojó Mstislav Rostropovich durante parte de la segunda Guerra Mundial, entre 1941 y 1943, y allí vivió y murió su padre, Leopold Rostropovich, también violonchelista.

Por la tarde, en el auditorio de la Universidad de Orenburgo di una plática en ruso acerca de *Las aventuras de un violonchelo* tras lo cual toqué una *suite* de Bach y la sonata de Kodaly para violonchelo solo. Una excelente cena, presidida por el rector Boris P. Javtorin culminó la jornada e, inútil decirlo, fluyó el vodka en incontables brindis a nuestra salud, a la amistad, a Rostropovich, a todos los violonchelistas del mundo, etcétera.

San Petersburgo: estreno mundial del *Concerto da Chiesa* de José Luis Turina

Continuamos la gira en San Petersburgo, llamada Leningrado la última vez que toqué allí. La ciudad, fundada en 1703, celebraba su tricentenario. Había sido yo invitado para participar en un festival de música española y tocar el estreno mundial de una nueva obra de José Luis Turina, uno de los más destacados compositores españoles: su *Concerto da Chiesa* para violonchelo y cuerdas, con la Orquesta del Hermitage, dirigida por Alexis Soriano.[5]

Los ensayos se llevaron a cabo en un espléndido edificio en Moika 45, a orillas del río Moika, uno de los numerosos ríos de San Petersburgo, cuyo nombre aparece con frecuencia en novelas de Dostoievsky y de otros escritores rusos. "Espléndido" fue la palabra que me vino a la mente al ver la fachada del edificio. La fachada ha sido restaurada, así como la de muchos otros edificios, en ocasión del aniversario 300 de la ciudad. Pero la renovación —en ruso, *remont*— del interior apenas empezaba.

El estreno mundial del *Concerto da Chiesa* tuvo lugar en el Teatro del Museo del Hermitage y dos días después repetimos el concierto en la Gran Sala de la Filarmónica Shostakovich. Tocar el magnífico *Concerto da Chiesa* en esa maravillosa sala, de tan rica historia musical, fue para mí el punto culminante de mi gira rusa de 2003.

Concierto en el Conservatorio Chaikovsky de Moscú

El último concierto de la gira se llevó a cabo en el Conservatorio de Moscú, con la participación del pianista Gennady Dzubenko. El programa incluyó los estrenos en Rusia de obras de los compositores mexicanos Gutiérrez Heras y Mario Lavista.

El Conservatorio Chaikovsky aún muestra parte de los daños causados por un incendio reciente. Pero más grave que el incendio es que el Conservatorio no ha recobrado todavía su nivel de la era pregorbachoviana. Muchos de sus legendarios maestros han fallecido o emigrado, atraídos por excelentes

---

[5] En el concierto también participó la joven violinista española Leticia Muñoz.

ofertas y libres de emigrar gracias a las nuevas libertades de que se disfruta en Rusia. Sin embargo, algunos regresan, por lo menos temporalmente. Otros conservatorios han alcanzado un alto nivel en ciudades como Novosibirsk, en Siberia, cuna de violinistas como Maxim Vengerov y Vadim Repin.

Algunas observaciones acerca de los cambios ocurridos en Rusia

El tiempo y el espacio me exigen ser breve, así que sólo tocaré cinco puntos: Nicolás II, la notable mejoría en el abastecimiento de bienes y servicios, la relativa libertad de expresión, la creciente inequidad en la distribución del ingreso y la Catedral de Cristo Redentor en Moscú.

El destino de los restos del zar Nicolás II

Pocos fenómenos ilustran tan claramente la magnitud de los cambios como lo que ha ocurrido con los restos del último zar, Nicolás II, y de su familia.

El lector recordará mi visita en 1991 a Ekaterinburgo y lo que relaté acerca del asesinato del zar y de su familia.

Cuando llegó a la presidencia de Rusia en 1991, Yeltsin ordenó la exhumación de los nueve cuerpos que habían sido descubiertos en 1989 por un grupo de investigadores en un bosque cercano a Ekaterinburgo y dispuso que se les sometiera a pruebas forenses, incluida la del ADN.

Al no existir parientes cercanos de Nicolás II, se exhumaron los restos de su hermano menor Gyorgy Alexandrovich Romanov. Para poder identificar los restos de la zarina Alexandra, se le hicieron pruebas sanguíneas al príncipe Felipe de Edimburgo, su familiar más próximo. Finalmente, al terminarse todos los exhaustivos análisis, científicos rusos, británicos y estadunidenses confirmaron, fuera de toda duda, la identidad de los restos del último zar y de su familia.[6]

---

[6] Faltaban dos cadáveres pero en 2007 se descubrieron los restos de Alexei y de

Por orden del presidente Yeltsin, el 17 de julio de 1998, exactamente 80 años tras su asesinato, Nicolás II y su familia fueron sepultados en San Petersburgo, en la catedral de San Pedro y San Pablo, donde reposan todos los zares a partir de Pedro I, el fundador de la ciudad.

Ver la tumba de Nicolás II fue para mí una experiencia impresionante, indicativa de la magnitud de los cambios ocurridos en Rusia. Pensé que si Lenin reviviera en su tumba en el mausoleo al pie de las murallas del Kremlin, sufriría un infarto fulminante ante la noticia de que Nicolás II, asesinado por sus órdenes y cuyos restos no debían poder encontrarse jamás, había sido sepultado con todos los honores en San Petersburgo, con el reconocimiento que ello implica del fracaso del comunismo.

Nicolás II fue canonizado por la Iglesia ortodoxa rusa. Y en 2003 patriarcas de todas las Rusias consagraron la monumental *Iglesia en Honor de la Sangre de todos los Santos Resplandecientes en la Tierra Rusa* en el lugar que ocupó la casa de Ipatiev, donde fueron asesinados el zar y su familia en Ekaterinburgo. Nunca lo hubiera yo podido imaginar en 1991, cuando visitamos aquel solar abandonado en Ekaterinburgo.

Fin del "reino de las colas"

Varias semanas de estancia en Rusia me permitieron comprobar el evidente progreso en la disponibilidad de muchos bienes y servicios. Nuevos edificios de apartamentos e inmensos centros comerciales proliferan en Moscú y en San Petersburgo. La circulación vehicular es intensa y lenta y llama la atención la elevada proporción de Mercedes Benz, BMW, Peugeot, Honda y otras marcas extranjeras. El "reino de las colas" ha terminado. Recuerdo bien las frecuentes y exasperantes esperas que agobiaban a los consumidores soviéticos y la regla de ponerse inmediatamente en fila antes de averiguar siquiera qué se vendía.

su hermana María en una fosa cercana al lugar donde se habían descubierto anteriormente los demás restos. El arqueólogo Sergei Pogorelov añadió que se habían descubierto, además, unas vasijas cerámicas que contenían ácido sulfúrico, que había servido, como en la fosa anterior, para destruir los cadáveres y evitar que algún día se pudieran convertir en objetos de culto.

Las tiendas grises, monótonas y mal surtidas han sido remplazadas por establecimientos en los que se vende toda clase de productos similares a los que se encuentran en el primer mundo, pero a precios que se antojan inaccesibles para buena parte de la población.

Las condiciones de la vivienda están mejorando y ha disminuido el número antes elevadísimo de diminutos apartamentos compartidos por varias familias. Han desaparecido las listas de espera de cinco a 10 años para adquirir un auto o una nueva vivienda. Existe ahora oferta de casas, apartamentos, autos y otros bienes, y lo que actualmente limita su adquisición son consideraciones de orden económico.

También recuerdo los desesperantes restaurantes soviéticos en los que había que esperar 30 minutos para tener una mesa aunque el restaurante estuviera vacío y otros 30 minutos para atraer a un mesero a quien terminaba uno por pedir algunos de los pocos platos disponibles del enorme menú. Hoy las ciudades rusas están llenas de pequeños restaurantes y cafés en los que se come bien, para no hablar de los de lujo a los que acuden turistas extranjeros, hombres de negocios exitosos y "oligarcas" rusos.

Libertad de prensa

Encontré una libertad de prensa no total pero impensable en la era soviética. Lo comprobé con los diversos periódicos que leía cada día. Vi en las librerías toda clase de libros antes prohibidos. Lo comprobé en los diversos hoteles donde estuvimos en los que se reciben por cable o satélite muchas televisoras extranjeras (BBC, TV 5 de Francia, Televisión Española y numerosas emisoras estadunidenses y alemanas, etc.) Sin embargo, la televisión rusa —el medio más poderoso de comunicación— no parece disfrutar o ejercer la misma libertad. Los dos principales canales son propiedad del gobierno. Los principales programas de noticias, como Viesti del canal Rossiya (Rusia) y Vremya del canal 1 siempre son progobiernistas. Por su parte, NTV —conocido por sus expresiones críticas y combativas— fue comprado en 2001 por Gazprom, el monopolio estatal del gas.

Progreso económico pero crecientes desigualdades

Durante casi un mes de estancia en Rusia, hablé con innumerables personas dedicadas a las más diversas actividades: músicos, escritores, dirigentes universitarios, taxistas, guías de turistas, jubilados, etc. No muchos añoran la era soviética. La situación económica ha mejorado. El desempleo ha disminuido a lo largo de los últimos seis años; los jóvenes sienten que se abren ante ellos promisorios caminos, antes impensables; los viajes al exterior ya no están prohibidos sino por consideraciones económicas; el progreso y la libertad se advierten por doquier.

Sin embargo, el panorama dista de ser ideal. Un gran número de personas, especialmente de la tercera edad, ha visto deteriorarse muy gravemente su nivel de vida. Muchos jubilados, cuyas pensiones se han visto mermadas por la inflación, no tienen ya las redes de protección de que disfrutaban antes del colapso soviético y hoy viven en la miseria. La esperanza de vida ha disminuido y alcanza apenas 63.9 años. Se ha reducido el apoyo estatal a la educación y a las artes con los consiguientes impactos sociales. Miles de rusos y de rusohablantes se han visto obligados a emigrar a Rusia, procedentes sobre todo de las antiguas repúblicas soviéticas de Asia Central, donde se suma a la decadencia económica una ola de intolerancia y de fanatismo religioso.

Pero no hay duda de que el nivel de vida de un vasto y creciente grupo de rusos ha mejorado considerablemente. Resulta evidente por su apariencia, por sus coches, por los restaurantes caros a los que asisten y por los hoteles donde se hospedan dentro y fuera de Rusia. A la cabeza de este grupo están los llamados "oligarcas", dueños de cuantiosas fortunas, no todas de origen legítimo. Muchas provienen de la práctica común en la era de Yeltsin de otorgar préstamos para comprar, a precios regalados, acciones de las empresas que vendía el gobierno durante la ola de privatizaciones. Dichos préstamos se otorgaron en condiciones muy favorables a funcionarios particularmente hábiles y bien "conectados".

La catedral de Cristo Redentor en Moscú

Moscú es una ciudad que ha sufrido múltiples modificaciones en su larga historia. En la era soviética fue objeto de barbaridades urbanísticas y arquitectónicas. Fueron demolidos miles de monumentos y edificios de reconocido valor arquitectónico, así como barrios enteros llenos de tesoros artísticos. Casi 1 000 iglesias desaparecieron. Se destruyó por completo el pintoresco barrio medieval de Zaradie, situado a orillas del río Moskva y próximo al Kremlin y a la Plaza Roja. Tras varias construcciones inconclusas, se edificó finalmente en las ruinas del barrio de Zaradie el Hotel Rossiya. Este hotel alcanzó dos resultados notables: ser el mayor del mundo y ser un monumento al mal gusto.

Entre los miles de edificios destruidos por Stalin destaca la monumental catedral de Cristo Redentor. Su demolición fue larga y complicada y obedeció a un doble propósito: destruir uno de los principales templos moscovitas donde se envenenaba al pueblo con el "opio de la religión" y permitir la construcción del mayor edificio jamás concebido en la época soviética: el Palacio de los Soviets, un inmenso edificio de 420 metros de altura, coronado por una estatua de Lenin que se elevaría 100 metros más y cuyo índice extendido mediría seis metros.[7] La edificación del Palacio de los Soviets sobre las ruinas de una de las principales iglesias de Moscú simbolizaría, además, el triunfo del comunismo sobre la religión.

La segunda Guerra Mundial ocasionó la suspensión de la obra. No fue sino en los años sesenta cuando Nikita Jruschov decidió convertir los cimientos abandonados del palacio en una gigantesca alberca descubierta, con capacidad para 2 000 personas.

A principios de su gobierno, el presidente Yeltsin decidió demoler la enorme alberca y reconstruir la catedral de Cristo Redentor, de acuerdo con los planos originales y utilizando materiales idénticos a los de la catedral inicial. El gobierno aportó la mayor parte de los fondos, pero también hubo masivas colectas públicas, entre las que destacan los dos conciertos benéficos que dirigió Mstislav Rostropovich en Moscú, a 1 000 dólares la

---

[7] El Palacio de los Soviets sobrepasaría en altura a la Torre Eiffel de París (300 metros) y al mayor edificio de la época, el Empire State de Nueva York (407 metros).

entrada. Las obras se iniciaron a principios de 1995 y la nueva catedral, copia idéntica de la anterior, se consagró en septiembre de 1997, en ocasión del 850 aniversario de la fundación de Moscú, simbolizando, ahora, el triunfo de la religión sobre el comunismo y el retorno de Rusia a sus viejas y hondas raíces cristianas.

Una curiosa metamorfosis en Moscú

Frente a la catedral de Cristo Redentor se eleva en el río Moskva una inmensa y disparatada escultura de Pedro I en una carabela de amplias velas, típica de siglos anteriores a la época del zar. La obra es del escultor georgiano Zurab Tsereteli y quedó instalada en 1996. Originalmente, la figura en la escultura de Tsereteli era Cristóbal Colón y su autor aspiraba a venderla en Iberoamérica, España o los Estados Unidos en ocasión del quinto centenario del encuentro de dos mundos. Los presuntos compradores no manifestaron ningún interés y entonces, sin más, ¡Colón se convirtió en Pedro I y la escultura fue a dar a las aguas del río Moskva!

Nueva gira por Rusia: abril de 2005

En 2005 regresé a Rusia con un doble propósito: dar una serie de conciertos a lo largo de la inmensa Siberia y en Moscú, y presentar la versión rusa de este libro *(Priklyucheniya Violoncheli)*.

Este viaje fue para mí el cumplimiento de la ilusión que desde niño tenía de recorrer Siberia, impresionado por la lectura del libro de Jules Verne acerca de Michel Strogoff, el correo del zar, en su larguísimo y aventurado viaje desde Moscú hasta Irkutsk. De mayor, la lectura de *La casa de los muertos* de Dostoievsky —condenado a Siberia en 1849— y de los libros de Solzhenytsin *Un día en la vida de Iván Denisovich* —publicado en 1962 cuando estudiaba yo en Moscú— y *El archipiélago Gulag* no hicieron más que aumentar mi ansia por recorrer Siberia, de la cual sólo había conocido Cheliabinsk, Kurgan y Ekaterinburgo en giras anteriores. La gira duró un mes y recorrimos muchos miles de kilómetros en avión, tren y automóvil a lo largo y a lo ancho de Siberia. La gira incluyó 14 conciertos y, además, presentaciones de la versión rusa de este libro en ciudades siberianas y en Moscú.

El 3 de abril empezaron mis ensayos en Moscú con el excelente pianista Mikhail Arkadiev, "artista emérito de la República Rusa" y que fue durante 13 años el pianista preferido del famoso barítono ruso Dmitri Khvorostovsky.

Chitá y la región allende el lago Baikal

El 5 de abril empezó el periplo siberiano. Salimos de Moscú María Isabel, Mikhail Arkadiev y yo por la noche del 5 con destino a Chitá, capital de la región (Oblast), entonces llamada igualmente Chita y reorganizada y rebautizada en 2008 como región de Zabaikalie (o sea "departamento allende el Baikal") y que se encuentra en el extremo oriental de Siberia, a poco más de 6 000 kilómetros de Moscú. El vuelo duró 6:15 horas y llegamos a Chitá a las 9 a.m. (3 a.m. hora de Moscú).

La región de Zabaikalie abarca un área tan extensa como Francia, pero su población es apenas de 1.3 millones de habitantes. Colinda con Mongolia y China. La capital, Chitá, tiene poco menos de 400 000 habitantes.

En la época soviética, Chitá era zona prohibida para los extranjeros y aún hoy se ven muy pocos, a no ser por comerciantes chinos. Nuestra llegada a Chitá causó sensación ya que, según nos dijeron, pocos occidentales y aún menos mexicanos llegan a esas tierras. La región vive de la madera y del comercio con la cercana China.

Chitá está rodeada de la taiga, zona de hermosos bosques subárticos. Los lobos son tan abundantes que hay cuotas anuales para incentivar su eliminación.

En la rebelión contra el zar en 1827 fueron exiliados a Chitá 85 "decembristas", nobles e intelectuales que se levantaron contra la opresión y que fueron enviados aquí como castigo. Cerca de la capital hubo también varios campos de concentración en la época soviética. El famoso empresario Mikhail Khodorkovsky está hoy recluido en una cárcel de esta región.

Con el recital que dimos en la Sala Filarmónica dio comienzo la gira siberiana. El día siguiente salimos por la tarde en tren —siguiendo las vías del Transiberiano— a Ulán Udé. El viaje de 580 kilómetros, hacia el oeste, duró cerca de 10 horas.

Inesperado hospedaje en Ulán Udé.
Dos conciertos con la Orquesta Nacional

Llegamos a Ulán Udé, capital de la República Autónoma de Buriatia, a las 2:30 a.m., hora de Chitá; 1:30 a.m., hora local. Las autoridades culturales de Buriatia nos esperaban en la estación y nos condujeron a un impresionante edificio que, para nuestra gran sorpresa, resultó no ser un hotel sino el consulado general de Mongolia, en el que nos asignaron nada menos que la "Suite Presidencial", la *suite* en la que se hospeda el presidente de la vecina República de Mongolia. Las lenguas oficiales de Buriatia —zona de fuerte proporción de población de origen mongol— son el ruso y el buriato, muy cercana al mongol. En estas tierras nació la madre de Genghis Khan, nos dijeron con orgullo nuestros anfitriones. El centro de la ciudad es peatonal con bonitas casas de antiguos comerciantes, ya que Ulán Udé fue el cruce de los caminos comerciales entre Rusia, China y Mongolia. La ciudad se llamaba Verjeudinsk ("sobre el río Udé") y fue rebautizada como Ulán Ude ("Ciudad Roja") en 1926. Una gigantesca cabeza de Lenin preside la plaza principal de la ciudad.

Expresé el deseo de conocer una fortaleza de interesante historia cerca de Ulán Udé pero, lamentablemente, ya no existen ni sus ruinas. Fue construida hacia 1727 por un africano llamado Ibrahim Gannibal, comprado cuando era niño en Constantinopla y regalado a Pedro el Grande. El zar, asombrado por la inteligencia del niño, le dio oportunidad de estudiar en Rusia y en Francia, y Gannibal se convirtió en un personaje singular, realizador de importantes trabajos de ingeniería militar. Uno de ellos fue la fortaleza de Buriatia, construida para defender la entonces frontera ruso-china. Gannibal pasó a la historia, además, por ser bisabuelo del poeta Pushkin, que nunca ocultó su orgullo por su antepasado africano y reunió materiales para una biografía que quedó inconclusa.

El concierto en el Teatro de Ópera y Ballet de Buriatia tuvo un programa singular. En la primera parte toqué con Arkadiev obras para cello y piano y, tras el intermedio, el *Concierto núm. 1* de Shostakovich para violonchelo y orquesta, con la Orquesta Nacional de Buriatia, dirigida por Valery T. Galsanov. Galsanov y el primer violonchelo de la orquesta, M. L. Baldayev, me dijeron que en la época soviética iban a tocar a Ulán Udé artistas de la talla de S. Knushevitsky, M. Rostropovich, D. Shafran y S. Richter.

El mismo programa se repitió el día siguiente, tras lo cual degustamos una *fourchette*, o sea, un menú de platos fríos en el *buffet* del teatro. De allí nos trasladamos a tomar el tren nocturno a Irkutsk, ocho horas de recorrido, nuevamente hacia el oeste.

Irkutsk y una caminata sobre el lago Baikal

Nos recibieron las autoridades de cultura del *oblast,* entre ellas Rita Karysheva, subdirectora del Conservatorio.

Nada más instalados en el agradable Hotel Rus, Rita nos condujo en camioneta a mi esposa María Isabel y a mí —nuestro pianista Arkadiev estaba agotado— a conocer el lago Baikal. Esta carretera de 70 kilómetros se construyó con motivo de una invitación del premier Nikita Jruschov al presidente Eisenhower, que incluiría una visita al lago Baikal. Debido al incidente de un avión espía U2 de los Estados Unidos abatido sobre territorio soviético, la invitación se canceló, pero la carretera fue construida.

El lago Baikal es el más hondo de la Tierra y contiene la quinta parte de las aguas dulces mundiales, más que los cinco grandes lagos americanos juntos, y de considerablemente mayor pureza. Diversos pueblos han quedado maravillados ante este inmenso lago, entre ellos los buriatas, mongoles que se establecieron en sus orillas mucho antes de las conquistas de Genghis Khan en el siglo XIII. Comerciantes rusos de pieles llegaron hacia 1640 para aprovechar la riqueza animal de la región, empezando por los armiños, las martas cibelinas y los visones.

Estábamos a principios de abril y nos impresionó la belleza de los bosques de pinos, cedros y alerces a lo largo del río Angará hasta el lago. Dudamos en caminar sobre el lago congelado pero se disiparon nuestros temores al ver un camión de pescadores transitando sobre su superficie.

Rita compró un delicioso pescado llamado "omul" que, como muchos otros peces, solamente se encuentra en el lago Baikal. Los lugareños lo pescan en agujeros que perforan a través del hielo, lo ahuman en primitivos hornos de leña y lo venden a orillas del lago. Debido al intenso frío, nos instalamos a comer dentro de la camioneta y Rita sacó una botella de vodka para darnos la bienvenida a estas tierras.

Los nuevos hombres de negocios rusos están explotando la bella orilla del lago construyendo grandes condominios y casas de lujo que pueden contaminar la pureza del agua, como ocurre con la planta de celulosa en el extremo sur del lago. En Ulán Udé y en Irkutsk compramos y bebimos agua embotellada extraída a mas de 400 metros de profundidad del lago de pureza excepcional.

Irkutsk es una bonita ciudad, tanto que llegó a ser llamada, no sin alguna exageración, el "París de Siberia". Caminamos a lo largo de la majestuosa Avenida Lenin y encontramos calles con preciosos edificios del siglo XIX y principios del XX y numerosas casas de madera muy típicas de Irkutsk, muchas de ellas deterioradas por falta de mantenimiento.

Nuestro recital se llevó a cabo a las 14:00 horas en la Escuela Superior de Música de Irkutsk, llena hasta el tope. Tocamos numerosos "encores" hasta que nos ordenaron parar so pena de perder el tren de las 5 p.m. hacia Novosibirsk.

Irkutsk-Novosibirsk: 32 horas por las vías del Transiberiano. Primera estancia en Novosibirsk

Dará una pequeña idea de las dimensiones de Siberia el que tres husos horarios y 1 450 kilómetros separan a Novosibirsk de Irkutsk. Nos pasamos la tarde y la noche del 12 de abril en el tren y el día siguiente completo. Tras atravesar el impresionante río Yenisei —el más largo de Rusia— el tren se detuvo un momento en la estación de Krasnoyarsk. Como muchos pasajeros, salimos a caminar por la plataforma de la estación, repleta de vendedores de refrescos y alimentos diversos.

Después de 32 horas de viaje, llegamos a Novosibirsk, capital del *oblast* del mismo nombre, centro administrativo del Distrito Federal de Siberia y tercera ciudad de Rusia en cuanto a población, después de Moscú y San Petersburgo. Eran las 12:40 de la noche, hora de Irkutsk, y 9:40 p.m., hora local.

No nos esperaba, como creíamos, el descanso. Nos esperaba en la estación una delegación encabezada por Aleksandr Marchenko, director de la Escuela Superior de Música de Novosibirsk, donde se han formado muchos de los más importantes músicos de la antigua URSS y de la Rusia de hoy.

Nos dieron el tiempo justo para llegar al excelente Hotel Sibir, cambiarnos e ir al restaurante del Teatro de la Filarmónica, donde el ministro de Cultura de Siberia y sus colaboradores principales nos ofrecieron una deliciosa cena, en la que no faltaron elocuentes brindis rociados, por supuesto, con vodka. ¡Todo esto después de 32 horas en el tren!

El día siguiente abundó en actividades: por la mañana, una clase maestra en la Escuela Superior de Música; por la tarde, en mi carácter de mexicano me pidieron que declarara oficialmente inaugurada, en nombre de México, una exposición del famoso fotógrafo mexicano Casasola en el Museo de Arte, y por la noche di mi recital con Mikhail Arkadiev en la Escuela Superior de Música de Novosibirsk.

Días después habríamos de regresar a Novosibirsk.

Por carretera de Novosibirsk a Tomsk.
El Festival Edison Denisov

De Novosibirsk nos trasladamos por carretera, 200 kilómetros al norte, a la ciudad de Tomsk, capital del *oblast* del mismo nombre.

Cuando fue trazado el curso del Transiberiano a finales del siglo XIX, los habitantes de Tomsk se opusieron a que el tren pasara por su ciudad y privaron a Tomsk del desarrollo que tuvo Novonikolaev, bautizado como Novosibirsk en 1926. Quizás por ello y por su universidad, Tomsk mantiene su atractivo de ciudad tranquila y provinciana.

La calle principal tiene bastantes cafés y restaurantes agradables que frecuentamos durante nuestra estancia.

El prominente compositor ruso Edison Denisov (1929-1996), uno de los más destacados de su época, fue originario de Tomsk. Estudió matemáticas antes de dedicarse a la composición, por consejo de Shostakovich. Al final de la década de los cincuenta se despertó en Denisov una "malsana" curiosidad por la música compuesta fuera de la Unión Soviética, en particular por la música de Boulez y por la Segunda Escuela de Viena. El carácter innovador que cobró la obra de Denisov chocó con el tipo de música tolerada por el conservador sistema soviético.

En los últimos años de su vida, Denisov, fascinado con la cultura francesa, vivió en París, donde murió en 1996.

Cada año se celebra en Tomsk un muy destacado festival de música contemporánea que lleva el nombre de Denisov.

Me tocó el honor de inaugurar el festival de 2005 con un concierto con la Orquesta Filarmónica de Tomsk, dirigida por Evgenii Kiss en la excelente sala, recientemente restaurada, de la Filarmónica de Tomsk. El programa se inició con una obra de Denisov *(Cuadros para orquesta)*. Después toqué el *Concierto núm. 1* de Shostakovich y el estreno en Rusia del *Concierto para violonchelo y orquesta* del compositor mexicano Federico Ibarra, obra que fue recibida con ovaciones por el público que llenaba la sala.

El día siguiente Mikhail Arkadiev y yo dimos un recital en otra preciosa sala, la Sala del Órgano (Sala de Cámara de Tomsk).

Los oblast *de Kemerovo y Biisk*

Los siguientes conciertos tuvieron lugar en el *oblast* de Kemerovo, en las ciudades de Novokuznetsk, gran centro industrial y siderúrgico, Kemerovo y Mezhdurechensk, y en el *oblast* de Altai —una Suiza siberiana—, en la ciudad de Biisk. Para no alargar en exceso estas páginas, debo omitir mis comentarios acerca de estas jornadas.

19. Con René Morel, en el taller de Jacques Français, Nueva York.

20. Cartel de las *Seis suites* de Bach en el Lincoln Center, Nueva York.

21. Ciclo integral de Bach en París, 1985.

22. Tres conciertos en Nueva York, 1990 y 1991.

23. Con Samuel Zyman en el Lincoln Center.

24. Con el Piatti en Moscú.

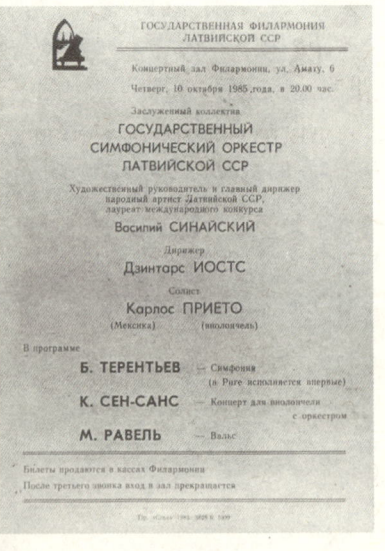

25. Programas en la Unión Soviética: Leningrado (1982), Tbilisi (1991) y Riga (1985).

Дом Ипатьевых в Екатеринбурге, в котором помещено было семейство Романовых

26. Casa de Ipatiev en Ekaterinburgo, en la cual fueron asesinados el zar Nicolás II y su familia.

27. Terreno de la antigua casa de Ipatiev, 1991

28. Irina Shostakovich (viuda del compositor), el autor, Zoya Shostakovich (hija del compositor), en el apartamento de su padre, Moscú, 1993.

29. Concierto en San Petersburgo en la sala Shostakovich, 2003.

30. En Siberia, abril de 2005.

31. El embajador Valeri I. Morozov entrega al autor la medalla Pushkin otorgada por el presidente de Rusia, Vladimir Putin, 2008.

32. Con Isaac Stern y Yo-Yo Ma.

33. Con el violonchelista Yo-Yo Ma.

34. Yo-Yo Ma y el autor tras un concierto juntos, octubre de 2006.

35. El autor y Yo-Yo Ma en concierto, 2006.

36. Con Yo-Yo Ma en Caracas, 2009.

Un día lleno de ocupaciones: conciertos y presentaciones en Novosibirsk y Akademgorodok de la versión rusa de mi libro
Las aventuras de un violonchelo
(Priklyucheniya Violoncheli)

A las 15:00 horas del 27 de abril se llevó a cabo la presentación de la versión rusa de mi libro en el teatro de la Filarmónica de Novosibirsk. Participamos Aleksandr Marchenko, director de la Escuela Superior de Música, y yo.

Luego nos trasladamos a Akademgorodok, ciudad enclavada en un lugar privilegiado a mitad del bosque y a media hora de Novosibirsk, que fue creada con la finalidad de que los sabios investigadores de la época soviética vivieran en las mejores condiciones posibles. Akademgorodok cayó en un cierto abandono después del colapso soviético de 1991, pero el gobierno de Putin, convencido de la conveniencia de apoyar y promover las investigaciones científicas, le está dando un nuevo impulso.

A las 6.45 p.m. di con Arkadiev un recital en el precioso Teatro Dom Uchionnij ("La Casa de los Sabios") y a las 20:30 horas presenté la edición rusa de mi libro.

Las autoridades de Cultura de Akademgorodok nos ofrecieron una cena inolvidable en el restaurante privado de La Casa de los Sabios, un club muy acogedor dedicado a los investigadores.

Regreso a Moscú y presentación del libro en esa ciudad

A la mañana siguiente nos dirigimos al aeropuerto de Novosibirsk para emprender a las 8:00 a.m. el vuelo de cuatro horas a Moscú, donde aterrizamos a las 9:00 a.m., por la diferencia de tres horas con Novosibirsk.

La última actividad de esta larga gira por Rusia fue la presentación del libro y el concierto que di con Mikhail Arkadiev en el Centro Cultural Chaikovsky de Moscú.

La presentación la hicimos Oleg Smolensk, director del Centro Cultural Chaikovsky; Luciano Joublanc Montaño, embajador de México en Rusia; Aleksei Selezniov, profesor emérito de violonchelo del Conservatorio Chaikovsky de Moscú, y yo.

Largos años de amistad y conciertos con Yo-Yo Ma

A lo largo de los años, he tenido el privilegio de disfrutar de la amistad de Yo-Yo Ma. Esta amistad se ha extendido, además, a nuestras familias.

Nuestro primer contacto fue indirecto y ocurrió en Nueva York a través de nuestro común maestro y gran amigo Leonard Rose.

Leonard me hablaba frecuentemente de Yo-Yo, su genial alumno. Y a Yo-Yo le hablaba del insólito caso de un ingeniero egresado del MIT y de la industria del acero que, bajo su dirección, dedicaba incontables horas en la búsqueda del tiempo perdido para convertirse en un violonchelista profesional.

Se estableció, así, una corriente de simpatía entre nosotros.

Nos conocimos, por fin, en 1983, a la muerte de Leonard Rose, en el homenaje que se le rindió en la Escuela Juilliard de Nueva York.

Lo he visto desde entonces en múltiples ocasiones y siempre me ha impresionado, además de su extraordinario y multifacético talento, su cultura, su excepcional simpatía y su calidad humana.

A diferencia de numerosos colegas músicos, que saben mucho de música y muy poco fuera de ese campo, Yo-Yo se interesa por las más variadas disciplinas. En adición a sus estudios musicales, hizo la carrera de historia en la Universidad de Harvard.

De padre y madre chinos, nació en París en 1955. A los cuatro años inició sus estudios de violonchelo con su padre. Se mudó con su familia a Nueva York y, tras un periodo de estudios con Janos Scholz, Yo-Yo empezó en 1962, a los siete años de edad, a estudiar con Leonard Rose en la Escuela Juilliard. Antes de cumplir los 20 ya era comparado con Casals y Rostropovich. Hoy ya no es comparado con nadie. Es un artista de personalidad única, que atrae hacia su arte y su violonchelo una atención sin precedente.

Habla francés y chino mandarín y ha estudiado con profundidad diversos aspectos de la cultura china. Vive con su esposa en Cambridge, a unos pasos de la Universidad de Harvard. Es ciudadano estadunidense pero es, en realidad, ciudadano del mundo.

Además su cargada agenda de conciertos como solista de las principales orquestas del mundo, Yo-Yo Ma desarrolla también una intensa actividad de música de cámara, junto con colegas y amigos. La música contemporánea desempeña un papel fundamental en la carrera de Yo-Yo Ma. En los últimos años ha tocado los estrenos de numerosas obras para violonchelo y orquesta. En su mayor parte se trata de obras dedicadas a él y que han sido fruto de su activa colaboración durante el proceso de creación. Entre sus estrenos figuran conciertos y otras obras para violonchelo y orquesta de William Bolcolm, Ezra Laderman, David Diamond, Peter Lieberson, Tod Machover, Stephen Albert, Leon Kirchner, John Harbison, Christopher Rouse y Richard Danielpour.

Su interés, por supuesto, no se limita a obras estadunidenses. En 1997 tocó, por ejemplo, el estreno de la obra del compositor chino Tan Dun, que le fue encargada para Yo-Yo Ma en ocasión de la histórica reintegración de Hong Kong a China.

Yo-Yo Ma ha incursionado con singular éxito en otros campos musicales, como lo prueban sus grabaciones de jazz con Claude Bolling y sus discos *Hush* con Bobby Mc Ferrin, *Appalachia Waltz* con Marc O'Connor y Edgar Meyer y sus discos dedicados al tango y a la música de Brasil

La Ruta de la Seda es un conjunto de caminos que parten de diversos centros de China y atraviesan desiertos, cordilleras y ríos de Eurasia para llegar finalmente a las costas del Mediterráneo. La investigación de la riqueza musical de la Ruta de la Seda —formas, instrumentos, cantos— son la base de la serie de conciertos que Yo-Yo Ma concibió en 1998 y que, con el apoyo de connotados músicos e investigadores, se ha convertido en el *Proyecto de la Ruta de la Seda*. Este magno proyecto ha encargado un gran número de obras musicales a compositores de países de la antigua Ruta de la Seda. Instrumentos y formas musicales de cada país se enriquecen con tradiciones e instrumentos occidentales en una simbiosis de las más diversas culturas musicales. Muchas de estas obras han sido estrenadas en conciertos y en talleres de grandes festivales de música.

Además, Yo-Yo Ma dedica tiempo todos los años a la enseñanza, tanto por medio de clases magistrales como de contactos más informales con jóvenes músicos. Con frecuencia aparece en las pantallas televisivas, no sólo en conciertos sino en programas educativos y de divulgación musical.

En este libro me referiré a algunos de los momentos más interesantes de nuestra convivencia. Aquí relataré sólo uno de los primeros.

El fructífero encuentro de dos violonchelos. Yo-Yo Ma, Samuel Zyman y una historia en cinco actos: 1993-2010

Primer acto: México, 1993.

Yo-Yo Ma dio una serie de conciertos en México en 1993. Un día vino a comer a nuestra casa con su esposa Jill y sus hijos Nicholas y Emily. Estábamos tocando unos dúos para cellos cuando nos avisaron que la comida estaba lista. Yo-Yo Ma sugirió que dejáramos solos a los dos violonchelos, fuera de sus estuches, con la esperanza de que surgiera entre ellos algún chispazo romántico. Su violonchelo era el Stradivarius llamado Davidov, de 1712, y el mío, el Piatti, de 1720.

Segundo acto: Cambridge, Estados Unidos, 1994.

Coincidí con Yo-Yo Ma nueve meses después en una recepción organizada por el Instituto Tecnológico de Massachusetts. Yo-Yo Ma me preguntó si el encuentro de los dos instrumentos en México había redundado en el nacimiento de algunos "Stradivaritos". Cuando le informé que no había pasado nada, que "Chelo Prieto" no había quedado embarazada, Yo-Yo Ma me dijo: "Aquel encuentro no debe quedar estéril. Tiene por lo menos que dar origen a alguna nueva obra para violonchelo. Tú has estrenado numerosas obras de compositores iberoamericanos. Te sugiero que encarguemos una obra para dos violonchelos y que tú selecciones al compositor y el tipo de obra".

Tercer acto: Nueva York, 1997.

Opté por el compositor mexicano Samuel Zyman, profesor en la Escuela Juilliard de Nueva York, y fui a verlo para explorar su interés en componer una *suite* para dos violonchelos. No conocía yo ninguna obra de ese estilo y aún menos de un compositor latinoamericano. Samuel acogió la idea con entusiasmo. Inició la *suite* a principios de 1999 y la terminó en agosto.

Cuarto acto: Nueva York, enero de 2001.

El 30 de enero de 2001 Yo-Yo Ma y Jill Ma nos invitaron a cenar para celebrar un acontecimiento importante en la vida de María Isabel, mi esposa. Antes de cenar, tocamos la *suite* de Zyman, "dedicada a Carlos Prieto y a Yo-Yo Ma". Yo-Yo Ma quedó tan encantado que la repetimos varias veces.

Quinto acto: Monterrey, Ciudad de México, Venezuela, España.

En octubre de 2006 participé con Yo-Yo Ma en un recital en Monterrey, en el Museo de Arte Contemporáneo (Marco). El programa incluyó la *suite* de Samuel Zyman, interpretada por primera vez en público por los dos violonchelistas a quien fue dedicada.

La volvimos a tocar en la Ciudad de México en varias ocasiones: el 26 de marzo de 2007 en el Colegio de San Ildefonso, en un concierto a beneficio del Conservatorio de las Rosas —que terminó con el quinteto de Schubert para dos violonchelos, con la participación del Cuarteto Prieto y del propio Yo-Yo Ma—; el 11 y 12 de junio de 2007, en el Palacio de las Bellas Artes; en 2009, en Caracas, Venezuela, en la Sala Bolívar del Centro de Acción Social por la Música, y en 2010 en Asturias, España, en dos conciertos organizados por el Centro Niemeyer de Avilés.

Más adelante me referiré con mayor detalle a estos conciertos.

Además de tocar la *suite* con Yo-Yo Ma, tuve la oportunidad de hacerlo un buen número de veces. El estreno mundial tuvo lugar en México, con la participación de Juan Hermida.

La grabé en Nueva York con Jesús Castro-Balbi, con quien la toqué posteriormente en varios conciertos en México y los Estados Unidos.

Desde entonces, he tocado la *suite* en numerosos países. ¡El encuentro de los dos Stradivarius en México, en 1993, no fue estéril!

China: 1979

En 1979 yo era miembro del Trío México, que integraban, además, el violinista Manuel Suárez y su hermano, el pianista Jorge Suárez, ambos excelentes músicos.

1° de noviembre. Llegamos a Pekín procedentes de Tokio.

Nos recibieron en el aeropuerto funcionarios chinos y, por parte de la embajada de México, Antonio Dueñas, el encargado de la embajada,[8] y Flora Botton, nuestra agregada cultural. También nos esperaba Wu Wenchen, la intérprete que nos asignó el gobierno chino y que de aquí en adelante llamaré "la señora Wu", como ella misma sugirió. Nos condujeron al salón oficial y bebimos té de jazmín mientras los "dirigentes" —como los llamaba la señora Wu— se ocupaban de los trámites de inmigración y aduana.

Una camioneta Toyota nos condujo por las polvorientas calles de Pekín al Hotel de las Nacionalidades. Una intensa circulación de bicicletas —la de automóviles era muy escasa— dificultaba nuestro avance y el chofer no paraba de tocar el claxon. A nuestra llegada se agolpó en torno nuestro un grupo de curiosos, a quienes llamaba la atención tanto nuestro aspecto como la moderna camioneta que nos conducía.

Esa noche se presentaba en Pekín la Orquesta Filarmónica de Berlín dirigida por Herbert von Karajan. Era la primera vez que esta venerable orquesta tocaba en China. Era también una de las primeras orquestas occidentales en presentarse en China tras la Revolución Cultural. Se trataba, pues, de un concierto histórico. Los "dirigentes" nos habían conseguido una entrada, solo una, para el concierto. Nos la rifamos y le tocó a nuestro violinista, Manuel Suárez, que así pudo ser testigo de tan trascendental evento en la vida política y cultural de China.

2 de noviembre. Nuestro concierto: el primero de un grupo de cámara occidental en China tras la Revolución Cultural. Comida con altos funcionarios chinos.

Tras un ensayo en el Teatro de las Nacionalidades (Teatro Minzu) asistimos a una comida del mayor interés. Fue en el restaurante del Pato Laqueado y nuestros anfitriones fueron el viceministro de Cultura Juo Chi Zi —según la señora Wu, el más importante poeta chino—, el director de Arte del Ministerio de

---

[8] El primer embajador de México fue Eugenio Anguiano. El segundo fue Omar Martínez Legorreta que fue trasladado a otro cargo en 1979. En ausencia de un nuevo embajador, quedó como encargado de negocios Antonio Dueñas, que nos atendió durante nuestra gira de ese año.

Cultura, Guan Jo Tong, y otras personalidades. El viceministro Juo nos dijo con sorprendente franqueza que "la música sufrió un lamentable retroceso durante la Revolución Cultural. Fue objeto de un verdadero sabotaje. Empezamos apenas ahora a recuperarnos". Nos informó que nuestro concierto de esa noche sería el primero de cualquier grupo de cámara occidental en China tras la Revolución Cultural y que sería grabado para su difusión por televisión ante un auditorio que no sería inferior a ¡50 millones de telespectadores!

El Pato Laqueado resultó inolvidable. La presentación, el sabor, la variedad y el colorido de las más diversas partes del pato superaron nuestras expectativas. Probablemente influyó en mi ánimo la euforia de estar pasando mi primer día en la legendaria China y de ser objeto de la hospitalidad tan cordial de los "dirigentes", cuya apertura me llenaba de asombro.

Surgió en la conversación el tema de las nuevas relaciones de cooperación entre China y Japón; de paso, uno de nuestros anfitriones mencionó que, pese a su parecido superficial, era imposible confundir a un chino con un japonés. Llegó en ese momento un funcionario de la embajada de México, casado con una japonesa. Nuestros anfitriones chinos se levantaron cortésmente para saludar a los recién llegados y todos se dirigieron a la joven japonesa en chino. ¡La habían confundido con una china!

El concierto se inició a las 7:15 a.m. ante las 1 100 personas que abarrotaban el teatro. La primera parte consistió en el *Trío romántico* de Manuel M. Ponce —pues quisimos que la primera obra fuera de compositor mexicano— y el *Trío, op. 70, núm. 1* de Beethoven, compositor prohibido hasta hacía poco tiempo.

Durante el intermedio nos condujeron a un elegante salón donde nos esperaban, entre otros, el viceprimer ministro Ji Pengfei, el viceministro de Cultura Juo Chi Zi y el director de Arte del Ministerio de Cultura, Guan Jo Tong.

Tras el intermedio, tocamos el trío de Smetana y dos *encores*. Durante todo el concierto oímos susurros provenientes del público y, de cuando en cuando, ruidos extraños. Más tarde regresaré a este tema. Sin embargo, no nos pudimos quejar de falta de atención por parte del público. Muchos jóvenes escuchaban la música y la seguían con la vista puesta en las partituras que llevaban consigo.

Al terminar el concierto, subieron al escenario varios "dirigentes" para compartir con nosotros los aplausos del público y, como era costumbre en la Unión Soviética, para aplaudir al público.

Después hubo una recepción en la embajada de México. Ahí tuve la oportunidad de apreciar el profundo conocimiento de la historia del país y del idioma chino de Flora Bottom, nuestra agregada cultural. Todos los presentes, mexicanos y chinos, coincidieron en que los 10 años de la Revolución Cultural (1966-1976) fueron desastrosos para China y atribuyeron la catástrofe a Mao y a la Banda de los Cuatro. Me llamó la atención la libertad con la que los funcionarios chinos criticaron a Mao. Uno de ellos dio detalles acerca de las multitudinarias manifestaciones de duelo y afecto con motivo del sepelio del primer ministro Zhou En Lai, en muy marcado contraste con la frialdad del duelo del presidente Mao.

3 de noviembre. Primeras impresiones de Pekín. La Gran Muralla. El Conservatorio de Pekín y el segundo concierto.

Salimos temprano en nuestra Toyota rumbo a la Gran Muralla China. Atravesamos buena parte de la capital, pasamos por la plaza de Tiananmen —la mayor del mundo— y admiramos la majestuosa Puerta de la Paz Celestial, entrada a la Ciudad Prohibida y sus palacios imperiales.[9] Vimos desde fuera el Mausoleo de Mao, al que dos años antes, en 1977, fue trasladado su cuerpo embalsamado. Es obvio el paralelo con el Mausoleo de Lenin en Moscú, donde durante varios años estuvo también el cuerpo de Stalin.

Escribí en 1979:

Llama la atención el contraste entre la grandiosidad de la plaza de Tiananmen y de la Puerta de la Paz Celestial, con la inmensidad de los barrios de casas de un solo piso construidas a lo largo de callejones, casi todos de tierra. Estos callejones, llamados *hutong*, son muy característicos de Pekín. Son tan numerosos que vale la pena detenernos un momento en este tema.

Estos barrios fueron construidos inicialmente en el siglo XIII, en la

---

[9] Se encontrará una descripción de la Ciudad Prohibida y de la Plaza de Tiananmen más adelante, en las páginas dedicadas a mi regreso a China en 1985.

época de la dinastía mongol Yuan (1280-1368). La palabra *hutong* proviene del mongol *hottog*, que significa *pozo*. Las viviendas a lo largo de los *hutong* estaban construidas en torno a un pozo, a cada lado de un patio interior cuadrado o rectangular, llamado *siheyuan*. Se trata de grupos arquitectónicos cerrados con un muro, y constan de cuatro viviendas simétricas que simbolizan la unión familiar —una en cada uno de los puntos cardinales— en torno a un patio común.

El tipo de casas de estos barrios dependía del nivel económico y social de sus habitantes. Los barrios más lujosos eran los más cercanos a los palacios imperiales de la Ciudad Prohibida. Allí vivían los altos funcionarios y los comerciantes ricos en casas lujosamente construidas, con un patio principal y varios patios delanteros y traseros, provistos de corredores con pilares y vigas tallados y pintados. Las casas donde habitaban los plebeyos son pequeñas, con muros bajos y patios más chicos.

Pekín tiene actualmente (1979) muchos miles de *hutong*. Algunos de estos callejones son relativamente amplios y por ellos podría circular un automóvil. Otros miden menos de medio metro de anchura y sólo permiten la circulación de peatones y, con dificultades, de ciclistas. En estos barrios vive la mayor parte de la población pekinesa pero, al parecer, el gobierno ha decidido remplazarlos con grandes edificios multifamiliares y amplias avenidas.

Salimos de Pekín por una carretera angosta que se tornaba cada vez más sinuosa y por la que circulaban escasísimos automóviles. Llegamos en dos horas al emplazamiento de la Gran Muralla que nos habían recomendado. El tramo que visitamos está muy bien reconstruido, pero también vimos secciones en las que la erosión ha causado un visible deterioro. Recorrimos una buena parte de la muralla, atónitos ante el tamaño y la amplitud del andador de su sección superior, suficiente para permitir el avance de grandes ejércitos, con todos sus pertrechos y sus caballos.

Regresamos a Pekín a tiempo para llegar a nuestra cita de las 14:30 en el Conservatorio Central de Pekín, institución fundamental en la vida musical de China. Nos recibieron Li Zhuang, director de la Facultad del Conservatorio, y Fan Kun, director del Anexo del Conservatorio. Nos explicaron los planes de estudio de materias teóricas y de ejecución de instrumentos occidentales y tradicionales chinos. Tal como ya habían hecho los "dirigentes" que habíamos conocido, Li Zhuang y Fan Kun se refirieron a los graves daños sufridos por la educación en China durante los años de la Revolución Cultural. Reproduzco textualmente lo más relevante de sus comentarios:

> El Conservatorio estuvo cerrado durante esos fatídicos años y apenas reabrió sus puertas el año pasado (1978). Este año 17 000 niños y jóvenes presentaron el examen de admisión y sólo fueron admitidos 200... El prestigio de nuestro Conservatorio atraía antes a estudiantes extranjeros pero se ha perdido por completo. Esperamos recuperarlo. Quizás regresen estudiantes extranjeros en el futuro.

Di una clase a varios jóvenes violonchelistas y me impresionó su ávido deseo de aprender, su seriedad y su modestia. Su nivel reflejaba el atraso sufrido por el Conservatorio durante los años perdidos pero se podía vislumbrar que en pocos años lograrían progresos considerables. Muchos de los maestros más eminentes sufrieron persecuciones y encarcelamiento durante la Revolución Cultural. La mayoría fueron rehabilitados apenas el año pasado (1978), al igual que muchos de los más destacados intelectuales, gracias a una de las primeras medidas liberadoras de Deng Xiaoping, que ese año consolidó su poder.

Por la noche, regresamos a dar un concierto a nuestro conocido Teatro de las Nacionalidades.

4 de noviembre. Vuelo Pekín-Wuhan. Breve historia de un esmoquin. Cena en Wuhan.

Nuestro grupo consistía en Manuel Suárez, Jorge Suárez y yo (los tres integrantes del Trío México), mi esposa María Isabel, Flora Bottom y nuestra intérprete, Wu Wenchen.

Nuestro violinista Manuel Suárez viajaba con dos esmoquines para los conciertos. Uno de ellos tenía unas solapas de seda con reflejos verde oscuro y Manuel se lo ponía únicamente para darle gusto a su madre, doña Esperancita, que se lo había regalado. Manuel decidió que la estancia en Pekín era ocasión propicia para "perder" este esmoquin y, con tal propósito, minutos antes de partir al aeropuerto, lo escondió al fondo del más remoto cajón de su cuarto en el Hotel de las Nacionalidades.

Nos condujeron al aeropuerto. La densidad de bicicletas y de peatones obligaba a nuestro chofer a usar el claxon de manera incesante.

Cuando estábamos a punto de abordar el avión apareció presuroso y sudoroso un empleado del Hotel de las Nacionalidades. Venía con instrucciones precisas de hacernos entrega de un paquete que contenía nada menos que ¡el esmoquin de Manuel!

Abordamos un avión ruso bastante destartalado, ejemplo de la antigua amistad entre China y la URSS. El avión, de la compañía china CAAC, estaba lleno de todo tipo de bultos sueltos entre los asientos, como en un camión de carga. Nadie objetó, por supuesto, que entrara yo a la cabina con un bulto más, el violonchelo.

Hicimos una escala en Zhengzhou, capital de la provincia de Hunan. Bajamos a la terminal; yo con el violonchelo y Manuel, claro, con su paquete. Cuando volvimos al avión, el paquete había desaparecido. Manuel había logrado, por fin, "perderlo" en un lejano y oscuro cuarto de baño.

5 de noviembre. El río Yangtze. Conciertos en Wuhan, capital de la provincia de Hubei.

Tras un breve ensayo en el teatro, fuimos a visitar el puente sobre el río Yangtze, construido con apoyo soviético en la década de los cincuenta. Se extiende entre la Colina de la Tortuga y la Colina de la Serpiente. Soldados armados custodiaban ambos lados del puente. Muy cerca vimos el puente ferroviario.

Vimos también el río Han, cuyas aguas se vierten en el Yangtze precisamente aquí, en Wuhan, y pudimos advertir el gran número de barcos de carga en ambos ríos. Buena parte del transporte fluvial de China se hace por el Yangtze.

Cada vez que descendíamos de nuestra camioneta, María Isabel llevaba consigo su bolsa de mano, como suelen hacerlo las mujeres. La señora Wu nos dijo que esto era ofensivo al chofer y a los funcionarios que nos acompañaban, pues denotaba desconfianza y temor de que alguien la robara. "Eso no ocurre en China", insistió. A partir de entonces dejamos nuestras pertenencias en la camioneta, aunque ésta quedara sola y abierta. Nunca perdimos nada. ¡Ojalá fuera así en todas partes! ¿Perdurará en China esta honradez tan ejemplar?

Nos seguían, como siempre, hordas de curiosos, que nos miraban con caras sonrientes y amables, ansiosos de observar nuestro aspecto diferente, nuestra moderna camioneta Toyota y nuestra ropa colorida, que contrastaba con los uniformes Mao que llevaba todo el mundo, hombres y mujeres, funcionarios, empleados, obreros y campesinos.

Vimos en Wuhan mucha pobreza. En las calles abundaba la tracción humana. Numerosos carros con pesadas cargas eran jalados por personas. En el campo de Hubei, intensivo en mano de obra, el animal de trabajo que predomina es el búfalo, en tanto que en los campos cercanos a Pekín son los caballos y los burros.

Nuestro concierto se llevó a cabo en el Teatro Wuhan, repleto hasta la última butaca. Mientras tocábamos, volvimos a oír los ruidos extraños que ya nos habían llamado la atención en Pekín. Esta vez eran más perceptibles. Era el murmullo continuo de conversaciones en voz baja de los asistentes, pero además se escuchaban ruidos intermitentes y más sonoros provenientes de los numerosos espectadores que escupían con todo desparpajo y naturalidad, apuntando, por lo general sin acertar, a las escupideras colocadas en todas las filas de butacas.

Durante el intermedio nos condujeron al salón oficial, donde nos esperaban Deng Ke, vicepresidente del Comité Revolucionario de Wuhan; Li Fu Quan, vicepresidente del comité Revolucionario de la Provincia de Hubei, y otros "dirigentes". Deng Ke, persona especialmente amable, nos hizo muchas preguntas acerca de las obras que acabábamos de tocar (Ponce y Beethoven) y sobre la educación musical en México. Nos habló del grave perjuicio que la Revolución Cultural causó a la educación musical y a la educación en general. Era la enésima persona que nos hacía semejantes comentarios pero lo hacía con mayor autoridad, pues era nada menos que el hermano menor de Deng Xiaoping.

El día siguiente repetimos el concierto en el mismo teatro.

8 de noviembre. Concierto en Changsha. El violonchelo abandonado.

A las nueve de la mañana llegamos a ensayar al Teatro Hunan. Nos sorprendió la larga cola de gente ante las taquillas para adquirir entradas de nuestro concierto de la noche.

Hicimos luego un recorrido por la ciudad. La atraviesa el río

Xiangjiang, afluente del Yangtze. Vimos el Kiosco del Amor al Atardecer en la Montaña —¡cómo olvidar el nombre!— y la pintoresca Isla de las Naranjas, así llamada por la abundancia de naranjos en su territorio.

Pero lo que más nos impresionó fue el Museo Provincial de Hunan, que tiene una notable colección de bronces del periodo Shang (1523-1027 a.C.), porcelanas de la dinastía Tang y reliquias de la tumba Mawangdui Han, que datan de la dinastía Han Occidental (206 a.C.-220 d.C.).

El concierto empezó a las 7:15 p.m., con idéntico programa y los mismos *encores*. Durante el intermedio, como siempre, tuvimos la reunión con "altos dirigentes". Nos dijeron que se había quedado tanta gente afuera, sin entradas, que nos agradecerían repetir el concierto el día siguiente a las nueve de la mañana. La razón de tan insólito horario era que la tarde siguiente debíamos volar a Cantón y que estaban programadas visitas y clases magistrales para el resto del día. Accedimos con gusto.

Al salir del teatro, Manuel y yo nos dirigimos a nuestra camioneta con el violín y el violonchelo. Los "dirigentes" y el director del teatro se quedaron atónitos. ¿Por qué motivo queríamos llevarnos los instrumentos si debíamos repetir el concierto en el mismo teatro a las nueve de la mañana del día siguiente? Nos dijeron que lo lógico era dejarlos en el camerino. Repusimos que no nos molestaba nada llevarnos los instrumentos al hotel. Los "dirigentes" no podían concebir que el asunto nos preocupara. Nuestras dudas, además de desconcierto, les provocaban grandes carcajadas. La señora Wu subrayó la absoluta seguridad que reinaba en China y finalmente accedimos. Por primera y única vez, mi Stradivarius, "Chelo Prieto", pasó la noche solo, abandonado, en un camerino de Changsha.

9 de noviembre. Concierto matutino. Mao Zedong.

Poco después de las ocho de la mañana llegamos al teatro para tener un breve ensayo. El teatro estuvo repleto para nuestro concierto matutino.

Del teatro nos fuimos a visitar la Escuela Normal 1, muy ligada a la vida de Mao Zedong, que nació en 1893, en la provincia de Hunan, en el pequeño pueblo de Shaoshan, a 130 kilómetros de Changsha.

Por la tarde volamos a Cantón. Los "dirigentes" no nos abandonaron hasta que abordamos nuestro avión, un *Antonov 18* soviético. La azafata sujetó el violonchelo a un asiento de la última fila, al lado de unas cajas de huevos. Detrás de una malla estaban unas canastas llenas de grandes cangrejos vivos. Despegamos; momentos después eché un vistazo para ver si iba bien el violonchelo. ¡Pero éste había desaparecido! En su lugar estaba un enorme cangrejo rojo que se había escapado. Las azafatas, muy simpáticas y sonrientes, habían puesto el violonchelo en otro asiento. El dueño de los cangrejos se acercó sigilosamente, atrapó con mucha precaución al cangrejo errante y lo reintegró a su canasta con todos sus compañeros. Hora y media después aterrizamos en Cantón.

10 de noviembre. Cantón.

11 de noviembre. Últimos conciertos de la gira y un sorpresivo apagón.

La noche del 11 de noviembre, en el Teatro de la Amistad de Cantón, dimos el último de nuestra gira de 5000 kilómetros desde Pekín hasta Cantón.

El programa de nuestro último concierto fue el mismo que tocamos tantas veces en China: Beethoven, Ponce y Smetana. Pero esta vez sucedió algo insólito. Apenas empezamos el último movimiento del trío de Smetana, se fue la luz. Quedamos sumidos en la más total oscuridad. Jamás lo habíamos tocado sin partitura pero no interrumpimos la ejecución sin tener idea si nos fallaría la memoria. Llegamos al último compás sin accidente alguno, justo cuando la señora Wu y algunos ayudantes subían al escenario con unas velas encendidas. La ovación del público fue atronadora. Varios personas nos preguntaron si realmente la luz se había ido de manera accidental o si se había tratado de un "truco" deliberado para terminar el concierto de manera espectacular.

En 11 días habíamos dado 13 conciertos: tres en Pekín, tres en Wuhan, tres en Changsha y cuatro en Cantón.

14 de noviembre. Regreso a México. Mi primera gira por China había llegado a su fin.

Haré un breve resumen de las opiniones recogidas acerca de la situación actual (1979) de China:

1. China ha iniciado una era de transformaciones colosales.
2. Entre los enormes problemas a los que se enfrenta el país destacan los 120 millones de desempleados —número elevadísimo aunque el porcentaje de desempleados se está reduciendo— y el hecho de que 100 millones de campesinos están al borde del hambre.
3. Fueron terribles los años 1967-1977. Muchos miles de personas injustamente encarceladas están siendo liberadas.
4. El optimismo actual se modera al recordar lo que ocurrió con la campaña "Que Florezcan Cien Flores". El gobierno permitió que se expresaran libremente muchas opiniones, muchas "flores", para "cortarlas" casi inmediatamente y encarcelar a quienes se habían atrevido a hablar o a escribir con libertad. ¿Continuarán las reformas o, como entonces, darán marcha atrás los gobernantes chinos?

Nueva gira musical por China y un apasionante recorrido: 1985

La gira por China fue precedida por una serie de conciertos en París, dedicados a Bach en el tricentenario de su nacimiento.

14-15 de noviembre. Vuelo París-Pekín.
Casi 17 horas después de despegar de París aterrizamos en Pekín. Eran poco más de las siete de la mañana de Francia, dos de la tarde en la capital china.
Desde el aeropuerto empezamos a advertir cambios como la notable rapidez en los trámites de entrada y la diversidad y el colorido de los atuendos, en contraste con la uniformidad de los trajes Mao azules o grises de 1979.
Nos esperaban en el aeropuerto Sergio Ley, agregado cultural de la embajada de México —con quien desde entonces trabamos una gran amistad—, y Wu Wenchen, funcionaria e intérprete del Ministerio de Cultura y a quien conocíamos por habernos acompañado a lo largo de nuestra gira anterior.

La gira consistía en conciertos y clases magistrales en Pekín, Qingdao, Jinan, Qufu Shanghai. Aparte de Pekín, todo sería nuevo para nosotros e incluiría lugares fundamentales de China poco conocidos por extranjeros, como la Montaña Sagrada de Taishan y Qufu, la tierra de Confucio.

Nos hospedamos en el Hotel Qian Men, en lo que antiguamente se llamaba la "Ciudad Exterior", cerca de la Puerta Qian Men y de la gran plaza Tiananmen; fuimos presentados a la pianista Bao Huiqiao —de aquí en adelante madame Bao— designada por el Ministerio de Cultura como mi colaboradora en toda la gira.

En 1979 yo había ofrecido varias clases maestras en este mismo conservatorio y en otras ciudades de China. El nivel profesional era bajo, debido a la destructiva influencia que en la música ejerció la Revolución Cultural. Ahora, seis años después, al escuchar a cuatro jóvenes del Conservatorio de Pekín, comprobé que el nivel musical se había elevado considerablemente y tuve la certeza de que pronto surgirían grandes instrumentistas.

17 de noviembre. Concierto en el Teatro Minzu.

Pasé toda la mañana en ensayo con madame Bao en el enorme teatro Minzu, cercano a la plaza central de Pekín, la plaza Tiananmen (literalmente, Plaza de la Puerta de la Paz Celestial).

Los conciertos empiezan en China con puntualidad. A las 19:15 en punto salimos madame Bao y yo al escenario ante una sala repleta, con más de 2000 personas. Me impresionó la concentración y el silencio del público, en contraste con su ruidoso comportamiento apenas unos años antes.

Al finalizar el evento, como siempre, los "dirigentes" subieron al escenario a felicitar a los artistas y a intercambiar con nosotros los aplausos del auditorio.

En casi todos los conciertos que di en China me encontré con un público transformado. Hace seis años, el Ministerio de Cultura y las autoridades provinciales repartían entradas a organismos potencialmente interesados en este tipo de eventos (ministerios, universidades, empresas, oficinas del partido, etc.) y cada institución invitada tenía la obligación de aportar su cuota de público. Asistían, por tanto, numerosas personas por estricta obligación y sin interés por la música. Esta práctica se ha abandonado o por lo menos reducido. Las entradas se venden a precios muy accesibles pero la necesidad de adquirirlas constituye un filtro y ahora sólo asisten quienes realmente lo desean. Se ha realizado en China un enorme esfuerzo educativo —que incluye la música— y el público empieza a ser más conocedor.

18 de noviembre. Por la mañana hicimos un recorrido con la señora Wu por Pekín y algunos de sus alrededores.

Pekín es una ciudad de aspecto insólito. Como lo mencioné anteriormente, no lejos de la amplísima avenida central y de la Ciudad Prohibida, con sus extraordinarios palacios, se encuentran extensos barrios de pequeñas casas reunidas en torno a un patio central *(siheyuan)* y callejones de tierra llamados *hutong*. Por esta razón, en ciertas zonas la ciudad parece un enorme pueblo. Estos barrios siguen ocupando grandes extensiones pero paulatinamente están siendo remplazados por edificios multifamiliares y anchas calles pavimentadas (1985). Por las calles circulan nubes de ciclistas y multitudes de peatones, lo cual obstaculiza el tránsito de automóviles, autobuses y camiones.

El gris amarillento de la tierra es el color de Pekín, como lo es el de su atmósfera durante las épocas en que los vientos amarillos del noroeste soplan y arrastran polvo de los desiertos de Mongolia.

Salvo por breves interrupciones ha sido la capital de China durante los últimos siete siglos. Bajo Genghis Kan, los mongoles conquistaron China y su sucesor Kublai Kan, fundador de la dinastía Mongol o dinastía Yuan, estableció en 1272 la capital en lo que hoy es Pekín, entonces llamada Ta-Tu (Dadu en pinyin). En 1403 la dinastía Ming le dio a la ciudad el nombre de Pekín o capital norteña *(Bei:* norte; *Jing:* capital). Es hoy una enorme metrópoli de más de nueve millones de habitantes.

La travesía de la urbe nos permitió observar cómo ha cambiado en estos años la fisonomía de la capital: se han levantado incontables multifamiliares y edificios de oficinas, algunos muy modernos como el llamado CITIC, construido para alojar oficinas de empresas extranjeras. Aunque el número de ciclistas no ha disminuido, la circulación de automóviles —en su mayoría japoneses— ha aumentado notablemente en comparación con 1979.

Durante la cena comenté con nuestros amigos chinos mis impresiones acerca del notable progreso que pude observar en el Conservatorio de Pekín, así como de la transformación en la actitud del público. En 1979 se sentían aún muy cerca las consecuencias de la Revolución Cultural, me dijeron, y se ha trabajado desde entonces con intensidad y con plena conciencia de lo mucho que queda por hacer en todos los campos. El lector encontrará más adelante mi análisis acerca de la tragedia que significó la Revolución Cultural para los músicos y la música china.

19 de noviembre. Tren Pekín-Qingdao.

En la tarde tomamos en la estación de Pekín el tren hacia Qingdao. Nuestros compartimentos, reservados por el Ministerio de Cultura en vagón de primera, eran limpios y agradables. Nos detuvimos en la estación de Tianjin, tercera población del país después de Pekín y Shanghai. Como pude comprobar desde el tren, Tianjin es un gran centro industrial y una ciudad quizá aún más contaminada y polvorienta que Pekín.

20 de noviembre. Un memorable banquete. Qingdao y Acapulco. Concierto en Qingdao.

La provincia de Shandong, donde pasaríamos una semana, es, con 60 millones de habitantes, la provincia más poblada de China después de Sichuán. Tiene una larga costa frente al mar Amarillo y lo atraviesa el Huanghe o río Amarillo, que desemboca en el mar del mismo nombre al norte de Qingdao. Shandong tiene antiquísimas y ricas tradiciones culturales, particularmente en el monte Tai (Taishan) y en Qufu. De la provincia conocimos su ciudad principal, Qingdao, la capital Jinan, Taishan y Qufu.

Arribamos a Qingdao a las 6:15 de la mañana. En la estación, aún a oscuras, nos esperaba un nutrido comité de recepción: dirigentes provinciales venidos desde Jinan, dirigentes locales y representantes de organizaciones culturales. Desde el momento mismo de nuestra llegada nos impresionó la extraordinaria amabilidad y el calor humano de nuestros anfitriones. Nos condujeron al excelente hotel, construido en 1980, donde nos tenían reservada una *suite* señorial, adornada con preciosas alfombras amarillas, que contaba con un refrigerador Toshiba y un televisor Hitachi.

En el banquete ofrecido por las autoridades municipales y provinciales, el alcalde pronunció unas palabras de bienvenida y destacó la satisfacción que sentía al recibir, por primera vez, a un artista mexicano, máxime que Qingdao es ciudad hermana de Acapulco. La mención de Acapulco nos llevó a hablar de la Nao de China o el Galeón de Manila que tanta importancia tuvo en las relaciones comerciales y culturales entre la Nueva España y China.

El banquete resultó extraordinario por la calidad y la diversidad de los platos servidos: pescados de mar y de río, preparados de maneras diferentes y en presentaciones preciosas en formas y colores, camarones, pulpos, carnes, legumbres... "¿Qué son estas largas pastas de tan brillante colorido?", preguntó mi esposa al llegar un plato particularmente apetecible. Su entusiasmo se enfrió un poco cuando le contestaron que eran medusas, pero no se inmutó cuando su amable vecino se encargó de servirle otra ración de los relucientes filamentos. Siguieron otros platos: camarones en salsa, callo de hacha y un plato misterioso: holoturias. Más propiamente, el animal que degustábamos era un cohombro de mar, es decir, de acuerdo con el *Diccionario de la Real Academia de la Lengua,* un "equinodermo de la clase de los holotúridos, unisexual, con piel coriácea, cuerpo cilíndrico y tentáculos muy ramificados alrededor de la boca. Se contrae tan violentamente cuando se le molesta, que a veces arroja por la boca las vísceras, que fácilmente regenera después". No disponíamos del diccionario, afortunadamente, y el bichito en cuestión nos pareció delicioso.

Incontables brindis se sucedieron a lo largo de la comida. Llegó la sopa y, como en China la suelen servir al final, supuse que había concluido el banquete; pero todavía nos sirvieron más pescados, verduras diversas, algas y hongos, seguidos de una sopa dulce de semillas de flor de loto y fruta fresca. Habíamos llegado, ahora sí, al término de un memorable banquete, en un ambiente de cordialidad y simpatía extraordinarias, típicas, nos dijeron, del carácter de la gente de Shandong.

Los alemanes se apoderaron en 1897 de Qingdao y, salvo dos interrupciones durante la primera y segunda guerras mundiales en que perteneció a Japón, quedó bajo el dominio de Alemania durante casi medio siglo. El ejército chino recuperó Qingdao en

1945. Es evidente la huella alemana en el aspecto general de la ciudad, en la arquitectura de sus dos iglesias, católica y protestante, en sus palacios y en sus casas. La mansión que fue del gobernador general alemán es hoy sede del poder municipal. De la época alemana es también una famosa fábrica cuya cerveza se exporta mundialmente y que visitamos el día siguiente.

El concierto, transmitido y grabado por radio y televisión, me hizo recordar mis experiencias de 1979. Un murmullo permanente en tono *piano* fue el fondo que acompañó nuestro concierto.

21 de noviembre. Segundo concierto. Un público de ochenta millones de personas.

En los dos conciertos que dimos en Qingdao ese día, contamos con un público entusiasta y silencioso de unas 2 000 personas que llenaron la sala. El segundo concierto fue grabado y transmitido en vivo por radio y televisión. Los funcionarios de radio y televisión nos dijeron que el número de telespectadores y radioescuchas a quienes llegaría el concierto, incluyendo las posteriores retransmisiones en toda China, ascendería a la modesta cifra de ¡80 millones de personas!, equivalente a la población íntegra de México de aquella época, pero sólo a 7% de la población china. Quien sabe si fue cierta tal aseveración.

22 de noviembre. Tren Qingdao-Jinan.

Nos despedimos con efusivas manifestaciones de amistad de la nutrida delegación que nos acompañó a la estación para tomar el tren a Jinan. Varios de sus integrantes abordaron el tren pues iban a seguir acompañándonos en Jinan y durante todo el recorrido por la provincia de Shandong.

Con perfecta puntualidad arrancó el tren a las 9:30 a.m. En siete horas recorrimos los 393 kilómetros que nos separaban de Jinan, donde nos esperaba un grupo numeroso de "dirigentes" y Rafael Mijares, en representación de la embajada de México.

23 de noviembre. Como nuestro grupo era ya más numeroso que en Qingdao, pusieron a nuestra disposición, en vez de un minibús Nissan, un Coaster Toyota, con cupo para una veintena de personas.

Era el único día que pasaríamos en Jinan, por lo que salimos temprano a visitar los puntos de interés. Es conocida Jinan como la "Ciudad de los Manantiales", debido al centenar de manantiales que brotan en sus parques. Es de los lugares más antiguamente poblados de China, como lo prueban las ruinas que datan de hace 6000 y 4000 años.

A pocos kilómetros de Jinan pasa el Huanghe o río Amarillo. Desde un espectacular puente, recién inaugurado, contemplamos las amarillas aguas que le dieron su nombre. El río Amarillo recorre casi 5000 kilómetros serpenteando por el norte de China. Nace en las montañas al norte del Tíbet, en las heladas alturas de la provincia de Qinghai, atraviesa hacia el sur del desierto de Ordos y la meseta de Loess y luego cambia radicalmente de orientación y enfila hacia el noreste para desembocar en el golfo de Bo Hai, no lejos de Jinan. Ningún río está tan profunda y emocionalmente ligado con el pueblo chino como éste, ni siquiera el enorme Yangtze. Su color amarillento se debe a la enorme cantidad de tierra que transporta. Va depositando millones de toneladas de cieno en su propio cauce, por lo que hay lugares por donde fluye a 10 o 12 metros por encima del nivel de los terrenos aledaños.

El concierto dio principio, como siempre, a las 19:15 horas, en una sala totalmente repleta y con transmisión en vivo por radio y televisión.

Me pude percatar, una vez más, de la notable popularidad de madame Bao. Es una gran pianista y profesora; su amabilísimo trato le gana muchas amistades y simpatías pero, aun así, no dejaba de extrañarme que fuera tan conocida. Se lo hice notar a la señora Wu, quien me dijo, misteriosamente: "Es muy conocida como buena pianista pero hay otras razones que explican su popularidad. Usted no pregunte; ya le diré algo en Shanghai al terminar la gira". Así empezó "el misterio de madame Bao".

24 de noviembre. Viaje por carretera. Taian y el monte Taishan.

De Jinan salimos por carretera en el Coaster Toyota que nos asignaron las autoridades. Nuestra comitiva constaba de 12 personas, incluyendo a Rafael Mijares y a siete dirigentes provinciales.

La carretera era angosta y los numerosos pueblecitos que atravesamos hicieron lento el camino. Dos horas tardamos en recorrer los 80 kilómetros que nos separaban de la primera parada, el pueblo de Taian. No vimos un solo metro cuadrado que no estuviese cultivado. Por ser domingo, en todos los pueblos abundaban los mercados populares, privados en su mayor parte, a los que los campesinos habían acudido en masa a vender sus productos. Al contemplar esta nube de campesinos, pensaba que 80% de la población china vive en el campo (1985).

El pueblo de Taian ha sido por milenios un centro de peregrinos en su paso hacia el monte Taishan. En Taian se encuentra el enorme conjunto llamado Templo Dai, al que emperadores de sucesivas dinastías acudían a ofrecer sacrificios al dios del monte Taishan. El templo tiene un estilo similar al viejo Palacio Imperial de Pekín. Su principal estructura, el Palacio Tinkuang, es el tercero mayor de China, después del pabellón Taihe del Palacio Imperial de Pekín y del pabellón Dachen en el templo de Confucio en Qufu. En los diversos patios hay una colección de cerca de 200 estelas de piedra con inscripciones que datan desde la dinastía Qin (221-206 a.C.) hasta tiempos relativamente recientes y que constituyen un verdadero museo del arte caligráfico chino. En una estela vimos la caligrafía de la primera emperatriz de la historia china, Wu Zetian (670-705 d.C. de la dinastía Tang).

La visita del Templo Dai es el preludio obligado de la subida al Taishan y, en particular, al Pico del Este, considerado durante más de 2000 años como la principal de las cinco montañas sagradas de China. Su ubicación explica su importancia simbólica. Por su masa, parece un elemento estabilizador contra los terremotos. Es una barrera a las inundaciones del río Amarillo, que recorre un buen trecho a lo largo de la montaña y es visible desde las alturas. El Pico del Este, el más alto de Taishan, frecuentemente cubierto por las nubes, está en el punto cardinal más importante para los chinos, el del sol de levante y el de los vientos.

Una carretera nueva nos condujo hasta un punto intermedio, tras lo cual abordamos un teleférico japonés recientemente inaugurado. Sólo el último tramo lo hicimos a pie. Era impresionante el espectáculo de los hombres que subían con 60 kilos de carbón en sacos colgados de ambos extremos de los palanquines que llevaban a cuestas. Estos sacos los traían desde distancias considerables como ofrendas para los templos de la cumbre, principales santuarios taoístas del mundo.

Al terminar los peldaños se llega a la Puerta Celestial del Sur o *Nantianmen*, donde se inicia una subida mucho más suave. En la cumbre se yergue el templo Bixia, o "Palacio de la Princesa de las Nubes", conjunto de construcciones rodeadas por un grueso muro que datan del siglo x de nuestra era (dinastía Song). Desde los Ming, la mayor parte de los edificios están cubiertos con tejas de hierro, en vez de barro, para que el viento no las arranque.

El templo principal nos pareció maravilloso por su simetría, el colorido de sus paredes y tejados, la belleza de las figuras de pájaros que rematan los vértices de los tejados y su integración con las rocas adyacentes y con el cielo. En el templo vimos dos sacerdotes taoístas vestidos de azul con gorro negro. Uno tocaba un gong cada vez que alguien depositaba una ofrenda. El otro, muy joven, evitaba ser fotografiado y recogía ofrendas para los dioses de la fertilidad y la salud. Cerca del templo, en un talud rocoso, hay una inscripción con enormes caracteres caligrafiados por el emperador Xuan Zong en el año 726 d.C. El propio Confucio subió al Pico del Este y desde la cumbre pronunció una frase tan famosa como poco original: "Cuando uno sube al Taishan, el mundo se empequeñece a sus pies".

Dejamos el Taishan con una impresión imborrable, lamentando carecer del tiempo necesario para haber subido a pie por la histórica senda de los 7 000 escalones y haber contemplado en su recorrido el Puente del Camino al Cielo, el Pabellón de la Estrella Dorada, la Puerta del Cielo Intermedio, la Cañada del Águila de Piedra, la Escalera de las Nubes...

Ya de noche entramos a Qufu por una imponente puerta antigua. Para nuestro asombro, nos hospedaron en la residencia de los descendientes de Confucio, en una sección convertida en hotel. En este cuadro extraordinario nos esperaban los notables de la población para celebrar una breve reunión de presentación y bienvenida.

25 de noviembre. La tierra, el bosque y el templo de Confucio.

Qufu, abierto desde hace poco a los visitantes extranjeros, es uno de los lugares más interesantes de China. Todo en el viejo Qufu gira en torno a la figura de Confucio, que vivió hace 2500 años.

El Bosque de Confucio o "Bosque del Gran Sabio" fue el primer punto de nuestra visita. Se trata de un inmenso cementerio privado dentro del mayor parque de China.

Como sabemos, uno de los preceptos del confucianismo es la piedad filial, el respeto a los padres y a los antepasados, origen del culto de los ancestros, que aún hoy es característica esencial de la psicología china. El Bosque del Gran Sabio representa la ilustración más elocuente y extrema del culto de los ancestros. Allí está sepultado no sólo el maestro Kong, es decir, Confucio, sino también su hijo Kong Li, su nieto Kong Zisi y ¡77 generaciones de descendientes en línea directa hasta nuestros días! Todos, por tanto, de apellido Kong. Más de mil estelas se levantan entre los 30 000 árboles del parque. Una hilera de majestuosas tuyas milenarias y de grandes estatuas de piedra conducen a la tumba de Confucio, a cuyos lados se encuentran la de su hijo y la de su nieto. Otra gran estela señala la tumba del escritor Kong Shangren, descendiente directo, 64 generaciones posterior al maestro. La tumba más antigua es la de Confucio, que data del año 478 a.C. Son pues 2500 años de generaciones Kong las que descansan en este impresionante cementerio. Están reservados los espacios destinados a sus descendientes vivos y a futuras generaciones.

El templo de Confucio es un conjunto de edificios que por su magnificencia y escala superan cualquier otro templo o palacio de China, con excepción del Palacio Imperial de Pekín. La construcción se inició en 478 a.C. y el templo ha sido ampliado y reconstruido en múltiples ocasiones por emperadores que procuraban consolidar su gobierno apoyándose en las enseñanzas y en el prestigio del sabio. Hoy ocupa una superficie de 20 hectáreas y tiene más de 400 salas y pabellones.

El principal edificio, el pabellón Dachen, es el lugar en el que diversos emperadores celebraban los ritos en memoria de Confucio. Son notables las 10 columnas con bajorrelieves en la entrada principal. En el interior, una treintena de columnas de madera de nan, árbol del sur de China, soportan el techo pintado de maravillosos colores. Esta misma sala contiene una colección de instrumentos musicales que antiguamente eran utilizados en los ritos ceremoniales: unas campanas de la época de los Reinos Combatientes (403-221 a.C), una batería de piedras musicales y campanas de bronce de la dinastía Qing y el instrumento confuciano por excelencia, la cítara, llamada *Se*.

La mansión de los Kong

Al este del templo de Confucio se encuentra la mansión conocida como "Residencia de los Descendientes de Confucio", en una de cuyas secciones está el hotel donde nos hospedamos.

En 1038 de nuestra era, muy cerca de la modesta casa donde vivió Confucio, principió la construcción de la residencia de los duques de Yansheng, título nobiliario conferido por un emperador de la dinastía Song al primogénito de la cuadragésima sexta generación de descendientes directos. La residencia fue objeto de diversas ampliaciones posteriores. Con sus jardines, patios y 460 salas, es la más suntuosa mansión aristocrática jamás construida en China.

En el transcurso de los siglos, la residencia y la familia Kong recibieron la visita de 11 emperadores de las dinastías Han, Wei, Tang, Song y Ping. Ninguna otra familia en la historia china recibió jamás semejantes muestras de respeto imperial. Después del establecimiento de la República China en 1912, Chiang Kai-chek y otros dirigentes del Kuomintang continuaron esta tradición y visitaron la mansión en diversas ocasiones.

La decoración del palacio fue renovada y restaurada con motivo de la boda, en 1935, del septuagésimo sexto descendiente, Kong Decheng, duque de Yansheng y último descendiente nacido aquí. Los Kong emigraron a raíz del triunfo de la revolución comunista.

Dos descendientes directos de Confucio viven actualmente, uno en Taiwán y otro en Nueva York. Pertenecen a la septuagésima octava generación y constituyen el último eslabón, hasta ahora, de la más antigua estirpe de la Tierra. Es asombroso que estos dos señores Kong puedan referirse a su antepasado Kong Fu Tse de hace 2500 años, contemporáneo del emperador persa Ciro, de Buda, de Lao Tse y del profeta Jeremías, anterior a Sócrates, Platón y Aristóteles y 500 años anterior a Cristo.

En Qufu conseguimos un libro,[10] más notable por su origen que por su contenido, escrito recientemente por Kong Demao, nacida en 1917 y hermana de Kong Decheng, abuelo de los dos Kong de Nueva York y Taiwán. Ella y su hermano fueron los últimos en nacer en la residencia. El libro relata leyendas, historias, ceremonias, intrigas y chismes relacionados con su familia y con la residencia.

Durante la Revolución Cultural, Guardias Rojos atacaron y destruyeron parte de los templos y palacios de Confucio. Gracias a obras de restauración posteriores a la caída de la Banda de los Cuatro, la residencia se encuentra en condiciones razonablemente buenas, pero la mayor parte de sus tesoros están ahora en diversos museos tanto de la República Popular China como de Taiwán.

Visita y concierto en el Instituto de Pedagogía de Qufu

Consagramos la mañana de este día al pasado remoto de Qufu. Por la tarde visitamos el Instituto de Pedagogía, próximamente Universidad de Qufu, acompañados por algunos de sus directivos. Escuchamos un interesante concierto en el que participaron alumnos y profesores de música y ballet. Todos los instrumentos eran chinos: erh-hu (especie de violín), pipa (laúd chino), yang chin (que significa cítara extranjera o dulcimer), cheng (cítara) y muchin (marimba moderna).

El auditorio estaba repleto de estudiantes. Yo había llevado el violonchelo y algunas partituras en previsión de que tuviéramos que tocar algo. Fue el caso. Madame Bao y yo tocamos más de una hora.

La jornada había sido larga. Regresamos al hotel a las 10 de la noche a recoger nuestro equipaje para tomar el tren de las 11 a Shanghai.

En la estación de Yangchou nos despedimos del numeroso

---

[10] Kong Demao y Ke Lan, *In the Mansion of the Descendants of Confucius,* New World Press, Pekín, 1984.

grupo de personas que con tanta cordialidad y sentido de la hospitalidad nos acompañaron en el largo recorrido por la provincia de Shandong, iniciado casi una semana antes en Qingdao.

26 de noviembre. Shanghai.

Nos recibió en la estación Lui Ling, representante del gobierno municipal de Shanghai.

Shanghai es una inmensa ciudad de 13 millones de habitantes (1985), ubicada en la región del delta del río Yangtze que, con sus 6300 kilómetros, es el más largo de China y cuya desembocadura se encuentra a 50 kilómetros de Shanghai. Otro río, el Huangpu, atraviesa Shanghai y desemboca en el Yangtze.

Esta localización hace de Shanghai un gran puerto internacional. De los 13 millones de habitantes, la mitad vive en distritos urbanos de apenas 200 kilómetros cuadrados de superficie. Produce asombro la tremenda densidad de población y la vitalidad que se observa en su variadísimo comercio e industria.

Nos alojaron en el Hotel Heping u Hotel de la Paz, magníficamente ubicado frente al río Huangpu y en la confluencia de las dos principales avenidas de Shanghai, Zhongshandonglu y Nanjingdonglu, antes conocidas como el Bund y Nanjing Road.

El hotel, originalmente llamado el Cathay, fue construido en 1929 por el magnate sefardita Victor Sassoon, uno de los principales hombres de negocios de origen iraquí residentes en Shanghai antes de la segunda Guerra Mundial. El aspecto general y la atmósfera del hotel parecen no haber cambiado a pesar de las turbulencias y de los años transcurridos. Al llegar al *lobby* me invadió la extraña sensación de incursionar en el pasado o de vivir escenas de alguna película de la década de los treinta. Las aspas de los ventiladores colgados del alto techo giraban lentamente. La decoración pertenecía a otra época y a otra China. La enorme habitación que nos había reservado el Ministerio de Cultura era verdaderamente suntuosa y reflejaba también tiempos pasados. Además de un gran cuarto de baño, contábamos con tres cuartos adyacentes: uno, amplísimo, para colgar ropa, otro con cupo para una docena de maletas o baúles y un tercero... ¡para hospedar al valet!

Llegó de Pekín Sergio Ley, el agregado cultural de nuestra embajada, para acompañarnos al final de la gira; tuvimos el gusto de comer juntos en el último piso del hotel disfrutando de la magnífica vista del Bund y del río Huangpu, con su intenso movimiento de barcos y chalanes.

En la tarde hicimos un recorrido por la zona céntrica. En marcadísimo contraste con Pekín, el centro de Shanghai tiene un aspecto europeo, que refleja el siglo de dominio occidental, consecuencia de la Guerra del Opio y del tratado de Nanjing que, en 1842, abrió las puertas al comercio internacional y dividió a la ciudad en concesiones extranjeras en que no regía la jurisdicción del Celeste Imperio. Impresionan los edificios señoriales de antiguos bancos y empresas extranjeras y las zonas residenciales, llenas de árboles y jardines. Al igual que antaño, la calle Nanjing sigue siendo la principal arteria comercial. Al atardecer asistimos a un banquete de bienvenida ofrecido por la Dirección de Asuntos Culturales de Shanghai en un salón del Hotel Jing An. Entre los asistentes se encontraban Yuang Huiguo, director de Relaciones Exteriores de la Dirección de Cultura de Shanghai, y Huang Yijun, director honorario de la Orquesta Sinfónica de Shanghai. No faltaron, por supuesto, los discursos y los brindis, amén del clima de cordialidad y de la calidad gastronómica habituales.

Fue muy interesante la conversación con Huang Yijun, persona de gran calidad humana. Fue uno de los primeros músicos chinos en ingresar a la Orquesta Sinfónica de Shanghai, en 1938. Hasta fechas recientes fue el director principal de la Orquesta Sinfónica de Shanghai y ahora es su director honorario. Fue destituido al iniciarse la Revolución Cultural, pero, al caer la Banda de los Cuatro, retornó a su puesto de director. Sin amargura aparente nos habló del lamentable retroceso musical sufrido por la música durante esos años aciagos. Es un personaje muy respetado no sólo en China. Acababa de regresar de dirigir un concierto en Alemania al frente de la Filarmónica de Berlín, a invitación de Herbert von Karajan.

28 de noviembre. Último concierto en China.

Desde temprano fuimos a ensayar madame Bao y yo al Teatro de Conciertos de Shanghai. Es un imponente teatro que hasta 1949 —o, como suelen decir, el "año de la liberación"— había sido el lujoso cine Nanjing. En el *lobby* del teatro aparecen fotos de personajes de la música china y, en lugar central, la de nuestro amigo Huang Yijun, director honorario de la Orquesta Sinfónica de Shanghai.

A las siete en punto salimos al escenario. El teatro estaba repleto.

El concierto terminó con la ceremonia de rigor, al cabo de la cual nos fueron a saludar docenas de personas. El primero y el más efusivo fue el director honorario, Huang Yijun, quien me regaló un disco suyo con obras chinas y me invitó a regresar pronto a Shanghai. La presencia de este personaje histórico de la música china fue un gran honor para madame Bao y para mí.

La Revolución Cultural y el caso de madame Bao

En páginas anteriores comenté que la popularidad de madame Bao se debía, ciertamente, a su indiscutible calidad como pianista, pero que debía obedecer también a razones extramusicales, ignoradas por mí. No sólo por cumplir nuestra promesa a la señora Wu, sino sobre todo por delicadeza, nada habíamos preguntado a madame Bao. El último día de nuestra estancia, la señora Wu aclaró sólo parte del misterio pero me dio pistas suficientes para, ya fuera de China, consultar libros y periódicos y llegar, creo, a entender el caso de madame Bao.

Me parece que su caso arroja una luz penetrante sobre la catástrofe que representó para China la llamada Revolución Cultural, promovida por Mao en 1966.

Madame Bao hizo sus estudios de piano en Pekín y en 1960 ganó el primer premio en el concurso anual del Conservatorio Central. En 1961 fue laureada en el Concurso Internacional Enescu, en Rumania. Prosiguió estudios de posgrado en Pekín e inició una brillante carrera como pianista y maestra. Su carrera se vio bruscamente interrumpida por la Revolución Cultural.

La Revolución Cultural (1966-1976) fue una gigantesca campaña de masas organizada por Mao y dirigida contra altos cargos del partido e intelectuales a los que Mao y sus seguidores acusaron de traicionar los ideales revolucionarios, al ser, según sus propias palabras, partidarios del camino capitalista. Fue, en el fondo, una campaña concebida por Mao para recuperar plenamente el poder tras las incipientes reformas llevadas a cabo por Liu Shao-chi y Deng Xiaoping. La cabeza de la Revolución Cultural fue la esposa de Mao, Jiang Qing, y su grupo de extrema izquierda, conocidos como la Banda de los Cuatro.

Como uno de los objetivos de la Revolución Cultural era "oponerse a las viejas ideas, las viejas culturas y las viejas costumbres", y a la penetración de nocivas influencias extranjeras, los músicos chinos fueron un objetivo claro de ataque. Muchos tocaban música occidental e incluso habían estudiado fuera de China y, por consiguiente, habían quedado sin duda "contaminados" por peligrosos virus. Para curarlos se les envió a realizar trabajos manuales en comunas o a cuidar cerdos. Otros tuvieron menos suerte, como el famoso pianista Liu Shikun que, tras haber participado en concursos internacionales en Moscú y dado conciertos en Europa Oriental y en Hong Kong, fue arrestado bajo el cargo de espionaje. Estuvo seis años en la cárcel y un grupo de Guardias Rojos le provocó una doble fractura de la mano derecha. El propio Liu Shikun calculó que de los 400 integrantes de las orquestas centrales de Pekín, por lo menos 100 fueron encarcelados, confinados en sus casas o enviados a trabajar al Campo 7.

Una de las primeras intervenciones de la Revolución Cultural en la música ocurrió un día del invierno de 1965, cuando Jiang Qing se presentó inopinadamente en la Sociedad Filarmónica Central de Pekín y anunció que "la sinfonía capitalista está muerta".[11] A las objeciones de los músicos acerca de su falta de conocimientos musicales, repuso que ella aportaba algo mucho más trascendental: el fervor y la pureza revolucionarios. El repertorio musical permitido quedó reducido a unas cuantas obras, como las óperas *La muchacha de cabellos blancos, La toma de la montaña del tigre, Destacamento femenino rojo, Fanal rojo* y el *Concierto del río amarillo para piano y orquesta*, basado en la *Cantata del río amarillo* de Hsieng Xinghai, colectivamente adaptado para piano y orquesta por un comité de miembros de la Sociedad Filarmónica Central de Pekín.

Todos los conservatorios fueron clausurados, así como las

---

[11] Ross Terrill, *Madame Mao,* The White-Boned Demon, Harper and Row, Nueva York, 1980, pp. 250-251.

universidades. La famosa Universidad Peita de Pekín estuvo cerrada 51 meses. Las bibliotecas, librerías y salas de conciertos quedaron purgadas de toda obra contrarrevolucionaria. Shakespeare y Beethoven encabezaron la lista de autores prohibidos. Las relaciones culturales con el exterior se suspendieron por completo.

Como los músicos chinos que he conocido, madame Bao fue objeto de críticas y de malos tratos durante la Revolución Cultural. Pero lo que vino a complicar su caso fue la historia muy singular de su marido, Zhuang Zedong.

Zhuang Zedong era jugador profesional de ping-pong y su destreza era tal que ganó el campeonato nacional de China y tres veces el campeonato mundial, precisamente durante los años de la Revolución Cultural.

Como el ping-pong es deporte muy popular en China, el campeón Zhuang Zedong alcanzó gran fama. Jiang Qing, la esposa de Mao, expresó el deseo de conocerlo. Se encontraron en 1973 y pronto se inició entre ellos un romance. Al poco tiempo Zhuang Zedong fue nombrado miembro del Comité Central del Partido Comunista y promovido al puesto, nada menos, que de ministro del Deporte de la República Popular China.

Madame Bao se encontró, pues, en la insólita situación de ser, por una parte, persona *non grata* para las autoridades de la Revolución Cultural —debido a su educación musical de tipo occidental— y, por otra, rival de la esposa de Mao. Su carrera musical se vió interrumpida.

Mao falleció en septiembre de 1976. Su viuda, Jiang Qing, intentó infructuosamente sucederlo en la presidencia del partido. El 6 de octubre el país entero se estremeció con la noticia de que Jiang Qing y sus compañeros de la Banda de los Cuatro habían sido arrestados. La Revolución Cultural llegó a su fin.

Muy poco después, el ministro del Deporte fue degradado hasta el más bajo escalafón del ministerio: encargado de limpieza de baños y letrinas.

Millones de personas enviadas a lejanas comunas en la locura de la Revolución Cultural iniciaron su retorno a sus ciudades.

Madame Bao se reintegró poco a poco a sus actividades anteriores. Los públicos que tan cálidamente la recibían en los diversos lugares donde tocamos conocían su historia y la aclamaban como una víctima de la Revolución Cultural que había logrado rehacer su vida como artista.

29 de noviembre. Últimas horas en China.
El día lo iniciamos en Shanghai. Tuvimos el gusto de comer en Pekín con el embajador Eugenio Anguiano —embajador en China por segunda ocasión— y su esposa Tere, que habían estado fuera de China durante nuestra gira. Nos interesó particularmente este encuentro pues ambos son eminentes sinólogos: hablan chino, conocen muy bien el medio y se han interesado profundamente en la historia y la cultura del país.

Por la noche llegamos a la India, a Nueva Delhi.

Había terminado una nueva y apasionante gira por China.

Nuevos conciertos y el descubrimiento de la nueva China: mayo de 2006

En mayo de 2006, unos 21 años después de nuestra estancia anterior, volvimos a China María Isabel y yo. Llegamos ahora, junto con el pianista Edison Quintana, para participar en el Festival Internacional de Pekín "Meet in Pekín 2006" y para tocar también en Shanghai.

La transformación del país no ha podido ser más espectacular. Desde 1978, cuando se iniciaron las reformas hasta hoy (2009), la economía china ha logrado las más altas tasas de desarrollo en el mundo, un promedio anual de crecimiento de casi 10%. Según su producto interno bruto (PIB), la economía china en 2005 era la cuarta mayor del mundo, medida en dólares a tasas de cambio actuales. En 2007 el PIB de China sobrepasó al de Alemania y se convirtió en el tercero del mundo, tras Estados Unidos y Japón. En 2011, la economía china sobrepasó a la de Japón. Ya es la segunda economía del mundo.

Pekín da una primera impresión de desorden urbanístico. Sin embargo, la ciudad sigue un plano muy ordenado, con grandes avenidas que recorren la ciudad de este a oeste atravesadas por calles de sur a norte.

Este orden proviene del diseño original de Pekín, cuando la Ciudad Prohibida, orientada de sur a norte, estaba rodeada por

37. Con Yo-Yo Ma en Bellas Artes, 2008.

38. Clase maestra en el Conservatorio de Pekín, noviembre de 1979.

39. Después del concierto en Wuhan, 1979. El sexto de izquierda a derecha es Deng Ke, hermano de Deng Xiaoping.

40. Con María Isabel Prieto y el Piatti en Pekín.

41. El autor en Shanghai, 1985.

42. El autor con Huang Yijun, director honorario de la orquesta de Shanghai, 1985.

43. Shanghai, noviembre de 1985. Huang Yijun, la pianista Bao Huiqiao, un dirigente no identificado, el autor, María Isabel Prieto y otro dirigente no identificado.

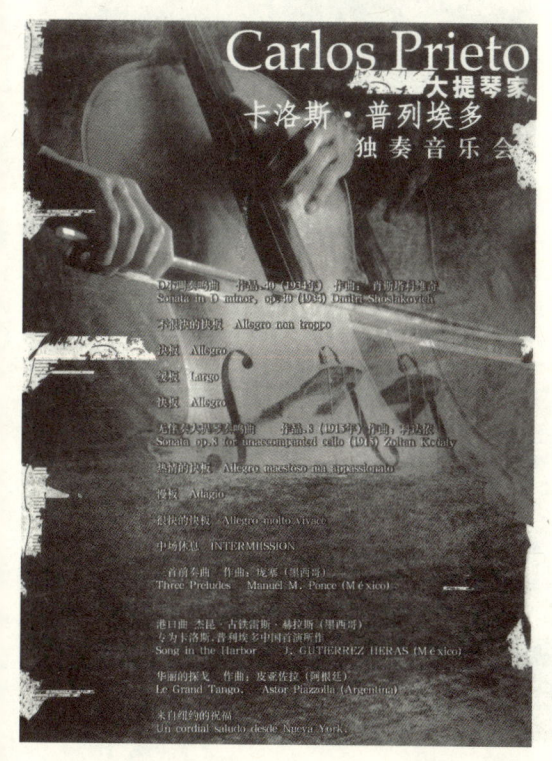

44. Programa del concierto en Pekín, mayo de 2006.

45. El autor ante el Centro Artístico Oriental de Shanghai, 2006.

46. Ante el Centro Nacional de las Artes, Pekín, 2010.

47. Bao Huiqiao, el autor y María Isabel Prieto, Pekín, 2010.

los barrios de *siyehuanes* (casas en torno a un patio), con sus callejones *(hutongs)* orientados de sur a norte y de este a oeste. Pese a la masiva reconstrucción de la capital, las calles y las avenidas siguen ese orden original.

La principal avenida de Pekín es la Avenida Chang'han, que pasa frente a la entrada de la Ciudad Prohibida y constituye el límite norte de la plaza de Tiananmen.

En 1979 Pekín me pareció, más que una capital, un enorme pueblo. Con excepción de la Ciudad Prohibida y de algunos edificios nuevos, enormes barrios de *siyehuanes* y *hutongs* se extendían a ambos lados de la gran avenida. Todavía en 1985 dichas barriadas, con sus callejuelas de tierra y sus casas amuralladas en torno a patios centrales, eran lo que dominaba el panorama frente a nuestro Hotel de las Nacionalidades.

El contraste no puede ser mayor con el Pekín de 2006. A ambos lados de la avenida Chang'han se encuentran modernísimos edificios nuevos y preciosos y arbolados jardines. Lo mismo ocurre a lo largo de las numerosas nuevas avenidas de la capital. Jamás he visto una ciudad con tan intenso ritmo de construcción.

Los antiguos barrios de *siyehuanes* y de *hutongs* desaparecen a un ritmo veloz para ser remplazados por conjuntos de multifamiliares y dejar lugar para las amplísimas nuevas avenidas. Sus residentes tienen derecho preferente a ocupar en los nuevos edificios apartamentos de dimensiones por lo menos equivalentes a las de sus antiguas casas. Algunos residentes se quejan de que en sus fríos apartamentos nuevos han desaparecido el sentimiento de comunidad y los grandes lazos familiares y amistosos que reinaban en sus pintorescos barrios.

El ritmo de desaparición de los *siyehuanes* y *hutongs* avanza a tal ritmo que causa alarma a numerosos urbanistas e historiadores chinos. Piensan que la desaparición de estos antiguos barrios, característicos de la milenaria historia de Pekín, le hace perder a la capital china una parte importante de su esencia y de su personalidad y la está convirtiendo en una nueva Nueva York o un nuevo Tokio.

Concierto en la Sala de Conciertos de Pekín

Llegamos por la noche a la Sala de Conciertos de Pekín (Beijing Concert Hall) para ensayar antes de nuestra presentación. Algunas semanas antes del viaje a China, los organizadores del concierto me habían enviado un correo electrónico, en el que me pedían confirmar el programa del concierto. El mensaje estaba redactado en perfecto inglés y en tono muy cordial. Estaba yo entonces en Nueva York, donde toqué los días 20 y 21 de abril. Respondí proporcionando la información solicitada y terminé mi mensaje con las palabras: "Warm greetings from New York".

Al recibirnos en la Sala de Conciertos de Pekín los organizadores me mostraron el precioso programa de mano del concierto. Todo estaba en chino, naturalmente, incluyendo los currícula y los demás detalles. Pero el programa musical propiamente dicho aparecía también en inglés, y fui comprobando que todo coincidía, como era natural, con el programa que yo les había enviado desde Nueva York. Pero advertí con asombro que el concierto terminaría con una obra adicional, no programada.

Así era el programa:

Sonata for cello and piano   Shostakovich
Sonata for cello solo   Kodaly

INTERMISSION

Three Preludes   Manuel M. Ponce (México)
Song in the Harbor   Gutiérrez Heras (México)
Le Grand Tango   Astor Piazzolla (Argentina)
Warm Greetings from New York

Los organizadores advirtieron en mi cara la sorpresa que me produjo leer cuál iba a ser la última obra y se apresuraron a decirme: "Perdone usted que no hayamos escrito el nombre del compositor de 'Saludos cordiales desde Nueva York' pero ello se debe a que usted omitió este dato en el mensaje que nos envió". Añadieron que suponían se trataba de una obra del estilo de "New York, New York".

El concierto se llevó a cabo en la Sala de Conciertos de Pekín llena. La respuesta del público nos obligó a tocar varios *encores,* entre los cuales destacó la obra titulada *Romance de Hsiao y Ch'in* de la eminente compositora china Chen Yi.

Programa Pekín 2006

Sábado 20 de mayo. Pekín-Shanghai.

Un Airbus de China Eastern Airlines nos condujo en 75 minutos de vuelo al aeropuerto de Hongqiao de Shanghai. Nos esperaban el cónsul general de México en Shanghai, Mauricio Escanero, y una delegación del Centro Artístico Oriental de Shanghai.

Nos hospedamos en el Hotel Heng Shen, ubicado en una zona muy arbolada de Shanghai, en lo que fue la antigua concesión francesa. Dejamos el violonchelo y el equipaje y continuamos en el coche del cónsul Escanero a tomar un café en la terraza de un edificio en la avenida antiguamente conocida como el Bund, con su amplio paseo peatonal a lo largo del río Huangpu. Dominábamos toda la espléndida vista desde la terraza, incluido el río Huangpu, por el que navegaban innumerables barcos cargados de minerales, de carbón y de toda clase de productos. Todo ello lo habíamos visto en 1985.

Pero lo que nos dejó atónitos fue ver lo que ha surgido a la otra orilla del río, en lo que apenas hace unos años no había más que campos de cultivo. Hoy ha crecido una impresionante ciudad, Pudong, diseñada para ser uno de los centros financieros, tecnológicos y comerciales más importantes de China. Pudong parece una ciudad del siglo XXII. Es ya motivo de atracción mundial y sus edificios son objeto de estudio de los más destacados arquitectos. Todo se ha edificado a partir de 1990, cuando, por iniciativa de Deng Xiaoping, el gobierno estableció allí una Zona Económica Especial.

Domingo 21 de mayo. Concierto en el Centro Artístico Oriental de Shanghai (Shanghai Oriental Art Center).

El Centro Artístico Oriental de Shanghai, inaugurado en 2005 en Pudong, es quizás el proyecto cultural más importante construido no sólo en China sino en toda Asia en los últimos años. Es un conjunto de domos geodésicos de vidrio que parecen flotar sobre el agua de día y de los cuales se desprende de noche un brillo azul. El complejo incluye una gran sala para conciertos orquestales, un teatro lírico y una sala para música de cámara —donde tocamos—, bibliotecas, un centro de multimedia, una sala de exposiciones, un café y un restaurante

Es obra del arquitecto francés Paul Andreu, autor también del Museo Marítimo de Osaka, en Japón, y del nuevo y grandioso complejo teatral de Pekín cercano a la plaza de Tiananmen.

El programa de nuestro concierto consistió en obras de Shostakovich, Kodaly, Manuel M. Ponce, Gutiérrez Heras, Chen Yi y Astor Piazzolla.

En esta ocasión, la misteriosa obra "Saludos cordiales desde Nueva York" no apareció en el programa.

Algunas observaciones acerca de la nueva era de la música en China

No repetiré aquí lo escrito acerca de la Revolución Cultural (1966-1976) y sus terribles consecuencias. Al reabrirse los conservatorios en 1977 y 1978, numerosos jóvenes músicos de talento que habían sido enviados a hacer trabajos manuales durante la Revolución Cultural regresaron a sus estudios y ahora tienen una fulgurante carrera internacional, como los compositores Tan Dun, Chen Yi, Zhou Long, Xu Shuya y Chen Qijang. Los compositores chinos han conquistado un lugar prominente en el panorama actual de la música mundial y ya no se les distingue sólo por el carácter chino de su música sino por la calidad e importancia de sus obras.

Tan Dun es probablemente el compositor chino mejor conocido en Occidente. Su música para la película *Tigre y Dragón* —en la que participa de manera destacada el violonchelista Yo-Yo Ma— obtuvo en 2000 el Oscar por la mejor música fílmica del año.

En enero de 2007 tuve la oportunidad de escuchar y presenciar en The Metropolitan Opera de Nueva York su más reciente obra, la ópera *El primer emperador*. El personaje en cuestión es el brutal y sanguinario Qin Shi Huang, figura fundamental en la historia china.

Estuve siete meses antes ante la tumba del primer emperador en Xian y pasé horas admirando a los famosos guerreros de terracota sepultados para protegerlo tras su muerte. ¿Quién me iba a decir entonces que lo iba a ver resucitado en la ópera de Tan Dun y en la maravillosa voz de Plácido Domingo?

En pocos países ha aumentado tanto la educación musical y la afición por la música como en China.

Existen nueve conservatorios: dos en Pekín y uno en Shanghai, Chengdu, Guangzhou, Shenyang, Tianjin, Xian y Wuhan. Todos cuentan con escuelas primarias, lo que permite que el estudio de la música y de los instrumentos se inicie desde la niñez.

La música clásica occidental goza de un estatus y de un prestigio notables.

Además de Pekín y de Shanghai, numerosas ciudades chinas han inaugurado o están por inaugurar magníficos centros teatrales.

El número de estudiantes de instrumentos musicales occidentales ha crecido de manera asombrosa, particularmente de piano. Los padres empujan con singular entusiasmo a sus hijos a estudiar dicho instrumento. Millones de niños estudian piano y otros instrumentos y cada año surge alguna figura excepcional. Un ejemplo es el del joven pianista Lang Lang, que en pocos años ha conquistado los escenarios mundiales.

China se ha convertido en uno de los principales fabricantes de instrumentos occidentales. En Guangzhou se encuentra la segunda fábrica más importante de pianos del mundo, con una producción anual de 200 000 instrumentos. En el mundo entero se encuentran hoy violines y violonchelos hechos en China.

Un alto en Corea y Taiwan: agosto de 2007

En agosto de 2007 viajé a PyeongChang, Corea del Sur, para fungir como miembro del jurado del Concurso Internacional de Violonchelo Aldo Parisot, así llamado en honor del gran violonchelista y pedagogo.[12] Al concluir este magnífico concurso, vo-

---

[12] El concurso fue brillantemente ganado por Maya Bogdanovic, joven chelista serbia, residente en Francia.

lamos a Taipei, capital de la "otra China", la isla de Taiwan. Me limitaré a hacer algunos comentarios en torno al museo y a la Fundación Cultural Chi Mei en Tainan.

El museo se encuentra en Tainan, casi en el extremo sur de la isla, a poco menos de 300 kilómetros de distancia. Tomamos el recientemente inaugurado tren de alta velocidad y en poco más de una hora llegamos a Tainan.

El señor Win-lu Hsu, presidente de la fundación, nos recibió en la gran bóveda del museo, donde probaba su más reciente adquisición, un violín del gran laudero veneciano Domenico Montagnana. La colección que alberga esta fundación es una de las más importantes del mundo. Nos mostraron cuatro violines de Antonio Stradivarius, dos de Guarnerius del Gesù —entre ellos, el famoso Ole Bull de 1744—, violines de la dinastía Amati, de Petrus Guarnerius de Mantua, de Petrus Guarnerius de Venecia y dos violonchelos de Stradivarius, el Boccherini, de 1709 —así llamado por haber pertenecido al gran compositor y violonchelista Luigi Boccherini (1743-1805)—, y el Pawle, de 1730. Me llevaron a un precioso auditorio para que probara seis violonchelos, entre otros el Stradivarius Pawle, un Gofriller, un Maggini y un Grancino. El presidente Hsu, ahora con sus principales colaboradores, me pidió que tocara algo para ellos. Tuve el lujo, así, de tocar una *suite* de Bach con seis magníficos instrumentos, cambiando de instrumento de movimiento a movimiento.

La Fundación Cultural Chi Mei lleva a cabo un admirable trabajo. Considera "que los buenos instrumentos deben ser tocados por buenos músicos y que la música que interpreten debe ser compartida por toda la humanidad". De ahí que con frecuencia presta instrumentos a distinguidos artistas chinos, empezando por los taiwaneses. Además, hace una importante labor de restauración de instrumentos que han sufrido daños con el paso de los siglos.

Nuevamente en China: 2010

En abril de 2010, año del bicentenario de la Independencia de México y del centenario de la Revolución mexicana, regresé a

China en gira de conciertos, acompañado de mi esposa María Isabel y de mi hermano Juan Luis.

Llegamos a Shanghai procedentes de México el domingo 18 de abril por la tarde.

Tras hospedarnos en el hotel, dedicamos un par de horas a deambular por el paseo peatonal del Bund, aún más hermoso que en 2006. Ha sido ampliado y adornado debido a la Feria Internacional de Shanghai que se inauguraría unos días después. También la vista de Pudong, a la otra orilla del Huangpo, resulta más espectacular por la iluminación que, por el mismo motivo, adorna torres y rascacielos. La Expo de Shanghai es la más grande de la historia, con una superficie de 5.3 kilómetros cuadrados. La inversión ha sido también colosal: 60000 millones de dólares, el doble que los Juegos Olímpicos de Pekín. Ninguna exposición universal había reunido, como ésta, 192 países y 50 organizaciones internacionales. Está previsto que acudan entre 70 y 90 millones de visitantes, la mayoría de ellos chinos.

21 de abril. Concierto con Xie Jingxian. El Teatro de Conciertos de Shanghai.

Por la noche se llevó a cabo el primer concierto de la gira. Consistió en *suites* de Bach para violonchelo solo y en la *Canción en el puerto* para cello y piano del compositor mexicano Joaquín Gutiérrez Heras. Como bis tocamos la obra de la compositora china Chen Yi *Romance de Hsiao y Ch'in.*

La pianista fue la joven y muy talentosa Xie Jingxian, nacida en 1983 en Shanghai, quien, tras sus estudios en el Conservatorio de Shanghai, estudió en Alemania y ganó el primer lugar del Concurso Internacional de Piano Ramón Lull en 2008 en España.

No fue mi primer concierto en el Teatro de Conciertos de Shanghai, ya que había tocado allí en 1985 con la gran pianista Bao Huiqiao. Sin embargo, el teatro no se encuentra hoy en el sitio idéntico al de entonces, sino a 66.4 metros al este. ¿Cómo se explica tan extraña diferencia? El teatro interferíría con el Proyecto de Reconstrucción del Centro de la Ciudad. Las autoridades, en vez de demolerlo y construir un nuevo teatro, decidieron mudarlo y respetar su notable valor arquitectónico de tipo europeo. En un proyecto con pocos precedentes mundiales, grúas levantaron el edificio completo, con peso de 5 800 toneladas, y lo trasladaron a su nuevo emplazamiento, donde fue inaugurado recientemente. Fue el mayor proyecto de este tipo jamás realizado en China. El teatro sigue estando, por tanto, en su privilegiada ubicación en la plaza del Pueblo, cerca del Museo de Shanghai.

Tras el concierto, Miguel Barrio, cónsul general de México, nos invitó a cenar a un restaurante inesperado: el Willy, cuyo propietario, originario de Barcelona, se llama Willy. Nicholas Ma, hijo del violonchelista Yo-Yo Ma, nos había hecho grandes elogios del lugar, especializado en tapas pero que sirve también platos chinos.

Miércoles 22. Shanghai-Pekín. Presentación en Pekín de *The Adventures of a Cello*.

El vuelo sufrió un gran retraso y, ya en Pekín, apenas tuve tiempo para llegar al hotel, cambiarme y salir a presentar el libro en la librería Bookworm, cuyos clientes, de diversas nacionalidades, hablan todos inglés.

Yo había llevado conmigo una docena de libros y el embajador de México, un número mayor, encargados a Amazon.

Bookworm estaba atestado de público. Hice la presentación en inglés; toqué algunas piezas y contesté un alud de preguntas. Todos los libros se vendieron y dediqué un buen rato a firmarlos.

Sábado 24. Concierto con Li Xiang y Yhu Mu.

El concierto se llevó a cabo en el Centro Nacional de las Artes (CNA), el famoso "Huevo". El programa incluyó el estreno en China de la *Suite para dos violonchelos* del compositor mexicano Samuel Zyman. Antes de tocar, hice una breve explicación —con la colaboración de un intérprete— acerca del pintoresco origen de esta obra, dedicada a Yo-Yo Ma y a mí.

La segunda parte consistió en tres obras latinoamericanas para violonchelo y piano: la *Canción en el puerto,* de Gutiérrez Heras, de México; *Poema,* de Marlos Nobre, de Brasil, y *Le Grand Tango,* del argentino Astor Piazzolla. Como bis tocamos el *Romance de Hsiao y Ch'in*, de Chen Yi.

Aquí debo hacer un paréntesis y expresar mi agradecimiento a mi amiga, la violonchelista Mulana, del Conservatorio de Pekín, por su valiosa ayuda en cuanto a la selección de los dos excelentes músicos con quienes tuve la suerte de tocar: la pianista Li Xiang y el violonchelista Zhu Mu.

En páginas dedicadas a mi gira de 2006, mencioné que estaba entonces casi terminado el edificio del CNA y que despertaba dudas por el diseño tan atrevido y por el potencial efecto de la contaminación pekinesa y de los polvos amarillos del desierto de Gobi, que podrían afear el exterior de titanio y vidrio que cubre el "Huevo".

Todas mis dudas se disiparon. El conjunto es uno de los más hermosos que yo conozca.

Una estructura de acero soporta el domo, cubierto con 18 000 placas de titanio y más de 1 000 placas de un vidrio ultrablanco. Se trata del domo más grande del mundo. El CNA está rodeado de un gran lago artificial sobre el cual se refleja la estructura del edificio.

La ubicación del CNA, escogida hace 55 años por Zhou Enlai, es inmejorable, en el número 2 de la majestuosa Avenida Chang'an Oeste, a un paso de la Ciudad Prohibida, de la plaza de Tiananmen, y detrás de la Asamblea Popular Nacional.

Domingo 25. Clase maestra en el Conservatorio de Pekín y concierto dedicado a Bach en el CNA.

Dediqué la mayor parte de la mañana a dar una clase maestra a dos alumnos de Zhu Mu en el Conservatorio de Pekín: Pang Bo y Wang Xin-Chi.

En 1979 di por primera vez una clase en el Conservatorio de Pekín, ubicado entonces en instalaciones mucho más modestas. El Conservatorio había reabierto sus puertas apenas en 1978 y el muy modesto nivel de los jóvenes músicos demostraba las funestas consecuencias de la Revolución Cultural (1966-1976). El contraste no pudo ser mayor ni con las instalaciones ni con el alto nivel mostrado por estos dos jóvenes violonchelistas.

Mi concierto, consistente en tres *suites* de Bach para cello solo, se llevó a cabo en otra sala del CNA.

Antes de empezar el concierto dije unas palabras en inglés —traducidas, por supuesto, al mandarín— para agradecer la colaboración del embajador Jorge Guajardo, de su esposa Paola y de su personal, la hospitalidad del CNA y, finalmente, para destacar la presencia —que me emocionó— de la gran pianista Bao Huiqiao, con quien hice una larga gira de conciertos en 1985 y a cuya vida y carrera musical dediqué varias páginas en este libro. Su presencia fue saludada por un aplauso general.

Bao Huiqiao estaba sentada entre el embajador Guajardo y mi esposa María Isabel, y, entre aplausos, a ella le entregué el precioso ramo de rosas que me regalaron al final del concierto.

Lunes 26 de abril. Pekín-Cantón.

En poco menos de tres horas recorrimos los 2 000 kilómetros que separan a Pekín de Cantón, o, en ortografía pinyin, de Guangzhou.

Aterrizamos a las 3 p.m. El cónsul Alejandro Rivera[13] nos recibió en el aeropuerto y nos condujo a nuestro hotel, atravesando una ciudad que, por supuesto, se ha transformado radicalmente desde mi primera estancia en 1979, hace 31 años.

La tarde era libre y la aprovechamos para hacer un recorrido por varios de los puntos esenciales de la ciudad, capital de la provincia de Guangdong.

Cuando estuve en 1979, Guangdong estaba experimentando apenas los primeros cambios, resultado de la apertura económica china. La ciudad fue uno de los primeros centros de la política de reforma y apertura instaurados en 1978 por Deng Xiaoping. Desde entonces, Guangdong se ha convertido en uno de los principales polos del desarrollo chino. Es la tercera ciudad de China en cuanto a población, y es el centro del desarrollo económico, político, educativo, científico y cultural del sur de China.

La cocina cantonesa tiene una bien ganada fama internacional. Decidimos esa noche ir a cenar al restaurante cantonés Bing Shen, considerado de los mejores.

Resultamos los únicos extranjeros en el restaurante. Los menús estaban escritos con caracteres chinos y sólo nos parecieron

---

[13] Alejandro Rivera es un hombre de insólita trayectoria profesional. Es diplomático de carrera, pero cuenta, además, con una maestría y un doctorado de ingeniería industrial de la Universidad del Estado de Nueva York en Buffalo.

algo comprensibles por las fotos que ilustraban los diversos platos. Las meseras no hablaban ni una palabra de inglés pero nos endilgaban largas frases en mandarín (o en cantonés). Nuestras respuestas en inglés sólo les causaban una gran risa. La comunicación era nula. Nos salvamos gracias a una joven y muy amable china que desde una mesa cercana se percató de nuestros problemas y acudió en nuestro auxilio. Gracias a ella disfrutamos de una memorable cena.

Martes 27 de abril. Tres horas de clase magistral y último concierto de la gira.

De 10 a una de la tarde estuve encerrado en la Sala de Conciertos del Conservatorio Xinghai de Cantón. El propósito era escuchar a tres jóvenes violonchelistas, alumnos del profesor principal Li Jiwu: Pan Yan, Diao Hong Li y Guo Pei Zu. Los tres me dejaron atónito: afinación, sonido y concepción musical excelentes. La explicación se debe a la combinación de tres factores: talento, trabajo y colaboración de un magnífico profesor: Li Jiwu, que tras estudiar en China, hizo un posgrado en la Royal Academy of Music de Londres.

Las clases magistrales y el contacto con jóvenes músicos en 2010 en Pekín y en Cantón fueron para mí la prueba de la seriedad y el entusiasmo con los que China aborda la educación en general y, en este caso, la educación musical. El progreso de China no se circunscribe a la economía y a la ciencia. Cada nuevo viaje a China me ha demostrado la importancia otorgada a la educación y a la cultura. Los resultados están a la vista.

Por la noche toqué en el magnífico auditorio Xinghai del Conservatorio el último concierto de la gira, dedicado a tres *suites* de Bach.

Regresamos a Shanghai y dos días después nuestro avión despegó del modernísimo aeropuerto de Pudong; unas 16 horas más tarde, aterrizamos en lo que, por contraste, nos pareció el modesto aeropuerto de la Ciudad de México.

Una nueva gira había terminado.

La India: 1985

Llegada a la India y una experta valuación del Piatti

Mis últimos conciertos de 1985, el año Bach, se llevaron a cabo en la India, adonde llegamos procedentes de China.

Casi siete horas duró nuestro vuelo de 3800 kilómetros entre Pekín y Delhi.

En el aeropuerto de Delhi nos esperaban dos funcionarios del Consejo Indio de Relaciones Culturales. Al llegar a la aduana, un funcionario me dijo que era indispensable declarar el valor del violonchelo para volver a salir con el instrumento al final de la gira. Dudé en expresar un valor pero el funcionario era un experto en la materia. "¡Abra el estuche!", ordenó. Lo abrí y se quedó pensativo en la contemplación del violonchelo y de dos arcos. "Este violonchelo, junto con el estuche y los dos arcos, vale 50 dólares", sentenció con tono definitivo que no admitía réplica y procedió a hacer constar dicho valor en el documento oficial.

La India nos maravilló por su belleza, su arte, su milenaria cultura, su extraordinaria espiritualidad —que dio origen a varias de las principales corrientes filosóficas y religiosas de la humanidad—, pero también nos confrontó con dolorosos espectáculos de miseria y degradación.

Desde el punto de vista musical, nuestra gira resultó, como todo en la India, irregular. Hubo conciertos excelentemente organizados, como en Delhi, Bangalore y, especialmente, Bombay; otros salieron bien por milagro, como en Madrás, y alguno, como en Goa, fue francamente caótico.

Un inolvidable concierto en Goa

Goa fue durante 450 años posesión portuguesa. Vasco da Gama llegó a la costa de Malabar en 1498, en ocasión de su primer viaje más allá del cabo de Buena Esperanza, pero fue don Alfonso de Alburquerque, futuro virrey de la India, quien en 1510 se apoderó de Goa, que pronto se convirtió en la capital del imperio portugués en la India. Goa continuó siendo portuguesa hasta 1961 cuando Nehru, cediendo a presiones internas, se apoderó, mediante las armas, de Goa, Diu y Damán.

No es éste el lugar para hablar de la enorme importancia y esplendor que llegó a alcanzar Goa. Sólo diré que en todo se refleja la influencia portuguesa, aunque va en rápido declive. Los mayores hablan un portugués perfecto. Los jóvenes, aunque se sigan llamando Pereira, Fernándes o Barreto —apellidos que predominan en grado notable—, hablan el konkani, y algunos el hindi y el inglés.

Aterrizamos en el aeropuerto de Dabolim procedentes de Bangalore. En el aeropuerto nos esperaba un empleado de una agencia de viajes, un chofer, Nanda, y un coche que nos quedaría asignado durante nuestra estancia. Brillaba por su ausencia algún representante de la Orquesta de Goa, o su director, Lourdino Barreto, con quien debía iniciar ese mismo día los ensayos del *Concierto en re mayor* de Haydn.

A media tarde y aún sin noticias de Lourdino Barreto, decidimos aprovechar el coche e ir a conocer Panjim, como se llama la nueva capital. La anterior, la Velha Goa, que llegó a alcanzar la sorprendente cifra de 200 000 habitantes y que fue llamada la "Perla del Oriente" por Luís de Camões, es hoy una ciudad fantasmal y deshabitada pero donde sobreviven sus magníficos edificios. En 1760, endémicas fiebres palúdicas obligaron a abandonar la ciudad y a cambiar la capital a Nova Goa, hoy Panjim.

Regresamos pronto al hotel y allí estaba el maestro Lourdino Barreto, o, más bien, el padre Barreto, pues resultó ser sacerdote católico. Era un hombre alto, delgado y moreno que había hecho en Roma sus estudios superiores de teología y de música.

En torno a nuestro concierto reinaba una confusión insuperable. En primer lugar, el Indian Council on Cultural Relations de Delhi le había informado que llegaríamos procedentes de Bombay, en vez de Bangalore, por lo que se presentó dos veces en el aeropuerto, a la hora de la llegada de los vuelos de Bombay.

Los malentendidos en torno al programa eran aún mayores. Con preocupación le pregunté si había recibido oportunamente la partitura y las partichelas del concierto de Haydn. Ante su respuesta positiva empecé a respirar con un alivio que pronto resultó prematuro, pues él preguntó: "¿Y usted ha recibido mi concierto?" "Cómo? ¿Cuál concierto?" "Mi concierto para violonchelo y orquesta, compuesto especialmente para usted, para que, en adición al concierto de Haydn, lo toque pasado mañana en estreno mundial. Se lo envié hace dos semanas a Delhi." No sólo no lo había recibido sino que ignoraba yo por completo su existencia. "Padre Barreto, lo lamento mucho, pero usted como músico comprenderá perfectamente la imposibilidad de preparar una obra con tal premura. Por respeto a usted y al público no puedo tocar su concierto."

A medida que yo hablaba, el semblante del padre Barreto cambiaba, reflejando un profundo desconsuelo. Me entregó los periódicos de Goa. Todos anunciaban con grandes titulares el estreno, el 8 de diciembre, del concierto de Lourdino Barreto, compuesto, como decía el *Herald* del 6 de diciembre, "para hacer especialmente memorable el concierto que toque la Orquesta de Goa con un solista internacional".

El padre Barreto respondió que lo lamentaba en el alma pero que comprendía la imposibilidad por mí planteada. De todas maneras me entregó su obra y prometí intentar tocarla algún día en México.

Nos despedimos. En mi mente había quedado grabada la expresión de desilusión y tristeza de Lourdino Barreto. Por curiosidad empecé a hojear su concierto. Se titula *Kai borem suknem*, pieza de concierto para violonchelo y orquesta y está basado en una pieza de música popular goana del mismo nombre. Mientras María Isabel daba un paseo en coche saqué el violonchelo y me puse a tocarlo. No contenía dificultades insuperables.

Ayudado por una sordina de plomo que enmudece casi totalmente al violonchelo, estuve tocando hasta las cuatro de la mañana en tono *pianissimo* para no despertar a mi mujer —que de cuando en cuando abría los ojos y musitaba: "¡Estás loco!"— ni a los vecinos. Me acosté a las cuatro, convencido de que la tarea era factible.

A la mañana siguiente localizamos al padre Barreto para decirle que, por fin, tocaría yo su obra. Aunque es hombre poco expresivo, no cabía en sí de alegría. Nos enseñó en detalle la Academia y quedamos citados para vernos en la tarde.

Llegué al primer ensayo con la Orquesta Sinfónica de Goa. Los músicos afinaban. Su manera de tomar los instrumentos era extraña y auguraba inquietantes resultados. Había entre los músicos muchos jóvenes, incluso algunos niños. No eran precisamente niños prodigio.

Se inició el ensayo del Concierto en re mayor de Haydn. Desde la primera nota se hicieron realidad los más negros presagios. ¿Qué hacer?

Los miembros de la orquesta y el director habían puesto un enorme entusiasmo en el estudio del concierto. Antes de mi llegada habían tenido no uno ni dos ensayos, como se acostumbra, sino ¡25 o 30! Si aquello sonaba como sonaba no era, pues, por falta de estudio. Además, el concierto iba a ser todo un acontecimiento en la vida de Goa y había sido objeto de gran atención por parte de la prensa y demás medios de comunicación. Había, pues, que aceptar tocar en condiciones anormales pero, además, hacerlo con gusto, como una aventura musical. En esas condiciones ensayamos una y otra vez el concierto de Haydn y la obra del padre Barreto. El concierto dio principio a las 6:30 p.m. Los programas de mano acababan de llegar, con el insólito programa decidido a última hora:

Suite núm. 6 en re mayor para violonchelo solo	J. S. Bach
Concierto en re mayor para violonchelo y orquesta	Joseph Haydn
Pieza concertante para violonchelo y orquesta	
Kai borem suknem (estreno mundial)	Lourdino Barreto

El concierto terminó entre grandes aplausos y el padre Barreto agradeció públicamente mi participación, mi colaboración con la orquesta, así como mis desvelos que hicieron posible el estreno de su obra. Finalmente anunció que el siguiente concierto de la Orquesta Sinfónica de Goa tendría lugar dos semanas después y que asistiría el primer ministro Rajiv Gandhi.

Es de justicia mencionar que el último concierto de mi estancia en la India fue un modelo de organización. Se llevó a cabo en el repleto Parkar Hall de Bombay, con la excelente colaboración al piano de Tehmi Gazdar. El concierto fue patrocinado por el Time and Talents Club, integrado por un grupo de mujeres de la admirable comunidad parsi de Bombay. La presidenta del Comité de Conciertos era Ratti Mehta, tía de Zubin Mehta.

Los parsis son seguidores del profeta Zoroastro (o Zaratustra) y arribaron de Pars, en la antigua Persia, a la India, cuando la expansión islámica arrasó prácticamente con el zoroastrismo, la más antigua, según algunos, de las grandes religiones de la humanidad y la primera religión monoteísta, nacida siglos antes de que los hebreos proclamaran dios único a Yahveh. Hoy no quedan en el mundo más de 130 000 zoroastrianos, de los cuales la mayoría vive en Bombay. Los parsis han desempeñado y desempeñan un papel fundamental —fuera de toda proporción con su número— en la vida industrial, comercial y artística de la India.

La pianista Tehmi Gazdar, miembro distinguido de la comunidad parsi, se había percatado de mi gran interés en conocer un poco más acerca de los parsis y su religión y nos invitó una tarde a una ceremonia de "iniciación" de una niña. Fuimos así de los pocos occidentales en presenciar el *navjote*, el rito más importante del zoroastrismo. El acto se llevó a cabo al aire libre, en el jardín de un club muy elegante de Bombay, antes de la puesta del sol. El *navjote* se celebra cuando un niño o niña tienen de siete a 15 años de edad. A partir de entonces, el iniciado se convierte en miembro de la comunidad zoroastriana y adquiere la obligación de rezar periódicamente y de ajustar su conducta a las altas normas morales de su religión.

A las 4:45 a.m. de la madrugada siguiente despegamos de Bombay. Horas después estábamos en Dubay, Emiratos Árabes Unidos. La siguiente escala fue Francfort. A las tres de la tarde, hora local, aterrizábamos en Nueva York, 21 horas después de haber despegado de Bombay. Había concluido mi año Bach.

Encuentro con Henri Dutilleux.
Su *Concierto para violonchelo y orquesta*

Toqué el *Concierto para violonchelo y orquesta* de Dutilleux en mayo de 1995 en otro Foro Internacional de Música Nueva en México. Era el estreno en la Ciudad de México y fue con la Orquesta de Querétaro, dirigida por Sergio Cárdenas.

Desde la primera vez que lo escuché, en versión de Mstislav

Rostropovich —a quien está dedicado—, quedé enamorado de sus sonoridades misteriosas y sugerentes y del magistral tratamiento del violonchelo y de la orquesta.

Dutilleux es un compositor solitario e independiente, que no pertenece a ninguna corriente o escuela estética y que siempre se ha mantenido fiel a sus concepciones personales de la belleza y el refinamiento. Su arte, que se distingue por la perfección, la claridad y la libertad en la forma y por la belleza del tejido sonoro, es heredero de las tradiciones de Debussy, Ravel y Roussel. El propio Dutilleux definió así las características de su concepción artística:

> En primer lugar, en cuanto a la forma, un cuidadoso rechazo de cualquier andamiaje formal prefabricado, con una evidente predilección por el espíritu de la variación.
>
> Una inclinación hacia un cierto tipo de sonoridad (con prioridad a lo que se podría llamar el "gozo, la alegría del sonido"). Repito: un rechazo a la llamada "música programática", o a cualquier música que contenga un "mensaje", aunque por supuesto no niego en nuestro arte un significado de orden espiritual.
>
> Y, finalmente, en un nivel más técnico, la absoluta necesidad de lograr una *selección*, una *economía* en los medios de expresión.

Dutilleux es sensible a todas las manifestaciones del arte y no es raro que motivos extramusicales inspiren algunas de sus obras. El *Concierto para violonchelo* refleja los ecos de la poesía de Charles Baudelaire.

El *Concierto para violonchelo y orquesta* tiene como título *Tout un monde lointain... (Todo un mundo lejano...).* Durante la gestación de la obra, Dutilleux estaba apasionadamente entregado a la relectura de Baudelaire y cada uno de los movimientos se inspiran en poemas de *Las flores del mal*. "No se trata de ilustrar tal o cual poema sino de despertar mediante la música algunos de los ecos más secretos de la obra de Baudelaire", precisó Dutilleux.

Consta de cinco movimientos que se tocan sin interrupción y que están interpenetrados entre sí por una especie de ósmosis de elementos temáticos que se propagan por las cinco secciones sin estar indisolublemente ligados unos a otros.

La idea de un *Concierto para violonchelo y orquesta* le fue sugerida al compositor por Igor Markevitch en los años sesenta. Tras una larga gestación, la obra vio la primera luz pública en el Festival de Aix-en-Provence el 25 de julio de 1970, teniendo como solista a Mstislav Rostropovich.

Dutilleux estuvo a punto de venir al estreno de su concierto en la Ciudad de México pero canceló su viaje a última hora debido a su deseo de terminar una obra comisionada por la Orquesta Sinfónica de Boston para tocarse en julio en el Festival de Tanglewood. En cambio, me invitó a visitarlo en Tanglewood, donde pasamos dos días memorables ese verano, junto con María Isabel y mis hijos Carlos Miguel e Isabel.

Ese año, el Festival de Tanglewood fue dedicado a Dutilleux, quien fue el *composer in residence*. Se tocaron varias de sus obras principales pero no la que comisionó la Orquesta de Boston, pues el compositor no alcanzó a terminarla. Dutilleux es un compositor extremadamente meticuloso, siempre en búsqueda de la perfección y, por tanto, trabaja intensa y lentamente. Él mismo dice que no sirve para componer bajo la presión de las fechas fijas.

Estaba hospedado en una verdadera mansión, a 10 millas de Tanglewood. Sobre una enorme mesa tenía la partitura inacabada, a la que dedicaba varias horas todos los días, las que los diversos compromisos le dejaban libres. Es un hombre reacio a la publicidad y acepta como un mal necesario, pero a regañadientes, algunas entrevistas con la prensa y la televisión. Le incomodaba la larga entrevista planeada con la BBC de Londres que le iba a restar horas valiosas de composición.

A los 79 años conducía su coche en Tanglewood sin lentes y con un infalible sentido de orientación. Trabaja con intensidad pero también sabe disfrutar de la vida. Un día me invitó a comer a un famoso restaurante vietnamita de la región y pude compartir con él los placeres de una buena mesa, de un excelente vino francés que escogió con cuidado para que combinara bien con la exótica comida y de una conversación amenísima.

Nuevamente las seis *suites* de Bach en el Lincoln Center de Nueva York: 1996

Existen piezas musicales muy gratas al oído. Uno las toca unas cuantas veces y advierte, sin embargo, que en cada nueva ejecución ya no se le encuentra más sustancia. Se llega muy rápidamente al fondo. Otras composiciones, en cambio, requieren tiempo; van madurando despacio en la mente del intérprete o del auditor. Cada nueva aproximación permite penetrar más a fondo e ir descubriendo nuevas y maravillosas facetas. Tal es el caso de la música de Bach, de insondable profundidad, de inagotable belleza y riqueza.

Después de 1985, año durante el cual me aboqué tantas veces al ciclo completo de las *Suites completas* para violonchelo solo, continué programando algunas, pero intercaladas con otras obras.

Armado de nuevas ideas y nuevos enfoques, hice una nueva grabación de las seis *suites* y en 1996 volví a tocar las *Suites completas* en ocho ocasiones, culminando con un concierto el 13 de noviembre en la sala Alice Tully del Lincoln Center de Nueva York. El apéndice 2 incluye algunas crónicas al respecto.

No concibo mayor reto para un violonchelista que tocar este ciclo. Minutos antes de mi concierto en Nueva York, mientras estaba solo en el camerino de la sala Alice Tully en impaciente espera del aviso de principiar, me entregaron un sobre con un mensaje urgente. Contenía el siguiente telegrama:

DEAR CARLOS:

WISHING YOU A GLORIOUS JOURNEY THROUGH THE SUITES TONIGHT.
OUR LOVE TO YOU AND ISABEL.

JILL AND YO-YO MA.

Quedé profundamente agradecido por este generoso e insólito gesto de compañerismo y amistad.

Conciertos en Irlanda: 1997-2008. Tras las pistas del Piatti.
Conciertos y un estreno mundial

Cuando me invitaron por primera vez a dar algunos conciertos en Irlanda, acepté inmediatamente. Por una parte, podría conocer un nuevo e interesante país. Por otra, el viaje me permitiría seguirle la pista al Piatti —que estuvo en Irlanda de 1818 a 1853— y, con suerte, encontrar nuevos datos de su "biografía".

La estancia, en octubre de 1997, fue corta pero fructífera. El día 17 di una clase maestra y un miniconcierto en la Royal Academy of Music en Dublín; el 18, un recital, con Edison Quintana al piano, en el Aula Máxima de la Universidad de Cork, y el 20 tocamos en la sala John Field del Auditorio Nacional de Música, nuevamente en Dublín.

Daniel Dultzin, entonces embajador de México, es un entusiasta violonchelista aficionado y me puso en contacto con el gran pianista John O'Connor, director de la Real Academia de Música, con el historiador Harry Mac Dowell y con el musicólogo Bara Boydell, gracias a quienes pude conseguir nuevos datos sobre la vida del Piatti en Irlanda y, en particular, acerca de Samuel J. Pigott, dueño del violonchelo entre 1831 y 1853, como relaté en el capítulo III. Visitamos en Dublín la tienda de música McCullough & Pigott, heredera de la casa Pigott & Co., que fundara Samuel J. Pigott.

La llegada del Piatti a Irlanda no pasó inadvertida. Los programas de mano destacaron el retorno del violonchelo tras 144 años de ausencia. Simon Taylor, jefe de programación musical de Radio y Televisión de Eire (RTE), me hizo una larga entrevista en la cual el tema principal fue la "biografía" del Irish Stradivarius, cuya voz se escuchó, además, a través de mis grabaciones.

Al terminar nuestro último concierto en Irlanda, en Dublín, tomé la palabra y dije: "Estos conciertos han señalado el retorno del Irish Stradivarius, tras 144 años de ausencia, a la tierra en la que vivió 35 años. En estos últimos 20 años ha vivido en México y ha estrenado casi medio centenar de obras. Espero regresar pronto a Irlanda y estrenar alguna obra compuesta para este violonchelo por algún gran compositor irlandés".

En Irlanda con el Cuarteto Prieto

Cuatro meses después regresé a Irlanda con el Cuarteto Prieto, como relataré más adelante. Me encontré entonces con la grata sorpresa de que el Arts Council (Consejo Artístico de Irlanda) ha expresado ya su acuerdo para encargar la obra en cuestión (un concierto para violonchelo y orquesta) al eminente compositor irlandés John Kinsella. El embajador Daniel Dultzin organizó una cena con John Kinsella en la residencia de la embajada de México para que cambiáramos impresiones acerca de la obra. Kinsella compone actualmente su *Octava sinfonía* y su objetivo es comenzar la obra de violonchelo el año 2000 con vistas a su estreno en 2002.

Una nueva gira en 2000

Regresé a Irlanda en marzo de 2000 con un programa diferente: una *suite* de Bach, la *Sonata para violonchelo solo* de Kodaly y el estreno en Irlanda de la *Suite para dos violonchelos* de Samuel Zyman, que toqué con el violonchelista Bill Butt con excelente respuesta del público en Cork, Thomastown y Dublín. El compositor John Kinsella estuvo presente en este último.

El estreno mundial del concierto de John Kinsella: marzo de 2002

El propio compositor escribió las siguientes notas:

> En febrero de 1998, Eve O'Kelly, directora del Centro de Música Contemporánea, me llamó por teléfono para preguntarme si tendría yo interés en componer un concierto para violonchelo, comisionado por el Consejo de Artes de Irlanda, para el violonchelista Carlos Prieto.
> Estaba yo enterado, gracias a sus giras por Irlanda y por sus grabaciones, de que Carlos Prieto había estrenado un gran número de conciertos. Carlos toca un notable violonchelo Stradivarius que ha

tenido una historia muy pintoresca, parte de la cual transcurrió en Irlanda en manos de tres dueños durante el principio del siglo xix, siendo el último Samuel Pigott, de la famosa casa de música Samuel Pigott & Co., de Dublín. La combinación de contar con la extraordinaria interpretación de Prieto y con la participación de su violonchelo, tan ligado a Irlanda, fue irresistible. Simplemente tuve que aceptar el reto.

El concierto quedó terminado inmediatamente después de la Navidad de 2000. Tocamos el estreno mundial del concierto el 15 de marzo de 2002, con la Orquesta Nacional de Irlanda, dirigida por Robert Houlihan, en Dublín. La velada se llamó "Concierto de San Patricio", pues tuvo lugar dos días antes de la fiesta del patrono de Irlanda. Sólo se tocaron obras de compositores irlandeses: Frederick May, John Kinsella, Joan Trimble y Gerard Victory.

Pocos meses después toqué y grabé el concierto de Kinsella con la Orquesta Sinfónica de Xalapa, dirigida por mi hijo Carlos Miguel Prieto.

Nuevamente en Irlanda: febrero de 2008

Regresé a Dublín para presentar *The Adventures of Cello,* la edición estadunidense de este libro, en el National Concert Hall de Dublín. Toqué, además, una *suite* de Bach y los estrenos en Irlanda de una nueva obra de Kinsella, *Una giga para Carlos* y de la *Suite para violonchelo solo* de Samuel Zyman. Ese día precisamente, el *Irish Times* publicó un largo artículo acerca de mi libro. Al terminar mi presentación, se me acercó un hombre de edad avanzada. "Leí el artículo del *Irish Times* y sé que su libro menciona —me dijo— que Allen Dowell, dueño del cello, lo trajo de Cádiz a Dublín en 1818. Yo soy el tataranieto de Allen Dowell y aquí le traigo las reproducciones de dos cuadros que representan a mi antepasado en su juventud y en su vejez, cuando regresó de Cádiz. ¡Tal vez le sirvan para futuras ediciones de su libro!"

Nuevamente en el MIT: 2008

Soy de los pocos egresados del Massachusetts Institute of Technology (MIT) que se hayan dedicado a la música. Tengo, por tanto, una relación especial con la institución. Soy desde 1993 miembro de su Consejo Asesor de Música y Teatro, lo cual me obliga a volver periódicamente a mi *alma mater*.

En 2008 regresé dos veces. En febrero presenté este libro, en su versión en inglés, y di un recital de obras para violonchelo solo ante un público encabezado por la doctora Susan Hockfield, presidenta del MIT, y por la plana mayor de la institución.

En junio, toqué el concierto de Saint-Säens como solista de la Orquesta Boston Pops, en el Symphony Hall, en ocasión del cincuentenario de la promoción de 1958, año en el que me gradué. ¡Qué lejos estaba en 1958 de pensar que regresaría 50 años después a dar un concierto con la Boston Pops en el Symphony Hall!

Una conversación con Álvaro Mutis

México se ha enriquecido con la presencia desde hace medio siglo de dos grandes escritores colombianos: Álvaro Mutis y Gabriel García Márquez.

Conocí a Álvaro Mutis en 1992, cuando estaba por salir a la luz mi libro *De la URSS a Rusia*. Lo visité en su casa y le pedí que me hiciera el honor de presentar el libro junto con Isabel Turrent, Ramón Xirau y conmigo. Aceptó y conversamos largamente acerca del contenido de mi libro. Me impresionó la amplitud de sus conocimientos sobre la música en general y sobre la música rusa y la música religiosa eslava en particular.

Años después, cuando escribía yo la primera versión de *Las aventuras de un violonchelo*, fui a verlo para pedirle algunos consejos pues avanzaba yo con dificultad en la redacción del libro y tenía dudas sobre el interés que pudieran presentar las aventuras de un instrumento musical. Le conté parte del libro y me interrumpió: "Por supuesto que tienes que terminar el libro", y añadió una frase que me dejó estupefacto: "¡Además, no te perdonaré si no me invitas a escribir el prólogo!"

Cuando terminé el libro lo visité nuevamente y con cierta timidez pregunté si aquella frase había sido una broma, o si la había yo soñado o bien era un ofrecimiento en firme. Claro que lo escribiría, me dijo.

Varias razones explican que Álvaro Mutis haya escrito el prólogo, que mucho me honra, de este libro. Creo que las principales, aparte de la amistad, son su pasión por la música y la relación que comparten él y mi violonchelo con el puerto de Cádiz. La explicaré brevemente.

El ilustre sabio naturalista, el canónigo José Celestino Mutis, nacido en Cádiz en 1732, encabezó la Real Expedición Botánica al Reino de la Nueva Granada, realizada entre 1783 y 1808, el acontecimiento científico y cultural más importante llevado a cabo por España en América durante la era de la Ilustración. Su hermano Manuel, también gaditano, acompañó al sabio Mutis a la Nueva Granada, y fue el padre del tatarabuelo de Álvaro Mutis. Don Manuel Mutis se casó en Bucaramanga y fundó una familia hondamente vinculada a la historia de Colombia

Ello explica el cariño que siente Álvaro Mutis por la ciudad de Cádiz —donde es tratado siempre a cuerpo de rey— y el interés que le despertó la historia de un violonchelo que allí vivió más de medio siglo durante la era de la Ilustración.

Una conferencia-concierto con Carlos Fuentes en Ginebra

Uno de los recitales más insólitos e interesantes que he tocado fue el que di en mayo de 1994 en Ginebra, en ocasión del ciclo "Diálogos con grandes escritores hispanoamericanos", organizado por la Fundación Simón I. Patiño, en colaboración con la Universidad de Ginebra. El escritor invitado fue Carlos Fuentes y se le ocurrió al propio Fuentes y a la fundación completar el evento con una exposición de pintura y con un concierto.

El acto tuvo lugar el 19 de mayo y empezó con el diálogo que sostuvo Carlos Fuentes con el profesor Luis Íñigo Madrigal, profesor en la Universidad de Ginebra y que versó acerca de su obra y sobre la literatura hispanoamericana. Por supuesto, la erudición, el ingenio y la elocuencia de Carlos Fuentes cautivaron al público, que abarrotaba no sólo la sala sino un gran es-

48. Con el compositor Henri Dutilleux en Tanglewood, Estados Unidos, 1995.

49. Estreno mundial del concierto para violonchelo de John Kinsella, con la Orquesta Nacional de Irlanda, Dublín, 2002.

50. Con Carlos Fuentes en Ginebra, 1994.

51. Con Gabriel García Márquez y el Piatti, 2000.

52. Cuarteto Prieto con Yo-Yo Ma en el Colegio de San Ildefonso, México, 2007.

53. Con Carlos Miguel Prieto y la Orquesta Sinfónica de Xalapa, 2002.

pacio exterior frente al cual habían instalado una gigantesca pantalla de televisión. Un diluvio de preguntas de los asistentes y de deslumbrantes respuestas del escritor concluyeron esta primera parte. A continuación, se inauguró una exposición de cuadros de José Luis Cuevas y, para terminar, se celebró un concierto en el que toqué una *suite* de Bach y, con la pianista Doris Stevenson, obras iberoamericanas de Manuel M. Ponce, Federico Ibarra y Astor Piazzolla, precedidas por unas breves explicaciones que preparé al respecto.

Bach, García Márquez y el violonchelo

A lo largo de sus casi 280 años de vida, el Piatti ha tenido encuentros con numerosos personajes notables de la música. Pero creo que sólo lo ha tenido en sus manos un Premio Nobel de Literatura: Gabriel García Márquez. El gran escritor es un hombre que disfruta extraordinariamente de la música. Pasa horas escuchándola y es sorprendente el rango de sus intereses musicales. Un día estábamos conversando con Ramón Xirau, quien comentó que le gustaba tanto la música que no podía escribir poesía sin escuchar algún disco. García Márquez dijo que, puesto en igual situación, su atención se concentraría tanto en la música que le resultaría imposible escribir una sola línea. El *summum* de la música, para él, es el ciclo de las seis *suites* de Bach para violonchelo solo. Si lo dejaran solo en una isla y le dieran la oportunidad de llevarse y escuchar una única obra musical, no dudaría en escoger la primera *suite*. Es el violonchelo el instrumento que más le gusta, por su tono cálido, el más cercano a la voz humana.

Después de años de escuchar música en desorden, como todo el mundo —cuartetos, conciertos, óperas y sonatas—, decidió adoptar un método para profundizar sus conocimientos. Y, como podía uno suponer en semejante personaje, su método resultó original en extremo. "Primero pensé ir oyendo música por orden alfabético de compositores —me dijo—, pero pronto descarté ese procedimiento pues en la B de Bach, compositor inagotable, se me iría media vida". Entonces decidió ir recorriendo cronológicamente el repertorio por instrumentos.

Empezó por el violín: Bach, Mozart, Beethoven, Brahms —cuyo concierto le parece el rey de los conciertos para violín—, y así sucesivamente, hasta Bartok. Siguió por el violonchelo, que se convirtió, como antes dije, en su instrumento preferido. Ahora lleva cierto tiempo interesadísimo en el contrabajo y sus conciertos: Von Dittersdorf, Bottesini, Koussevitsky.

Al incurrir yo una noche en la debilidad de comentarle acerca de mis desvelos en el intento de escribir este libro y, en particular, la "biografía" del Piatti, García Márquez manifestó interés en que se lo "presentara". Por tal motivo surgió este encuentro, histórico para el Piatti, con uno de los más grandes escritores de la lengua española que lo tuvo en sus manos y pulsó sus cuerdas. Nunca en su larga historia fue tocado el Piatti por un intérprete más novato ni más brillante.

El Cuarteto Prieto

En el capítulo IV hablé del Cuarteto Prieto, que ha abarcado cuatro generaciones y que ahora, en su tercera versión, está integrado por mi hijo Carlos Miguel —director de orquesta y violinista—, mi sobrino Juan Luis Prieto R., mi hermano Juan Luis y yo. Nuestra actividad cuartetística tiene dos vertientes enteramente diferentes. Una es, por supuesto, la musical. Tocar el repertorio de cuartetos es una de las experiencias musicales más enriquecedoras. La otra vertiente es la familiar. Creo que pocas actividades han contribuido tanto a lo que con singular propiedad podemos llamar "armonía" familiar como los conciertos del cuarteto, con todo lo que ello entraña de ensayos, de viajes, de discusiones musicales a veces acaloradas pero siempre constructivas y de estupenda convivencia.

Hemos tocado en los más diversos foros de México y, en febrero de 1998, llevamos a cabo una gira de 11 conciertos por Europa. El primero tuvo lugar en el Teatro de la Sociedad Filarmónica de Oviedo, la ciudad donde 80 años antes naciera el primer Cuarteto Prieto. Este hecho llamó la atención en Oviedo, donde fuimos recibidos de manera especialmente calurosa y emotiva. Tocamos también en Madrid, Córdoba, Carmona y Sevilla. Continuamos en Irlanda (Dublín, Cork y Kilkenny) e Inglaterra (Londres) y la gira concluyó con un concierto en la Maison de l'Amérique Latine en París.

El programa básico de dicha gira incluyó el cuarteto *La alondra* de Haydn, el *Metro Chabacano* del compositor mexicano Javier Álvarez, el *Octavo cuarteto* de Dmitri Shostakovich y el cuarteto *La muerte y la doncella* de Schubert.

En marzo de 2007 el Cuarteto Prieto alcanzó una de las cumbres más altas de su historia cuando tocó el *Quinteto para dos violonchelos* de Schubert con Yo-Yo Ma en el Anfiteatro Simón Bolívar de la Ciudad de México.

Carlos Miguel Prieto

Es singular la carrera de mi hijo Carlos Miguel Prieto. Como ya he dicho, empezó desde muy pequeño el estudio del violín. Desde niño demostró grandes facultades para la música y para el violín, incluyendo ese misterioso don que es el oído absoluto, o sea, la capacidad de identificar de inmediato cualquier nota musical.

Sin embargo, Carlos Miguel estudió ingeniería en la Universidad de Princeton, obtuvo un diplomado de finanzas en el Instituto Tecnológico Autónomo de México (ITAM) y una maestría en administración de empresas en la Universidad de Harvard. Nunca abandonó el violín. Fue concertino de la Orquesta de la Universidad de Princeton, donde tomó un sinnúmero de cursos de música.

A su regreso a México, todo indicaba que Carlos Miguel empezaba una promisoria carrera empresarial. Consiguió un excelente trabajo, que le dejaba tiempo libre para seguir estudiando música.

Pero su alma no estaba en los negocios. Desde niño estaba infectado por el incurable virus de la música y, llegado un momento, su vocación y su incontenible necesidad de ampliar y profundizar sus conocimientos musicales lo hicieron renunciar, a principios de 1995, al mundo de los negocios.

Carlos Miguel se dedicó de lleno al estudio de la armonía y el contrapunto, al análisis y a la teoría de la música y, sobre todo, a la dirección de orquesta.

Mi esposa y yo lo apoyamos en su decisión —que me recordó la mía propia de muchos años antes— pero no dejamos de sentir una honda preocupación por el incierto futuro, lleno de dificultades y obstáculos, que se abría ante Carlos Miguel y por un cambio en apariencia tan súbito, aunque en realidad larvado a lo largo de años, que lo hacía abandonar la relativa seguridad de su incipiente carrera empresarial. El 25 de octubre de 1995 asistí a un ensayo que me abrió definitivamente los ojos: por primera vez lo vi dirigir una orquesta, la Orquesta de Cámara de Morelos, en preparación para su debut como director unos días después. Cuando llegué al ensayo, dirigía la *Sinfonía número 9 para cuerdas* de Mendelssohn. En ese momento se me quitaron las dudas acerca del buen fundamento de su decisión. No es que lo viera dirigir como un director maduro y experimentado, pero allí quedé convencido de su talento y de su potencial como director.

Llevaba yo muchos años tocando con Carlos Miguel en el Cuarteto Prieto, pero a partir de su conversión en músico de tiempo completo, se inició una nueva etapa en mi relación con él. En diciembre de 1996 toqué por primera vez con Carlos Miguel como director: fue el *Concierto en do mayor* de Haydn. Desde entonces he tocado 13 conciertos de violonchelo con él y grabado tres CD de nuevos conciertos para violonchelo y orquesta.

En menos de 15 años su carrera ha progresado de manera espectacular: fue director asociado de las Orquesta Filarmónica de la Ciudad de México, de San Antonio y de Houston, Texas, y director titular de la Sinfónica de Xalapa. Actualmente es director titular de las siguientes orquestas: Orquesta Nacional de México; Orquesta Filarmónica de Louisiana; Orquesta de Huntsville, Alabama; Orquesta Juvenil de las Américas, y Orquesta de Minería en México. Frecuentemente es director invitado de diversas orquestas de Europa y los Estados Unidos. Ha dirigido, entre otras, las orquestas Filarmónica de Nueva York, Sinfónica de Boston (BSO) y Sinfónica de Chicago (CSO) con solistas de la talla de Yo-Yo Ma y Joshua Bell.

Se requeriría de un escritor más elocuente que yo para describir adecuadamente el complejo de emociones que he vivido en cada uno de estos conciertos y en aquellos en los que hemos compartido el escenario.

Algunas anécdotas de viajes con el Piatti

"Chelo Prieto" no es mi esposa ni mi hija. Es el nombre con el que suele viajar el Piatti. Resulta que el violonchelo es un instrumento precioso pero, para los viajes, se convierte en un artefacto verdaderamente incómodo, sobre todo en los aviones. No se puede enviar como equipaje por las elevadas probabilidades de que llegue a su destino hecho pedazos. No se puede meter en la cabina, libre de cargo, como los violines, porque no cabe debajo del asiento ni en los compartimentos superiores para equipaje de mano. Debe, pues, viajar como un pasajero cualquiera y ocupar un asiento. Las reglas de la International Airline Travel Authority (IATA) indican que el violonchelo debe pagar tarifa normal, colocarse en un asiento de ventanilla que no coincida con la salida de emergencia e ir al lado de su dueño. No come, ni se marea ni se levanta y podría uno aspirar a que, por lo menos, la tarifa fuera como la de un infante, pero la IATA es la que manda y manda que pague tarifa normal.

A pesar de la claridad de las reglas, los empleados de ventas de pasajes de muchas compañías de aviación se desconciertan cuando llega alguien a comprar un boleto para un violonchelo. Empiezan a consultar manuales o a llamar a supervisores y se pierde a veces un tiempo considerable. El problema se resolvió cuando se le ocurrió a mi esposa bautizar al violonchelo con el nombre de Chelo Prieto, sin especificar si es señora, señorita o instrumento musical. El nombre que aparece en general en los boletos es Señorita Chelo Prieto (o Miss Cello Prieto en los países anglófonos) e inclusive tengo alguna tarjeta de viajero frecuente con ese nombre. (Debo confesar que para aprovechar el kilometraje acumulado, a veces he tenido que "falsificar" la firma de Miss Cello.)

Un pasajero perdido en la URSS

En 1985 realicé una gira de conciertos por la Unión Soviética. El 6 de octubre hicimos un largo viaje en un Antonov 246 con una escala intermedia. Descendimos del avión y, pese a estar en tránsito, hubimos de presentar nuevamente nuestros pasaportes. Íbamos a abordar un autobús para regresar al avión cuando se descubrió que en el aeropuerto había desaparecido un pasajero que venía con nosotros. ¡Para colmo de males era extranjero! Las azafatas iban y venían, presas de gran nerviosismo. Me acerqué a ellas y les pregunté si no querían mi ayuda para localizar al pasajero perdido. Me miraron con desconcierto y casi con indignación. Pero sus miradas cambiaron cuando les dije: "Creo saber dónde se encuentra el pasajero extraviado. Ya está en su asiento del avión y, además, bien sujeto... ¡Se trata de mi violonchelo!"

En efecto, el Piatti, o Chelo Prieto, era el pasajero extranjero causante de la referida conmoción. Ya que viaja como cualquier pasajero, con boleto y derecho a asiento, los pasajeros contados en el autobús totalizaban uno menos que el número de boletos de sus listas de pasajeros.

Solucionado el misterio, despegamos por fin y unas horas después aterrizamos en Siberia.

Una comida del Piatti en Aeroflot

En 1988 realicé una nueva gira por la URSS en compañía de mi esposa y de mi hija Isabel. El domingo 2 de octubre abordamos un cómodo Ilyushin 86 —con 350 plazas, el mayor de la flota aérea soviética— y recorrimos en cuatro horas los 4000 kilómetros que separan Moscú de Alma Ata, la capital de Kazajstán.

Nos sirvieron una comida que se distinguía por escasa y poco apetecible. El plato principal parecía la pata de un pajarito. En realidad era la pequeña pata, muy delgada, de un pollito a todas luces desnutrido. ¡Fue una sorpresa ver llegar a la azafata con una ración adicional —otra escuálida patita— para el Piatti, que, como siempre, viajaba en un asiento a nuestro lado! Además de escuálida, la patita estaba más bien cruda, por lo que agradecimos la atención de la azafata y optamos por decir que el Piatti ya no tenía hambre.

Una desilusión en La Jolla

Tras un concierto en La Jolla, California, se me acercaron dos jovencitas muy guapas y muy interesadas en ver de cerca el violonchelo. "Se ve precioso. Debe ser completamente nuevo *(brand-new)*. ¿Desde cuándo lo tiene usted?", me preguntaron. Contesté que desde hacía unos 15 años. Fue perceptible la desilusión en sus caras, y más aún cuando supieron que tampoco era nuevo.

"¿Así que es de segunda mano su violonchelo?" "Ni siquiera —les aclaré—, creo que es de aproximadamente décima mano." Con esta aclaración, las dos muchachas se retiraron de inmediato, conmiserándose de que me viera yo forzado a utilizar a *tenth hand cello*.

En el Aeropuerto Internacional de Atlanta

Aterricé en Atlanta poco después de la tragedia del 11 de septiembre de 2001. El violonchelo y su estuche fueron objeto de una meticulosa inspección. Siempre llevo cuerdas extra en el estuche.

El inspector las examinó y, por alguna misteriosa razón, determinó que la cuerda sol era peligrosa porque podía servir como arma de estrangulación. Debía yo, por tanto, removerla del equipaje de mano. Llegó un supervisor que decidió que las cuatro cuerdas eran igualmente peligrosas pero que, a bordo, no planteaban ningún riesgo ya que abrir el estuche y sacar cualquier cuerda eran operaciones que consumirían tiempo. Dictaminó que las cuerdas podrían viajar con la condición de que se quedaran dentro del estuche.

Una pregunta me asombró cuando estaba a punto de cerrar el estuche: "¿Es un instrumento nuevo o usado?" "Es viejísimo", le dije. Examinó nuevamente el instrumento y contestó: "En efecto, se ve usado. Pase usted". Pasé y ya no me quedé a indagar qué hubiera ocurrido con un violonchelo nuevo.

En el aeropuerto de Barajas, en Madrid

Hace poco tiempo aterricé en Madrid con María Isabel y Chelo Prieto. Ya con nuestro equipaje nos dirigimos a un taxi. Al ver el estuche del violonchelo, el taxista exclamó: "¡Ese bulto va a ir en la baca!" (así llaman en España a la parrilla que se coloca en el techo del coche para llevar equipaje). Le expliqué que se trataba de un instrumento delicado que debía ir en el interior del taxi, máxime que estaba lloviznando. "¡Está usted loco! —me contestó con toda cortesía—. ¡Ni que fuera un *estradevarius!*" Optamos por no discutir y, sin problema alguno, abordamos el siguiente taxi.

Un viaje de Nueva York a Boston

En noviembre de 1999 volé de Nueva York a Boston. Yo había reservado sendos boletos para Miss Cello y para mí. La empleada de US Air me pidió una identificación para Miss Cello y sonrió cuando se percató de que se trataba de un violonchelo. "¿Qué edad tiene?", me preguntó. "Está por cumplir 280 años", le dije, a lo cual repuso: "Bien, entonces voy a cambiar su boleto ya que tiene derecho a disfrutar del descuento que otorgamos a los *senior citizens,* o sea, a los viajeros de la tercera edad".

VI. A LO LARGO DE IBEROAMÉRICA. NOTAS Y MEMORIAS DE MI RELACIÓN CON LA MÚSICA Y LOS MÚSICOS IBEROAMERICANOS

Mi interés por la música iberoamericana. Obras estrenadas

Hacia 1980 empecé a involucrarme seriamente con la música mexicana e iberoamericana para violonchelo. Por música "iberoamericana" entiendo la que proviene de la América Latina, España y Portugal. Digo "involucrarme" porque se trató no sólo de aprender un repertorio existente sino también de propiciar la composición de múltiples obras para violonchelo o, en otras palabras, de promover el enriquecimiento del repertorio violonchelístico iberoamericano.

Ante el raquítico repertorio de obras mexicanas, sobre todo para violonchelo y orquesta, he procurado desde 1980 interesar a los más destacados compositores de México, primero, y después de España y otros países iberoamericanos, en componer obras para violonchelo solo, violonchelo y piano, y violonchelo y orquesta. Por supuesto, también he tenido gran interés en investigar si existían obras para violonchelo desconocidas, olvidadas o extraviadas de compositores de los referidos países.

¿Por qué considerar a la música iberoamericana en conjunto? Mi respuesta es simple. Si bien grandes diferencias separan a nuestros países, nos une el poderoso e indestructible vínculo de una misma y magnífica herencia cultural. Esta herencia es la suma de las aportaciones de Europa, principalmente ibéricas —y, a través de Iberia, romanas, griegas, árabes y judías—, de nuestras civilizaciones indígenas —desde Chichén Itzá y Copal hasta Machu Picchu— y de la presencia del África negra. Considerar el arte y la cultura de nuestros países de manera aislada es privarse de buena parte de su singular riqueza común. Baste pensar en las trascendentales aportaciones que han hecho a la literatura en español escritores como Darío, Reyes, Borges, Neruda, Paz, Rulfo, Fuentes, García Márquez, Mutis, Vargas Llosa o Cortázar, por no citar sino algunos nombres.

Ningún mexicano, peruano o español puede empezar a entender a su país si no tiene, por lo menos, un cierto conocimiento de los demás países iberoamericanos, de ambos lados del mar.

La literatura y la pintura latinoamericanas son mejor conocidas que nuestra música, cuyo valor, sin embargo, es equiparable. Los iberoamericanos tenemos la obligación, en la medida de nuestras posibilidades, de enaltecer y difundir nuestro patrimonio artístico (en mi caso, el musical), máxime en estas épocas en que buena parte del primer mundo contempla a nuestros países a través de un cristal deformante —lleno de prejuicios y simplismos— que parece enfocarse casi únicamente a los aspectos más negativos de nuestra realidad y menosprecia el interés y el mérito de nuestras variadas y riquísimas culturas milenarias.

La música me ha permitido recorrer buena parte del vasto mundo ibérico, tanto peninsular como del continente americano. Nunca me he sentido en tierras "extrañas", "extranjeras" o "ajenas" sino en tierras entrañablemente cercanas y así he sido acogido. He dado conciertos en España, Colombia, Venezuela, Brasil, Argentina, Uruguay, Chile, Perú, Bolivia, Ecuador, Cuba y Portugal. He tocado en casi todos los países centroamericanos. Por supuesto, he recorrido muchas veces el amplio territorio de mi país, México, y he tocado absolutamente en todos los estados de la República. Finalmente, mi recorrido por la música y la geografía de Iberoamérica ha incluido también aquellas regiones de los Estados Unidos en las que se habla español y en las que está presente la cultura hispánica. En esta labor he tenido la colaboración de Edison Quintana, magnífico pianista de origen uruguayo, nacionalizado mexicano, que comparte conmigo el interés por la música iberoamericana, y de Doris Stevenson, pianista estadunidense con quien empecé a tocar en 1980.

Desde 1980 he tocado los estrenos mundiales de unas 90 obras nuevas —muchas de las cuales me fueron dedicadas— y de algunas obras no tan nuevas pero que, por diversos motivos, eran desconocidas o estaban perdidas. Muchas las he grabado en discos compactos en México, Europa y en los Estados Unidos.

La lista de obras es la que se presenta en las páginas siguientes, por orden cronológico. Un asterisco señala aquellas que me fueron dedicadas.

Sería excesivamente largo mencionar los antecedentes de todos los estrenos mundiales que he tocado o de todas la obras que me han sido dedicadas. A reserva de cubrir más ampliamente este tema en otra ocasión, sólo me referiré a algunos estrenos y a ciertas otras obras con las cuales he tenido especial vinculación. Me veo forzado a omitir datos de mi relación con muchos músicos y musicólogos eminentes. Tampoco contaré las incidencias de todos mis viajes iberoamericanos y omitiré el relato de conciertos en África del Sur y Egipto, y de innumerables conciertos por México, España y los Estados Unidos.

México. Primeras obras para violonchelo

No he encontrado obras para violonchelo, bien sea con piano, con orquesta o solo, compuestas antes de finales del siglo XIX.

Sin embargo, es evidente que había violonchelistas en México por lo menos desde principios del siglo XVIII. La primera partitura mexicana que he localizado en la que aparecen los violonchelos es la de las *Lamentaciones* de Manuel de Sumaya (1678-1755), el más importante compositor que dio la Nueva España y uno de los más geniales nacidos en el Nuevo Mundo. Sumaya compuso varias obras que requieren violonchelos. En 1711 se estrenó su ópera *Partenope* —la primera ópera compuesta en el Nuevo Mundo— en el palacio del virrey, el duque de Linares. Sumaya fue nombrado maestro de capilla de la Catedral Metropolitana de México en 1715. En 1734 reforzó la sección de cuerdas de la orquesta de la catedral y en 1736 contrató violinistas, violistas y violonchelistas adicionales, así como otros instrumentistas.[1]

La versión original de *Las Siete Palabras* de Haydn —la cual exige un violonchelo— fue ejecutada en México hacia finales del siglo XVIII o principios del XIX. En los archivos de la catedral

---

[1] El compositor invariablemente firmaba como Sumaya. Su nombre aparece como Zumaya en las actas capitulares de la catedral de la Ciudad de México.

Obras dedicadas o estrenadas

Compositor	Obra y fecha de composición	Lugar y fecha de estreno
Blas Galindo (México)	*Sonata* para violonchelo solo.* 1982	México, 1981; Suecia, 1981
Ricardo Castro (México)	*Concierto* para violonchelo y orquesta. Hacia 1890	México, reestreno, 1981; EUA, estreno 1985; Berlín, grabación, 1985
Joaquín Rodrigo (España)	*Como una fantasía* para violonchelo solo.* 1981	México, 1981; Madrid, 1981
R. L. de Guevara (México)	*Movimiento concertante* para violonchelo y piano.* 1981	México, 1982; Bolonia, Italia, 1983
M. Kuri-Aldana (México)	*Concierto tarabumara* para violonchelo y orquesta.* 1981	México, 1982
Lourdino Barreto (India)	*Pieza* para violonchelo y orquesta. 1985	Goa, India, 1985
Manuel Enríquez (México)	*Concierto* para violonchelo y orquesta.* 1985	México, 1987
Blas Galindo (México)	*Concierto* para violonchelo y orquesta.* 1985	México, 1987
Carlos Chávez (México)	*Concierto* para violonchelo y orquesta. Inconcluso	México, 1987
Carlos Chávez (México)	*Madrigal* para violonchelo y piano. 1921	EUA, 1988; México, 1988
Federico Ibarra (México)	*Concierto* para violonchelo y orquesta.* 1988	México, 1989; EUA, 1990; Londres, 1993
Manuel de Elías (México)	*Concierto* para violonchelo y orquesta.* 1988	México, 1989
Emmanuel Arias (México)	*Concierto* para violonchelo y orquesta.* 1989	México, 1990
C. Garrido-Lecca (Perú)	*Sonata Fantasía* para violonchelo y orquesta.* 1988	México, 1990; Lima, 1991
C. Garrido-Lecca (Perú)	*Sonata Fantasía* para violonchelo y piano. 1988	México, 1990; Nueva York, 1991
Bernal-Jiménez-Enríquez (México)	*Tres danzas tarascas* para violonchelo y piano.*	Nueva York, 1990; México, 1990; Buenos Aires, 1991; Sevilla, 1992
Samuel Zyman (México)	*Concierto* para violonchelo y orquesta.* 1990	México, 1990
José Rolón (México)	*Lied.*	México, 1990
Eduardo Hernández Moncada (México)	*Pieza* para violonchelo y piano.*	Los Ángeles, 1991; México, 1992
Alfonso de Elías (México)	*Tres piezas* para violonchelo y piano.*	Los Ángeles, 1991 Bruselas, 1993; Nueva York, 1995
Revueltas-Enríquez (México)	*Tres piezas* para violonchelo y piano.*	México, 1992; Spokane, 1993; Los Ángeles, 1993
Manuel Enríquez (México)	*Fantasía* para violonchelo y piano.* 1991	Houston, 1992; México, 1993 Bruselas, 1993; Madrid, 1996; Nueva York 1998; Washington, 1998
Federico Ibarra (México)	*Sonata* para violonchelo y piano.*	México, 1993
Max Lifchitz (México)	*Voces de la noche* para violonchelo y orquesta.*	México, 1993
David Hush (Inglaterra)	*Partita.**	

Compositor	Obra	Estreno
Jorge Córdoba (México)	*Contra el tiempo* para violonchelo y piano.*	México, 1993
R. Montes de Oca (México)	*Elegía* para violonchelo y piano.*	México, 1994
Robert X. Rodríguez (EUA)	*Máscaras* para violonchelo y orquesta.*	Festival Cervantino, México, 1994; México, 1997
Samuel Adler (EUA)	*Emuab* para violonchelo y orquesta	Flint, Michigan, 1994
F. Álvarez del Toro (México)	*Constructor de sueños*. 1994	México, 1994
Astor Piazzolla-E. Quintana (Argentina)	*Adiós Nonino*.	México, 1994
Joaquín Gutiérrez Heras (México)	*Canctón en el puerto* para violonchelo y piano	México, 1995
Mario Lavista (México)	*Tres danzas seculares* para violonchelo y piano.* 1994	México, 1995; Madrid, 1996; París y Dublín, 1997; Nueva York y Washington, 1998
Arturo Salinas (México)	*Netik* para violonchelo y piano. 1995	México, 1995
Samuel Zyman (México)	*Fantasía* para violonchelo y piano.* 1994	Nueva York, 1995; México, 1995; Madrid, 1996
Tomás Marco (España)	*Primer espejo de Falla* para violonchelo y piano. 1994	México, 1995; Madrid, 1996; Nueva York, 1998
Manuel Castillo (España)	*Alborada* para violonchelo y piano.* 1994	México, 1995; España, 1996
Leo Brouwer (Cuba)	*Sonata para violonchelo solo* (nueva versión)	Madrid, 1996
Robert X. Rodríguez (EUA)	*Lull-a Bear* para violonchelo y piano.* 1994	México, 1995
George Shearing-R. Aymes	*To Antonio Carlos Jobim*.	México, 1995
José Antonio Alcaraz (México)	*Otros violonchelos, otros ámbitos*.*	México, 1996
Federico Álvarez del Toro	*El constructor de sueños* para barítono mezzosoprano, violonchelo y arpa	
Roberto Aymes (México)	*El Señor de Ipanema*.*	México, 1994
C. Garrido-Lecca (Perú)	*Soliloquio* para violonchelo solo.*	México, 1996
Marcela Rodríguez (México)	*Concierto* para violonchelo y orquesta.* 1994	México, 1997; Lima
Javier Álvarez (México)	*Serpiente y escalera* para violonchelo y piano.*	Festival Cervantino, México, 1997
Ricardo Lorenz (Venezuela)	*Cecilia en azul y verde* para violonchelo y piano.*	México, 1995
Carlos Fariñas (Cuba)	*Concierto* para violonchelo y orquesta.*	Caracas, 1998; México, 1999
Juan Orrego-Salas (Chile)	*Espacios* para violonchelo y piano.*	Xalapa, México, 1998
		Santiago, Chile, 1999; México, 1999; Washington, 1999
Gustavo Becerra-Schmidt (Chile)	*Sonata núm. 5* para violonchelo y piano.* 1999	Santiago, 1999; México, 1999
Blas Emilio Atehortúa (Colombia)	*Romanza* para violonchelo y piano.	Bogotá, Colombia, 1999

* Obras dedicadas por su autor a Carlos Prieto.

Obras dedicadas o estrenadas

Compositor	Obra y fecha de composición	Lugar y fecha de estreno
Samuel Zyman (México)	Suite para dos violonchelos.* 1999	México, 2000; Irlanda, 2000; EUA, 2000
Roberto Sierra (Puerto Rico)	Espejos sobre cuatro versos para violonchelo y orquesta.* 1999	México, 2000; Caracas, 2000
Arturo Márquez (México)	Espejos sobre la arena, concierto para violonchelo.*	México, 2000; Caracas, 2000
Xavier Montsalvatge (España)	Invención a la italiana.* 2000	
Alberto Villalpando (Bolivia)	Sonatita de piel morena.*	México, 2000; Nueva York, 2000
Eugenio Toussaint (México)	Pour les enfants.* 2000	
Claudia Calderón (Colombia)	La revuelta circular.* 2000	México, 2000; Nueva York, 2001
John Kinsella (Irlanda)	Concierto.*	Dublín, 2000; Xalapa, 2002
Alberto Andrés Heller (Brasil)	14 bis para violín, violonchelo y orquesta.* 2002	Florianópolis, 2000; Brasil, 2002
Eugenio Toussaint (México)	Concierto núm. 2.*	Caracas y México, 2003
Marlos Nobre (Brasil)	Partita latina para violonchelo y piano.*	Puebla, Guadalajara, 2003; México, 2006
Ma. Teresa Prieto (España-México)	Adagio y fuga para violonchelo y orquesta.* 1948	España, estreno, Oviedo, 2003
José Luis Elizondo (México)	Danzas latinoamericanas para dos violonchelos.*	Monterrey, 2009
José Luis Turina (España)	Concerto da Chiesa para violonchelo y cuerdas.* 1998	San Petersburgo, Rusia, 2003
Tomás Marco (España)	Laberinto marino para violonchelo y cuerdas.* 2002	Morelia, Guanajuato, Mexico, 2003
Luis Herrera de la Fuente (México)	Sonatina para violonchelo solo.* 2002	México, 2004.
Tomás Marco (España)	Ensueño y resplandor del Quijote para violín, violonchelo y orquesta.* 2004	España, 2004; Grahamstown, Sudáfrica, 2005
Luis Herrera de la Fuente (México)	Sonatina para violonchelo solo (rev.).* México, 2009	Festival Cervantino, Guanajuato, 2010
Joaquín Gutiérrez Heras (México)	Fantasía concertante para violonchelo y orquesta.* 2005	Huntsville Symphony Orchestra, Huntsville, Alabama: 2005; Morelia, México, 2005; Caracas, 2006; México, 2006
Marlos Nobre (Brasil)	Cantoria II para violonchelo solo.* 2005	México, 2006
Eugenio Toussaint (México)	Bachriación para violonchelo solo.* 2006	México, 2006; EUA, 2006; Francia 2006.
Alexis Aranda (México)	1720: El Violonchelo Rojo.* 2003	México, 2006
José Serebrier (Uruguay-EUA)	Suite para violonchelo solo.* 2006	México, 2006

Arturo Márquez (México)	*Lejanía interior* para violonchelo y piano.* 2006	México, 2006
Alberto Andrés Heller (Brasil)	*Once momentos* para violonchelo y piano.* 2006	Austin, Texas, 2006
Dan Welcher (EUA)	*Arietta* para violonchelo y piano.* 2006	Austin, Texas, 2006; Nueva York, 2006; México, 2007
Donald Grantham (EUA).	*The Son of Cimetière* para violonchelo y piano.* 2006	Austin, Texas, 2006
Russell Pinkston (EUA)	*Summer Rhapsody.* 2006	
María Teresa Prieto (España-México)	*Sonata modal* para violonchelo y orquesta. 1960	Orquesta de Córdoba (España), José Luis Temes (dir.), 2006
John Kinsella (Irlanda)	*Una giga para Carlos.* 2006	México, 2007; Dublín, 2008
Tomás Marco (España)	*Chelo Prieto* para violonchelo solo.* 2006	México, 2007; Madrid, Barcelona, 2007
Samuel Zyman (México)	*Suite para violonchelo solo.* 2007	México, 2007; Nueva York, Boston, 2008
Roberto Sierra (Puerto Rico-EUA)	*Sonata elegiaca* para violonchelo y piano.* 2006	Grabación, Nueva York, 2008
Robert X. Rodríguez (EUA)	*Tentado por la samba* para violonchelo y piano.*	Grabación, Nueva York, 2008; México, estreno mundial, 2009
Alexis Aranda (México)	*Credo* para violonchelo y piano.* 2008	México, 2009
Horacio Uribe (México)	*Alborada del esperar* para violonchelo y piano.* 2001	México, 2009
Luis Jorge González (Argentina)	*Cánticos latinoamericanas* para violonchelo y piano.*	México: 2009
José Luis Elizondo (México)	*Danzas latinoamericanas* para dos violonchelos.*	
Jimmy López (Perú)	*Of Broken Bells and Shadows* para violonchelo y piano.* 2009	Monterrey, 2009
Marlos Nobre (Brasil)	*Cantilena núm. 1, op. 111*, para violonchelo y piano.* 2009	México, 2009
Marlos Nobre (Brasil)	*Cantilena núm. 2, op. 112*, para violonchelo y piano.* 2009	México, 2009
Alexis Aranda (México)	*Concierto de fuego* para violonchelo y orquesta.* 2010	Orquesta de Aguascalientes, México, R. Revueltas (dir.), 2010
Mario Lavista (México)	*Concierto para violonchelo y orquesta.** 2011	
Juan Orrego-Salas (Chile)	*Fantasía* para violonchelo y orquesta.*	
Francisco Zumaqué (Colombia)	*Cantos de mi tribu* para violonchelo y piano.* 2010	
Samuel Zyman (México)	*Obra para dos violonchelos y dos guitarras.*	
Peter Child (Inglaterra-EUA)	*Sonatina para violonchelo y piano.** 2011	
Guido López Gavilán (Cuba)	*Como un antiguo bolero…* para violonchelo y piano.* 2001	
Luis Jorge González (Argentina)	*Máscaras del alba* para violonchelo y orquesta	
Ricardo Lorenz (Venezuela)	*Michigan es Michoacán* para violonchelo solo.* 2006	
Celso Garrido-Lecca (Perú)	Obra aún sin título para violonchelo y piano.*	

* Obras dedicadas por su autor a Carlos Prieto.

de México existen partes de orquesta de la primera edición de las *Sette Sonate, con un Yntroduzione, ed al fine un Terremoto* (o sea, *Las Siete Palabras*).

Por otra parte, el 2 de abril de 1810 apareció en el *Diario de México* la siguiente nota necrológica de Haydn que destaca, entre sus principales obras, a *Las Siete Palabras:*

> El 29 de mayo pasado, murió en Viena el célebre Josef Hayden, à los ochenta años de su edad: los que han recibido de la naturaleza la facultad de sentir los encantos de la música, saben la pérdida, que en la muerte de este hombre singular ha tenido la Europa...
>
> Los pocos días que sobrevivió à la ocupación de Viena, manifiestan bien, que esta aflicción abrevió su vida. ¡Pobre y respetable anciano! Tubiste la desgracia de alcanzar à Napoleon en tus días; pero ya habias ganado un nombre inmortal, que no podrá quitarte. ¡Ay de los que han nacido baxo su influjo destructor! Solo podràn aprender las artes de derramar sangre humana! Las obras mas célebres de Hayden son *Las Siete Palabras, La creacion del mundo* y *Las cuatro estaciones.*[2]

Se tiene conocimiento de dos obras para violonchelo compuestas por el músico español Manuel Antonio del Corral,[3] nacido en Logroño en 1790 y que llegó a México a finales de 1809, huyendo de la ocupación francesa en España. Una de ellas, *Grandes variaciones con acompañamiento de violín obligado y violonchelo,* fue tocada en 1810 en casa del comerciante Thomas Murphy. Un catálogo de las obras de Corral, publicado el 20 de marzo de 1810 en el *Diario de México,* menciona dichas obras con una breve descripción.

Existen diversos archivos musicales de gran riqueza en México, principalmente en sus catedrales. No todos han sido adecuadamente estudiados y no pierdo la esperanza de que aparezca alguna composición para violonchelo, aunque los archivos catedralicios consisten fundamentalmente en partituras de tipo religioso.

El caso es que el concierto mexicano más antiguo para vio-

---

[2] Hemeroteca Nacional, Archivo General de la Nación, México.
[3] Conversación con el doctor Ricardo Miranda, 24 de marzo de 1998.

lonchelo y orquesta que conozco es el de Ricardo Castro, compuesto probablemente a finales del siglo XIX.

Ricardo Castro

Ricardo Castro (1864-1906) nació en la ciudad de Durango, México. Hizo sus estudios de piano y composición en el Conservatorio Nacional de Música. Representó a México en el Centenario de Simón Bolívar, en Venezuela, en 1883, y en la Exposición Internacional de Nueva Orleans en 1885. Su éxito allí le llevó a dar conciertos en Washington, Nueva York, Filadelfia y Chicago. Dio a conocer muchas obras de música de cámara en México y participó en la formación de la Sociedad Filarmónica Mexicana. Entre 1883 y 1887 compuso dos sinfonías.

Obtuvo durante el gobierno de Porfirio Díaz una beca para continuar sus estudios en Europa. Estudió piano con Eugène d'Albert y Teresa Carreño. Dio un recital en París que mereció los elogios de la crítica como compositor y como pianista.

Su concierto para violonchelo, compuesto probablemente en las postrimerías del siglo XIX, se estrenó el 6 de abril de 1903 en la Salle Erard de París, con Marin Loevensohn como solista. El año siguiente el propio compositor tocó en Amberes el estreno de su concierto para piano y orquesta, compuesto probablemente entre 1885 y 1887.[4]

Aunque parezca increíble, el concierto nunca se tocó completo en México sino hasta 78 años después de su estreno en París.[5] Me cupo la satisfacción de estrenarlo, los días 11 y 12 de julio de 1981, en la Sala Nezahualcóyotl, con la Orquesta de Minería dirigida por Jorge Velazco.[6] Lo volvimos a tocar en tres ocasiones en 1985 y en junio de ese mismo año lo grabamos en Berlín, como relaté en el capítulo anterior. El director Sergio Cárdenas y yo hicimos el estreno del concierto en los Esta-

[4] J. A. Mendoza Rojas, "The Violonchelo Concerto by Mexican Composer Ricardo Castro", tesis doctoral, Universidad de Texas en Austin, 1994.
[5] Tengo noticias no confirmadas de que se tocó en México pero en una versión incompleta.
[6] Fue Jorge Velazco quien obtuvo copia del manuscrito en la Colección Edwin E. Fleisher de la Free Library de Filadelfia.

dos Unidos, en septiembre de 1987 en San Bernardino, California.[7]

Se trata de una obra muy melódica que muestra la influencia de diversos compositores europeos, aunque algunos de sus temas tienen inspiración mexicana. Castro fue probablemente el más importante compositor mexicano del siglo XIX, el primer sinfonista y uno de los precursores del nacionalismo musical. Su ópera *Atzimba* fue la primera ópera mexicana escrita en español.

Manuel M. Ponce (1882-1948)

Manuel M. Ponce murió en 1948, cuando tenía yo 11 años de edad. La imagen de don Manuel, con su blanca cabellera, sigue viva en mi memoria así como la de su esposa Clema. Los Ponce fueron amigos de mis padres y durante algún tiempo don Manuel le dio consejos de composición a mi tía María Teresa Prieto.

En 1943 compuso un trío para violín, viola y violonchelo, con dos versiones, una con la parte del violonchelo simplificada y la otra con la parte normal. El manuscrito tiene la siguiente dedicatoria:

> Para Cécile, Carlos y Carlitos Prieto (violonchelista de 6 años quien seguramente llegará a tocar la parte de violonchelo no facilitada)
> Cordialmente.
> Manuel M. Ponce
> México, 4 de nov. 1943

En efecto, toqué la parte facilitada aunque pronto pude también tocar la parte normal.

En adición al trío de cuerdas, Ponce dedicó a mis padres un magnífico dúo para violín y viola, los instrumentos que tocaban mi padre y mi madre, respectivamente, en el cuarteto familiar que integraban junto con mi hermano Juan Luis y conmigo.

Don Manuel compuso dos obras para violonchelo y piano,

---

[7] El violonchelista y musicólogo Jorge A. Mendoza ha hecho recientemente una valiosa revisión crítica de la partitura y las partichelas.

una sonata (escrita en Cuba en 1915-1917 y que utiliza algunos motivos rítmicos cubanos) y tres preludios, compuestos en 1927-1928 en Francia. He grabado ambas obras en discos compactos y las he tocado en múltiples ocasiones en muy diversos países.

Carlos Chávez

A Carlos Chávez lo conocí también desde mi niñez. Recuerdo perfectamente los conciertos de la Orquesta Sinfónica Nacional a que nos llevaban mis padres a mi hermano y a mí en el Palacio de Bellas Artes, dirigidos por Carlos Chávez. Fueron mis primeros conciertos sinfónicos.

Mis padres eran muy amigos de los Chávez y, además, mi padre colaboró muy activamente en el Patronato de la Orquesta Sinfónica Nacional y fue uno de los grandes apoyos de Carlos Chávez.

Volví a ver a Chávez años después, en circunstancias radicalmente diferentes. Cuando vivía yo en Boston, como estudiante del Instituto Tecnológico de Massachusetts, la Universidad de Harvard lo invitó en 1958-1959 a dictar la cátedra de poética Charles Eliot Norton. Sólo grandes personajes de las letras y de las artes habían recibido invitaciones tan honrosas y sólo tres músicos habían precedido a Chávez en dicha cátedra: Igor Stravinsky, Paul Hindemith y Aaron Copland. No me perdí ninguna de las seis magníficas conferencias en que consistió la cátedra, en un auditorio repleto en cada ocasión.

Tras mi metamorfosis musical de 1975-1978, mi interés por la obra de Chávez aumentó considerablemente. Pronto incorporé a mi repertorio su *Sonatina para violonchelo y piano,* obra de 1924 que he tocado con frecuencia en recitales dentro y fuera de México.

A finales de 1986 llegó a mis oídos el rumor de que Carlos Chávez había iniciado poco antes de su muerte la composición de un concierto para violonchelo y orquesta.[8] El asunto me interesó profundamente, pues Chávez es, sin duda, una de las fi-

---

[8] Fue el director José Gorostiza, de Guadalajara, quien me puso sobre la pista de este concierto.

guras más destacadas de la música iberoamericana. Busqué infructuosamente el manuscrito en la Biblioteca Pública de Nueva York, donde se conserva la mayor parte de sus partituras. En México acudí a la casa de su hija, Anita Chávez, quien conservaba otros manuscritos. Anita sacó una serie de legajos y de repente, para sorpresa de ambos, apareció el concierto. Con emoción descubrí que existían muchas páginas de la obra. Estaba concebida en gran escala e iba a constar de cuatro movimientos: *allegro, lento, scherzo* y *presto*. Chávez inició esta composición en 1975, por encargo de la Academia de Arte, pero nunca la terminó. Sin embargo, el primer movimiento, de gran fuerza dramática, sí estaba concluido, por lo que inmediatamente pensé en la posibilidad de tocarlo.

El estreno mundial lo llevamos a cabo el director Eduardo Díazmuñoz, la Orquesta Sinfónica del Estado de México y yo en la Sala Nezahualcóyotl de la Ciudad de México, el día del aniversario 88 del nacimiento de Chávez, el 13 de junio de 1987, en un concierto de homenaje a su memoria.

Poco después, Anita me envió otro manuscrito desconocido de su padre, un madrigal para violonchelo y piano, obra de juventud, compuesta en 1921, que estrené con la pianista Doris Stevenson el 31 de enero de 1988 en el Sheldon Concert Hall en San Luis Missouri.

Grabé en dos ocasiones la sonatina y el madrigal. En 1998 grabé el concierto con la Orquesta de las Américas bajo la dirección de mi hijo Carlos Miguel. Un disco compacto agrupa, pues, la obra completa de Chávez para violonchelo.

Me parece interesante resumir en unas cuantas líneas la historia del concierto inconcluso.[9] El 7 de marzo de 1972 Carlos Chávez aceptó de la Academia de Arte el encargo de componer una obra orquestal de naturaleza indefinida. Chávez precisó que, debido a una serie de compromisos previos, no la podría terminar a finales del año sino algunos meses más tarde. Pero surgieron diversos contratiempos. Chávez fue nombrado director del Departamento de Música del Instituto Nacional de Bellas Artes y director de la Orquesta Sinfónica Nacional por el presidente Echeverría. Ocupó ambos puestos apenas unos días. En

---

[9] En la edición anterior de este libro resumí la historia del concierto inconcluso.

medio de una aguda controversia, el compositor presentó su renuncia y se fue a vivir a Nueva York.

El tiempo pasó y, en 1975, Carlos Chávez informó a la Academia que ya tenía terminado algo más de la mitad de la obra. Poco después se le descubrió una enfermedad que requirió una importante operación. En 1976 la obra sufrió un nuevo retraso, por haber aceptado Carlos Chávez componer un concierto para trombón y orquesta, encargado por Per Brevig, trombonista principal de la orquesta de la Ópera Metropolitana de Nueva York. Pese al precario estado de su salud y a una segunda operación quirúrgica, Chávez logró terminar el concierto para trombón en enero de 1977.

Los últimos meses de su vida los dedicó Chávez a dos proyectos: el concierto para violonchelo y la reorquestación de su ópera *The Visitors*. Pero murió en agosto de 1978 y ambos proyectos quedaron truncos.

En septiembre de 1978 yo corté el último lazo que me unía a mi vida anterior y se completó mi metamorfosis musical. En diversas ocasiones ha pasado por mi mente la idea estéril de que quizás el concierto para violonchelo de Carlos Chávez no hubiera quedado inconcluso si dicha metamorfosis hubiera culminado dos o tres años antes.

María Teresa Prieto

La compositora María Teresa Prieto —tía mía, pues era hermana de mi padre— nació en España y emigró a México en 1939. Escribió toda su obra musical en México y se la puede, por tanto, incluir entre los compositores mexicanos. Hizo estudios en Oviedo, su ciudad natal, con Saturnino del Fresno, y en Madrid, con don Benito García de la Parra. Ya en México, tuvo como maestros a Manuel M. Ponce, Carlos Chávez y Rodolfo Halffter y, en los Estados Unidos, a Darius Milhaud. Su abundante obra sinfónica fue estrenada en el Palacio de Bellas Artes por la Orquesta Sinfónica Nacional bajo la batuta de directores como Carlos Chávez, Erich Kleiber, Luis Herrera de la Fuente y Emil Jachaturián. Su *Poema sinfónico Chichén-Itzá* fue interpretado en Madrid por la Orquesta Nacional, dirigida por Ataulfo Argenta.

Compuso varios cuartetos, uno de los cuales —el *Cuarteto modal* de 1958— recibió en España el premio Samuel Ros.

En 1948 compuso un *Adagio y fuga* para violonchelo y orquesta, "dedicado a mi sobrino Carlos Prieto Jacqué", cuya primera audición llevaron a cabo ese mismo año el violonchelista Imre Hartman y Carlos Chávez al frente de la Orquesta Sinfónica Nacional en Bellas Artes.

Grabé esta obra en 2006 con la Orquesta de Córdoba, España, dirigida por José Luis Temes, para una serie de discos dedicados a la obra sinfónica completa de María Teresa Prieto.[10]

También compuso una *Sonata para violonchelo y orquesta,* la cual, como en el caso del *Adagio y fuga*, existe también en reducción a piano, realizada por la propia compositora.

Primeros conciertos en España:
Asturias y Madrid

He dado innumerables conciertos en España. Sólo me referiré a aquellos que, por razones musicales o de otra índole, quedaron más profundamente grabados en mi memoria.

Por varias razones debo empezar por Asturias. Allí di no sólo mis primeros conciertos en España sino mis primeros conciertos como solista fuera de México. Fue a mediados de 1979, apenas un año después de la metamorfosis que de industrial me transformó en violonchelista profesional. En el precioso Teatro Campoamor de Oviedo y en la Universidad Laboral de Gijón toqué el *Concierto para violonchelo y orquesta* de Dvorak con la Orquesta Nacional de España dirigida por Antoni Ross Marbá.

Parecía simbólico que mis primeros conciertos en España fueran en Asturias, donde nació mi padre, donde conoció a mi madre, y se originó el Cuarteto Prieto número 1.

Regresé a Asturias en octubre del siguiente año para tocar en Oviedo, Gijón y Avilés el *Concierto en la menor* de Schumann, con la Orquesta de Cámara de Asturias, bajo la batuta de su joven y excelente director, Víctor Pablo Pérez.

[10] Discos Verso 2047, España, 2005.

También en octubre de ese año hice mi debut en Madrid. Allí toqué en el Teatro Real el *Concierto número 1* de Shostakovich con la Orquesta de Radio y Televisión Española, dirigida por Odón Alonso. Resultó para mí particularmente grato tocar esta obra en este histórico teatro y con la brillante colaboración de Odón Alonso y de la orquesta, que ese día celebraba su concierto número 1000.

El Festival de Granada

Otro de los conciertos memorables para mí fue el que di en julio de 1987 en el Trigesimoquinto Festival Internacional de Música y Danza de Granada, que tuvo como escenario el incomparable Patio de los Arrayanes de la Alhambra. Fue un recital con el magnífico pianista catalán Ángel Soler, amigo y colaborador desde mis primeros conciertos en España.

Tocamos al aire libre sobre una tarima montada tras los esbeltos y afiligranados arcos de uno de los extremos del patio. La acústica era maravillosa, probablemente gracias a la rectangular alberca bordeada de arrayanes, a las paredes laterales y a los altos muros del Palacio de Carlos V, los cuales reflejaban el sonido y le daban profundidad y vida. El recital empezó al caer la noche y el piar ocasional de golondrinas y el croar de algunas ranas vino a enriquecer nuestro concierto con inesperados ecos.

Nunca he sido alojado en un camerino tan suntuoso, decorado con azulejos policromados y con la filigrana de la escayola y el yeso, como el que me asignaron en la Alhambra: era el Cuarto Dorado, abierto al Patio del Mexuar, en el que los reyes de Granada recibían en audiencia a sus súbditos hasta hace poco más de 500 años. Más parecía un escenario de *Las mil y una noches* que un camerino.

Haber tocado en la Alhambra, el más hermoso, mejor conservado y más antiguo de todos los palacios árabes que quedan en el mundo, es uno de los hitos de mi vida con el Piatti.

Un homenaje a Joaquín Rodrigo

El maestro Rodrigo tuvo el generoso gesto de dedicarme en 1981 una obra para violonchelo solo titulada *Como una fantasía*. Dejó a mi criterio el lugar y la fecha del estreno mundial. Decidí estrenarla en México y, si fuera posible, en presencia del compositor.

Se organizó un gran homenaje a Joaquín Rodrigo, con la participación del violinista Agustín León Ara —yerno de Rodrigo—, el guitarrista Alfonso Moreno y la Orquesta del Estado de México bajo la batuta de Enrique Bátiz. El concierto quedó programado para el 19 de marzo, en la Sala Nezahualcóyotl de la Ciudad de México.

Joaquín Rodrigo y su esposa Vicky llegaron a la Ciudad de México el 10 de marzo y se hospedaron en el hotel María Isabel, en tanto que su hija Cecilia y Agustín León Ara lo hicieron en nuestra casa.

El 17 de marzo tuvimos el primer ensayo. Apenas había yo regresado a mi casa cuando Cecilia llamó a sus padres para saber cómo habían pasado la tarde. La operadora del hotel contestó, entre lloros, que creía que todos los huéspedes habían sido evacuados pues había estallado un terrible incendio. Inútil describir el susto, particularmente de Cecilia. ¿Habrían podido escapar sus padres, él ciego y ambos octogenarios?

Nos fuimos inmediatamente en mi coche al hotel. Por la radio nos enteramos que grandes llamaradas salían de los pisos superiores del hotel (los Rodrigo estaban en el piso 17). Llegamos a la glorieta del Ángel de la Independencia. Se veían largas flamas precisamente en la zona de su habitación. Un helicóptero intentaba acercarse a la azotea, quizá para rescatar huéspedes. No se podía avanzar más. La policía no permitía el paso y fueron en vano los ruegos de Cecilia. "Mis padres están allí, déjenme pasar", decía. Pero en México, cualquier credencial oficial tiene efectos mágicos. Apenas enseñé mi credencial de cónsul honorario de Noruega en Monterrey, nos dejaron paso libre a Agustín y a mí. Nos acercamos a la entrada del hotel. Imposible conseguir información. Con peligro físico, logramos incluso entrar en el hotel. De los pisos altos se desprendían, de cuando en cuando, trozos de vidrio. La planta baja estaba inundada. Caían chorros de agua por las paredes. Nadie tenía información fidedigna.

Finalmente averiguamos que dos recamareras los habían conducido a lugar seguro en otra ala del hotel.

María Isabel logró hablar con ellos y los invitó a hospedarse en nuestra casa, lo cual aceptaron encantados. Llegaron como náufragos, sin equipaje, sin ropa, salvo la puesta, pero felices.

El 19 de marzo se llevó a cabo el homenaje-concierto en la Sala Nezahualcóyotl. No cabía un alfiler y se quedó bastante gente afuera. El programa incluyó el *Concierto de estío* para violín y orquesta, el estreno en México del *Concierto galante* para violonchelo y orquesta, el estreno mundial de *Como una fantasía* para violonchelo solo y *Concierto de Aranjuez* para guitarra y orquesta.

Blas Galindo

A principios de 1982 recibí una inesperada llamada telefónica. Era el maestro Blas Galindo, quien me comunicó que había terminado recientemente la composición de una sonata para violonchelo solo que me quería dedicar. Le agradecí mucho el honor y unos cuantos días después recibí el manuscrito correspondiente. Toqué la primera audición de la sonata en septiembre de 1982 en un concierto de la Academia de Arte, en la Sala Ponce del Palacio de Bellas Artes. Ese mismo año la toqué en Noruega y Suecia.

El maestro Galindo inició en 1984 la composición de un concierto para violonchelo y orquesta. Me envió la partitura en 1985 y el estreno del concierto se llevó a cabo los días 26 y 27 de junio de 1987 en el Palacio de Bellas Artes de la Ciudad de México, con la Orquesta Sinfónica Nacional dirigida por Francisco Savín.

Blas Galindo es una caso notable en la música mexicana. De origen muy humilde, nació en 1910 en el poblado de San Gabriel, hoy Venustiano Carranza, en el estado de Jalisco. A base de talento, trabajo y tesón, llegó a ser uno de los más destacados compositores mexicanos. Blas Galindo recibió el premio José Ángel Llamas del Concurso Interamericano de Música celebrado en Caracas en 1957, y en 1964 recibió de manos del presidente Adolfo López Mateos el Premio Nacional de Artes y Ciencias de México. Fue director del Conservatorio Nacional de Música de México de 1947 a 1961. Entre sus obras más conocidas están sus *Sones de mariachi*, de 1941, dos conciertos para piano, uno para violín, tres sinfonías y muchas obras corales y de cámara.

Las primeras ediciones de este libro contienen la historia de la niñez y la juventud de Blas Galindo, tal como un día me la relató en detalle.

Edison Quintana

Voy a mencionar con frecuencia el nombre del pianista Edison Quintana a lo largo de estas páginas. Conviene pues hacer brevemente su presentación al lector. En 1982 formamos un dúo y juntos hemos recorrido buena parte del repertorio violonchelo-piano, desde las profundidades de Bach, Beethoven y Brahms hasta el jazz de Claude Bolling, los tangos de Piazzolla y las ingeniosas bromas de mi polifacético amigo José Antonio Alcaraz, quien nos regaló en 1996 una partitura tan fuera de lo común que no contiene una sola nota, sino sólo texto, y que, sin embargo, es para violonchelo, piano y narrador. Edison comparte conmigo la pasión por la música contemporánea y hemos estrenado juntos numerosas obras iberoamericanas. Edison Quintana, mexicano por adopción, nació en Uruguay, donde empezó sus estudios musicales. Los continuó en Rumania con Florica Musicescu y en Italia con Guido Agosti y Arturo Benedetti Michelangeli. Reside en México desde 1976 y desarrolla una intensa y fructífera labor como solista, en conciertos de música de cámara y como maestro.

Manuel Enríquez (1926-1994)

Manuel Enríquez, nacido en Jalisco en 1926, fue un músico polifacético: compositor (formado en México, los Estados Unidos y Europa), violinista, organizador y gran promotor de la música contemporánea. Fue el fundador y, hasta su muerte, director del Foro Internacional de Música Nueva, evento que anualmente se celebra en la Ciudad de México y que ha sido y es vehículo fundamental para la creación y la difusión de la música contemporánea.

Nuestra relación musical se inició en 1980, cuando me invitó a participar en el Segundo Foro Internacional de Música Nueva con el estreno en México del magnífico *Concierto para violonchelo y orquesta* del compositor polaco Witold Lutoslawski. La orquesta fue la Sinfónica Nacional, bajo la experta batuta del director polaco Antoni Wit.

Pronto incorporé a mi repertorio dos estupendas obras de cámara de Enríquez: la *Sonatina para violonchelo solo*, de 1961, y las cuatro piezas para violonchelo y piano de 1962.

En febrero de 1985 me invitó Manuel a desayunar en un restaurante de la Ciudad de México y no sólo me dio la noticia de que había terminado un concierto para violonchelo sino que allí mismo me entregó la partitura. El estreno mundial lo llevamos a cabo los días 3 y 5 de octubre de 1986 con la Orquesta Sinfónica Nacional de México, dirigida por Francisco Savín en el Palacio de Bellas Artes. Posteriormente volví a tocar el concierto de Manuel Enríquez con los directores Joel Thome, Manuel de Elías y José Guadalupe Flores, y en enero de 1993 lo grabé para un disco compacto con la Orquesta Filarmónica de Querétaro, dirigida por Sergio Cárdenas.

A finales de 1990 Manuel Enríquez me regaló, dedicada, su recién terminada transcripción de las *Tres danzas tarascas* de Miguel Bernal-Jiménez, original para violín y piano. Las estrené poco después con Edison Quintana, con quien las grabé y las he tocado con frecuencia.

En 1991 me reuní con Manuel para intercambiar ideas acerca de la programación de una serie de conciertos de música mexicana que se iban a dar en Los Ángeles y otras poblaciones de California con motivo de la magna exposición titulada: *Mexico: A Work of Art*. En el curso de la conversación comenté, de pasada, que me parecía una lástima que Silvestre Revueltas, compositor que admiro profundamente, no hubiera compuesto nada para violonchelo. Al despedirnos, Manuel me dijo de repente: "Te voy a escribir, para ti y para Edison Quintana, una *Fantasía* para violonchelo y piano en la que se puedan lucir por igual ambos instrumentos. Además, voy a ver si te envío una obra de Revueltas para violonchelo, para que la puedas estrenar en California". Quedé agradecido por la *Fantasía* prometida y desconcertado ante la desconocida obra de Revueltas.

Tres semanas más tarde, me envió Enríquez la obra de Revueltas: *Tres piezas para violonchelo y piano* o, más precisamente, la transcripción que en esos días hizo Enríquez de las tres piezas originales para violín y piano. Se trata de una magnífica transcripción que pudimos estrenar en California y que he tocado innumerables veces desde entonces.

El repertorio del violonchelo se enriqueció no sólo con las importantes obras que compuso Manuel Enríquez sino con sus transcripciones, que permiten ahora tocar en ese instrumento obras de compositores de la talla de Revueltas y de Bernal-Jiménez.

Enríquez fue miembro titular del Seminario de Cultura Mexicana, institución fundada en 1942 según ideas de José Vasconcelos. Enríquez falleció en 1994 y yo tuve el honor de sucederlo en el seminario en 1995.

Viajes y conciertos por Argentina: 1991. Preludio en Uruguay. El tango. Piazzolla

Fue Uruguay la primera escala de la larga gira que hicimos Edison Quintana y yo en 1991 por Sudamérica. Nuestro concierto en Montevideo se llevó a cabo en la Sala Vaz Ferreira de la Biblioteca Nacional.

En Argentina tocamos en Rosario, en Buenos Aires y en La Plata. Di, además, un concierto en Buenos Aires con la Orquesta Nacional, dirigida en esa ocasión por mi amigo Eduardo Diazmuñoz, que goza de merecida fama en esas tierras.

El programa de los recitales incluyó la *Sonata para violonchelo solo* de Kodaly, una obra argentina, la *Pampeana* de Alberto Ginastera, el estreno en Argentina de dos obras mexicanas, los *Tres preludios* de Ponce y las *Tres danzas tarascas* de Bernal-Jiménez, en la versión que apenas unos meses antes me había regalado Manuel Enríquez.

El concierto con la Orquesta Nacional se llevó a cabo en el Auditorio Belgrano y allí toqué el estreno en Argentina del concierto de Samuel Zyman y el *Pezzo capriccioso* de Chaikovsky. El concierto de Zyman —la gran novedad del programa— fue excelentemente recibido. Napoleón Cabrera hizo grandes elogios de la obra en el periódico *Clarín* y destacó que no sólo era "la primera obra de su autor que se toca en nuestro país sino también el primer ejemplo en su género —orquesta y violonchelo— de autor iberoamericano viviente que llega a una sala porteña. Hasta ese punto nos ignoramos mutuamente los pueblos de habla hispana".[11]

En 1994 Edison y yo regresamos a Argentina.

En Buenos Aires toqué con la excelente Orquesta de Cámara Mayo el *Kol Nidrei* de Max Bruch y el *Concierto en do mayor* de Haydn. Por curiosa coincidencia, la orquesta fue dirigida por otro mexicano, Fernando Lozano.

Con Edison toqué también en Buenos Aires, en el Teatro de la Ópera. Volvimos a Rosario y conocimos varias ciudades nuevas para nosotros, lo cual nos permitió recorrer buena parte del hermoso territorio argentino: Bahía Blanca, en las pampas; Neuquén, en la Patagonia cercana a los Andes y a Chile y Tucumán, en el norte.

El programa de nuestros recitales incluyó, entre otras, una obra mexicana, de Ponce, y una argentina, el *Gran tango* de Astor Piazzolla. Decidimos tocar el tango de Piazzolla por ser una excelente obra, pero lo hicimos con cierta renuencia por suponer que se habría tocado con frecuencia en su tierra de origen. Sin embargo, fue estreno en varios de los lugares donde lo programamos y fue excelentemente acogido.

No puedo abandonar estas notas sobre mis conciertos en Argentina sin dedicar unas páginas a Astor Piazzolla y a ese fenómeno tan interesante y tan característico del Plata que es el tango.

El tango, tal como lo conocemos, aparece a finales del siglo XIX en los cafés y los prostíbulos porteños. Su historia, desde entonces hasta nuestros días, está bien documentada.[12] Pero antes de abordar dicha historia, conviene examinar brevemente su "prehistoria", que es bastante nebulosa. Según algunas teorías

---

[11] *Clarín*, Buenos Aires, 23 de mayo de 1991.
[12] Horacio Salas, *El tango*, Planeta, Buenos Aires, 1986.

simplistas, el tango se originaría en España a principios del siglo XIX y su nombre provendría del verbo latino *tangere* que significa "tocar, palpar". Parece más probable que el término *tango* sea de origen africano. Se llamaba "tango" a los lugares de concentración de esclavos y, después, a los lugares donde eran puestos en venta. En una publicación cubana de 1836 el tango se define como

> reunión de negros bozales para bailar al son de tambores o atabales. En Buenos Aires se llamó tango, ya a comienzos del siglo XIX, a las casas donde los negros realizaban sus bailes. Probablemente tango sea voz de origen portugués, introducida en América a través del creole afroportugués de San Thomé y llegada a España desde Cuba.[13]

Las contradanzas y las habaneras cubanas de origen español adoptaron en Cuba algunos elementos africanos y, así modificadas, retornaron a Andalucía como "tangos" y, en Cádiz, como "tanguillos". El *Diccionario de la Real Academia* define la palabra *tango*, en su edición de 1852, como "baile de gitanos". El tango entra al género chico madrileño y pronto pasa a los escenarios del Río de la Plata, donde su aceptación fue inmediata.

Dice Horacio Salas:

> Junto con el final del siglo la confusión entre tangos andaluces y tangos criollos tiende a desaparecer y los temas de origen hispánico quedarán sólo como antecedente... Ese cúmulo de habaneras, de tanguitos acupletados, constituirán el aporte español al tango. La otra inmigración mayoritaria, la italiana, brindaría en cambio los primeros ejecutantes y terminaría por imprimirle el aire melancólico, nostálgico, característico de la música rioplatense.[14]

Los tangos empezaron a tocarse en el Plata en bailes de romerías, en conjuntos integrados por flauta, violín y guitarra y, poco después, en los cafés y los prostíbulos.

En las últimas décadas del siglo XIX hace su aparición un nue-

---

[13] Esteban Pichardo, *Diccionario provincial de voces cubanas*, Matanzas, 1836; citado en Salas, *op. cit.*, p. 36.

[14] Salas, *op. cit.*, p. 52.

vo instrumento, el bandoneón, inventado en Hamburgo por Heinrich Band, quien inició la fabricación en serie de los bandoneones AA, que se harían famosos hacia 1864. Entre 1890 y 1900 el bandoneón empieza a sustituir a la flauta en los conjuntos de tango, lo que tuvo importantes repercusiones no sólo tímbricas. La flauta imparte un carácter gozoso y ligero a la música, por su sonido y sus ágiles florituras. El bandoneón, con su sonido melancólico, cambió el carácter del tango, o quizás deberíamos decirlo al revés: el bandoneón se prestó mejor que la flauta a expresar la tristeza y la nostalgia propias del tango.

El fin del siglo XIX y el principio del XX fueron testigos de una masiva inmigración europea a Argentina, encabezada por italianos y, en menor medida, por españoles. Muchos eran hombres jóvenes, que venían a "hacer la América". Algunos tuvieron éxito; otros, la mayoría, salían adelante con muchas dificultades y añoraban sus tierras y sus familias. De ahí la importancia de los prostíbulos, que eran una especie de centros sociales en los que las prostitutas combinaban su actividad principal con la de bailar con los clientes. De ahí también, en parte, el carácter triste, quejumbroso y desengañado del tango.

El establecimiento de burdeles más lujosos introdujo un nuevo instrumento en los conjuntos de tango: el piano, de cola o vertical, según las posibilidades.

El libro de Sebastián Tallón *El tango en su etapa de música prohibida* describe dos casas de baile, la de Laura y la de María la Vasca, "cuya clientela se componía de personajes selectos: bacanes, actores, comediógrafos, financieros; señores, en fin, que necesitaban ocultar sus aventuras".[15]

Pasaron años antes de que el tango penetrara el mundo de las clases medias o de las familias obreras que veían en el tango la encarnación de la disolución moral.

Pero resulta que hacia la segunda década del siglo XX empezó a bailarse el tango en París. Francia era entonces, para Argentina y para Iberoamérica en general, el centro cultural del mundo, que dictaba e imponía modas, gustos y estilos literarios y artísticos. Pronto se extendió la afición por el tango a otros países europeos y a los Estados Unidos. Su propagación encendió los más

---

[15] Salas, *op. cit.*, p. 82.

acalorados debates. El obispo de París proclamó en 1914: "Condenamos la danza de origen extranjero conocida como tango, la cual, por su naturaleza lasciva, ofende la moralidad".[16] El obispo de Verdún pidió a todos "combatir el tango, un poderoso disolvente de la moralidad francesa".[17] En Boston, el cardenal O'Connell dijo: "Si esta bailarina de tango es la nueva mujer, líbrenos Dios del progreso de esta criatura anormal". En una reunión de la Conferencia Bíblica celebrada en Atlanta, Georgia, en 1914, el doctor Campbell Morgan declaró que "el tango es un retorno del hombre al mono y una confirmación de la teoría de Darwin".[18]

A muchos argentinos les molestaba que su país fuera tipificado en Europa por un baile "primitivo y sensual". El embajador argentino en Francia, Enrique Rodríguez Larreta, declaró en 1914 que "el tango es en Buenos Aires una danza privativa de las casas de mala fama y de los bodegones de la peor especie. No se baila nunca en los salones de buen tono ni entre personas distinguidas. Para los oídos argentinos la música de tango despierta ideas realmente desagradables".[19]

Pero el tango, triunfante en Europa, continuó su avance irrefrenable en las tierras que lo vieron nacer, las cuales —debo aclarar— no se limitan a Argentina. Uruguay tuvo también un papel central en la evolución del tango. Uno de los primeros tangos en alcanzar una popularidad mundial fue *La cumparsita,* del uruguayo Gerardo Mattos Rodríguez, dado a conocer por uno de los grandes del tango de la segunda y tercera décadas del siglo xx, Roberto Firpo.

Con Roberto Firpo el piano se convierte en el instrumento rector del tango. Firpo formó un trío de piano, violín y bandoneón, y, algún tiempo después, un sexteto, agregando un segundo violín, un contrabajo y la casi olvidada flauta. Firpo actuaba ya no en "casas de mala fama" sino en los flamantes cabarets. Hasta la indumentaria cambió, requiriéndose ahora esmoking, camisa con pechera dura y corbata de moño, o de pajarita, como se le llama en España.

---

[16] Slonimsky, *Music of Latin America*, T. Y. Crowell Co., Nueva York, 1945, p. 61.
[17] *Idem.*
[18] *Idem.*
[19] Salas, *op. cit.*, p. 115.

A finales del siglo XIX nace una figura que, pasado el tiempo, se convertiría en un mito: Carlos Gardel. Como conviene a un mito, hasta el lugar y el año de su nacimiento están rodeados por el misterio. Sus documentos personales indicaban que era uruguayo, nacido en Tacuarembó en 1887; el propio Gardel así lo confirmaba en conversaciones con amigos.[20] En un testamento ológrafo, descubierto después de su muerte y considerado falso por muchos, aparece Toulouse, Francia, como su ciudad natal y 1890 como la fecha de su nacimiento. Según otros testimonios su fecha de nacimiento fue 1883.

El triunfo internacional de Gardel se debe no sólo a su voz y a su personalidad sino a la colaboración de Alfredo Le Pera, autor de la letra de muchos de sus éxitos. Le Pera consiguió que, sin perder el sabor porteño, la letra estuviera redactada en un castellano perfectamente comprensible en todo el mundo iberoamericano.

Tal es el caso de las famosas canciones *Volver*, *Soledad* o *Mi Buenos Aires querido*. Le Pera despojó la letra de lunfardismos, o sea, de las expresiones en general procedentes de dialectos italianos y usadas originalmente por los ladrones y el hampa porteños. Muchos lunfardismos fueron difundidos por los tangos y aceptados en el habla común del Plata.

El misterio del nacimiento de Gardel se prolongó con el de su muerte en un trágico avionazo en Medellín, Colombia, y no faltaron quienes aseguraban que Gardel no había fallecido pero que, desfigurado, se había ocultado al público. Gardel entró a la mitología y, como apunta Salas, de los cuatro mitos argentinos del siglo XX, Hipólito Yrigoyen, Juan Domingo Perón, Eva Perón y Carlos Gardel, sólo Gardel fue aceptado por todos los estratos sociales y sólo Gardel se libró de futuros cuestionamientos y acusaciones.

En anteriores ediciones de este libro me refiero a otra legendaria figura del tango: Aníbal Troilo, o el *Gordo Troilo*, también apodado *Pichuco*. Al no tener espacio en este libro, remito al lector interesado a consultar cualquiera de las ediciones anteriores.

---

[20] Según algunos conocedores argentinos, Gardel decía que era uruguayo para evitar la necesidad de hacer el servicio militar en Argentina.

Astor Piazzolla

El último personaje al que me quiero referir en estas rápidas notas acerca del tango es Astor Piazzolla.

El caso de Piazzolla es, por muchas razones, único en la historia del tango y de la música. Nació en Mar del Plata en 1921 y, a los cuatro años, emigró con su familia a Nueva York. Su padre, que era peluquero, le regaló un bandoneón en su sexto cumpleaños, pero el regalo no le gustó al niño. El instrumento tenía un aspecto extraño y no se veían las teclas al tocar. A los 11 años, Astor descubrió la música. En el mismo edificio de apartamentos vivía el pianista húngaro Bela Wilda. Un día, Astor lo oyó tocar algo de Bach. Fue un descubrimiento que recordaría toda la vida. Bela Wilda fue su primer maestro y le enseñó a tocar obras de Bach, adaptándolas al bandoneón. Astor se convirtió pronto en una especie de niño prodigio en la entonces pequeña colonia hispanoamericana de Nueva York. Tocaba música popular mexicana y española, música clásica a veces, y con frecuencia jazz, que le entusiasmaba. Los tangos brillaban por su ausencia.

Pero pasó Carlos Gardel por Nueva York y conoció a Astor, de 13 años. Gardel lo invitó a acompañarlo en unas presentaciones y Astor tuvo que aprender rápidamente algunos tangos. Años después diría Piazzolla de aquel encuentro:

> Mi contacto con Gardel fue muy pasajero. El único placer que tuve fue filmar con él algunas escenas de *El día que me quieras* —hacía de canillita— y acompañarlo en ciertas oportunidades con el bandoneón, que yo recién empezaba a estudiar. Para entender y amar a Gardel uno tiene que haber pasado por Buenos Aires, conocer el Mercado de Abasto, y yo sólo era un chico de 13 años que vivía en Nueva York. Ni siquiera tocaba bien un tango en el bandoneón. Por eso Gardel, cuando me escuchó por primera vez, me dice: "Pibe, vos tocás el bandoneón como un gallego". En tren de idealizar pienso que me hubiera gustado acompañar a Gardel ahora, de grande,

---

[21] Astor Piazzolla, *A manera de memorias*, Natalio Gorín (comp.) Editorial Atlántida, Buenos Aires, p. 80.

cuando tengo amor por el tango: seguramente se me hubieran caído los dedos del bandoneón, porque él fue el más grande.[21]

Astor volvió con sus padres a Argentina en 1937, cuando tenía 16 años. Empezó a tocar tangos en Mar del Plata pero, sintiendo que le faltaban conocimientos, se fue a Buenos Aires a estudiar música. Compuso un concierto para piano y se atrevió a mostrárselo a Arthur Rubinstein. El pianista le aconsejó tomar clases con un buen maestro y llamó por teléfono a su amigo, el gran compositor Juan José Castro. Castro estaba excesivamente ocupado pero recomendó a otro maestro: Alberto Ginastera, quien aceptó a Piazzolla y le dio clases durante casi cinco años.

Al mismo tiempo, Piazzolla intentó entrar a la orquesta de su ídolo, el *Gordo Troilo*. La orquesta estaba completa pero Troilo le dio una oportunidad cuando se enteró que Piazzolla tocaba todo su repertorio de memoria. Le dijo *el Gordo:* "¿Así que vos sos el pibe que conoce todo mi repertorio? Bueno, subí y tocá".[22] Astor subió y tocó. Troilo lo contrató al instante.

Por consejo de Ginastera, Piazzolla se presentó al Concurso Fabian Sevitsky con su *Sinfonía en tres movimientos,* que tituló *Sinfonía de Buenos Aires.* Ganó el primer lugar. Uno de los premios fue que la sinfonía se tocara en un concierto público, dirigido por Sevitsky. Otro premio consistió en una beca para estudiar un año en París con la eminente Nadia Boulanger. En 1954, Piazzolla y su esposa Dedé se trasladaron a París. Astor estudió armonía, análisis y, sobre todo, contrapunto. Nadia opinaba que las obras de Piazzolla estaban bien compuestas pero no les encontraba un espíritu auténtico. Astor no se había atrevido a contarle nada sobre su pasado tanguero. Dijo Piazzolla:

> Pensé para mí: si le digo la verdad, me tira por la ventana. Nadia había sido condiscípula de Ravel, maestra de Igor Markevitch, Aaron Copland, Leonard Bernstein, Robert Casadesus, Jean Françaix, y ya entonces se le consideraba la mejor pedagoga que había en el mundo de la música, y yo era simplemente un tanguero... Tuve que sincerarme; le conté que me ganaba la vida haciendo arreglos para orquestas de tango, que había tocado con Aníbal Troilo, después

[22] *Ibid.*, p. 45.

con mi propia orquesta y que, cansado de todo, creía que mi destino estaba en la música clásica. Nadia me miró a los ojos y me pidió que tocara uno de mis tangos... Y entonces, empecé con "Triunfal". Creo que no habré llegado a la mitad. Nadia me detuvo, me tomó las manos... y me dijo: "Astor, esto es hermoso, me gusta mucho, aquí está el verdadero Piazzolla, no lo abandone nunca". Y ésa fue la gran revelación de mi vida.[23]

A su regreso a Buenos Aires, Piazzolla se lanzó ya definitivamente a la composición y la dirección de tangos y a la renovación del género. Formó el Octeto Buenos Aires, y luego, su famoso Quinteto.

Con el poeta uruguayo Horacio Ferrer compuso en 1968 la "operita" *María de Buenos Aires* y diversos tangos que se harían famosos, como la *Balada para un loco*.

El público y los tangueros argentinos veían a Piazzolla con una mezcla de admiración e incomprensión. Muchos llegaban incluso a negar que sus piezas fueran verdaderos tangos. En una ocasión, Piazzolla dio un concierto en San Pedro, provincia de Buenos Aires, y al final, uno de los asistentes se levantó y le dijo: "Maestro, ahora que terminó el concierto, ¿por qué no toca un tango?" Más de una vez oyó este tipo de preguntas que lo llenaban de indignación. Años después dijo en una entrevista: "Yo hice una revolución en el tango, es cierto, rompí con viejos moldes, por eso me atacaron y tuve que defenderme diciendo a veces una palabra de más, pero lo que nunca nadie me podrá negar es mi origen; tengo el tango marcado en el orillo, es uno de mis orgullos".[24]

Yo había tenido la ilusión de conocer a Piazzolla en Buenos Aires o en Punta del Este, en 1991, durante nuestra programada gira de conciertos por Argentina y Uruguay. Ya no fue posible, pues le sobrevino una trombosis cerebral en agosto de 1990 y falleció en 1992.

En el concierto que dimos en 1994 en el Teatro de la Ópera de Buenos Aires, en el que tocamos *Le Grand Tango* de Piazzolla, estuvieron varios violonchelistas, entre ellos Christine Walewska

---

[23] *Ibid.*, p. 56.
[24] *Ibid.*, p. 31.

y el argentino José Bragato, que me entregó algunas otras obras de Piazzolla, entre las que se incluyen una *Milonga en re* para violonchelo y piano y una pieza para cuarteto de cuerdas, titulada *La muerte del ángel*.

LE GRAND TANGO

La historia de *Le Grand Tango*[25] es ilustrativa de la incomprensión que rodeó a Piazzolla durante buena parte de su vida. Los músicos "clásicos", ignorantes de su sólida preparación académica, lo consideraban un "vulgar tanguero" y los aficionados al tango veían en él a un traidor al tango tradicional.

En 1982 Efraín Paesky, secretario general del Consejo Interamericano de la Música, le encargó a Piazzolla un tango para violonchelo y piano, con la idea de que lo tocara Rostropovich, a quien está dedicado. Pero el gran violonchelista ruso no tenía entonces una noción clara acerca de quién era dicho compositor y, al encontrarse con un tango, pensó: "¡Un tango más, un tango menos! ¿A quién le importa?", y lo guardó. Esta circunstancia nos permitió a Edison Quintana y a mí hacer la primera grabación mundial de *Le Grand Tango*, en un disco de la marca inglesa IMP Masters, así como tocar su estreno en numerosas ciudades. Cuando se percató del valor y de la originalidad de Piazzolla, Rostropovich rescató de su archivo *Le Grand Tango* pero, considerando que no era suficientemente brillante para el violonchelo, hizo una nueva versión, que es la que ha tocado con alguna frecuencia.

Rostropovich le encargó a Piazzolla una obra para violonchelo, bandoneón y orquesta, con la idea de estrenarla con la Orquesta Filarmónica de Berlín. Por desgracia, la muerte del compositor truncó el proyecto.

Le Grand Tango debe su nombre francés a que Piazzolla, ayudado por Efraín Paesky, hizo que la obra se publicara inmediatamente en París, por lo cual el título original de *Tangazo* se convirtió en *Le Grand Tango*.

No deja de ser extraordinaria la transformación de la imagen

---

[25] Debo los detalles de esta historia a M. Rostropovich y a Efraín Paesky.

de Piazzolla. Hoy su música ha trascendido las fronteras del Plata y del tango tradicional y músicos de la talla de Gidon Kremer y Yo-Yo Ma la incluyen en sus programas y le dedican discos enteros.

Más sorprendente aún es el camino recorrido por el tango desde los prostíbulos de Buenos Aires, hace un siglo, hasta algunas de las más distinguidas salas de conciertos de nuestros días.

Una gira de contrastes por Brasil: desde São Paulo hasta Manaus y el Amazonas

Yo había tenido ocasión de conocer Brasil pero había sido "otro yo" y "otro Brasil". Otro yo, porque fui a Brasil cuando era industrial y me dedicaba a la siderurgia, años antes de la decisión que tomé de cambiar radicalmente el rumbo de mi vida para consagrarme por entero al violonchelo, tal como relaté en el capítulo IV; y "otro Brasil", porque mi viaje tuvo lugar al principiar la década de los sesenta. Conocí entonces las principales y pujantes plantas siderúrgicas y las principales empresas mineras ferríferas de Brasil.

Regresaba ahora a Brasil como concertista, interesado en conocer mejor el arte musical tan original y tan vital de este apasionante país y en difundir el repertorio violonchelístico universal y, en particular, el de México.

Procedentes de Buenos Aires llegamos Edison Quintana y yo a São Paulo en mayo de 1991. Nuestra gira por Brasil, realizada entre mayo y junio, incluyó una serie de conciertos y de clases maestras en muy diversos escenarios: São Paulo, Ouro Preto, Belo Horizonte, Brasilia, Fortaleza y Manaus.

Dimos nuestro primer recital en tierras brasileñas en el Teatro Municipal de São Paulo. Al terminar el concierto tuve el gusto de conocer a un gran violonchelista, Antonio del Claro, que años después me ayudó a conseguir la partitura del *Chôro* para violonchelo y orquesta de Camargo Guarnieri que estrené en México y posteriormente grabé.

No cabe mayor contraste entre la gigantesca São Paulo y el lugar donde dimos nuestro segundo concierto, Ouro Preto, verdadera joya colonial ubicada en el estado de Minas Gerais.

Ouro Preto, declarado patrimonio de la humanidad por la UNESCO, es un pueblo típico de lo mejor del barroco mineiro, producto de la prosperidad engendrada por la minería del oro. Además de sus iglesias y casas, admiramos allí y en la cercana ciudad de Congonhas las esculturas en piedra-jabón y en madera de cedro policromada de Aleijadinho, escultor del siglo XVIII famoso no sólo por la excelencia de sus esculturas sino porque carecía de ambas manos y trabajaba con las herramientas atadas a los brazos. Por esa razón fue conocido como Aleijadinho, diminutivo de *aleijado* ("lisiado", en portugués). El pequeño Teatro Municipal donde tocamos es un monumento histórico del Brasil. Antiguamente llamado Teatro Ouro Pretano, es el teatro más antiguo de las Américas. En el programa incluimos la *Pequenha suite* de Villa-Lobos, adquirida días antes en São Paulo.

Pasamos el día siguiente en Belo Horizonte, capital de Minas Gerais. Por la mañana visitamos la Escuela de Música de la Universidad Federal y di una clase maestra a los alumnos de violonchelo, cuyo excelente nivel me llamó la atención. Recuerdo en particular a los jóvenes Fermino Pinto Coelho y Abel Morais. Por la noche dimos un recital en el Teatro do SESI.

El siguiente punto del recorrido fue Brasilia. No existen en el mundo muchas ciudades planeadas y edificadas para ser capitales. Conozco dos de las más famosas: Washington y San Petersburgo, concebida esta última por Pedro el Grande como ventana al Occidente. Visité Brasilia por vez primera en 1960, en la era de Juscelino Kubitschek, cuando se construían sus primeros edificios y se percibía el trazo de sus futuras avenidas. Aquello me pareció la promesa de una ciudad maravillosa.[26]

Nuestro concierto tuvo lugar en el Teatro Nacional Claudio Santoro.

De Brasilia volamos a Fortaleza, capital del norteño estado de Ceará. Nos encontramos allí con un teatro que es una joya del *art nouveau*. Su construcción se inició en 1896 y fue inaugurado en 1910. Declarado Monumento Nacional en 1964, fue después objeto de una completa restauración y quedó reinaugurado en enero de 1991, cumpliendo ahora con todos los requisitos

---

[26] Brasilia es capital del Brasil desde 1962.

de un teatro moderno y funcional. El teatro lleva el nombre del famoso escritor José de Alencar, nacido en Fortaleza en 1829. Alencar, ligado a eventos capitales de la música de Brasil, fue el autor de "Los guaranís", el poema del encuentro de la raza portuguesa con la raza indígena del Brasil, que sirvió de base para la ópera del mismo nombre de Carlos Gomes, el más destacado compositor brasileño de la segunda mitad del siglo XIX. Fue en este teatro donde se celebró el recital que di con Edison Quintana, así como una clase maestra a alumnos de violonchelo y a integrantes de la Orquesta de Cámara de Fortaleza.

El sábado 1° de junio volamos de Fortaleza a Manaus. Hicimos escalas en Belem, en el delta del Amazonas y en Santarem. El tamaño del Amazonas, tal como lo vimos sobre Belem y Santarem, es un desafío a la capacidad de la imaginación. El Amazonas arrastra la quinta parte del agua arrojada por todos los ríos a los mares de la tierra. Por el volumen de su caudal es, por supuesto, el mayor río del mundo, 10 veces mayor que el Misisipi.

De Santarem volamos hasta Manaus, siguiendo desde las alturas el curso del río.

Manaus se encuentra a orillas del río Negro, muy cerca de su confluencia con el Amazonas, a 1500 kilómetros del mar. Es una población alucinante, dominada por la proximidad de los dos inmensos ríos y por la exuberante naturaleza que la rodea. La temperatura y la humedad ambiente son agobiantes. Todo parece transcurrir un poco en cámara lenta.

Llegamos a Manaus el sábado por la tarde. Nuestro concierto estaba programado para el domingo por la noche. Poco después de la medianoche del domingo era nuestro vuelo de Lloyd Aéreo Boliviano rumbo a Caracas y Quito. Disponíamos, por tanto, de poco tiempo para conocer Manaus. Apenas llegamos al hotel hice arreglos por teléfono con el capitán Francisco de Linhares da Silva, dueño de una lancha —un *barquinho*— para temprano el domingo hacer un recorrido por el río Negro y llegar hasta el Amazonas. Una cosa era ver los dos enormes ríos desde el aire y otra, verlos y atravesarlos en lancha. Me parecía lamentable estar allí y no tener contacto con los ríos y la naturaleza aledaña. El capitán Linhares nos recogió en su coche a las 8:30 de la mañana del día siguiente para ir juntos al embarcadero cerca del Hotel Tropical.

Edison Quintana no es un gran amante de la naturaleza y por lo general prefiere usar el tiempo libre devorando novela tras novela. Estaba algo inquieto por el aspecto endeble de nuestro *barquinho* pero Linhares lo tranquilizó. Sin embargo, no habíamos llegado a medio río cuando se desató un diluvio. El toldo era inútil. En unos cuantos segundos, estábamos Linhares, Edison y yo tan empapados como si hubiéramos caído al río Negro. Edison demandaba dar la vuelta de inmediato y le decía a Linhares: "Voltemos, voltemos", pero el capitán y yo, más optimistas, le asegurábamos que la tormenta terminaría pronto y tan repentinamente como se había desatado. Así ocurrió, en efecto. Retornó el sol abrasador y empezamos a secarnos. En ese momento, a medio río, se acabó la gasolina. "No se preocupen. Hay gasolineras en pleno río y la corriente nos llevará pronto a la más próxima." "Pronto" resultó alrededor de media hora. Con lentitud desesperante nos fuimos acercando a un lanchón anclado en pleno río. Era la gasolinera, adornada con numerosas jaulas de loros y otros pájaros multicolores y por la cual corrían varios monos en libertad.

Por fin, pudimos llegar a lo que parecía la otra orilla del río. Pero la orilla no era tierra firme. Eran isletas, pantanos cubiertos de vegetación e *igarapés,* es decir, veredas acuáticas disimuladas entre el denso follaje. Nos metimos por una serie de *igarapés,* unos más anchos que otros, e hicimos una parada. Nos bajamos de la lancha y, guiados por Linhares, caminamos un corto trecho por unos tablones sobre las pantanosas aguas. Llegamos así a unas tienduchas donde los indios manaos vendían sus artesanías. Pero lo que yo quería ver eran las famosas anacondas del Amazonas. Y, efectivamente, pudimos ver muchas, aunque no en libertad. Había unas grandes cajas de madera y, mediante una propina, unos cinco o seis niños juntos sacaban unas enormes *sucurís,* anacondas que viven en el agua, y luego unas *jiboiás,* de similar tamaño, pero que viven preferiblemente en tierra.

Nos reembarcamos y continuamos el camino hacia el Amazonas, separado allí del río Negro por algunos centenares de metros de isletas, de tierras pantanosas y de *igarapés.* Linhares se orientaba a la perfección y cuando un *igarapé* se estrechaba en exceso y parecía un callejón acuático sin salida, encontraba otros más anchos, siempre bordeados por la impresionante vegetación e inmensos árboles. De repente, se acabaron las tierras y salimos al otro río, el Solimões, como se llama el Amazonas en Brasil antes de su confluencia con el río Negro. Las aguas del Solimões eran de color fangoso en tanto que las de su afluente eran, como su nombre bien indica, oscurísimas debido a los taninos casi negros que arrastra. Recorrimos un largo trecho por el Solimões hasta llegar a la confluencia con el río Negro. La densidad de las dos aguas es tan diferente que durante muchos kilómetros no se mezclan y se observa con toda claridad su línea divisoria.

Terminada nuestra excursión, regresamos a Manaus perfectamente secos y quemados por el sol, a tiempo para comer y descansar un rato antes del ensayo previo al concierto.

El Teatro Amazonas es un sorprendente teatro construido en 1896. La razón de que hace un siglo se haya construido semejante teatro —una réplica de la Scala de Milán, en medio de la jungla amazónica— es muy sencilla. Manaus estaba viviendo entonces la época del *boom* o bonanza económica derivada de la industria del hule, llamado *borracha* en portugués. Durante más de dos décadas el Amazonas fue recorrido por grandes barcos que transportaban a famosos cantantes y actores como Enrico Caruso, Sarah Bernhardt y Jenny Lind, y a todo el equipo que requerían los fastuosos espectáculos operísticos que se representaban en el teatro de Manaus, financiados por los magnates del caucho. El fin de la bonanza cauchera hacia 1920 sumió a Manaus en una profunda decadencia y el Teatro Amazonas, prácticamente abandonado, sufrió los estragos de la humedad y de los insectos y demás animales tropicales.

Casi 70 años después Manaus renació como centro de industrias de maquila y entre 1987 y 1990 el Teatro Amazonas fue objeto de una total renovación.

Llegamos por la tarde al ensayo y nos recibió con gran amabilidad el director del teatro, Gerson Albano, quien nos enseñó las instalaciones y nos hizo un resumen de su interesante historia. Explicó que, como ya habíamos visto y experimentado en carne propia, el enemigo principal del teatro es la terrible humedad que penetra y pudre maderas y todas las telas. Por todas partes era perceptible el olor de la humedad. (Para proteger al

Piatti, desde la llegada a Manaus dejé en su estuche un paquete de sal preparado para absorber humedad.)

El concierto transcurrió muy bien, con un público amable y receptivo aunque menos conocedor y menos habituado a la música de cámara que el de otras ciudades de Brasil, particularmente del sur. Por tal razón, optamos Edison y yo por simplificar un poco el programa y hacerlo más accesible. Como los programas estaban impresos, Gerson Albano se ofreció a anunciar el cambio, pero preferí hacerlo yo personalmente. Preparé unas cuantas frases en portugués y las ensayé un par de veces ante dos doctos brasileños que me corrigieron un poco la dicción y me aseguraron que las frases estaban en un portugués perfecto. Al terminar el concierto, dos señoras fueron tan amables de ir a saludarme al camerino y me felicitaron por mi breve intervención, "dicha en un castellano tan puro y tan claro que logramos comprenderla perfectamente". Fue ésta una pequeña lección de humildad —que me quedó profundamente grabada— para quienes más que hablar el portugués, dominamos el *portuñol,* híbrido del portugués y del español

Tras un breve *jantar de bife e cafezinho,* nos condujeron al aeropuerto a abordar nuestro vuelo nocturno rumbo a Caracas y Quito.

El recorrido por Brasil multiplicó mi entusiasmo por el país y su gente. Salí con la firme determinación de regresar y conocerlo más a fondo, especialmente su lengua, su música y su cultura en general.

Unos días en Ecuador

Nuestra estancia en el país fue breve pero intensa. Grabamos un programa para Tele Amazonas; toqué el concierto de Dvorak con la Orquesta Nacional del Ecuador, dirigida por Miguel Jiménez, en la iglesia de Santo Domingo; dimos Edison y yo una clase maestra en la Casa de la Cultura Ecuatoriana y un recital en el Auditorio Luis Ayora de la Corporación Ecuatoriana de Fomento.

Aprovechando algún momento libre, el embajador de México, Ignacio Villaseñor, nos acompañó a visitar el centro histórico de Quito y, en particular, los maravillosos templos de San Francisco y de la Compañía, que son sin duda algunas de las más bellas iglesias coloniales de toda Hispanoamérica.

También visitamos el lugar llamado "el medio del mundo", a 20 kilómetros al norte de Quito, donde está una estatua en honor del ilustre matemático francés La Condamine. En 1735, La Condamine fue enviado a Perú —a cuyo virreinato estaba adscrito Ecuador— con el propósito de medir la distancia que en el ecuador, o paralelo cero, cubre un grado del meridiano. Terminada esta misión, hizo un recorrido de cuatro meses en lancha desde los orígenes del Amazonas hasta su desembocadura, siguiendo desde Quito la ruta de Francisco de Orellana, descubridor del Amazonas. En la explanada de piedra ante la estatua está trazada la línea del ecuador y allí el embajador Villaseñor nos tomó la foto de rigor al Piatti y a mí, divididos en el espacio y en las estaciones. Ambos aparecemos en la foto con la mitad del cuerpo en el hemisferio norte, en primavera, y la otra mitad en el hemisferio sur, en otoño.

Celso Garrido-Lecca y Perú en los tiempos del cólera

El 12 de junio llegamos a Perú. No era el momento óptimo. Estaban en su apogeo la epidemia de cólera y los actos terroristas de Sendero Luminoso. El delicioso ceviche y los mariscos estaban, por supuesto, prohibidos y todas las tradicionales cevicherías limeñas habían sido clausuradas.

Fuimos conducidos del aeropuerto al Hotel César, en el residencial barrio de Miraflores, ubicado a prudente distancia del centro de Lima, entonces particularmente sacudido por el terrorismo y la delincuencia callejera.

Los organizadores de la gira habían programado un recital de violonchelo y piano y dos conciertos con la Orquesta Pro-Lírica, cuya sede era el Auditorio de Santa Úrsula, en el barrio de San Isidro, en vez de la Orquesta Nacional, por dar ésta sus conciertos en el céntrico Teatro Nacional.

Dos veces toqué el concierto de Dvorak con la Orquesta Pro-Lírica, dirigida por José de Santos, en el Auditorio de Santa Úrsula.

Edison Quintana y yo tuvimos la gran satisfacción de tocar en nuestro recital la *Sonata fantasía* de Garrido-Lecca, en presencia del compositor. La obra fue magníficamente recibida por el público y la crítica, como se podrá ver en las crónicas incluidas en el apéndice 3.

El compositor peruano Celso Garrido-Lecca nació en Piura, Perú, en 1926. Estudió en el Conservatorio Nacional de Música de Lima y en 1950 prosiguió sus estudios musicales en Santiago de Chile. Entre 1965 y 1973 encabezó el Departamento de Composición de la Universidad de Chile. Regresó a Lima y desempeñó el cargo de director de la Escuela Nacional de Música.

Su producción abarca obras de cámara y sinfónicas. En 1957 obtuvo el primer premio de la Sociedad Filarmónica de Lima. Recibió el Premio Nacional de Fomento a la Cultura de Perú en 1963 y 1968. En 1987 le fue otorgado el premio de música de cámara de la Sociedad Filarmónica de Lima por su *Trío para un tiempo nuevo*. Fue becario del Instituto Internacional de Educación de Nueva York, de la Fundación Guggenheim y del Ministerio de Asuntos Exteriores de España. En 2001 recibió el Tercer Premio Tomás Luis de Victoria, como más adelante relataré.

Conocí a Garrido-Lecca en 1990, cuando vino a México al Primer Encuentro Latinoamericano de Música que se celebró en Morelia, en el marco del Segundo Festival Internacional de Música. En aquella ocasión tuve el doble privilegio de que me dedicara su *Sonata fantasía* para violonchelo y orquesta y de tocar su estreno mundial en Morelia, el 1° de agosto de ese año, con la Orquesta del Festival dirigida por el brasileño Henrique Morelembaum.

Unos días después del estreno de la obra en Morelia, Edison Quintana y yo tocamos la versión original para violonchelo y piano, en el Museo Franz Mayer de la Ciudad de México. Al principiar la década de los noventa, Celso Garrido-Lecca se había ganado una merecida fama como uno de los más eminentes compositores de Iberoamérica y como uno de los grandes personajes de la cultura peruana, digno de figurar al lado de compatriotas suyos tales como Mario Vargas Llosa en las letras y Fernando de Syszlo en la pintura.

En 1992 su fama creció de repente de manera imprevista. Su

fotografía apareció en las portadas de los principales diarios y revistas del mundo. Sucede que, una tarde, el compositor fue a visitar a su sobrina Maritza Garrido-Lecca. Maritza, de 26 años de edad, era una destacada bailarina de ballet. Vivía, junto con su compañero, en una casa limeña y había organizado en el primer piso una escuela de ballet, frecuentada por numerosos niños y niñas. Celso se quedó hasta bastante tarde en cordial plática con Maritza y su compañero. Hacia las 12 de la noche, decidió retirarse y la joven pareja lo acompañó hasta la puerta de entrada. Apenas abrieron, se precipitó al interior del edificio una nube de agentes policiacos que, con lujo de fuerza, arrojaron al piso al atónito Celso y a sus anfitriones y los maniataron. Al mismo tiempo, otros numerosos agentes irrumpieron tan sorpresivamente en la parte posterior del inmueble que capturaron, sin que pudieran oponer resistencia alguna, a un grupo de huéspedes ocultos en la casa de Maritza. Celso Garrido-Lecca creyó al principio que se trataba de una batida anti-narcóticos pero descartó su idea al oír gritos lejanos y confusos entre los que pudo distinguir: "¡Lo logramos! ¡Lo logramos!"

Los agentes eran miembros de la Dirección Nacional contra el Terrorismo (Dinconte) y lo que acababan de lograr era nada menos que la captura del hombre más buscado del Perú, Abimael Guzmán, mejor conocido como el Comandante Gonzalo, cabeza del siniestro movimiento maoísta Sendero Luminoso, y de varios de sus secuaces.

Todas las personas capturadas en esa casa fueron llevadas a una cárcel especial y, poco después, tras los barrotes, el grupo completo fue mostrado a fotógrafos y periodistas. Abimael Guzmán y varios de sus colaboradores no dejaban de levantar un brazo y de gritar consignas senderistas y Celso observó con inmensa sorpresa que su sobrina, la delicada bailarina, era de las que con mayor vehemencia aclamaba al Comandante Gonzalo, gritaba vivas a Sendero Luminoso e insultos a los policías. Y es que Maritza era partidaria fanática y miembro activo de Sendero Luminoso y había prestado parte de su casa para alojar a Abimael Guzmán y a varios de sus compinches. ¿Quién iba a pensar que aquella casa, sede de una escuela de ballet infantil, era también el centro de operaciones, aunque temporal, de Sendero Luminoso?

Quince días pasó el maestro Garrido-Lecca en la cárcel, en un cubículo de 1.20 por 1.60 metros. No fue víctima de malos tratos, aunque un cubículo de ese tamaño no era ningún lecho de rosas. Desde el principio de su reclusión le hicieron saber que no dudaban de su inocencia, pero que existía un plazo legal de 15 días de averiguaciones antes de cuyo cumplimiento no lo podrían liberar. Cumplido ese plazo, el general titular de la Dirección Nacional contra el Terrorismo fue personalmente a ponerlo en libertad y a dejar bien claro que el maestro Garrido-Lecca nunca había pertenecido ni a Sendero Luminoso ni a ningún movimiento sedicioso y que su presencia en casa de su sobrina en el momento de los arrestos había sido una desafortunadísima coincidencia. Abimael Guzmán, Maritza Garrido-Lecca y muchos más están desde entonces detrás de las rejas, condenados a pasar en prisión el resto de sus vidas.

En junio de 2001 le fue otorgado a Celso Garrido-Lecca, en una solemne ceremonia en el Auditorio Nacional en Madrid, el Tercer Premio Iberoamericano de la Música Tomás Luis de Victoria, instituido en 1996 por la Sociedad General de Autores y Editores de España y la Fundación Autor "con el propósito de otorgar en vida el más alto reconocimiento público a un compositor nacido en la comunidad iberoamericana por su contribución al enriquecimiento de la cultura de nuestros países".

Como parte de la solemne ceremonia, se llevó a cabo un concierto de sus obras y tuve el privilegio de tocar el estreno en España de su *Sonata fantasía* para violonchelo y orquesta, con la Orquesta Nacional de España, dirigida por Pedro I. Calderón. (Véase la nota crítica en el apéndice 3.)

Federico Ibarra: génesis de un concierto y una sonata

Conocí a Federico Ibarra en una cena en la casa de Coyoacán de Yolanda Moreno y René Solís, en enero de 1988. Durante la conversación salió el tema de mi interés en que Federico compusiera alguna obra para violonchelo pero todo quedó en el aire. Un mes después, el 29 de febrero, lo fui a visitar a su casa para confirmarle mi interés y para encargarle, concretamente, un concierto para violonchelo y orquesta. Federico aceptó con gusto y me dijo que iniciaría la composición en el segundo semestre del año.

El 26 de abril de 1989 recibí una llamada de Federico: el concierto —en tres movimientos— estaba prácticamente terminado y sólo necesitaría un par de días para poner en limpio la parte del violonchelo solista. Lo visité el sábado 29 por la mañana y me entregó un manuscrito clarísimo. Empecé a estudiarlo el mismo sábado y, presa del entusiasmo, no lo pude dejar ni el sábado ni el domingo. El lunes por la mañana ya lo tocaba entero y por la tarde lo toqué con el compositor al piano, en su casa.

El 20 de octubre de ese mismo año de 1989 se llevó a cabo el estreno, con la Orquesta de Xalapa, bajo la batuta de su director titular, José Guadalupe Flores, en presencia del autor. El éxito fue verdaderamente sorprendente, sobre todo tratándose de la primera audición de una obra contemporánea.

Desde entonces, el concierto de Ibarra se ha convertido en uno de los que con mayor frecuencia he tocado. El estreno en la Ciudad de México tuvo lugar en el concierto inaugural del Decimosegundo Foro Internacional de Música Nueva, el 5 de mayo de 1990. En septiembre de ese año lo grabé con la Camerata de México, dirigida por Jesús Medina, para un disco compacto de IMP Masters de Inglaterra. En 1991 lo estrené en los Estados Unidos en un festival en Pueblo, Colorado. El estreno europeo se llevó a cabo en Londres, en 1993, con la Royal Philarmonic Orchestra dirigida por Enrique A. Diemecke en el Barbican Hall. Posteriormente lo toqué en el Festival de Europalia en Bruselas y en Hulst, Holanda; en el Dorothy Chandler Pavilion de Los Ángeles, California; en Oviedo, España; en Rusia, Sudamérica, Cuba, Sudáfrica, etc. El éxito inicial de su estreno en Xalapa ha sido una constante de esta magnífica obra.

Con estos antecedentes, no parecerá extraño que, a mediados de 1991, me acercara yo nuevamente a Federico y le planteara la posibilidad de que compusiera una sonata para violonchelo y piano. El asunto le interesó y un año después, el 18 de julio de 1992, me entregó la obra. La estudié, igual que el concierto, en un par de días, y el 21 de julio tuve el gusto de tocarla con el compositor en su casa.

El estreno mundial tuvo lugar el 22 de septiembre del mismo

año en la Universidad de Hoffstra, en Nueva York, con la pianista Doris Stevenson. Desde entonces, la sonata de Ibarra ha aparecido con frecuencia en mis conciertos dentro y fuera de México y, además, la grabé en dos ocasiones para dos discos compactos.

Nuevos conciertos en España: Manuel Castillo, Cristóbal Halffter, Tomás Marco

Cuando estuve en España a finales de 1993 para la presentación de mi libro *De la URSS a Rusia,* el gran musicólogo Enrique Franco me puso en contacto con el compositor sevillano Manuel Castillo, que poco después de conocernos me prometió componer una obra para violonchelo y piano. Me la entregó un año después. Se titula *Alborada* y está inspirada en un capítulo del libro *Variaciones sobre tema mexicano* del poeta sevillano Luis Cernuda

El estreno mundial de *Alborada* se llevó a cabo en México en 1995, y en 1996 lo toqué en Madrid y lo grabé con Edison Quintana.

Regresé a España en octubre de 1994 para tocar tres conciertos con la Orquesta Nacional de España, dirigida por Cristóbal Halffter. Fue para mí un placer tocar con dicha orquesta, cuyo concertino es mi amigo Víctor Martín, músico y violinista excepcional, y volver a ver a Cristóbal Halffter, uno de los más importantes compositores europeos contemporáneos.

Durante esa estancia madrileña comenté con el gran compositor español Tomás Marco que estaba preparando dos ciclos de conciertos de música iberoamericana, uno en México en 1995 y otro en España en 1996, y que dichos ciclos se enriquecerían mucho si incluyeran alguna obra suya. Su respuesta fue inmediata y precisa: "Hace tiempo que estoy elaborando ideas acerca de una obra para violonchelo y piano basada en motivos de Falla. En diciembre tengo que viajar a Finlandia y creo que dispondré de suficientes horas en los aviones y en Helsinki para poner mis ideas en el papel y poder entregarte algo a fines de este año. Así lo podrás estrenar en México en el año Falla".

En efecto, Tomás Marco me envió la obra a finales de diciembre. La pieza lleva por título *Primer espejo de Falla*. El compositor escribió las siguientes líneas al respecto:

> En 1975 compuse mi concierto para violonchelo y orquesta con destino a los centenarios de Falla y Casals de 1976. Con tal motivo basé las distintas secuencias de la obra en seis de las siete canciones populares de Falla y, como final, en *El cant dels ocells* de Casals. Ahora, a finales de 1994, y con tiempo más que suficiente para las conmemoraciones fallísticas del 96, he querido escribir una obra para violonchelo y piano que tomara en cuenta el *Concierto*. Las dos primeras secuencias de la obra están basadas en la *Nana* y la *Canción* de Falla, pero no sobre su original sino sobre como habían quedado transfiguradas (con muy diverso grado de reconocibilidad) en el concierto. La tercera secuencia, en cambio, está basada en la canción que entonces no usé, el *Polo*. Como puede comprobarse no son citas, ni *collages,* ni variaciones ni versiones ni orquestaciones, sino otra cosa, una especie de confrontación lejana con un modelo visto a través de un espejo deformante. Es por eso que la obra se llama "espejo", un "espejo de Falla", por supuesto. El que sea el primero no indica sino la suposición de que el próximo evento falliano pueda provocar algún otro. En todo caso es música que reconozco como mía independientemente de cual sea el motivo de su escritura. Está dedicada a Carlos Prieto, que fue quien me la solicitó.

Tal como se había planeado, toqué el estreno mundial en México en 1995, y el estreno español en Madrid en 1996. Edison Quintana y yo grabamos el *Primer espejo* en 1995 y lo tocamos en Nueva York en 1998.

Mario Lavista: *Tres danzas seculares*

Mario Lavista, nacido en la Ciudad de México en 1943 es, sin duda, uno de los más importantes compositores actuales de Iberoamérica. Estudió en México con Carlos Chávez, Héctor Quintanar y Rodolfo Halffter, en París con Jean Étienne Marie en la Schola Cantorum y en Alemania con Stockhausen.

Ha compuesto música de los más variados géneros: una ópera (sobre *Aura*, de Carlos Fuentes), obras de cámara y orquestales, música para películas, etc. Sus obras se tocan en conciertos y festivales en todos los centros musicales del mundo.

La primera obra que toqué de Lavista fue su *Trío para violín, violonchelo y piano,* en 1979, cuando era yo integrante del Trío México. Poco después toqué y grabé *Quotations* para violonchelo y piano, compuesta en 1978. Al pasar el tiempo fue creciendo mi admiración por Lavista y hacia 1987 empecé a intentar convencerlo de componer alguna nueva obra para violonchelo. Pasaron los años... En febrero de 1994, reunidos en Nueva York, me dijo: "Ya empecé la obra. Será una especie de *suite* para violonchelo y piano en la que van a alternarse algunos movimientos lentos con otros extremadamente rápidos. Creo que la terminaré en unos cuantos meses". Y, efectivamente, poco después de mediados del año me entregó el borrador de lo que se tituló *Tres danzas seculares*. El propio compositor las describe así:

> *Tres danzas seculares* para chelo y piano intentan "hacer audibles" tres momentos —que escapan a cualquier propósito descriptivo— del galanteo de aves imaginarias. Se trata de un tríptico en el que se suceden un movimiento lento, durante el cual los dos instrumentos dialogan dentro de un campo armónico que se mueve con lentitud; uno rápido, basado en un ostinato sobre la nota la que se escucha primero en el chelo y después en el piano, y al que se añade un contrapunto melódico con una métrica siempre cambiante y diferente a la del ostinato; y por último uno lento-rápido, con una introducción de textura homofónica y una melodía de armónicos en el chelo que desemboca a un canon a tres voces. Cada una de las líneas tiene una estructura métrica propia e independiente que nunca coincide con las otras dos, dando por momentos la impresión de moverse a velocidades diferentes.
>
> La partitura lleva como epígrafe unas líneas del naturalista inglés Gerald Durrel: "Los amantes isabelinos del mundo animal son las aves: se atavían con magníficos ropajes, bailan y se exhiben". La obra fue escrita en 1994 y está dedicada a Carlos Prieto.

Edison Quintana y yo estrenamos las *Danzas* en 1995 en México y ese mismo año las grabamos en Nueva York. En 1996 toqué el estreno en España y posteriormente en París y Dublín (1997) y en numerosos foros adicionales en los Estados Unidos, Sudamérica y Rusia.

MÉXICO, CUATRO CONCIERTOS, SIETE ESTRENOS MUNDIALES:
MARZO DE 1995

En marzo de 1995 llevé a cabo una serie de recitales en el Museo Nacional, organizados por el Instituto Nacional de Bellas Artes, con la colaboración de la embajada de España. El ciclo se tituló "Música iberoamericana para violonchelo y música universal. Siete estrenos iberoamericanos", y en él estrené la cosecha de las más recientes obras que me habían sido dedicadas en el transcurso de los últimos dos años. Los programas se completaron con otras obras nuevas y con obras de repertorio más tradicional, para no ahuyentar a quienes temen a las obras contemporáneas. El pianista fue, como casi siempre, Edison Quintana, quien comparte conmigo la pasión por la música actual y por la música iberoamericana. Los programas fueron los siguientes:

MÚSICA IBEROAMERICANA PARA VIOLONCHELO Y MÚSICA UNIVERSAL.
SIETE ESTRENOS IBEROAMERICANOS

Programa número 1: 8 de marzo de 1995

Suite número 3 para violonchelo solo	J. S. Bach
Sonata concertante (estreno en México)	Xavier Montsalvatge (España)
Lull-a-Bear* (estreno mundial)	Robert X. Rodríguez (EUA)
Sonata* (1992)	Federico Ibarra (México)

Programa número 2: 15 de marzo de 1995

Sonata (1961)	Rodolfo Halffter (España-México)
Sonatina para violonchelo solo (1961)	Manuel Enríquez (México)

Suite popular española Manuel de Falla (España)
Netik (1994) (estreno mundial) Arturo Salinas (México)
Pezzo capriccioso, op. 62 Chaikovsky
Le Grand Tango Astor Piazzolla (Argentina)

Programa número 3: 22 de marzo de 1995

Sonata, op. 40 D. Shostakovich
Tres piezas seculares* (1994)
   (estreno mundial) Mario Lavista (México)
Primer espejo de Falla* (1994)
   (estreno mundial) Tomás Marco (España)
Pampeana núm. 2 A. Ginastera (Argentina)

Programa número 4: 29 de marzo de 1995

Sonata fantasía para violonchelo y
   piano* C. Garrido-Lecca (Perú)
Fantasía* (1994) (estreno en México) Samuel Zyman (México)
Alborada* (1994) (estreno mundial) Manuel Castillo (España)
*Variaciones sobre un tema rococó,
   op. 33* Chaikovsky

* *Obras dedicadas a Carlos Prieto*

Madrid, ciclo de recitales "Panorama del violonchelo iberoamericano del siglo XX": septiembre-octubre de 1996

En septiembre y octubre de 1996 toqué una serie de recitales en Madrid que representaron para mí una especie de culminación y de resumen de la labor que hasta entonces había llevado a cabo en relación con la música iberoamericana contemporánea.

Los recitales fueron organizados por la Fundación Juan March, institución ejemplar en la vida cultural y científica española. Fue, más concretamente, su Dirección de Servicios Culturales, encabezada por Antonio Gallego, quien se encargó de la magnífica organización del ciclo. Al piano estuvo la estupenda pianista madrileña Chiky Martin, con quien acababa yo de tocar en México en los homenajes a Manuel de Falla, y en 1995, en el Festival de Música Contemporánea de Alicante. El ciclo se tituló

"Panorama del violonchelo iberoamericano del siglo XX" y constó de tres recitales, con los siguientes programas:

Programa número 1: miércoles 25 de septiembre de 1996

Sonata para violonchelo y piano (1915-1917) (estreno en España)
Manuel M. Ponce (México), 1882-1948

Sonata al estilo antiguo español (1925)
Gaspar Cassadó (España), 1897-1966

Tres danzas seculares (1994) (estreno en España)
Primer espejo de Falla (1994) (estreno en España)
Mario Lavista (México), 1943

Tomás Marco (España), 1942

Pampeana núm. 2 (1950)
A. Ginastera (Argentina), 1916-1986

Programa número 2: Miércoles 2 de octubre de 1996

Sonata para violonchelo y piano (1956)
Roberto Gerhard (España), 1896-1970

Alborada para violonchelo y piano (1994) (estreno en España)
Manuel Castillo (España), 1930

Sonatina para violonchelo solo (1961) (estreno en Madrid)
Manuel Enríquez (México), 1924-1996

Siciliana (1929)
Joaquín Rodrigo (España), 1901

Sonata para violonchelo y piano (1992) (estreno en España)
Federico Ibarra (México), 1946

Programa número 3: miércoles 9 de octubre de 1996

Sonata para violonchelo solo (1960), 1938
Leo Brouwer (Cuba)

Sonata para violonchelo y piano (1961)
Rodolfo Halffter (España-México), 1900-1987

Suite popular española (1911-1914)
M. de Falla (España), 1876-1946

Tres preludios (1933)
Manuel M. Ponce (México), 1882-1948

Fantasía para violonchelo y piano (1994) (estreno en España)
Samuel Zyman (México)

Le Grand Tango (1981)
A. Piazzolla (Argentina), 1921-1992

En total tocamos 19 obras, incluyendo seis estrenos. De las 19 obras, siete correspondieron a compositores mexicanos, siete a compositores españoles, tres a argentinos, uno a un compositor brasileño y uno a un compositor cubano. El ciclo de ninguna manera pretendió ser representativo de toda Iberoamérica. Brasil, con su extraordinaria riqueza musical, no estuvo representado más que con un bis de Villa-Lobos. Notables compositores de muchos países no pudieron ser incluidos, pues se hubiera requerido un mayor número de recitales. Pero fue un ciclo violonchelístico iberoamericano que nunca antes se había presentado en la capital española. Los tres recitales fueron difundidos por Radio Nacional de España y fueron objeto de una excelente acogida de parte del público y de la crítica, como se puede ver en el apéndice 3.

Conciertos en Portugal: 1984, 1994, 1996. La Fundación Gulbenkian, Miguel Graça Moura y la Orquesta Metropolitana de Lisboa. El concierto de Ligeti

Di mis primeros conciertos en Portugal en 1984, por invitación de la Fundación Gulbenkian, institución fundamental en la vida cultural portuguesa. Me acompañó en esa ocasión el pianista catalán Ángel Soler y dimos dos conciertos: el 9 de enero en el auditorio de la Fundación Gulbenkian, en Lisboa, y el día siguiente, en el Salón Árabe del Palacio de la Bolsa, en Oporto.

Pasaron 10 años y en noviembre de 1994 regresé a dar tres conciertos con la Orquesta Metropolitana de Lisboa. Toqué el *Concierto en la menor* de Saint-Saëns, con la colaboración del director invitado Jean Marc Burfin.

En abril de 1996 toqué con esta orquesta el estreno en Portugal del concierto de Georgy Ligeti. El programa, dirigido por Miguel Graça Moura, incluyó también el concierto para violonchelo de Schumann. El apasionado romanticismo de Schumann sirvió así de agudo contraste con el inclasificable modernismo de Ligeti. Miguel Graça Moura tuvo la excelente idea de hacer una breve explicación para preparar al público a la experiencia de escuchar tan "desconcertante" concierto, tan desconcertante que empieza por el silencio absoluto.

Para mí, la experiencia de tocar el concierto de Ligeti (y el de Schumann) fue especialmente memorable por la entusiasta colaboración de la Orquestra Metropolitana de Lisboa y de Miguel Graça Moura. El concierto inicial se celebró en el Salão Nobre de Lisboa, el 19 de abril de 1996, y lo repetimos los días siguientes en el Palacio de Ajuda, el Palacio de Queluz y el Centro Cultural de Belem.

Nuevos conciertos en España en 1997: Asturias y Andalucía

En noviembre de 1997 regresé a España para una nueva serie de conciertos. Con la Orquesta Sinfónica del Principado de Asturias y su director titular, el chileno Maximiano Valdés, toqué tres veces el *Concierto número 1* de Shostakovich: en el Teatro de la Sociedad Filarmónica de Oviedo, que celebró su 90 aniversario de actividades, en el Teatro Jovellanos de Gijón y en el Teatro Campoamor de Oviedo. Con gusto comprobé el excelente nivel que ha alcanzado esta orquesta, reflejo sin duda del trabajo de Maximiano y de la calidad de los músicos que ha contratado y que incluyen a varios miembros de los Solistas de Moscú.

El 24 de octubre di un recital de *suites* de Bach en Sevilla, en el auditorio del Real Conservatorio Superior de Música Manuel Castillo. Vi a mi admirado amigo Manuel Castillo, cuyo prestigio es tal que el conservatorio de su Sevilla natal lleva su nombre. Le entregué algunos ejemplares del recién aparecido disco *Espejos*, de Urtext Digital Classics, que incluye su *Alborada* para violonchelo y piano.

El 27 del mismo mes volví a tocar el *Concierto número 1* de Shostakovich, esta vez en el Gran Teatro de Córdoba, con la orquesta de esa ciudad, bajo la batuta de su fundador y director titular, Leo Brouwer.

Colombia: 1983-2010. Giras, conciertos, libros, García Márquez

En múltiples ocasiones he estado en Colombia, país por el que siento un gran cariño.

Las tres primeras veces fui llevado por Ismael Arensburg, representante en Colombia de la Sociedad de Conciertos Daniel. Ismael, nacido en Argentina, fue un personaje de la vida musical de su país de adopción y fue él quien presentó a la gran mayoría de los artistas que han ido a Colombia, empezando por Jascha Heifetz.

Mi primer concierto en Colombia tuvo lugar en Tunja, en 1983, en un antiguo palacio colonial. Toqué luego en Bogotá, en la reinauguración de la maravillosa y recién restaurada iglesia colonial de Santa Clara. En Bogotá también di un concierto en el Teatro Municipal Jorge Eliézer Gaitán, en una serie llamada "Matinales musicales", donde fui presentado por el destacadísimo musicólogo colombiano Otto de Greiff, y, finalmente, grabé para la cadena de televisión Inravisión un programa con la pianista Helvia Mendoza. Otto de Greiff me pareció un hombre extraordinario, cuyos conocimientos enciclopédicos no se limitaban a la música. Como toqué la sonata de Kodaly, me enseñó una carta que había recibido del gran compositor húngaro acerca de sus obras. Otto, que por desgracia falleció poco después, fue autor de una enciclopedia musical acompañada de *cassettes* con música grabada.

Regresé a Colombia en 1985 y, como era el tricentenario del nacimiento de Bach, mis recitales estuvieron dedicados a sus *suites* para violonchelo solo. Las toqué en la Sala de Conciertos de la Biblioteca Luis Ángel Arango en Bogotá, en la Sala Múltiple del Banco de la República en Medellín y en el Teatro Amira de la Rosa, en Barranquilla.

La Biblioteca Luis Ángel Arango es una institución fundamental en la vida intelectual y artística de Bogotá. El techo de la sala de conciertos tiene forma ovoide y está recubierto de maderas preciosas de la Amazonia colombiana. Sus condiciones acústicas son extraordinarias y se prestaron óptimamente para las *suites* de Bach.

Dos años después, en abril de 1987, volví a Colombia, esta vez en compañía de la pianista Doris Stevenson, con quien he tocado frecuentes conciertos en los Estados Unidos. Esta nueva gira me permitió llegar a otras ciudades colombianas que aún no conocía pues, además de un recital en la Sala Luis Ángel Arango en Bogotá, tocamos en Bucaramanga y en Cúcuta. Me hubiera gustado regresar a Medellín, cuya pujanza y laboriosidad me habían impresionado cuando fui en 1983 y que me había recordado a Monterrey; pero nos explicaron que la situación creada por el narcotráfico hacía poco aconsejable nuestra presencia.

En adición a dichos recitales, el 10 de abril toqué en el Teatro Colón el *Concierto para violonchelo y orquesta* de Dvorak, con la Orquesta Sinfónica de Colombia dirigida por Ernesto Díaz. El concierto resultó verdaderamente insólito. Estaba anunciado a las 6:30 de la tarde. Unos minutos antes entraron a mi camerino el director Ernesto Díaz y el gerente del teatro. Con cara de preocupación me preguntaron si no tendría yo inconveniente en que se retrasara algo el principio del concierto. "Por supuesto, no tengo inconveniente en que empecemos cinco o 10 minutos más tarde" contesté, pues en muchos lugares es costumbre esperar algunos minutos y dar tiempo así a que los retrasados lleguen a sus asientos. "No, maestro, aquí se trata más bien de 45 o 50 minutos", me dijeron. Tal retraso me sorprendió pero me explicaron que ese día se festejaba a la Virgen de los Dolores y que pasaría frente al teatro una procesión acompañada de una sonora banda de música que podría interferir con el concierto. Las negociaciones del teatro con los organizadores de la procesión habían fracasado y éstos se habían negado a cambiar la hora y el itinerario. Empezó el concierto una hora tarde. Por fin salí al escenario y empezaron a sonar los primeros acordes del concierto de Dvorak. La obra se inicia con un largo *tutti* orquestal y, tras un solo de corno, la orquesta va disminuyendo su volumen sonoro hasta alcanzar un *pianissimo* que prepara la dramática entrada del violonchelo solista. Estábamos en el *pianissimo* y levantaba yo el arco para atacar la primera nota cuando de repente oímos todos unos distantes trompetazos y tamborazos. Era la procesión de la Virgen de los Dolores. Yo me quedé con el arco en alto. El director Ernesto Díaz se quedó un instante como petrificado y la Sinfónica Nacional dejó de tocar ante el estruendo de la procesión que se aproximaba al teatro. Ernesto Díaz optó por bajarse del pódium e ir a esperar tras bastidores. Los integrantes de la orquesta permanecieron todos en sus puestos y yo también me quedé cómodamente instalado en mi silla del escenario. Diez minutos después se extinguieron los últimos ecos de la procesión, el director volvió al pódium y nuevamente dio principio el concierto de Dvorak que, esta vez, pudimos terminar sin incidentes.

En 1999 regresé a Bogotá durante el largo viaje que hicimos por toda Sudamérica para presentar la primera edición de este libro. Además de la presentación, di un concierto con orquesta y toqué varios recitales con Edison Quintana, en uno de los cuales estrenamos, en condiciones surrealistas, una obra del compositor colombiano Blas Emilio de Atehortua. No doy aquí detalles. El lector los encontrará más adelante en la sección titulada "Una larga gira Iberoamericana. Marzo-abril de 1999".

En abril de 2007, invitado por la Feria del Libro de Bogotá, presenté mi libro *Cinco mil años de palabras* en lo que en Colombia llaman "conversatorio", junto con mi admirado amigo Bernardo Hoyos, y di un recital de obras para violonchelo solo. Tras el concierto asistimos a una cena en la Biblioteca Virgilio Barco, donde conocimos a Gerald Martin, el biógrafo "oficial" de García Márquez. Nos contó que la biografía en inglés aparecería en 2009.

Bernardo Hoyos me entrevistó en su programa de radio. Faltaban 30 segundos para el principio del programa. Ya estábamos en la cabina cuando sonó mi celular, que estaba a punto de apagar. ¡Era Yo-Yo Ma! Así, en la cabina con Bernardo Hoyos, me confirmó Yo-Yo Ma que tocaríamos juntos en Caracas el 26 de junio de 2009, como relataré más adelante. Bernardo tuvo la absoluta primicia de la noticia.

Los momentos más memorables de aquel viaje fueron, sin duda, los que pasamos mi esposa y yo en Cartagena de Indias, invitados por Mercedes y Gabriel García Márquez, el viernes 27 y el sábado 28 de abril.

El viernes 27 salimos a dar un paseo con ellos. Gabo sugirió tomar un carro de caballos. Se disfrutaría más de la vista y el vehículo estaría más en armonía con la maravillosa ciudad colonial de Cartagena. Mercedes se negó arguyendo que la popularidad de Gabo es tal que avanzaríamos a duras penas, retenidos por los transeúntes. Así que salimos en su camioneta, conducida por su chofer Rafa.

Nos detuvimos primero a tomar una copa en el Club de Pesca. Allí nos contaron las emociones que vivieron un mes antes, en ocasión del extraordinario homenaje que se le rindió en el Cuarto Congreso Internacional de la Lengua Española en Cartagena. Fue tan emotivo, nos dijo, que sólo ahora estaba en aptitud de describirlo.

El homenaje fue el primer acto del congreso. Se celebraron 80 años del nacimiento de Gabo, 25 de haber recibido el Premio Nobel de Literatura y 40 de la primera edición de *Cien años de soledad*. En el congreso se presentó la nueva edición —de un millón de ejemplares— de *Cien años de soledad*. Antecedente de esta millonaria edición fue la nueva edición del Quijote —también de un millón de ejemplares— 400 años después de la aparición de la obra maestra de Cervantes.

En la jornada inaugural del congreso, García Márquez pronunció un memorable discurso que se refirió principalmente a las condiciones en las que escribió su más famosa novela.

Tomando una copa en el Club de Pesca, Gabo nos tuvo absortos a María Isabel y a mí con algunos de los antecedentes y detalles del discurso. Los resumiré aquí y, para ser preciso, en algunos momentos acudiré al texto que el propio Gabo nos regaló.

Se encerró en la casa rentada que tenían en México y no dejó de escribir ni un solo día durante 18 meses, hasta que terminó el libro. La versión final era "un borrador acribillado de remiendos, primero en tinta negra y después en tinta roja, para evitar confusiones". Lo puso en manos de Pera Araiza, una famosa mecanógrafa de poetas y cineastas que había pasado en limpio grandes obras de escritores mexicanos.

Pocos años después, Pera le contó a Gabo que cuando llevaba a su casa la última versión corregida, "resbaló al bajarse del autobús, con un aguacero diluvial, y las cuartillas quedaron flotando en el cenegal de la calle. Las recogió, empapadas y casi ilegibles, con la ayuda de otros pasajeros, y las secó en su casa, hoja por hoja, con una plancha de ropa".

En su discurso, Gabo rindió a Mercedes un emocionante homenaje acerca de su ayuda imprescindible:

Lo que podía ser motivo de otro libro mejor, sería cómo sobrevivimos Mercedes y yo, con nuestros dos hijos, durante ese tiempo en que no gané ningún centavo por ninguna parte. Ni siquiera sé cómo hizo Mercedes durante esos meses para que no faltara ni un día la comida en la casa.

Habíamos resistido a la tentación de los préstamos con interés, hasta que nos amarramos el corazón y emprendimos nuestras primeras incursiones al Monte de Piedad.

Después de los alivios efímeros con ciertas cosas menudas, hubo que apelar a las joyas que Mercedes había recibido de sus familiares a través de los años. El experto las examinó con un rigor de cirujano, pasó y revisó con su ojo mágico los diamantes de los aretes, las esmeraldas del collar, los rubíes de las sortijas, y al final nos los devolvió con una larga verónica de novillero: "Todo esto es puro vidrio".

...Por fin, a principios de agosto de 1966, Mercedes y yo fuimos a la oficina de correos de la Ciudad de México, para enviar a Buenos Aires la versión terminada de *Cien años de soledad,* un paquete de 590 cuartillas escritas a máquina, a doble espacio y en papel ordinario y dirigidas a Francisco Porrúa, director literario de la editorial Sudamericana. El empleado del correo puso el paquete en la balanza, hizo sus cálculos mentales y dijo: "Son 82 pesos". Mercedes contó los billetes y las monedas sueltas que le quedaban en la cartera, y se enfrentó a la realidad: "Sólo tenemos 53". Abrimos el paquete, lo dividimos en dos partes iguales y mandamos una a Buenos Aires, sin preguntar siquiera cómo íbamos a conseguir el dinero para mandar el resto. Sólo después caímos en la cuenta de que no habíamos mandado la primera sino la última parte. Pero antes de que consiguiéramos el dinero para mandarla, ya Paco Porrúa, nuestro hombre en la editorial Sudamericana, ansioso de leer la primera mitad del libro, nos anticipó dinero para que pudiéramos enviarla.

Añadió Gabo que una vez enviada la primera parte a Buenos Aires, Mercedes exclamó: "¡Ahora lo único que falta es que la novela sea mala!"

Cenamos esa noche en el restaurante Los Pedros, frente a la catedral, en compañía de Roberto Pombo, editor del periódico *El Tiempo* y hombre de amplia cultura literaria.

Llevábamos ya varias horas de buena comida, buenos vinos y mejor conversación cuando Gabo quiso ir al baño, al que se llega por una empinada escalera de caracol. Opté por acompañarlo. Utilizábamos los mingitorios cuando entró al baño un joven con iguales intenciones. Un rato después, cuando continuábamos la cena, el joven se acercó a nuestra mesa. Era mexicano y venía con su novia. Le pidió permiso a Gabo de tomarse una foto a su lado, como hacen muchos de sus admiradores. Pero, ante el evidente sonrojo de su novia que lo retenía, añadió la siguiente frase insólita: "Perdone, señor, pero desde que bajé, no he parado de decirle a mi novia: ¡acabo de estar orinando al lado de Gabriel García Márquez!"

Estuvimos en Los Cedros hasta casi las dos de la mañana. Gabo hubiera continuado: "¿Adónde vamos a bailar?" Pero Mercedes lo disuadió y nos fuimos a dormir.

El día siguiente hablamos de la gran afición de Gabo por la música en todas sus formas, desde la música popular hasta la más compleja música sinfónica y de cámara. Poca gente sabe que en su juventud Gabo formó parte de un dúo de música tropical llamado Los García. A ello me referiré más adelante.

Dos giras por Colombia: 2009

En julio toqué obras para violonchelo solo y presenté en Bogotá mi libro *Las aventuras de un violonchelo* en el Festival El Malpensante, junto con Bernardo Hoyos y mi libro *Por la milenaria China* en el auditorio del Centro Cultural Gabriel García Márquez del Fondo de Cultura Económica.[27]

Bernardo Hoyos me puso en contacto con el compositor Francisco Zumaqué, a quien conocía de nombre y que quedó en componer una obra para violonchelo y piano.[28]

En Medellín presenté mi libro *Las aventuras de un violonchelo,* en su edición anterior en la Biblioteca Belem de Comfenalco,

---

[27] Aprovecho aquí para expresar nuestro agradecimiento a nuestro viejo amigo el presidente Betancourt y a su esposa Dalita, por la cena a que nos invitaron, en compañía del embajador de México, Florencio Salazar, y de Martha Ofelia, su esposa.

También agradezco a Paulo Laserna por su ayuda y hospitalidad en Bogotá.

[28] En octubre de 2010 recibí por correo electrónico la obra que me prometió Francisco Zumaqué. Se titula *Cantos de mi tribu* para violonchelo y piano y me preparo para tocar su estreno en fechas próximas.

junto con don Rafael Vega, eminente crítico musical. Después toqué una *suite* de Bach y obras de Toussaint y Prokofiev.

Desde 1985 no habíamos podido ir a Medellín debido a que la situación creada por el narcotráfico hacía poco aconsejable nuestra presencia. En 2009 pudimos percatarnos del notable progreso de la capital antioqueña. El día siguiente de la presentación, acompañados por Adriana Betancur, jefa del Departamento de Bibliotecas de Comfenalco-Antioquia, recorrimos a pie el centro de la ciudad; visitamos el Museo de Antioquia, con su estupenda colección de cuadros de pintores colombianos, empezando por los de Botero, donada por él mismo; conocimos la admirable Biblioteca Infantil de Comfenalco, en la que se inculca en los niños e incluso en los bebés la afición a los libros. Tomamos el metro y subimos por el teleférico hasta la Biblioteca España, así llamada en reconocimiento de la ayuda del gobierno español y construida en una comuna dominada en otros tiempos nada menos que por el máximo capo del narcotráfico colombiano, Pablo Escobar. Antes de visitar la biblioteca, llena de niños, dos pequeños de menos de 12 años nos hicieron una impresionante explicación acerca del terrorismo que imperaba en esta comuna hace apenas unos cuantos años.

El 8 de julio viajamos a Cartagena, de la cual habíamos quedado enamorados desde nuestra anterior visita. Me habían invitado a tocar *suites* de Bach y participar en un nuevo *conversatorio* acerca de *Las aventuras de un violonchelo* en el maravilloso Claustro de Santo Domingo junto con Jaime Abello, director de la Fundación para un Nuevo Periodismo Iberoamericano, la entidad creada y presidida por Gabriel García Márquez para trabajar en la formación y el perfeccionamiento profesional de los periodistas de los países iberoamericanos.

Tras el evento en Cartagena, cenamos mi esposa y yo con Lidia Blanco, directora del Centro Español de Cooperación, Jaime Abello y Jaime García Márquez, hermano menor de Gabo.

Jaime García Márquez es 13 años menor que Gabriel y su memoria inagotable le permitió recordarle a su hermano muchas historias para su libro autobiográfico *Vivir para contarla*.

Jaime nos confirmó que Gabo y su hermano Luis Enrique formaron un dúo llamado Los García. Primero cantaban boleros y después incursionaron en los *vallenatos* y la música típica del caribe colombiano. A veces cantaban junto con tres hermanos, también apellidados García, en un conjunto conocido como el Quinteto García.

Una vez, siendo muy joven, Jaime leyó en un periódico comentarios elogiosos acerca de Gabo y pensó en un principio que se referían a sus éxitos musicales. Se llevó una gran sorpresa al percatarse que el motivo de los elogios no era el dúo Los García sino un cuento que acababa de publicar.

En septiembre de 2009 di un concierto con la pianista Marjorie Tanaka en el auditorio de la Universidad Jorge Tadeo Lozano de Bogotá y, en Cali, participé en un *conversatorio* con Bernardo Hoyos y di un concierto en el Festival de las Artes de Cali.

Colombia: septiembre de 2010. Bogotá, Medellín e Ibagué

Regresar a Colombia se ha convertido en una muy grata costumbre. En esta ocasión, en compañía de Conrado Zuleta, presenté mi libro *Cinco mil años de palabras* y di un concierto en el Centro Cultural Gabriel García Márquez de Bogotá.

Tuve en las Fiestas del Libro de Medellín una agenda cargada: una clase maestra, dos presentaciones de libros; dos conciertos y un *conversatorio*. Toqué el estreno en Colombia de la *suite* de Zyman para dos violonchelos con la participación del magnífico violonchelista mexicano Javier Arias, profesor en la eafit.

EL *conversatorio* fue una divertida charla con el gran escritor colombiano Roberto Burgos Cantor acerca de "La biblioteca de Gabo". Roberto Burgos, con quien presenté en 1999 la primera edición de este libro en Bogotá, es un gran conocedor de la obra de García Márquez y fue para mí un gusto compartir el escenario con él.

No conocía yo Ibagué, la "Ciudad de la Música" y capital del departamento del Tolima.

Fui muy amablemente acogido por el doctor Alfonso Reyes Alvarado, rector de la Universidad de Ibagué, que organizó una visita a la magnífica universidad y me ofreció una comida típicamente colombiana junto con los directores de la universidad y personajes de la música de Ibagué.

El Tolima es una tierra muy ligada a Álvaro Mutis. Nacido en

Bogotá, pasaba fines de semana y vacaciones en la casa de la gran finca cafetalera que tuvo su familia materna en Coello, muy cerca de Ibagué, y que Álvaro recuerda con profunda nostalgia. Vi la casa, muy venida a menos y convertida en una pequeña tienda llamada "Super Tienda La Hormiga". Desde Coello hablé por teléfono con Álvaro y con Carmen, su esposa.

Por la noche presenté mi libro *Las aventuras de un violonchelo* y toqué dos *suites* de Bach en la Sala Alberto Castilla del Conservatorio de Ibagué. Principié mi presentación resumiendo la conversación telefónica con Álvaro Mutis, que me había pedido transmitir su afectuoso saludo al público allí reunido. La ovación que ello provocó me emocionó y fue prueba del gran cariño que sus paisanos (y todos sus lectores) le tenemos.

El 14 de septiembre viajé en coche a Bogotá para volar a Madrid y Asturias, donde el 16 empecé unas jornadas musicales con Yo-Yo Ma. De ello hablaré más adelante.

Venezuela: 1991-2009

Mis primeros conciertos en Caracas tuvieron lugar en 1991, en ocasión de la larga gira sudamericana que abarcó Argentina, Uruguay, Brasil, Venezuela, Colombia, Ecuador y Perú.

En mayo de 1998 volví a Caracas a dar una serie de conciertos.

El 8 de mayo toqué con la Orquesta Sinfónica Simón Bolívar en la Sala Félix Ribas del Teatro Teresa Carreño, y el 10, un recital en la Quinta Anauco en compañía de Edison Quintana. En ambas presentaciones toqué una mezcla de obras del gran repertorio europeo con nuevas obras iberoamericanas.

Con la Orquesta Simón Bolívar, dirigida por Eduardo Diazmuñoz, toqué el estreno en Venezuela del *Concierto para violonchelo* de Federico Ibarra y las *Variaciones sobre un tema rococó* de Chaikovsky. Fue mi primera aparición con dicha orquesta y pude comprobar que, como decía Eduardo Mata, es una de las mejores orquestas de Iberoamérica. Está compuesta por músicos jóvenes de Venezuela, que tocan con notable dominio técnico y una musicalidad y entrega ejemplares. Es la joya del Sistema Nacional de Orquestas Juveniles e Infantiles de Venezuela, al cual me referiré más adelante.

El recital del día 10 de mayo se llevó a cabo en la Quinta Anauco, casa colonial en la que se hospedó Simón Bolívar, convertida hoy en museo y sede de conciertos de música de cámara dominicales. El recital incluyó en su primera mitad la sonata de Shostakovich y la *Sonata para violonchelo solo* de Kodaly. La segunda parte estuvo dedicada a composiciones iberoamericanas: el estreno mundial de una obra del joven compositor venezolano Ricardo Lorenz, titulada *Cecilia en azul y verde*, el estreno en Venezuela de las *Tres danzas seculares* de Mario Lavista y *Le Grand Tango* de Astor Piazzolla.

La obra de Lorenz, su título y las insólitas circunstancias de su composición y estreno merecen unos comentarios.

Desde que quedaron fijadas las fechas de mis conciertos en Caracas, me propuse tocar alguna obra venezolana. Conocía yo de nombre a Ricardo Lorenz, joven compositor residente en Chicago y que está desarrollando una brillante carrera internacional. Convinimos en julio de 1997 que compondría una obra y me la entregaría en febrero de 1998, a tiempo para estudiarla y estrenarla en Caracas en mayo.

Ricardo empezó la composición en septiembre de 1997. En enero de 1998 Ricardo sufrió la desgracia de que falleciera su madre, Cecilia, en Caracas.

A principios de abril, a un mes de la fecha programada para el estreno, Ricardo me envió por fax las primeras páginas, de tal manera que Edison y yo pudiéramos empezar a estudiar. Dice la portada: "Cecilia en azul y verde. *In memoriam Cecilia Abreu de Lorenz. A la memoria de mi madre, con profundo agradecimiento a Carlos Prieto y dedicada a Petra, quien sufrió conmigo*". El 15 de abril recibí la versión final y el 5 de mayo volé a Caracas.

Se dio la casualidad de que el día del estreno fuera el "día de las madres", el domingo 10 de mayo. Cuando llegamos Edison y yo a la Quinta Anauco para prepararnos para el concierto, nos esperaba la familia Lorenz Abreu en pleno, salvo Ricardo, que tuvo que permanecer en Chicago. Ana Cecilia Lorenz, hermana del compositor, me regaló una flor con una tarjeta que dice así: "Maestro Prieto: nuestra Cecilia le agradece tan hermoso y oportuno homenaje con esta humilde rosa, su flor preferida. Gracias. Familia Lorenz. Ana Cecilia Lorenz Abreu".

Alex Lorenz, su padre, me dijo lo emocionados que estaban

todos al poder escuchar ese día la obra compuesta por Ricardo en memoria de su madre. Me explicó que el título está inspirado en una foto de Cecilia Abreu tomada en el jardín de su casa con un fondo azul y verde.

Antes de tocar la obra de Lorenz, expliqué al público algunos antecedentes de esta composición y añadí que para Edison y para mí era también motivo de profunda emoción poder estrenarla en tan significativa fecha y ante la familia Lorenz Abreu.

Cecilia en azul y verde fue excelentemente acogida por el público. Esperamos tocar con frecuencia esta obra, cuya grabación hicimos Edison y yo en julio de 1998.

Caracas: 1999

En 1999 regresé a Caracas durante el largo viaje que hicimos por toda Sudamérica para presentar la primera edición de este libro. No doy aquí detalles. El lector los encontrará más adelante en la sección titulada "Una larga gira iberoamericana. Marzo-abril de 1999".

Caracas: 2000. William Molina y el Festival Internacional de Violonchelo Simón Bolívar. Dos estrenos

William Molina es un notable violonchelista y profesor, egresado del "Sistema" y con brillantes estudios en el Conservatorio de París. Fue nombrado primer violonchelo de la Orquesta Simón Bolívar y su actividad pedagógica lo convirtió en uno de los más destacados maestros de América Latina. Es fundador y director de la Academia Latinoamericana de Violonchelo y coordinador de los festivales Internacionales de Violonchelo Simón Bolívar.

José Antonio Abreu y William nos invitaron a mi hijo, el director Carlos Miguel, y a mí a participar en el Festival de Violonchelo del año 2000.[29]

El concierto se llevó a cabo con la Orquesta Simón Bolívar en

---

[29] Los demás violonchelistas que participaron en el Festival fueron Arto Noras; Edgar Fischer, de Chile, y su esposa, la pianista María Iris Radrigan; Jesús Castro-Balbi

noviembre de 2000 en el Teatro Teresa Carreño con el siguiente programa:

Obertura a los esclavos felices	Arriaga (España)
Cuatro versos para cello y orquesta (estreno en Venezuela)	Roberto Sierra (Puerto Rico)
Espejos en la arena para cello y orquesta (estreno en Venezuela)	Arturo Márquez (México)
Intermedio	
La noche de los mayas	Silvestre Revueltas (México)

Arturo Márquez estuvo presente y Carlos Miguel y la orquesta tocaron como bis su muy popular *Danzón número 2*.

Caracas: febrero de 2003. Dos nuevos estrenos

Regresé a Caracas en febrero de 2003 para participar en un concierto titulado "Homenaje a la Academia Latinoamericana de Violonchelo", dirigida por William Molina.

Nuevamente toqué dos conciertos: el estreno mundial del *Concierto para violonchelo* de Eugenio Toussaint, de México, y el estreno en Venezuela de la *Sonata fantasía* para violonchelo y orquesta de Celso Garrido-Lecca, del Perú, ambos bajo la batuta del director venezolano Eduardo Marturet.

Caracas: 2006. Un concierto y un gran honor.
El Sistema Nacional

Toqué en 2006 el estreno en Venezuela de la *Fantasía concertante* del compositor mexicano Joaquín Gutiérrez Heras con la Orquesta Simón Bolívar bajo la dirección de Alfredo Rugeles. El maestro José Antonio Abreu, presidente y fundador del Sistema Nacional de Orquestas Juveniles e Infantiles de Venezuela, me hizo el gran honor de nombrarme "profesor emérito de la juventud venezolana".

y su esposa, la pianista Gloria Yi-Chen Lin, y otros. Jesús Castro-Balbi fue invitado como ganador del Concurso de Violonchelo Carlos Prieto, del cual hablaré más tarde.

Sistema Nacional de Orquestas Juveniles e Infantiles de Venezuela

El año de 1975 es un parteaguas en la historia de la música en Venezuela. Ese año un hombre de genio, músico, economista y organizador, José Antonio Abreu, llevó a la práctica su sueño largamente concebido de crear una orquesta de jóvenes, la Orquesta Sinfónica Juvenil, hoy llamada Orquesta Sinfónica Simón Bolívar (OSSB), concebida no como un proyecto aislado sino como la primera semilla de un vasto movimiento, el Sistema Nacional de Orquestas Juveniles e Infantiles de Venezuela, que ha venido a transformar totalmente el panorama musical de ese país y que, además, tiene un impacto social muy importante. Cuatro años después se constituyó la Fundación del Estado para la Orquesta Juvenil de Venezuela, con la finalidad de formar maestros de música, organizar cursos y obtener los recursos financieros requeridos para la ejecución de los planes y programas.

El Sistema Nacional propicia la enseñanza musical desde el preescolar hasta el posgrado, de manera que el acercamiento a la música sea continuo y vivencial.

Un libro acerca de la OSSB publicado en 1997 dice lo siguiente:

> El Sistema tiene como premisa fundamental la difusión del repertorio musical venezolano y latinoamericano... Ha impulsado la creación del Instituto Universitario de Estudios Musicales que forma licenciados en música en diferentes especialidades, con la colaboración de la Universidad Simón Bolívar; así como el Conservatorio otorga el título de Ejecutantes y Bachilleres en Música a quienes culminen sus estudios formales, elevando así la calidad integral de los estudiantes. El Centro Nacional Audiovisual Inocente Carreño cumple con el propósito de preservar las distintas actividades, además de complementar el proceso de enseñanza; los tres talleres de lutheria subsanan la demanda de instrumentos para las distintas agrupaciones y allí también se capacitan artesanos en la elaboración y reparación de instrumentos de viento [...] Los integrantes de la OSSB constituyen el más idóneo apoyo docente a los distintos programas. De la propia Sinfónica Simón Bolívar han nacido los grupos musicales que con su presencia y

peso evidencian su excelencia como cultores de todos los estilos, géneros y categorías musicales.

Es extraordinario el progreso que ha alcanzado el Sistema, que en 2009 incluye más de 150 orquestas juveniles y 70 orquestas infantiles en todos los estados del país y cerca de 300 000 niños y jóvenes. La Orquesta Sinfónica Simón Bolívar se ha convertido en una de las mejores de América Latina

La enseñanza musical al más alto nivel se imparte a lo largo y a lo ancho del país con un gran impacto social. Esta admirable conjunción ha hecho al Sistema merecedor de un sinnúmero de premios internacionales. El más reciente fue el premio Príncipe de Asturias de las Artes 2008 por haber sabido combinar "la máxima calidad artística y una profunda convicción ética aplicada a la mejora de la realidad social". "El Sistema ha formado a directores e intérpretes del más alto nivel [...] y lo ha hecho a partir de una confianza audaz en el valor educativo de la música para la dignidad del ser humano."

El excelente director mexicano Eduardo Mata estuvo íntimamente ligado a la OSSB, ya que la dirigió varios años hasta su trágica muerte en 1995.

La permanencia de José Antonio Abreu a la cabeza ha sido clave del éxito del Sistema Nacional de Orquestas Juveniles e Infantiles de Venezuela. Gracias a él los sucesivos cambios de gobierno en los años transcurridos desde 1967 y las sacudidas financieras sufridas por Venezuela no han afectado al Sistema. Ello se debe, en enorme medida, al incansable trabajo y al talento administrativo y político del maestro Abreu y de sus colaboradores. La música de Venezuela y de Iberoamérica tiene con ellos una deuda impagable.

La OSSB ha merecido los más cálidos elogios en las giras que la han llevado por Europa, América Latina, los Estados Unidos y Japón. Ejemplo de los músicos que ha creado el Sistema es Gustavo Dudamel, que ha dirigido la Orquesta Simón Bolívar con extraordinario éxito en los más diversos escenarios mundiales y que fue nombrado en 2009 director artístico de la Orquesta Sinfónica de Los Ángeles.

Claudio Abbado y Simon Rattle, grandes admiradores del Sistema, colaboran anualmente con la Orquesta Simón Bolívar y se han convertido en auténticos embajadores del proyecto de Abreu. El arquitecto Frank Gehry va a regalar un diseño para un auditorio en Barquisimeto.

Venezuela, que empezó más tarde que otros países iberoamericanos a incursionar en el campo de la música clásica, se ha convertido en la actualidad en uno de los focos musicalmente más dinámicos de la región.

Con Yo-Yo Ma en Caracas: 2009

En junio de 2009 llegamos Yo-Yo Ma y yo a Caracas, invitados por José Antonio Abreu. Yo-Yo Ma conocía por múltiples referencias los logros del Sistema pero no había tenido ocasión de constatarlos personalmente en Venezuela. El maestro Abreu preparó una impresionante serie de visitas, de clases magistrales a cargo de Yo-Yo Ma, de conciertos del Conjunto de Violonchelos y de diversas orquestas infantiles y juveniles que culminaron con el concierto de Dvorak que tocaron el 28 de junio Yo-Yo Ma y la Orquesta Simón Bolívar, dirigida por Gustavo Dudamel.

El 26 de junio, Yo-Yo y yo tocamos la *Suite para dos violonchelos* de Zyman ante los fundadores, los maestros del Sistema y 1000 jóvenes estudiantes, en la Sala Bolívar del Centro de Acción Social por la Música de Caracas.

Robert X. Rodríguez, *Máscaras*, *Don Quijote* y el Festival Cervantino de Guanajuato

Mi recorrido por la música de Iberoamérica debe incluir también, dije al principio de este capítulo, la que proviene de aquellas regiones de los Estados Unidos en las que está viva la cultura hispánica. La obra *Máscaras*, de Robert X. Rodríguez, es un perfecto ejemplo al respecto. Actualmente es profesor en la Universidad de Texas, en Dallas, y durante los años de Eduardo Mata al frente de la Orquesta de Dallas, Robert fue "compositor en residencia" de la orquesta. En su apellido y en buena parte de su música están presentes sus antecedentes hispánicos y, más concretamente, mexicanos. *Don Quijote* tuvo que ver con la génesis de *Máscaras*. En octubre de 1992 di dos conciertos en San Antonio, Texas, con la orquesta sinfónica de esa ciudad, dirigida por Christopher Wilkins. Toqué el poema sinfónico *Don Quijote*, de Richard Strauss, y el programa del concierto incluyó también el estreno mundial de una nueva obra de Robert X. Rodríguez, titulada *Tango de tango*, en presencia del compositor. De ese encuentro surgió la obra *Máscaras*, un concierto *sui generis* para violonchelo y orquesta, inspirado en las máscaras ricamente decoradas que emplean danzantes populares en México. En vez de los tres movimientos tradicionales de un concierto, *Máscaras* consta de seis movimientos cortos, en el estilo característico del autor, calificado por la revista *Musical America* como de "una atonalidad llena de lirismo".

El estreno mundial de *Máscaras* tuvo lugar el 22 de octubre de 1994, en Guanajuato, en el marco del Vigesimosegundo Festival Cervantino, con la participación del director italiano Guido M. Guida y la Orquesta de Guanajuato.

He tocado muchas otras veces en el Festival Cervantino, el más importante de América Latina, con programas que han incluido desde las *Suites completas* de Bach hasta estrenos mundiales de conciertos para violonchelo. En 2010 toqué la *Sonatina para violonchelo solo* de Luis Herrera de la Fuente en ocasión del Premio Cervantino que se le entregó a don Luis, y en el concierto de clausura del mismo año toqué *suites* de Bach y la sonata de Kodaly.

GUADALAJARA. LANZAMIENTO DE *LAS AVENTURAS DE UN VIOLONCHELO* EN LA FERIA DEL LIBRO: DICIEMBRE DE 1998

El lanzamiento de *Las aventuras de un violonchelo* se llevó a cabo en la Feria del Libro de Guadalajara en diciembre de 1998 con la participación del gran escritor colombiano Álvaro Mutis, autor del prólogo del libro. Como ha sido costumbre, tras la presentación, di un breve concierto, en esta ocasión, con Edison Quintana, al piano.

Una larga gira iberoamericana. 28 conciertos: marzo-abril de 1999

A principios de 1999 tuve la extraordinaria experiencia de dar una serie de conciertos con orquesta, recitales con piano y, además, presentar mi libro *Las aventuras de un violonchelo* en muchas de las principales ciudades del mundo hispanohablante. En un periodo de dos meses toqué 28 conciertos y presenté el libro en México, España, Colombia, Venezuela, Ecuador, Perú, Bolivia, Argentina, Uruguay y Chile. En cada presentación del libro toqué un breve recital —con los pianistas Chiky Martin en España y Edison Quintana en todos los demás países— que, por lo general, incluyó obras del gran repertorio europeo, alguna obra mexicana estrenada por mí y el estreno mundial de una nueva obra de algún gran compositor del país visitado.

España. Madrid, Oviedo, Cádiz, Barcelona

Oviedo, 5 de marzo. El poeta y ensayista Carlos Bousoño, el musicólogo Emilio Casares, el vicerrector Moisés Llorden y el autor presentamos *Las aventuras de un violonchelo* en el Paraninfo de la Universidad de Oviedo. Luego toqué una *suite* de Bach y, con la pianista Chicky y Martin, *Tres danzas seculares* de Mario Lavista (México), *Primer espejo de Falla* de Tomás Marco (España) y *Le Grand Tango* de Astor Piazzolla (Argentina).

Madrid, 7 de marzo. La presentación en Madrid se llevó a cabo en el Salón Manuel de Falla de la Sociedad General de Autores Españoles (SGAE), con la participación de Carlos Bousoño, Emilio Casares, Tomás Marco (compositor y director general del Instituto de las Artes Escénicas y la Música), Álvaro Marías, Claudio Prieto y Margarita de la Villa.

Cádiz, 10 de marzo. Durante el viaje de tres horas por tren de Madrid a Cádiz, Tomás Marco sacó una hoja en blanco de papel pautado mientras pasábamos por Ciudad Real. Allí escribió los primeros compases de lo que resultaría su *Partita Piatti* para violonchelo solo, obra que estrené en México y he tocado con frecuencia en numerosos países (España, los Estados Unidos, Alemania, Brasil, etcétera).

En la presentación en Cádiz, participaron José Luis García del Busto, Tomás Marco, Teófila Martínez, la alcaldesa de Cádiz y el autor. El concierto y la presentación del libro resultó un evento muy especial en Cádiz, donde el Piatti pasó 56 años de su vida. Antes de tocar, mostré el violonchelo al público congregado en el Salón de Plenos del Ayuntamiento y lo presenté como el Stradivarius de Cádiz que regresaba a casa tras una ausencia de 181 años. ¡Los asistentes se pusieron en pie y ovacionaron al violonchelo como si estuvieran dando la bienvenida a un héroe local!

Caracas: 14-18 de abril de 1999

Caracas fue el primer punto de la larga gira sudamericana.

El jueves 15 de abril tuvo lugar la presentación-concierto en el Centro Cultural Corp Group.[30] El recital incluyó, entre otras obras, el estreno en Venezuela de la *Canción en el puerto*, de Joaquín Gutiérrez Heras (México), y *Cecilia en azul y verde*, del compositor venezolano Ricardo Lorenz.

En los demás días tuve largas reuniones con los alumnos de violonchelo de mi querido y admirado colega William Molina y varios conciertos.

Al terminar una clase-conferencia-concierto en la mañana del 17 de abril, Paul Desenne nos llevó a su finca llamada La Ópera Galeónica, en la selva, a una hora de Caracas. Llegamos justo a la hora de la comida, y el embajador de México, Jesús Puente Leyva, originario de Monterrey, se lució en la preparación de unas deliciosas migas al estilo de su tierra.

Por la tarde, la compositora y pianista colombiana Claudia Calderón nos tocó una serie de obras suyas, inspiradas en la música del arpa tradicional de los llanos de Colombia y de Venezuela. Claudia es una excelente compositora, con amplios estudios en Europa y cuya tesis universitaria versó sobre las músicas étnicas que ha recogido en el campo colombiano y venezolano.

[30] Los presentadores fueron Gabriela Olivo, Edison Quintana, Paul Desenne, excelente violonchelista y compositor venezolano, Jesús Puente Leyva, embajador de México, y yo.

Del interés que despertó en mí aquel concierto surgió una obra que en 2000 me dedicó Claudia Calderón, titulada *La revuelta circular* para violonchelo y piano, inspirada en la música quasi barroca de la refinada arpa tuyera (valles del río Tuy de la región central de Venezuela) y que poco después estrenamos y grabamos Edison Quintana y yo.

18 de abril. Concierto en la Quinta de Anauco dedicado a Bach que ya había yo tocado anteriormente en la Quinta de Anauco, uno de los últimos vestigios de la arquitectura colonial conservados en el Valle de Caracas.

En esta ocasión el programa —el último de esta estancia caraqueña— consistió en las *Suites 1, 3 y 6* de J. S. Bach para violonchelo solo.

El día siguiente viajamos a Bogotá.

Bogotá. Conciertos, presentación del libro y el regreso de un hijo pródigo: 19-24 de abril

La Sala de Conciertos de la Biblioteca Luis Ángel Arango fue el extraordinario foro para la presentación del libro que hicimos el 20 de abril el escritor Roberto Burgos Cantor, Edison Quintana y yo.

El 21 fui el solista en el concierto inaugural del Sexto Festival de Música Contemporánea en el Teatro Colón. Toqué el estreno en Colombia del *Concierto para violonchelo* de Federico Ibarra, con la Orquesta Filarmónica de Cundinamarca bajo la batuta de Manuel Cubiles.

El 23 di una clase maestra en la Universidad Nacional, grabé un programa en Inravisión con mi amigo Bernardo Hoyos, y por la noche dimos un concierto en el Auditorio Olav Root de la Universidad Nacional.

De acuerdo con el plan de tocar en cada país el estreno mundial de una obra de un compositor local, programé en Bogotá el estreno de una obra inédita e intocada de Blas Emilio de Atehortúa titulada *Romanza* para violonchelo y piano. Desde entonces pensé que sería interesante estrenar esta obra el día de la presentación de este libro en Bogotá. Así se programó y anunció. Pero ocurrió algo inesperado: el día del estreno me llamó por la mañana el compositor y me dijo: "¡Le agradezco mucho que vayan a estrenar una obra mía, pero debo decirle que esa romanza no es mía!" Ante tan insólita situación nos reunimos inmediatamente. Observó detenidamente la partitura y sonriendo me dijo: "En efecto, es una obra mía cuya existencia tenía por completo olvidada. Esta noche en el teatro permítame decir unas palabras al público acerca del regreso de ese hijo pródigo". Atehortúa quedó tan contento con el estreno que me dijo se iba a abocar inmediatamente a la composición de una *Fantasía concertante* para violonchelo y piano y que me la enviaría a principios del año 2000. Se ha retrasado el maestro Atehortúa. Escribo estas líneas en 2010 y, aunque no pierdo la esperanza, la *Fantasía* no me ha llegado aún...

Quito. Conciertos.
Presentación de Las aventuras de un violonchelo: *25 de abril*

El 25 de abril volamos a Quito, ciudad de cuya belleza me había quedado un gran recuerdo en ocasión de mis conciertos allí en 1991.

Con la Orquesta Sinfónica Nacional, dirigida por Álvaro Manzano, toqué las *Variaciones rococó* de Chaikovsky y el estreno en Ecuador del concierto de Federico Ibarra.

Los violonchelistas de la orquesta me dijeron que estaban organizando el Ensamble de Violonchelos del Ecuador Carlos Prieto y querían mi anuencia al uso de mi nombre. Por supuesto, accedí a este señalado honor.

La presentación del libro y recital se hizo en el auditorio Las Cámaras con la participación de Cecilia Sáenz Aguirre, el maestro Álvaro Manzano, Edison Quintana y yo. Igual que en Bolivia, no pude estrenar ninguna obra ecuatoriana, aunque salí de Ecuador con varias obras que conseguí en el Archivo Histórico del Banco Central del Ecuador. Nuestra presentadora, Cecilia Sáenz, resultó sobrina tataranieta de Manuelita Sáenz, que tanta importancia tuvo en la vida de Simón Bolívar.

Pese a lo apretado de nuestra agenda, María Isabel y yo pudimos visitar la hermosísima iglesia de San Francisco, la catedral, donde se encuentra la tumba de Sucre y las plazas coloniales de la Independencia y de San Francisco.

Perú. Lima, Trujillo. Estrenos y ovaciones temblorosas: 30 de abril

El viernes 30 de abril llegamos a Lima procedentes de Quito.

El sábado vino a verme al hotel mi amigo el gran compositor Celso Garrido-Lecca que me entregó una versión revisada de la obra que me dedicó, titulada *Soliloquio* para violonchelo solo.

El domingo volamos a Trujillo, capital del departamento de La Libertad al noreste de Perú en una región costera desértica. Fuimos muy bien atendidos por Aurea Rodríguez Ulloa, presidenta de la Asociación Cultural de Amigos de la Música, y por otras personalidades.

Al día siguiente se llevó a cabo la presentación-recital del libro en el Club Central de Trujillo, tras lo cual se me entregó un pergamino con el nombramiento de Huésped Distinguido de la Ciudad de Trujillo, Perú.

Regresamos a Lima para dos eventos en la Pontificia Universidad Católica de Perú: un recital, y la presentación-concierto, que incluyó el estreno de la obra peruana el *Soliloquio* de Celso Garrido-Lecca.[31]

Al terminar, el público empezó a aplaudir y el teatro a temblar. Se trataba de un fuerte terremoto. Me permití decir al público que agradecíamos su entusiasmo pero que, en realidad, no era para tanto. Todos los asistentes se quedaron en sus asientos salvo una señora que gritando "¡Todos tranquilos!" abandonó el auditorio presa del pánico.

Bolivia, La Paz: 7-11 de mayo

Llegamos al atardecer al aeropuerto muy justificadamente llamado El Alto, pues se encuentra a poco más de 4000 metros de altura.

---

[31] En la presentación del libro participamos Rosario Pesantes, gerente general del Fondo de Cultura Económica; Armando Sánchez Málaga, director del Centro de Difusión de Música Latinoamericana de la Universidad, Edison Quintana y yo.

En La Paz, que ese año fue la Capital Iberoamericana de la Cultura, pasamos Edison Quintana y yo unos días de intensa actividad. Dimos dos conciertos en el Teatro Municipal, incluyendo una función de gala a beneficio del Premio Nacional de Música de Bolivia.

Dimos una clase magistral a integrantes de la Orquesta Sinfónica Nacional y a alumnos del Conservatorio Nacional, y el 10 de mayo hicimos la presentación del libro en el Palacio Chico. Nuestra estancia en Bolivia finalizó con una memorable excursión al lago Titicaca.

En ocasión de la presentación del libro[32] expliqué que en casi todos los países iberoamericanos de nuestra gira el programa incluía el estreno de alguna obra de un gran compositor del país visitado, pero que, debido a mi ignorancia, no había localizado ninguna composición boliviana. Al terminar el acto, el más eminente compositor boliviano, Alberto Villalpando, Premio Nacional de Bolivia, me aseguró que tal laguna en la música de su país quedaría subsanada y que se pondría inmediatamente a componer una obra para violonchelo y piano que nos enviaría en "un futuro cercano". Y, en efecto, a finales de junio de 1999 tuve la grata sorpresa de recibir un sobre procedente de Bolivia con la obra prometida, titulada *Sonatita de piel morena* para violonchelo y piano, que Edison Quintana y yo estrenamos en México y grabamos en un disco compacto. Otro gran artista, el pintor Pérez Alcalá, me prometió el pronto envío de una acuarela cuyo tema violonchelístico se le ocurrió durante el concierto. Así sucedió y el cuadro adorna desde entonces una pared de nuestra casa.

El día de la presentación del libro debimos asistir antes a una sorpresiva ceremonia en el Ministerio de Cultura de Bolivia. Primero, Ramón Rocha Monroy, viceministro de Cultura, nos nombró a Edison Quintana y a mí Huéspedes Ilustres de la Cultura Boliviana. El alcalde de La Paz, Germán Monroy Chazarreta, no se quedó atrás y nos nombró Amigos Predilectos de la Ciudad de Nuestra Señora de La Paz. Iba yo a agradecer tan generoso gesto cuando el doctor Rocha Monroy me interrum-

---

[32] Participamos en la presentación del libro el viceministro de Cultura Rocha Monroy; la embajadora de México, Margarita Diéguez; el director del Fondo de Cultura Económica en Bolivia, Werne Guttentag, Edison Quintana y yo.

pió para decir que también tenían otro nombramiento ¡para el Piatti! El elegante pergamino dado al Piatti tiene en su parte superior el dibujo a color del escudo nacional, encabezado por un cóndor, y su texto dice así: "Se declara Huésped Ilustre de la Cultura Boliviana a Chelo Prieto, ex Piatti, fabricado por D. Antonio Stradivarius en el Año del Señor de 1720". En nombre propio, de Edison, de don Antonio Stradivarius y de Chelo Prieto agradecí al ministro tan señaladas distinciones.

Buenos Aires: 11 de mayo

Temprano despegamos del aeropuerto El Alto rumbo a Buenos Aires. Recuerdo al lector que las pistas se encuentran a 4000 metros de altura. Apenas tras el despegue volábamos al lado del impresionante macizo de ocho kilómetros de largo del Illimani cuyos cuatro picos sobrepasan los 6000 metros de altura: el Pico del Indio (6462 m), el Pico Central, también llamado Cóndor o Águila Blanca (6362 m), el Pico Norte (6380 m) y el Pico París, o Cerro Brujo, de poco más de 6000 metros Media hora después sobrevolábamos ya la llanura de la cuenca amazónica con sus inmensas selvas.

El 13 di un concierto de *suites* de Bach en la Sala Miguel Cané de la Secretaría de Cultura en Buenos Aires. Me dio gusto saludar al compositor Benzecry, a Efraín Paesky y a su esposa Emma. Efraín fue el autor indirecto de la existencia de *Le Grand Tango* para violonchelo y piano de Astor Piazzolla, tal como relaté anteriormente.

La presentación del libro se hizo el día siguiente en el Instituto de Cooperación Iberoamericana, en la calle Florida. Participamos Alejandro Katz, director del Fondo de Cultura Argentina; Gastón Burucua, Edison Quintana y yo. A continuación, el recital acostumbrado sólo incluyó una *suite* de Bach, pues el salón carecía de piano.

El sábado 15 dimos un concierto en el Salón Dorado del Teatro Colón. Tocamos Rajmaninov, Shostakovich y los estrenos en Argentina de obras de Mario Lavista y de Revueltas. Tal como había prometido a Efraín Paesky, tocamos también *Le Grand Tango* de Piazzolla.

Montevideo. Concierto de Dvorak
con la Orquesta de Montevideo: 17 de mayo

Fue breve la estancia en Uruguay. Llegamos el 16 de mayo, procedentes del cercano Buenos Aires.

El 17 se llevó a cabo en la Intendencia de Montevideo (la alcaldía) un breve e insuficiente ensayo del *Concierto para violonchelo y orquesta* de Dvorak con la Orquesta Filármonica de Montevideo, dirigida por Federico García Vigil. Por la noche del mismo día dimos el concierto en el atrio central de la alcaldía pues el teatro habitual de la orquesta se encontraba en reparación.

No dimos ningún recital en Uruguay. Mi propósito de estrenar obras de compositores uruguayos no se cumplió sino en 2006, cuando toqué la *Suite para violonchelo solo* que me dedicara ese mismo año el notable compositor y director José Serebrier.

Santiago de Chile. Juan Orrego-Salas
y Gustavo Becerra-Schmidt: 19 de mayo

El final del vuelo Montevideo-Santiago me mantuvo pegado a las ventanillas del avión en contemplación de la cordillera de los Andes y de la impresionante cumbre del Aconcagua, que con sus 6962 metros de altura es la más alta de América y del mundo fuera de Asia.

En Chile tocamos no uno sino dos estrenos mundiales de obras de grandes compositores chilenos: *Espacios*, una rapsodia de Juan Orrego-Salas, y una nueva sonata de Gustavo Becerra-Schmidt.

Juan Orrego-Salas, compositor, maestro y promotor, es uno de los grandes personajes de la música latinoamericana. Tras una distinguida carrera en Chile, llegó en 1961 a Bloomington para fundar el Centro de Música Latinoamericana (Latin American Music Center) y ser, además, profesor de composición en la Escuela de Música de la Universidad de Indiana. Edison Quintana y yo pasamos un día con Juan y su esposa Carmen en su preciosa casa de campo cerca de Bloomington y tuvimos la oportunidad de tocar *Espacios* y escuchar sus consejos y comentarios.

Después del estreno de *Espacios* en Santiago de Chile y Viña del Mar, tocamos la obra en México, en el Kennedy Center de Washington, en un concierto en honor del compositor y en diversos lugares, incluyendo Sudáfrica, y la grabamos para un CD. Unos meses tras el concierto en Washington, recibí un emocionante regalo de Orrego-Salas, su obra *Fantasía* para violonchelo y orquesta.

Mi relación con Gustavo Becerra-Schmidt, otro eminente compositor chileno, fue enteramente resultado de nuestra era cibernética. Gustavo vive en Alemania desde la caída del gobierno de Salvador Allende. Tuvimos una extensa correspondencia antes y después de que compusiera su nueva sonata. ¡Nos hicimos amigos en el ciberespacio pero jamás nos vimos! Su sonata consta de tres movimientos: I. Rapsodia, II. Tema y variaciones y III. Rondó-sonata. Tras el estreno, la volvimos a tocar en diversos foros y también la grabamos en un disco compacto.

Nuestro primer concierto tuvo lugar en el Teatro Municipal de Viña del Mar el domingo 23 de mayo.

El lunes fue la presentación del libro-concierto en la Sala América de la Biblioteca Nacional. Presentamos el libro mi admirado colega Edgar Fischer, Cirilo Vega, director de la Facultad de Artes de la Universidad de Chile, y yo.

El martes dimos un segundo recital en Santiago, nuevamente en la Sala América de la Biblioteca Nacional.

Los conciertos finalizaron con el estreno en Chile de la *Canción en el puerto* de Gutiérrez Heras (México) y con los estrenos mundiales de *Espacios* de Juan Orrego-Salas y de la *Sonata núm. 5* de Becerra-Schmidt.

Además, dimos una clase maestra y un breve concierto en el Auditorio Isidora Zegers de la Universidad de Chile.

BARCELONA: MARZO DE 2000

La presentación-concierto se llevó a cabo en el Gran Teatro del Liceo, más concretamente el Círculo de Liceu, un club privado que agrupa a melómanos que habitualmente concurren a las óperas y conciertos en la gran sala.

El día siguiente me invitaron a su casa el compositor Xavier Montsalvatge, uno de los más importantes compositores de Cataluña y de España, y su esposa Elena. Xavier se refirió a mi libro y al número de obras que había yo estrenado y me dijo que tenía en mente una obra para violonchelo pero que, por desgracia, su mala salud le hacía temer no concretarlo.

El lector podrá imaginar mi sorpresa y mi alegría cuando al poco tiempo recibí la siguiente carta:

Barcelona, 19 de abril de 2000

Mi distinguido amigo:
[...] he empezado a pensar en una realización para violonchelo y piano y tengo ya en mente una epicúrea línea melódica que me parece atractiva y con buenas posibilidades de desarrollo. Si no me fallan las fuerzas y las ideas creo que puedo terminarla a principios de otoño [...]
[...] La obra estaría pensada (e íntimamente inspirada) para usted, a quien quedaría reservada la exclusiva del estreno y si lo deseara también prolongar dicha exclusiva de la interpretación y eventualmente de la grabación en disco por un periodo determinado de tiempo...

Xavier Montsalvatge

Éste fue el origen de su pieza *Invención a la italiana* para violonchelo y piano, que estrené en México en septiembre de 2000 y poco después grabé en Nueva York. Por desgracia, Xavier Montsalvatge falleció poco después, en mayo de 2002.

POR EL VASTO MUNDO DE LA LENGUA PORTUGUESA. PRESENTACIONES
DE *AS AVENTURAS DE UM VIOLONCELO* Y CONCIERTOS EN BRASIL
(2001 Y 2002) Y PORTUGAL (2002)

En 2001 y 2002 tuve una experiencia igualmente extraordinaria, pero esta vez a lo largo y ancho del mundo de lengua portuguesa. Estas giras fueron posibles gracias a UniverCidade, una notable universidad de Rio, y a la firma editorial Top Books que encargaron al escritor brasileño Pedro Lyra la traducción del libro al portugués. *Las aventuras de un violonchelo* se convirtió en *As aventuras de um violoncelo*.[33]

En 2001 la gira incluyó conciertos, clases maestras y presentaciones de mi libro en Fortaleza, Brasilia, Rio de Janeiro, São Paulo y Curitiba, y en 2002, en Florianópolis, Porto Alegre, Belo Horizonte, Campinas y, nuevamente, Rio y São Paulo. Chelo Prieto y yo volamos muchos miles de kilómetros por este fascinante país, el quinto más grande del mundo.[34] En 2002 viajé también a Portugal a tocar y presentar el libro en Coimbra y Lisboa.

Apenas me informaron acerca de la traducción de mi libro al portugués, me puse a estudiar con ahínco la lengua portuguesa, con la ayuda de maestros del Centro Cultural Brasileño de México.

Leí, además, un buen número de libros en portugués, tantos como permitió mi calendario musical. Nunca había olvidado mi embarazosa experiencia en Manaus en 1991 cuando mis palabras en portugués habían sido tan bien comprendidas porque "hablaba yo un castellano tan puro".

Para evitar que este libro adquiera un grosor excesivo, sólo haré breves resúmenes de mis experiencias brasileñas y portuguesas.

Fortaleza: 15-18 de marzo de 2001

Mi primera experiencia con la lengua portuguesa tuvo lugar en Fortaleza, capital del norteño estado de Ceará. Di mi habitual plática-recital en la Universidad de Fortaleza (UNIFOR) y mi portugués fluyó mejor que lo esperado. Me parece que, por lo menos, nadie creyó que di la plática en español. Di también una clase maestra y un concierto en una asamblea de la Sociedad Interamericana de Prensa (SIP).

---

[33] *As aventuras de um violoncelo. Historia e memorias*, Top Books, Rio de Janeiro, 2000.
[34] Los mayores países son Rusia, Canadá, China, los Estados Unidos y Brasil.

Brasilia: 19-24 de marzo de 2001

La gira de presentaciones de libro y de conciertos incluyó la Escuela de Música de Brasilia, el Centro Latinoamericano de la Universidad de Brasilia y el Palacio de Itamaraty.

Sin duda alguna, la presentación más memorable de mi gira por Brasil tuvo lugar en la Sala Brasilia del Palacio de Itamaraty, sede del Ministerio de Relaciones Exteriores. El ministro de Relaciones Exteriores, Celso Lafer, y Marilú Seixas, querida amiga y alta funcionaria del ministerio, participaron conmigo en la presentación, tras lo cual toque dos *suites* de Bach.

El Palacio de Itamaraty es una de las joyas arquitectónicas de la ciudad. Fue diseñado por el legendario arquitecto Oscar Niemeyer, que tan importante papel desempeñó en el diseño de Brasilia, capital de Brasil desde su inauguración en 1962.

Rio de Janeiro: 24-28 de marzo de 2001. UniverCidade. Marlos Nobre. Un concierto en una favela. Las serpientes de una cueva

De Brasilia volé a Rio de Janeiro que, aunque suene muy trillado, es ciertamente una de las más espectaculares ciudades del mundo.

La presentación-recital se llevó a cabo en el auditorio de UniverCidade, la institución que se encargó de la traducción y publicación del libro. Aprovecho aquí para expresar mi agradecimiento a UniverCidade y a su presidente, el doctor Ronald Guimarães Levinsohn, no sólo por la traducción sino por la excelente organización de mis giras.

Mi viejo amigo Marlos Nobre, unos de los más notables compositores actuales de Brasil, fue uno de los numerosos músicos que asistieron al acto. Unos días después, tomamos juntos un *cafezinho* y, consciente de mis deseos de tocar nuevas obras de Brasil, me aseguró que pronto empezaría una nueva obra para violonchelo y piano. Poco después, recibí su *Partita latina*, que estrené en México y grabé en Nueva York en 2003.

Una experiencia radicalmente diferente fue mi visita a una favela de Rio, en el barrio de São Francisco en Niteroi, donde se lleva a cabo un ejemplar experimento musical y social. Jonas Caldas, ex presidiario convertido en laudero, ha establecido ahí una escuela en la que los niños aprenden no sólo a tocar instrumentos sino también a construirlos. Con asombro escuché un concierto de estos niños y les pregunté si podría yo tocar algo con ellos.

Con gusto aceptaron y así tuve la inolvidable experiencia de tocar con la *Orquestra de Câmara da Grota de Surucucú*, lo cual significa *orquesta de cámara de la cueva de las serpientes de cascabel*, porque hasta hace poco tenían allí su guarida serpientes de cascabel.

¡Qué contraste con mi concierto en el Palacio de Itamaraty!

São Paulo: 2001

Una presentación-recital, una clase y un concierto en la Universidad de São Paulo (USP) y una novedad para mí, un *batepapo pelo internet* (conversación por escrito con internautas desde una televisora) fueron las principales actividades en esta inmensa urbe.

Curitiba: 2001

No conocía yo la preciosa y moderna ciudad de Curitiba, capital del estado de Paraná. Me acogieron con suma amabilidad Jeanette Andrade y Maria Candida Teixeira, de la Fundação Cultural de Curitiba; mi colega Maria Alice Brandão —que me consiguió diversas partituras de compositores brasileños—, Oswaldo Euclides Aranha y el compositor Harry Crowl, que me prometió componer una obra y dedicármela. (Efectivamente, recibí unos meses más tarde su obra *Visões noturnas* para violonchelo solo, que pronto estrené en México.)

Me reuní con estudiantes de música de la Escuela de Música y Bellas Artes de Paraná y di la presentación-recital en el Teatro Londrina.

Regresé a Brasil un año después, en 2002.

Campinas: 9 de abril de 2002

La gira empezó por Campinas, cerca de São Paulo, con una jornada bien llena de actividades: a las 12:00 la presentación-recital en el auditorio de la biblioteca del Instituto de Artes; a las 14:30, en la Universidad de Campinas (Unicamp); a las 19:30, en el magnífico Centro de Documentação de Música Contemporanea,[35] en compañía de su director, José Augusto Mannis. Tras las presentaciones del libro toqué, como en la mayor parte de los siguientes conciertos, una o dos *suites* de Bach, la sonatina de Manuel Enríquez, de México, y el estreno en Brasil de la muy reciente obra de Tomás Marco, de España, *Partita Piatti*.

Florianópolis: 10-12 de abril de 2002. Presentación del libro y concierto con la Camerata Florianópolis

Apenas llegué, fui objeto de gran hospitalidad en esta bellísima ciudad-isla, capital del estado sureño (o gaucho, como lo llaman en Brasil) de Santa Catarina.

Las autoridades musicales me invitaron a comer a un pintoresco restaurante llamado Caramujo (nombre de un caracol), cuyas especialidades son, naturalmente, mariscos y pescados. Allí estuvieron Neiva Ortega, jefa de Actividades Musicales del estado; Jeferson della Rocca, director de la Camerata Florianópolis; su esposa Elita y el pianista y compositor Alberto Andrés Heller, que acababa de componer una breve obra para violín, violonchelo y orquesta, titulada *14 bis*, por si queríamos tocarla como bis.

Presenté el libro *As aventuras de um violoncelo*, di una clase maestra en el Instituto de Cultura de Santa Catarina y un concierto con la Camerata Florianópolis, dirigida por Jeferson della Rocca. El programa incluyó el *Concierto en re mayor* para violonchelo y orquesta de Haydn. Ante el éxito, tocamos el excelente *14 bis* de Alberto Andrés Heller.

[35] El Centro de Documentação de Música Contemporanea, dirigido por José Augusto Mannis, es una notable institución con una cercana relación con el Institut de Recherches de la Musique Contemporaine (IRCAM), de Francia.

Porto Alegre: 12 de abril de 2002

De Florianópolis volé a Porto Alegre, capital de otro estado gaucho, Rio Grande do Sul. En el teatro de la Orquesta Sinfónica de Porto Alegre (OSPA) tuvo lugar mi presentación-recital y el día siguiente, antes de volar a Belo Horizonte, pude asistir a un ensayo de mi amigo el gran violonchelista brasileño Antonio del Claro que con la orquesta tocaría el día siguiente el *Concierto número 1* de Shostakovich.

Belo Horizonte: 13-17 de abril de 2002

Regresé a Belo Horizonte, ciudad de la cual guardaba un excelente recuerdo de mi primera visita en 1991 y el 14 de abril de 2002 di mi consabida presentación-recital en el excelente Auditorio Sergio Magnani de la Fundación Artístico-Artística, junto con el violonchelista y amigo Claudio Urgel, que había leído en detalle el libro y con la directora de la fundación, Beatrice Menegele, persona de gran personalidad y notables conocimientos musicales.

Además de *suites* de Bach toqué la *Partita Piatti* del gran compositor español Tomás Marco. Dos días se repitió el programa en la Facultad de Música de la Universidad Federal de Minas Gerais.

Rio de Janeiro: 18 de abril del 2002. UniverCidade

La gira terminó con una nueva presentación en el auditorio de UniverCidade, la institución gracias a la cual existe la traducción de mi libro al portugués.

Portugal: 2002. Presentaciones del libro y convivencia con José Saramago

La presentaciones de mi libro y los consabidos recitales se llevaron a cabo el 4 de junio en la Casa de la Cultura de Coimbra y al día siguiente en el Palacio Belmonte de Lisboa.

Los momentos más memorables de nuestra visita a Portugal fueron, sin duda, los que pasamos con José y Pilar Saramago. Saramago nos invitó a ver el estreno, en exhibición privada, de la película *La barca de piedra*, basada en su libro del mismo nombre, tras lo cual fuimos a un café a comentar nuestras impresiones de la película. Por la noche fuimos con José y Pilar Saramago a la embajada de México, donde el embajador José María Pérez Gay y su esposa Lilia ofrecieron una cena. La muy grata e interesante velada se prolongó hasta las altas horas de la noche.

Tres nuevos conciertos: 2000-2003. Roberto Sierra, Arturo Márquez, Eugenio Toussaint

Roberto Sierra, nacido en Puerto Rico en 1953, es uno de los más interesantes compositores del continente. Surgió a la fama en 1987 cuando la Orquesta Sinfónica de Milwaukee tocó su primera obra importante, *Júbilo,* en el Carnegie Hall de Nueva York. Sus obras han figurado en los programas de las principales orquestas mundiales.

La idea de un concierto de violonchelo se gestó durante una conversación que tuvimos en julio de 1997. Dos años después, Sierra había terminado la obra, titulada *Cuatro versos* para violonchelo y orquesta.

He aquí lo que dice Sierra al respecto:

> De todos los instrumentos de cuerda, es quizás el violonchelo el que tiene el más amplio rango de expresión. A mis oídos, ha sido siempre el poeta de la Familia de las Cuerdas.
>
> Los cuatro movimientos del concierto forman un conjunto simétrico partido en dos partes por la cadenza. Los primeros dos movimientos se caracterizan por su expresividad introvertida, intensa y meditativa, en tanto que los dos últimos son extrovertidos y virtuosísticos. Quise crear esta dialéctica apolínea-dionisiaca para servir de guía al material musical, que está principalmente basado en dos tetracordios (que contienen la posibilidad de producir todos los intervalos del espectro cromático). La cadenza central sirve como punto de transición de lo apolíneo a lo dionisiaco.

Cuatro versos está dedicado a Carlos Prieto, como testimonio de admiración por sus logros y de reconocimiento por su labor inspiradora y motivadora en la creación del repertorio moderno iberoamericano para el violonchelo.

Cuatro versos fue estrenada en la Ciudad de México el 2 de junio de 2000 durante el Foro Internacional de Música Nueva, con la Orquesta Filarmónica de la Ciudad de México dirigida por Carlos Miguel Prieto. Poco después grabamos la obra y el 17 de noviembre del mismo año la toqué en Caracas con la Orquesta Simón Bolívar, dirigida por Carlos Miguel.

Arturo Márquez y Espejos en la arena. Cuatro danzas *para violonchelo y orquesta*

Arturo Márquez nació en Álamos, en el estado de Sonora, en 1950. Estudió en el Conservatorio Nacional de México, en el Taller de Composición del Instituto Nacional de las Bellas Artes y en el Instituto de las Artes de California. Ha recibido diversas becas y premios de los gobiernos de Francia y México, así como una beca Fullbright de los Estados Unidos. En 2009 le fue otorgado el Premio Nacional de las Artes de México. Sus obras incorporan con frecuencia elementos provenientes de la música popular, como ocurre con sus danzones para orquesta, que se han hecho muy populares, especialmente su *Danzón número 2*.

Después de haber estrenado yo un buen número de obras más bien abstractas para violonchelo, pensé que había llegado el momento para un cambio. El 24 de abril de 1998 me reuní con Arturo y le dije que me parecía que su estilo se prestaba muy naturalmente para el violonchelo y que debería componer un concierto.

En junio de 2000 me llamó para decirme que había terminado una primera versión del concierto. Nos reunimos en mi casa y sugerí unos pequeños cambios en la parte del violonchelo. En agosto me entregó lo que me pareció la partitura terminada.

En una entrevista con Juan Arturo Brennan, comentó Arturo lo siguiente:

Como concepto general, es lo que dice el subtítulo: *Danzas para violonchelo y orquesta*. Estructuralmente, también está pensado así, pero en realidad sí es un concierto en el sentido de que hay una disposición formal de los tres movimientos hacia un fin común, en un desarrollo casi cíclico. Sin embargo, el desarrollo no es estrictamente temático. Los espejos del título tienen que ver con reflejos autobiográficos, muy personales. De alguna manera estoy regresando a mi tierra, que es una tierra de arena, seca...[36]

El estreno mundial se llevó a cabo los días 21 y 22 de octubre de 2000 con la Orquesta Filarmónica de la Ciudad de México, dirigida por Carlos Miguel Prieto.

El 9 de noviembre Arturo me entregó un movimiento adicional: una cadenza para violonchelo solo titulada *Cadenza de milonga*. Una semana después toqué el concierto en su nueva versión en Caracas, con la Orquesta Simón Bolívar, también dirigida por Carlos Miguel Prieto.

He tocado *Espejos en la arena* en Monterrey, con la Orquesta Sinfónica de la Universidad de Nuevo León, dirigida por Félix Carrasco y en diversos foros. Un concierto especialmente emotivo tuvo lugar en enero de 2005 en Álamos, la patria del compositor, en cuyo festival toqué *Espejos* con Gastón Serrano al frente de la Orquesta Filármonica de Sonora. En 2007 tuve el honor de recibir en Álamos el premio doctor Alfonso Ortiz Tirado otorgado por el gobierno y el Instituto Sonorense de Cultura.

El estreno en los Estados Unidos lo llevamos a cabo en febrero de 2004 el director Raphael Jiménez, la Orquesta Sinfónica de la Universidad Estatal de Michigan y yo.

Eugenio Toussaint y un nuevo concierto para violonchelo

Quedaron plantadas las primeras semillas del nuevo concierto de Eugenio Toussaint el 31 de enero de 1997 cuando nos reunimos para intercambiar ideas al respecto.

Eugenio Toussaint, nacido en la Ciudad de México en 1954, empezó su carrera musical como pianista de jazz y compositor

[36] Juan Arturo Brennan. Notas para el disco Urtext Digital Classics, núm. 47.

autodidacta. Estudió posteriormente en México y en los Estados Unidos y se ha convertido en una figura muy relevante en el panorama musical de México. Me pareció que, con sus antecedentes y estilo único, Eugenio podría componer una obra muy interesante para el violonchelo, como resultó ciertamente el caso.

El antecedente directo de este *Segundo concierto para violonchelo* de Eugenio Toussaint data de los años 1982-1990, periodo en que el compositor crea su primer concierto.

El estreno mundial del *Segundo concierto* tuvo lugar en Caracas el 28 de marzo de 2003 con la Orquesta Simón Bolívar dirigida por Eduardo Marturet. El estreno en México ocurrió en noviembre de 2003, con la Orquesta Filarmónica de la Universidad, bajo la batuta de Zuohang Chen.

Estrenos en España y Rusia: 2003. María Teresa Prieto, Federico Ibarra, José Luis Turina

En septiembre de 2003 toqué dos estrenos en España: el *Adagio y fuga* para violonchelo y orquesta (1948) de mi tía María Teresa Prieto y el concierto del compositor mexicano Federico Ibarra. El concierto se llevó a cabo el Día de Asturias en el Auditorio Príncipe Felipe de Oviedo con la Orquesta Sinfónica del Principado de Asturias dirigida por José Luis Temes.

Pasé casi todo octubre en Rusia y toqué el estreno mundial del *Concerto da Chiesa* para violonchelo y cuerdas del compositor español José Luis Turina en San Petersburgo, según relaté en el capítulo anterior.

Tomás Marco y nuevas obras: 2003.
El Laberinto marino *para violonchelo y cuerdas*

A principios de 2003, mientras comíamos en Madrid con Tomás y María Rosa Marco, Tomás me entregó inesperadamente un sobre y me dijo: "¡He aquí una nueva obra para ti!" Se trataba de el *Laberinto marino*. Me bastó echarle un vistazo para decidir allí mismo estrenarla en el Festival Internacional de Música de Morelia, especialmente porque el festival está dedicado cada año a un país y 2003 le tocaba a España.

Escribe el compositor acerca del *Laberinto:*

> Esta obra para violonchelo y orquesta de cuerda es la tercera en una serie de composiciones dedicadas [...] al violoncellista mexicano Carlos Prieto. Tras *Primer espejo de Falla,* para violonchelo y piano, y *Partita Piatti* para violonchelo solo, quería escribir una obra concertante de carácter muy definido y concreto, por lo que me encaminé hacia una formación mucho más pequeña y estricta que la gran orquesta de mi *Concierto para violonchelo,* fechado en 1976. La nueva obra se plantea con el solista, una orquesta de cuerda con tres partes de violines, dos de violas y violonchelos y una de contrabajo. La obra es un trabajo muy formal, aunque su estructura es propia y no obedece a las formas estándares. En realidad se trata de música pura o absoluta aunque su título contenga una evocación poética que alude al carácter de la forma y a la continua movilidad del material como si se tratara de un fluido como el agua...

El estreno se hizo en el marco del Festival Internacional de Música de Morelia, el 20 de noviembre de 2003, con la Orquesta de la Universidad de Guanajuato, dirigida por José Luis Castillo. El día siguiente el concierto se repitió en Guanajuato.

El año Cervantes: 2004. *Ensueño y resplandor del Quijote*

En 2004 se cumplió el cuarto centenario de la publicación del *Quijote*. El año anterior, el violinista Víctor Martín —impresionado por el excelente *Laberinto marino,* cuyo estreno escuchó en Morelia, México— y yo cambiamos impresiones con Tomás Marco en torno a la posibilidad de que compusiera una obra para violín, violonchelo y orquesta. Le gustó la idea a Tomás, que terminó la obra a principios de 2004.

Escribió Tomás Marco:

> Esta obra es la cuarta de una serie de composiciones escritas por estímulo y como tributo de admiración y amistad al violonchelista mexicano Carlos Prieto. Tras *Primer espejo de Falla,* para violon-

chelo y piano, *Partita Piatti* para violonchelo solo, y *Laberinto marino* para violonchelo y cuerdas, *Ensueño y resplandor del Quijote* es una obra concertante para violonchelo, violín y orquesta, compuesta en ocasión del cuarto aniversario de la publicación de *El Quijote*.

La pieza está compuesta en 2004 y su estreno mundial será el que ahora realicen el maestro Prieto y el violinista español Víctor Martín, a quienes está dedicada con la mayor admiración y afecto.

Desde el primer momento, la idea fue hacer una obra en torno al próximo centenario de la publicación de *El Quijote* aunque sin ninguna intención descriptiva sino como un concierto de forma abstracta pero inspirado en episodios cervantinos que evoca sin describir. Por eso se ha suprimido la inicial idea de dar títulos a las secciones de una obra que, de todas formas, se interpreta en un solo trazo sin interrupciones.

El estreno mundial se llevó a cabo el 3 de noviembre de 2004 con la Orquesta de Bilbao, bajo la batuta de Pedro Halffter. Lamentablemente, Víctor Martín estuvo enfermo esos días y no pudo participar en el estreno. Fue magníficamente remplazado por Manuel Guillén.

Volví a tocar *Ensueño y resplandor del Quijote* en el Festival de Grahamstown, Sudáfrica, en 2005, esta vez con el joven y muy talentoso violinista Gerardo Ubaghs, con la Orquesta de Johannesburgo dirigida por Richard Cock.

JOAQUÍN GUTIÉRREZ HERAS (MÉXICO): 2005. FANTASÍA CONCERTANTE PARA VIOLONCHELO Y ORQUESTA

Joaquín Gutiérrez Heras (1927), uno de los más destacados compositores de México, estudió música al tiempo que estudió arquitectura en la Universidad Nacional Autónoma de México.

Sus composiciones incluyen obras para orquesta, obras de cámara y corales, así como música para el teatro y cine, y han sido tocadas en México, los Estados Unidos, Europa y América Latina.

Joaquín Gutiérrez Heras es miembro de la Academia de Artes

de México; recibió en 1996 un doctorado *honoris causa* de la Universidad Nacional Autónoma de México, y en 2007 el Premio Nacional de las Artes de México.

Tras el extraordinario éxito de su *Canción en el puerto,* obra que he tocado en todo el mundo, me interesaba mucho que Joaquín, que estudió el violonchelo en su juventud, compusiera una obra para violonchelo y orquesta. Me costó años lograrlo pues es un compositor perfeccionista. Por fin, la *Fantasía concertante* quedó concluida en julio de 2005. La magnífica obra contiene un solo movimiento con varias secciones contrastantes.

Toqué el estreno mundial el 17 de septiembre de 2005 en Huntsville, Alabama, con la Orquesta Sinfónica de Huntsville dirigida por Carlos Miguel Prieto. Posteriormente la he tocado en numerosas ocasiones con orquestas de México, los Estados Unidos, Venezuela y con la Orquestra Sinfónica Petrobras, de Brasil, dirigida por Roberto Duarte. La grabé con Carlos Miguel Prieto y la Orquesta Sinfónica de Xalapa.

Madrid: 2007. Presentación de un nuevo libro y estreno mundial de una obra de Tomás Marco

Toqué dos veces con Yo-Yo Ma en el Teatro de las Bellas Artes de México los días 11 y 12 de junio de 2007. El miércoles 13 por la mañana tomé un vuelo a Madrid adonde llegué el 14 por la mañana.

Ese mismo día Tomás Marco, Marcelo Díaz, gerente del Fondo de Cultura Económica en España, y yo presentamos mi libro *Cinco mil años de palabras* en la Casa de América. Tras la presentación toqué una *suite* de Bach, el estreno en España de *Bachriación* de Eugenio Toussaint —obra jazzística basada en Bach— y un estreno mundial: *Chelo Prieto* para violonchelo solo de Tomás Marco.

España: 2009. Conciertos y presentación de otro libro.
José Emilio Pacheco

En noviembre viajé nuevamente a España para presentar mi libro más reciente, *Por la milenaria China*, y dar breves recitales en la Universidad de Oviedo, la Casa de América en Madrid y la Casa Asia en Barcelona. Por casualidad, mi presentación en Madrid coincidió con la ceremonia de entrega del Premio Reina Sofía a mi admirado amigo José Emilio Pacheco. Ello nos privó a mi esposa y a mí de asistir a tan señalado acontecimiento pero, por lo menos, comimos juntos ese día en Casa Botín.

Dos estancias en Cuba: 1993 y 2010.
Diez días en Cuba: 1993

Cuando el Instituto Cubano de la Música me invitó a dar una serie de conciertos en Cuba, acepté inmediatamente. Hacía años que sentía el deseo, la curiosidad e incluso la necesidad de conocer Cuba y de ver por dentro una realidad sobre la que tanto había leído y oído hablar. Cuba era de los pocos países iberoamericanos donde nunca había tocado. Es un país que ha tenido siempre una estrecha relación con México. Por otra parte, es de los pocos países socialistas que han sobrevivido al hundimiento del imperio soviético y me interesaba mucho ver su situación tras la ruptura del cordón umbilical que lo unía a la Unión Soviética. Finalmente, siempre he admirado el talento y la inventiva musical del pueblo cubano.

El 19 de noviembre de 1993 llegamos a La Habana María Isabel, Edison Quintana, Chelo Prieto y yo. Era un viernes y el avión iba repleto de jóvenes mexicanos que, con evidente ánimo de parrandas, se disponían a pasar el fin de semana en la capital cubana.

Nos alojaron en una suntuosa casa que puso a nuestra disposición el Ministerio de Relaciones Exteriores de Cuba, en el número 120 de la calle 146 del Reparto Siboney, uno de los más elegantes de la vieja Habana burguesa. La casa había sido propiedad de un magnate azucarero antes de la Revolución. Hoy es propiedad del gobierno cubano y forma parte de las "casas de protocolo" que el gobierno tiene para alojar a huéspedes oficiales. En "nuestra casa" disponíamos de un servicio completo de desayuno, comida y cena. Por si fuera poco, nos asignaron un reluciente automóvil Mercedes negro de fines de los cincuenta y un excelente chofer.

Nos recibieron con extraordinaria amabilidad los dirigentes de música de la Casa de las Américas, Alberto Zayas, Gerardo Hernández Bencomo y sus colaboradores que, por cierto, nos enseñaron con orgullo el monumental árbol de la vida regalado por México en época del presidente Echeverría.

Nuestro primer concierto se celebró en la gran sala repleta de la Casa de las Américas a las 3 p.m. del 20 de noviembre, aniversario de la Revolución mexicana. Nos habían pedido que el programa consistiera básicamente en obras mexicanas. La primera obra la escogimos por su conexión con Cuba: la sonata de Manuel M. Ponce compuesta precisamente en La Habana durante la estancia de don Manuel en la capital cubana entre 1915 y 1917. Tocamos, además, la sonata de Federico Ibarra y obras de Miguel Bernal Jiménez y de Astor Piazzolla.

Regresamos a nuestra casa a cenar, servidos por unas empleadas con quienes llegamos a crear vínculos de amistad: Berkis y Myriam. Por lo general, ahí mismo tomábamos desayuno, comida y cena.

El desayuno se preparaba en casa y la comida y cena eran enviadas por una cocina central que abastecía a las diversas casas de protocolo. Nos servían magníficamente: huevos y leche para desayunar, carnes diversas, pescado, mariscos deliciosos, arroz y frijoles, frutas, verduras, postres, etc. Nos sentíamos y éramos unos verdaderos privilegiados pues, como relataré más adelante, la mayor parte de esos productos no están, por desgracia, al alcance de los cubanos.

Estuvimos 10 días en Cuba. Fue un periodo de intensa actividad pues todos los días estaban programados cuando no conciertos o recitales, ensayos, encuentros con profesores y alumnos, clases "maestras", entrevistas de prensa, radio y televisión, comidas con dirigentes de los sectores artísticos y musicales, visitas a amigos directores de orquesta y compositores. En todas partes fuimos recibidos con la amabilidad y simpatía extraordinarias que parecen ser característica inmutable de los cubanos. Pudimos hacer algunas visitas turísticas y nuestras conversaciones fueron, en general, muy francas. No se nos ocultó ni se podía ocultar la evidente gravedad de la situación actual de Cuba.

El Museo de la Música y un encuentro con profesionales de la música

Este museo tiene su sede en la que fue la magnífica residencia de la familia Pérez de la Riva hasta 1959. En él se encuentra una interesante colección de instrumentos musicales africanos, traídos por los bantú y los yoruba de las costas occidentales de África.

Las dos grandes figuras de la música cubana de la primera parte del siglo y las primeras en obtener un reconocimiento internacional fueron Amadeo Roldán (1900-1930), nacido en París, educado en España, pero que siempre se consideró cubano, y Alejandro García Caturla (1906-1940). Ambos se formaron en Europa pero regresaron a Cuba en la década de los veinte. Fueron los primeros en estudiar a fondo las influencias africanas en la música cubana y, junto con Alejo Carpentier, iniciaron en 1925 una ofensiva a favor del reconocimiento del folclorismo afrocubano, hasta entonces visto despectivamente. El estreno en 1925 de la *Obertura sobre temas cubanos* de Roldán señaló, según Carpentier, un viraje de trascendental importancia en la música cubana.[37]

En este museo encontré el manuscrito de una obra para violonchelo y piano de Amadeo Roldán *(Canciones vuelta abajeras)* que es, creo, su única obra para este instrumento. Por supuesto, me interesó y los dirigentes del museo ofrecieron amablemente sacar una copia y enviármela, como ocurrió con toda puntualidad. Del compositor García Caturla, en cambio, no encontré nada para violonchelo.

---

[37] Alejo Carpentier, *Panorama de la música en Cuba. Obras completas*, tomo XII, Siglo XXI Editores, México, 1987, p. 167.

Impresión general de la ciudad

A pesar de los numerosos ensayos y conciertos y de los demás eventos que nos tenían organizados, pudimos conocer La Habana bastante bien. Hicimos diversos paseos en coche y a pie por la ciudad, especialmente por La Habana vieja. Visitamos la antigua Capitanía General —sede hasta 1898 del poder español—, la catedral, el Morro y la Cabaña —las fortificaciones que defendían a La Habana de la entrada de barcos piratas— y el Teatro García Lorca, y vimos desde fuera el yate *Granma*. Conocimos dos lugares de La Habana prerrevolucionaria convertidos hoy en patrimonio casi exclusivo de los turistas extranjeros y cuyos precios están expresados en dólares: la Bodeguita de Enmedio, restaurante hecho famoso por Hemingway, y el restaurante y bar Floridita, cuna del *daiquirí*.

La ciudad de La Habana es realmente hermosa, con sus amplísimas avenidas, su ubicación a orillas del mar, sus grandes parques y sus edificios que, vistos de lejos, parecen magníficos. Visitarla me causó la curiosa impresión de retroceder 34 años en mi vida y de estar en lugares que ya conocía. Salvo en las afueras, no se ha construido en La Habana casi ningún edificio nuevo. El perfil de la ciudad, lo que en inglés se llama *skyline*, es prácticamente idéntico al de hace 34 años. El estilo de los edificios "modernos" es el que estaba de moda en los cincuenta; los automóviles en circulación son en su mayoría vehículos estadunidenses de esa misma década o de la anterior y su estado actual es prueba del ingenio, la capacidad y la necesidad de los cubanos. La decoración de lugares como Floridita o la Bodeguita de Enmedio recuerda el estilo de los bares y restaurantes ilustrados en las películas mexicanas de aquella década. Todo ello refuerza la impresión de que, por lo que se refiere al aspecto citadino, el tiempo quedó congelado en 1959.

Cuando se aproxima uno a los edificios que, como dije, parecen estupendos, más claro se va haciendo el lamentable deterioro que sufren en años. No se han pintado sus paredes ni se han llevado a cabo urgentes reparaciones. Los materiales de plomería parecen ser particularmente escasos. Una mañana Alfredo Valmaseda me hizo una entrevista en Radio Ciudad de La Habana. La radioemisora está ubicada en el quinto piso de un edificio cercano al Hotel Nacional. Al terminar la entrevista, tardaba en llegar el ascensor y le propuse a Lisette, funcionaria que me condujo a la emisora, que bajáramos por las escaleras. Me dirigí hacia el acceso a la escalera y apenas tuve tiempo de entreabrir la puerta cuando Lisette se precipitó a cerrarla. Como los baños del edificio no funcionaban, el espacio de la escalera estaba temporalmente sirviendo como nauseabundas letrinas.

Rápido examen de la crisis económica. "El periodo especial"

La desaparición de la Unión Soviética fue para Cuba un desastre mayúsculo. A partir de ese momento se inició en Cuba el llamado "periodo especial".
La URSS compraba el principal producto de Cuba, el azúcar, a precios superiores a los del mercado mundial. A su vez, le vendía a Cuba petróleo a precios inferiores a los del mercado. Al desaparecer la URSS, ese trato doblemente preferencial terminó de pronto. Cuba vende ahora su azúcar a los precios internacionales, lo cual le genera un ingreso insuficiente de divisas para importar el petróleo en los volúmenes requeridos. La falta de combustible y la insuficiencia de divisas han trastocado radicalmente la economía cubana y ha redundado en una serie de fenómenos que pudimos advertir con toda claridad:

- Apagones diarios de varias horas al día programados por zonas.
- Cuotas mensuales muy bajas de gasolina a los propietarios de automóviles.
- El problema del transporte colectivo se ha convertido en una pesadilla. La gente tiene que esperar a veces horas para que pasen las "guaguas" (autobuses).
- Se han tenido que importar, hasta ahora, un millón de bicicletas chinas, las más baratas, para ayudar a paliar el problema del transporte, pero no han sido suficientes. Por la noche circulan sin luces pues los dinamos gastarían el hule de las llantas y no hay repuestos. Las bicicletas se han convertido en objetos tan codiciados que los robos son fre-

cuentes. Un procedimiento consiste a veces en tender un hilo delgado, como el de pescar, a través de una calle oscura y esperar a que pase un ciclista sin luces y sea derribado por el imprevisto e invisible obstáculo.
- La falta de energéticos ha afectado las zafras, pues no hay suficientes tractores ni fertilizantes, lo cual no hace sino agravar el problema, ya que sin azúcar no hay petróleo. Es un dramático círculo vicioso.
- La producción agrícola, pesquera y ganadera ha bajado y el país enfrenta un serio problema alimenticio. Nadie se muere de hambre pero la carne de res, pollo o cerdo, la leche, los huevos y el pescado se han convertido en productos de lujo, racionados tan severamente que el común de los cubanos no tiene acceso a ellos sino unas cuantas veces por año. En cambio, nada falta en los restaurantes de divisas y en los centros turísticos frecuentados por los extranjeros.
- Gran número de fábricas paradas.
- Abastecimiento muy insuficiente de productos de primera necesidad, tales como jabón, detergentes o pasta dental.

El gobierno cubano está intentando desarrollar nuevas actividades generadoras de divisas y está otorgando prioridad al turismo occidental, antes despreciado por su "influencia corruptora". Naturalmente, el bloqueo económico de los Estados Unidos no hace sino agravar la crisis y darle al régimen excusas por el desastre de la economía.

El régimen de Castro se preciaba de haber erradicado la prostitución, "esa lacra de los países capitalistas, producto de la explotación del hombre por el hombre". Es una verdadera pena observar que la prostitución ha resurgido con fuerza al parecer incontenible. En todas las avenidas o lugares concurridos por turistas, jóvenes prostitutas, a veces niñas, se acercan sin timidez alguna a los coches y a los transeúntes a ofrecer sus servicios a cambio de dólares o de invitaciones a cenar o al cabaret Tropicana. Es ésta una de las razones, no la única ciertamente, por las cuales, en aquella época, los aviones procedentes de la capital mexicana venían los viernes repletos de jóvenes mexicanos que ganaban buenos sueldos y venían a tirar el dinero en fines de semana de incesante parranda.

El "periodo especial", la música y el Congreso de la Unión de Escritores y Artistas de Cuba

Se estaba celebrando en esos días el Congreso de la Unión de Escritores y Artistas de Cuba (UNEAC) y en él se examinó, entre muchos otros temas, la situación de la literatura, el arte y la música, en particular durante el "periodo especial".

Es bien sabido que dos de las más preciadas conquistas de la Revolución se han llevado a cabo en los campos de la educación y la salud, que tienen los más altos índices de toda América Latina. La educación médica, la investigación científica en esa área y el número y la calidad de los doctores son comparables a los de muchos países del llamado primer mundo. Estas conquistas en materia de salubridad corren el riesgo de perderse debido a la generalizada falta de medicinas, producto de la carencia de divisas y del bloqueo estadunidense.

La situación económica también ha tenido un impacto negativo en la actividad musical. En primer lugar, se acabó la escuela gratuita y de alto nivel que caracterizaba a los conservatorios de la Unión Soviética y del antiguo bloque socialista europeo. Por otra parte, después de muchos años de prohibir, como en la URSS, la libre emigración de artistas, el gobierno cubano ha implantado la nueva política de permitir que países extranjeros contraten a cubanos por periodos temporales. Así, quienes salen de Cuba en estas condiciones ya no reciben el calificativo de "gusanos" y están en libertad de regresar si lo desean. El resultado es que, ante la deprimente situación que enfrentan en Cuba, un gran número de músicos cubanos ha emigrado, principalmente a países iberoamericanos. Entre ellos se cuentan muchos de los mejores instrumentistas, directores, compositores y maestros, en general formados en la URSS.

México, para no citar sino un ejemplo, se ha beneficiado con la llegada de buenos instrumentistas que ahora militan en diversas orquestas y de maestros distinguidos que enseñan en escuelas de música de la capital y de los estados. Por supuesto, es Cuba la que sale perdiendo con esta sangría, pero estas emigraciones selectivas son una especie de válvula de escape que puede evitar males mayores.

Concierto en el Museo Nacional.
El horario de los conciertos. Dos exposiciones

La hora de los conciertos se determina en Cuba en función de la situación económica. Ya he hablado de los cortes programados de energía eléctrica. En adición están los apagones imprevistos, resultado de averías en las plantas termoeléctricas. Por ello, todos los conciertos se dan a horas de luz solar. El de la Casa de las Américas dio principio a las 3 p.m. El del museo, a las cinco de la tarde, o sea, a la salida del trabajo.

Nuestro concierto se llevó a cabo en el Salón Europeo del Museo Nacional, rebosante de público, joven en su mayoría. Entre los asistentes me dio mucho gusto ver al gran compositor cubano Carlos Fariñas, que divide su tiempo entre Cuba y Alemania.

En el Museo Nacional visitamos dos exposiciones: la de pintura nacional en la Sala Cubana, en la cual destacaban varios Lam, incluyendo uno regalado al museo por Lilia y Alejo Carpentier, y la exposición especial dedicada a Sorolla. El gran pintor español vivió en Cuba y el museo tiene una colección particularmente rica de su obra.

Además, diversas colecciones de España prestaron cuadros y, por tanto, esta exposición ha sido una de las más completas de la obra de Sorolla.

Muchos de los cuadros de Sorolla y de pintores cubanos que admiramos en el museo tuvieron que ser abandonados en Cuba por "los miembros de la burguesía que huyeron al triunfar la Revolución o poco después". El gobierno cubano se apropió de sus casas y de las pertenencias que no pudieron llevar consigo y asignó los cuadros al Museo Nacional.

El Instituto Cubano de la Música. Cubavisión.
Guido López Gavilán

Alicia Perea y Ana Lourdes Martínez, presidenta y vicepresidenta, respectivamente, del Instituto Cubano de la Música, nos invitaron a comer en el restaurante La Torre, en el piso 35 del Edificio FOCSA. El Instituto Cubano de la Música parece ser una organización eficaz. En la preparación de la magna enciclopedia de la música y los músicos de Iberoamérica que pronto, espero, verá la luz, fueron los cubanos quienes primero terminaron el tomo que le corresponde a la música de su país.

Nos contó Alicia Perea algunos pormenores acerca del Congreso de la Unión de Escritores y Artistas de Cuba. Luego el tema recayó en el "periodo especial". Ambas hablaban con preocupación del retroceso que está sufriendo el nivel de vida en Cuba y de la creciente carencia de medicinas y de otros productos de primera necesidad. El colapso soviético y el "bloqueo yanqui" son los responsables de tal situación, nos decían nuestras anfitrionas, al mismo tiempo que añoraban las épocas aún recientes en las cuales el pueblo cubano no sólo disfrutaba del mejor servicio médico y del más amplio sistema educativo de la América Latina, sino que había alcanzado un nivel de vida no elevado pero razonable.

Poco después de la comida, nos llevaron a los estudios televisivos de Cubavisión, los antiguos de la famosa cmq, al programa "Contacto", conducido por Amaury Pérez y que disfruta de elevadísimos *ratings*.

En el programa estuvo mi amigo Guido López Gavilán —entonces presidente del Festival de Música de La Habana—, quien nos invitó a tomar un café en su apartamento. Conocimos a su hijo Aldo, de 13 años, estudiante de música y pianista, que nos dejó atónitos con sus improvisaciones al piano. Guido me regaló un ejemplar de su obra para violonchelo solo titulada *Monólogo para violonchelo solo*.

Concierto con la Orquesta Sinfónica Nacional. Una urgente llamada telefónica. Encuentro con el compositor Carlos Fariñas

El domingo 28 de noviembre dio principio mi último concierto en Cuba. El escenario fue el Teatro Nacional, con la participación de la Orquesta Nacional de Cuba, dirigida por Irina Rodríguez, joven directora formada en la Unión Soviética.

El Teatro Nacional de La Habana estaba repleto. Sentada al lado de mi esposa estaba la embajadora de México, Beatriz Paredes. Toqué el *Concierto para violonchelo y orquesta* de

Dvorak. Al final del segundo movimiento, *adagio*, hay un *pianissimo* tanto del violonchelo solista como de la orquesta, y yo, pese a estar muy concentrado, alcancé a oír muy leve y distante el sonido de un teléfono celular que alguien apagó rápidamente.

Al final, vinieron a saludarme la directora del teatro, Nicia Agüero, el compositor Carlos Fariñas y otros amigos. También llegó la embajadora Beatriz Paredes, muy contenta. "Lo felicito —me dijo—. Ha sido una ocasión memorable. No sólo hemos disfrutado de un espléndido concierto sino que ya tenemos candidato. ¡Es Colosio!"[38]

Al anochecer fui a visitar a Carlos Fariñas y a su esposa Gela. Me esperaban a las puertas de la casa. "¡Hoy no tocaba apagón! —me dijo Carlos—, pero hay un desperfecto en la planta de Matanzas y aquí nos tienes en la oscuridad." Pero los Fariñas estaban preparados. Como pasan parte del año en Alemania, han traído unas linternas recargables, especiales para estas emergencias. Dos linternas puestas sobre el piano apuntaban hacia el techo y una luz tenue y agradable alumbraba la sala.

Surgió en la conversación la idea de que Fariñas compusiera un concierto para violonchelo y orquesta para que lo estrenara yo en México, Alemania o Cuba. Me contó que Rostropovich estuvo en Cuba en 1960 y le encargó un concierto para violonchelo, pero que él no aceptó. No se consideraba aún suficientemente preparado. Pero ahora sí. Quedamos en que iniciaría la composición a su regreso a Alemania y me enviaría cada movimiento al terminarlo para que lo examinara yo y, en su caso, le fuera haciendo sugerencias.

Salimos de Cuba el día siguiente, llenos de agradecimiento por las atenciones tan amables de nuestros anfitriones y de nuestros amigos cubanos, viejos y nuevos. Pero también nos embargaba un sentimiento de preocupación y aun de angustia por los momentos tan difíciles que están pasando y porque las perspectivas no parecen halagüeñas.

---

[38] La embajadora Beatriz Paredes se acababa de enterar por una llamada a su celular que minutos antes el presidente Salinas había "destapado" a Colosio como candidato del PRI a la presidencia de la República. ¡Era otro México y otra época!

Otros comentarios acerca de la música y de los músicos cubanos

En páginas anteriores mencioné a Amadeo Roldán y a Alejandro García Caturla. Ambos murieron en plena juventud, a los 39 y 36 años de edad, respectivamente. García Caturla era un hombre de inteligencia prodigiosa y de capacidad de trabajo fuera de lo común. Para ganarse la vida tocaba el piano en un cine mudo de La Habana. Al mismo tiempo se hizo abogado en tres años, estudió armonía y composición, ocupó un atril como violinista en la Orquesta Sinfónica Nacional y compuso sin cesar. Estudió en París con Nadia Boulanger, quien dijo no haber tenido nunca un discípulo de tal calidad.[39] Su profesión paralela de abogado lo condujo a ser notario y, paradójicamente, a la muerte, pues las balas de un asesino inconforme con el manejo de un asunto acabaron con su vida y cortaron la carrera de quien hubiera podido ser, en palabras de Alejo Carpentier, uno de los más grandes compositores del continente.

El vacío creado por la prematura muerte de Roldán y García Caturla fue llenado por un eminente compositor y maestro español, José Ardévol, nacido en Barcelona en 1911, que emigró a los 19 años a Cuba.

Ardévol dio a sus discípulos una sólida base y fundó el Grupo Renovación Musical en La Habana. Entre sus más destacados alumnos figuran Harold Gramatges, nacido en 1918, y Julián Orbón, nacido en Asturias en 1925, pero que desde 1940 vivió en Cuba.

El nombre de Orbón saltó a la fama en 1954 en ocasión del Festival de Caracas de Música Latinoamericana. Un jurado, integrado por Vicente Emilio Sojo, Heitor Villa-Lobos, Edgar Varèse, Erich Kleiber y Adolfo Salazar, le otorgó el segundo premio por su obra *Tres versiones sinfónicas*. (El primer premio correspondió a Juan José Castro, de Argentina, por sus *Corales criollos,* y Carlos Chávez compartió con Orbón el segundo premio por su *Tercera sinfonía.*)

Acerca del triunfo de Orbón, escribió Alejo Carpentier:

---

[39] Alejo Carpentier, *op. cit.,* p. 171.

En las últimas páginas de mi libro de 1945 *La música en Cuba,* escribí: "Julián Orbón es la figura más prometedora de la joven Escuela Cubana... Después de ver al Julián Orbón actual, podemos decir que el joven compositor cubano ha cumplido todas sus promesas y nos ha entregado una producción musical que se ha hecho más amplia, más profunda y técnicamente más segura con el paso del tiempo".[40]

En 1960, decepcionado por el rumbo tomado por la Revolución cubana, Orbón emigró a México, a invitación de Carlos Chávez.

En México, Orbón fue maestro en el Conservatorio Nacional y colaborador de Chávez en su Taller de Composición. Entre sus alumnos más distinguidos se cuentan Julio Estrada, Héctor Quintanar y Eduardo Mata, el cual, pasados los años, se convertiría en uno de los más entusiastas difusores de su música. Después de tres fructíferos años en México, Orbón emigró a los Estados Unidos.

En marzo de 1991 di algunos conciertos en Florida y aproveché mi estancia en Miami para visitar a Julián Orbón y a su esposa Mercedes, mejor conocida como *Tangui*. Me recibieron muy amablemente, máxime que ambos habían sido muy amigos de mis padres durante sus años en México. El maestro Orbón estaba delicado de salud y yo intenté en varias ocasiones abreviar la entrevista para no fatigarlo pero insistieron en que me quedara por lo menos a tomar un café. Al despedirnos, me dijo el maestro Orbón: "Si la salud me lo permite, le prometo, Carlos, componer una partita para violonchelo y orquesta".

Por desgracia, la salud no se lo permitió y don Julián falleció poco después. Siempre lamenté no haberlo visitado antes. El repertorio del violonchelo se hubiera beneficiado sin duda.

Leo Brouwer es uno de los personajes principales de la música cubana. Ha destacado como gran guitarrista, compositor y director y fue durante un largo periodo titular de la Orquesta Sinfónica Nacional de Cuba. Lo conocí en el Festival de Música Contemporánea de Alicante en 1995. En 1996 toqué su *Sonata*

---

[40] Alejo Carpentier, "Julián Orbón: la revelación de Caracas", *La Prensa,* Caracas, Venezuela, 9 de enero de 1955.

para violonchelo solo en Madrid y en noviembre de 1997 toqué el *Concierto número 1* de Shostakovich con Leo y la Orquesta de Córdoba, España, de la cual es fundador y director titular.

Quien sí me entregó su *Concierto para violonchelo y orquesta* fue Carlos Fariñas. Lo terminó en Alemania en 1996. Si yo buscaba continuar mi labor de promover el enriquecimiento del repertorio iberoamericano del violonchelo, lo conseguí por partida doble: se trata del primer concierto para violonchelo y orquesta escrito por un compositor cubano y, además, es una obra de alto mérito e interés artístico.

Recibimos la versión final de la partitura apenas unas semanas antes de la fecha programada del estreno mundial, el cual se llevó a cabo el 28 de agosto de 1998 en Xalapa, con la Orquesta Sinfónica de esa ciudad. Por una emotiva casualidad, el director invitado fue mi hijo Carlos Miguel. El concierto se repitió el día siguiente en el Auditorio Reforma de la ciudad de Puebla, bajo los auspicios de la Universidad Autónoma de Puebla.

Carlos Fariñas y su esposa Ela llegaron unos días antes a México y estuvieron presentes en ambos conciertos. Mi esposa, Carlos Miguel y yo pasamos excelentes momentos con ellos en Xalapa, Veracruz, Puebla y México, Distrito Federal.

Nueva estancia en Cuba: marzo de 2010

Acepté con gusto la invitación que me hizo el viceministerio de Cultura para dar conciertos en Cuba, movido por un intenso interés de ver, desde dentro y con las limitaciones del caso, la evolución del país y de contribuir con mis conciertos a las celebraciones mexicanas del bicentenario de la Independencia y centenario de la Revolución.

Habían transcurrido 17 años desde mi anterior viaje y 51 de la llegada de Fidel Castro al poder.

El programa de actividades consistió en un concierto con la Orquesta Nacional de Cuba en el Teatro Amadeo Roldán, un recital de violonchelo solo, la presentación de este libro, en su versión anterior, en la Casa de las Américas, en algunas clases maestras en el Conservatorio Nacional y en la Escuela Nacional de Arte, y en una serie de reuniones con personalidades de la música.

Resumiré aquí los momentos esenciales de mi estancia.

Mi esposa María Isabel y yo llegamos el 17 de marzo por la noche procedentes de la Ciudad de México.

El 18 de marzo por la mañana estuvimos en la Casa de las Américas, a revisar los preparativos de mi presentación el día siguiente. Nos recibieron, con la amabilidad característica de los cubanos, el escritor y poeta Roberto Fernández Retamar, presidente de la institución; María Elena Vinueza, vicepresidenta, y otros directivos.

El 19 de marzo presenté mi libro *Las aventuras de un violonchelo* en la Casa de las Américas, tras lo cual toqué *Suites para violonchelo solo* de Bach y el estreno en Cuba de la *Suite para violonchelo solo* del compositor mexicano Samuel Zyman.

Esa noche cenamos en la magnífica residencia de la embajada de México, a cargo de Gabriel Jiménez Remus, a cuyas gestiones se debió la invitación del gobierno cubano. Tuve la oportunidad de conversar largamente con Roberto Fernández Retamar, presidente de la Casa de las Américas, hombre de vasta cultura que, nacido en 1930, conoció bien las Cubas pre y posrevolucionarias y que hoy ocupa un alto cargo en el gobierno, pues es uno de los 31 miembros del Consejo de Estado.

Una tarde, nuestros amigos Gerardo Hernández Bencomo, de la Casa de las Américas, y su esposa Amarylis, a quienes conocimos hace 17 años, nos guiaron en una visita por La Habana vieja.

¡Qué contraste con La Habana que visitamos en 1993, cuando tras las bellas pero arruinadas fachadas se escondían interiores en peores condiciones aún! La Habana vieja ha recuperado su belleza como una de las más hermosas ciudades coloniales de nuestra América. Las cuantiosas inversiones requeridas para las restauraciones arquitectónicas han provenido principalmente del gobierno español.

Pero ello se limita a La Habana vieja, la zona colonial. La mayor parte de los demás edificios se encuentran por desgracia en pésimo estado de mantenimiento.

Los automóviles en calles y avenidas siguen siendo escasísimos y parecen formar parte de una exposición de la industria automotriz de los Estados Unidos de la década de los años cincuenta. Circulan también unos cuantos autos pequeños de la Rusia soviética. En cambio, se aprecia un notable progreso en la calidad del transporte público. Las destartaladas "guaguas" (autobuses) han sido remplazadas por modernos autobuses chinos.

El concierto con la Orquesta Nacional de Cuba formó parte de las celebraciones del bicentenario de la Independencia de México y del centenario de la Revolución mexicana. El programa consistió en el *Concierto para violonchelo y orquesta* del compositor mexicano Federico Ibarra —estreno en Cuba y primer concierto para violonchelo de compositor mexicano jamás tocado en ese país— y el *Concierto en la menor* de Saint-Saëns.

Debo aquí dejar constancia del excelente trabajo del director Enrique Pérez Mesa y de la Orquesta Nacional de Cuba.

El 22 de marzo comimos con Gabriel y Gloria Jiménez Remus y Fernando Herrera en el Paladar de Miriamm. "Paladar" es el nombre dado a los restaurantes privados que existen desde hace pocos años en Cuba. Condición para ser un restaurante privado es que sólo trabajen miembros de una familia o sea, padres, abuelos e hijos, pero nadie más, ya que se incurriría en la explotación capitalista del hombre por el hombre.

El Paladar de Miriamm es un pequeño restaurante con un precioso jardín arbolado y los platos resultaron memorables.

El restaurante está diseñado para extranjeros pues sus precios están en CUC (Cuban Currency), o pesos cubanos convertibles, que están prácticamente fuera del alcance de los cubanos. En el menú abundan pescados, carnes y otros productos inasequibles para la población cubana.

Algunas observaciones acerca de la crítica situación actual de Cuba: marzo de 2010

Nos tocó estar en Cuba durante la aún inconclusa huelga de hambre del disidente Guillermo Fariñas, de 48 años, que pide al gobierno que al menos excarcele a 26 presos de conciencia enfermos. Acababa de morir otro disidente, el albañil Orlando Zapata, tras su larga huelga de hambre.

Nuestra estancia coincidió también con los desfiles diarios de las Damas de Blanco, esposas y familiares de presos cubanos. La televisión mostraba diariamente cómo desfilaban las Damas de Blanco y el locutor subrayaba que tales señoras "eran defendidas por milicianos de la ira del pueblo, justamente indignado por ese movimiento contrarrevolucionario, manejado por el imperio".

A pesar de su postura aparentemente inconmovible, poco después de nuestra salida de Cuba, el gobierno cubano aceptó poner en libertad en los próximos meses a 52 presos gracias a la mediación de la Iglesia católica y del gobierno español. Fariñas abandonó la huelga de hambre y empezaron a llegar a España los primeros de los 52 presos de conciencia que Raúl Castro se comprometió a liberar. La razón por la cual el gobierno cubano inicia estas tibias medidas estriba en la crítica situación de la economía cubana

Como ya lo consigné en páginas anteriores, la desaparición de la Unión Soviética en 1991 causó un doble daño a Cuba: la URSS dejó de exportar petróleo subsidiado a Cuba y dejó de comprarle azúcar a precios inflados. Empezó entonces el muy duro "periodo especial".

Hoy Venezuela exporta petróleo a precios muy bajos pero ello no basta para sacar a Cuba de los críticos problemas económicos por los que atraviesa.

Con una población de 11.2 millones de habitantes, Cuba tiene una fuerza de trabajo de 4.9 millones de personas, de las cuales cuatro millones trabajan en el sector estatal.

El presidente Raúl Castro reconoció el 4 de abril que "los salarios no alcanzan" y que en el sector estatal sobra un millón de puestos de trabajo, o sea, uno de cada cuatro empleados. Durante medio siglo, el pleno empleo (real o ficticio) fue un emblema de la Revolución. Salvador Mesa, secretario general de la Central de Trabajadores de Cuba, dijo que se llevará a cabo "una reubicación con orden" y "nadie quedará abandonado". Hoy, "el reordenamiento laboral que se requiere" representa, sin duda, un reto mayúsculo.

Se intentan tímidos experimentos para que los negocios privados absorban parte de los muchos empleados sobrantes del sector estatal. Nosotros fuimos testigos de que los taxis, propiedad del Estado, ahora son operados por cuenta propia por algunos taxistas, a cambio del pago de un impuesto. También conocimos los "paladares", restaurantes privados unifamiliares.

Probablemente se extenderán experimentos de esta índole a otras actividades.

La cosecha azucarera fue desastrosa en 2010. El periódico oficial del Partido Comunista, *Granma,* admitió que "la actual zafra puede calificarse de pésima en producción y eficiencia. Desde 1905 el país no registraba una campaña azucarera tan pobre".[41] En dicho año la producción fue de 1.2 millones de toneladas y se estima que en 2010 alcance apenas 1.4 millones de toneladas, similar a la del año anterior. Para apreciar la magnitud del desastre mencionaré que en 1958, un año antes de la llegada de Fidel al poder, la zafra fue de 5.6 millones de toneladas y que en 1990, último año de la hermandad con la URSS, la producción superó los 7.8 millones de toneladas.

Los sueldos son muy bajos. Las tarjetas de racionamiento apenas permiten la adquisición de los alimentos esenciales así como una cantidad mínima de huevos, carne o pescado al mes. Comprados en el mercado negro, los precios están fuera del alcance de la enorme mayoría de los cubanos.

Cuando comenté con diversos amigos cubanos que mi viaje anterior había tenido lugar en 1993, durante el crítico "periodo especial", encontré una respuesta bastante generalizada que demuestra a la vez el sentido del humor de los cubanos y la persistencia de los problemas económicos: "Aquél era el 'periodo especial'; ahora nos toca vivir en el 'periodo peculiar'".

Nunca ha habido en América Latina un gobierno que haya durado tanto como el de Fidel y Raúl Castro. Pero en el "Año 52 de la Revolución", es decir en 2010, nadie niega en Cuba la crítica situación económica y la urgente necesidad de implantar cambios profundos. Incluso el famoso cantautor Silvio Rodríguez, siempre fiel al castrismo, dijo en una conferencia de prensa en la Casa de las Américas que Cuba está demandando "a gritos una revisión de montones de cosas, de montones de conceptos, hasta de instituciones"…, que hay que superar "la erre de revolución" e imponer la "evolución".[42]

---

[41] *Granma,* 5 de mayo de 2010.
[42] Conferencia de prensa de Silvio Rodríguez para la presentación de su disco *Segunda cita* en la sala Che Guevara de la Casa de las Américas, de La Habana, el 26 de marzo de 2010.

Es evidente que los cambios implementados hasta mediados de 2010 han sido enteramente insuficientes.

Una charla y un concierto con Yo-Yo Ma en Asturias: 2010

María Isabel y yo llegamos el 15 de septiembre a Oviedo procedentes de Bogotá y el día siguiente arribaron de París Jill y Yo-Yo Ma.

Viajamos a Oviedo invitados por el Centro Niemeyer a participar en dos actos, el 16 y 17 de septiembre.

El Centro Niemeyer es una extraordinaria institución cultural. En 2006, la Fundación Príncipe de Asturias, al celebrar su primer cuarto de siglo de existencia, solicitó a sus galardonados sumarse de alguna manera a los actos del aniversario. El genial arquitecto brasileño Oscar Niemeyer, a pesar de tener casi 100 años de edad, aportó nada menos que el diseño de un gran centro cultural para ser edificado en Avilés. Niemeyer ha calificado este proyecto como su obra más importante en Europa y es el único proyecto que ha hecho en España.

Por no estar aún terminado el auditorio, nuestros dos actos se llevaron a cabo en el Teatro Palacio Valdés de la misma ciudad.

El 16 de septiembre tuvimos Yo-Yo Ma y yo una charla acerca de "Una vida en la música". En broma agradecí a los organizadores y a Yo-Yo Ma que hubieran tenido la delicadeza de organizar este primer evento precisamente en la fecha del bicentenario de la independencia de México. Terminamos la charla con la ejecución del primer movimiento de la *Suite para dos violonchelos* del compositor mexicano Samuel Zyman.

El 17 de septiembre Yo-Yo Ma tocó con suprema maestría tres *suites* de Bach y, juntos, tocamos el estreno en España de la referida *Suite para dos violonchelos* de Zyman, coronada por larguísimos aplausos y por excelentes críticas de todos los periódicos asturianos (véase el apéndice 3).

La magnífica organización de los actos y la programación general del Centro son fruto del talento de Natalio Grueso y de Joan Picanyol, director general y subdirector del Centro Niemeyer.

54. Con Joaquín Rodrigo, 1980.

55. Con Blas Galindo, México, 1987.

56. Con Manuel Enríquez
y la pianista Doris Stevenson,
después de un recital
con Stevenson en Los Ángeles,
1991.

57. Con el compositor peruano Celso Garrido-Lecca y el pianista Edison Quintana en el Conservatorio de las Rosas en Morelia, México.

58. Estreno del concierto para violonchelo de Federico Ibarra con la Royal Philarmonic Orchestra de Londres, bajo la dirección de Enrique Arturo Diemecke, 1993.

59. Con Guido M. Guida y el compositor Robert X. Rodríguez tras el estreno mundial de *Máscaras* para violonchelo y orquesta, de Rodríguez, en el Festival Cervantino de Guanajuato.

60. Con Mario Lavista, el Piatti y Álvaro Mutis.

61. Con el compositor Tomás Marco y la pianista Chiky Martin en el Auditorio de la Fundación Juan March, en Madrid, 1996.

62. Mercedes García Márquez, Roberto Pombo, Gabriel García Márquez, el autor y María Isabel Prieto, Cartagena, 2007.

63. El autor recibe el premio de Maestro Emérito de la Juventud Venezolana de manos de José Antonio Abreu y William Molina, Caracas, 2006.

64. En Caracas, con José Antonio Abreu y Yo-Yo Ma, Caracas, 2009.

65. Presentación de la edición anterior de *Las aventuras de un violonchelo* en Madrid en marzo de 1999. Claudio Prieto, Álvaro Marías, Carlos Bousoño, Tomás Marco, el autor, Emilio Casares y Margarita de la Villa.

66. Con Xavier Montsalvatge, Barcelona.

67. Con el compositor brasileño Marlos Nobre, Rio de Janeiro, 2002.

68. Con Luis Felipe Seixas (secretario general), Celso Lafer (ministro de Relaciones Exteriores de Brasil), señora Lafer y Marilú Seixas. Palacio de Itamaraty, Brasilia, 2002. (Foto de Gustavo Magalhaes.)

69. Con los niños de la Orquesta de Cámara de Surucucú, Rio de Janeiro, 2002.

70. Con el premio Nobel portugués José Saramago en la presentación de la edición en portugués de *Las aventuras de un violonchelo*, Lisboa, 2002.

71. Con Roberto Sierra y Carlos Miguel Prieto en ocasión del estreno mundial de su concierto para violonchelo, México, 2000.

72. Con Arturo Márquez y José Antonio Abreu, Caracas.

73. Con Yo-Yo Ma en Asturias, 2010.

Yo-Yo Ma
(Violonchelo)

Teatro Palacio Valdés de Avilés

invitado
Carlos Prieto
(Violonchelo)

Centro Niemeyer

Suite No. 1 in G Major, BWV 1007　　Johann Sebastian Bach
Prelude　　(1685-1750)
Allemande
Courante
Sarabande
Minuet I & II
Gigue

Suite No. 5 in c minor, BWV 1011　　Johann Sebastian Bach
Prelude　　(1685-1750)
Allemande
Courante
Sarabande
Gavotte I & II
Gigue

DESCANSO

Suite para do Violincellos　　Samuel Zyman
1. Tranquillo e rubato　　(1956-)
2. Quasi allegro
3. Danzando
4. Adagio espressivo
5. Allegro energico
6. Introduzione: largo; fuga energica

Suite No. 3 in C Major, BWV 1009　　Johann Sebastian Bach
Prelude　　(1685-1750)
Allemande
Courante
Sarabande
Bouree I and II
Gigue

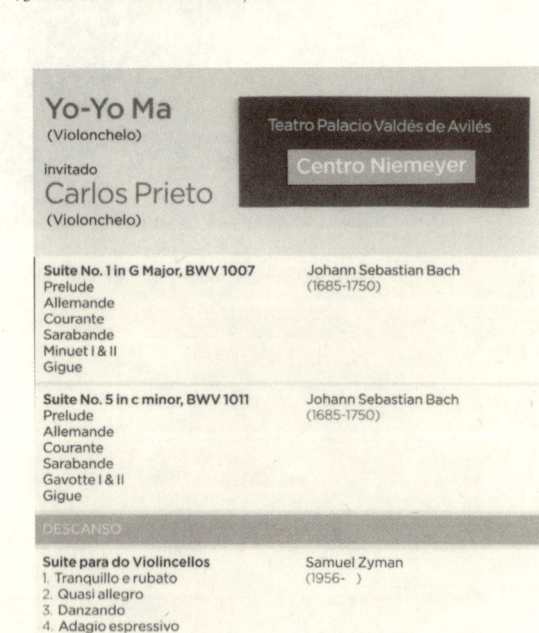

74. Programa del concierto con Yo-Yo Ma en Avilés, Asturias, 2010.

75. Con María Isabel Prieto, Cristina y José Emilio Pacheco en Madrid, 2009.

76. Jill y Yo-Yo Ma, María Isabel Prieto y el autor, Bueño, Asturias, 2010.

77. Concierto del Cuarteto Prieto con el Cuarteto Romero, Nueva Orleans, 2011.

78. Concurso Internacional de Violonchelo Carlos Prieto. Conservatorio de las Rosas, Morelia, 2006.

Yo-Yo Ma, Asturias, Bueño

Dedicamos los días siguientes a hacerles conocer a Jill y a Yo-Yo Ma algunos aspectos de Asturias. Visitamos Oviedo y, en las afueras de la capital asturiana, las iglesias románicas de Santa María del Naranco y de San Miguel de Lillo, donde se casaron mis padres. Comimos una típica fabada asturiana en el pintoresco pueblo de Bueño. Llegamos hasta el lago Enol, en los Picos de Europa, y nos detuvimos en Covadonga.

El año anterior, durante la Semana Santa, pasamos con los Ma unos días de vacaciones en Sevilla, Córdoba y Granada. Yo-Yo y Jill Ma conocieron por tanto dos regiones muy diferentes de España: Andalucía y Asturias. En Covadonga vimos el lugar donde el rey Pelayo conquistó en 722 la primera victoria contra la dominación musulmana en la Península Ibérica, y en Granada, el lugar donde Boabdil, el último rey moro, fue vencido en 1492, y se dio cima, así, a la Reconquista.

Concierto con el Cuarteto Romero y elección como miembro de número de la Academia: 2011

Los últimos acontecimientos que reseñaré en este libro ocurrieron en enero de 2011, apenas unos días antes de entregar el manuscrito al Fondo de Cultura Económica.

El 13 de enero, el Cuarteto Prieto tuvo el privilegio de dar un concierto en Nueva Orleans con el Cuarteto Romero, integrado por excepcionales guitarristas. Tocamos, entre otras obras, un concierto de Vivaldi para dos guitarras y cuarteto de cuerdas, y el quinteto de Boccherini para guitarra y cuarteto que termina con un famoso "fandango". Boccherini, el más grande violonchelista de su época, vivió medio siglo en España y no es extraño, por tanto, que esta obra se distinga por su carácter español y por el papel virtuosísimo que asigna al violonchelo.

Fue memorable para nosotros la convivencia con Pepe, Celín, Celino y Lito Romero y ya hemos empezado a planear nuevas aventuras musicales.

Ese mismo día, al terminar el concierto, leí un mensaje electrónico que me transmitía la siguiente noticia:

> Me es grato comunicarle que, en la sesión del jueves 13 de enero del año en curso, fue usted elegido miembro de número de la Academia Mexicana de la Lengua...
> Firmado: Gonzalo Celorio, secretario

Agradezco profundamente esta elección, propuesta por Miguel León-Portilla, Ramón Xirau y Eduardo Lizalde y secundada por los demás miembros de la Academia, institución fundada en México en 1875 y que forma parte de la Asociación de Academias de la Lengua Española.

El Conservatorio de las Rosas en Morelia, México

Ninguna nación del continente tiene un acervo musical tan rico y tan antiguo como México.

En 1524, apenas tres años después de consumada la conquista, el franciscano fray Pedro de Gante fundó la primera escuela de música del Nuevo Mundo. Fray Pedro llegó en 1523 junto con otros dos evangelizadores franciscanos y realizó una impresionante labor. Aprendió el náhuatl y se empeñó no sólo en la evangelización de los naturales sino también en la enseñanza de artes y oficios en Tlaxcala, Texcoco y en la Ciudad de México. En la escuela de música los indígenas aprendieron canto llano y la fabricación de instrumentos musicales.

Fundado en Morelia en 1743 como Colegio de Niñas de Santa Rosa de Santa María, el Conservatorio de las Rosas ocupa un lugar muy especial en la historia de la música en México. Se trata no sólo de la más antigua escuela de música del país sino del continente; además, se está convirtiendo en uno de los mejores conservatorios de Iberoamérica. La escuela ha atravesado innumerables crisis, cuya descripción se sale del alcance de este libro.[43] Su campus principal está ubicado en uno de los

---

[43] El lector interesado puede encontrar en las ediciones anteriores de este libro un relato mucho más detallado de la historia del Conservatorio de las Rosas.

más bellos edificios coloniales del siglo XVIII en tanto que un edificio moderno, inaugurado en 2001, alberga las escuelas que abarcan desde los niveles preescolares hasta preuniversitarias.

El renacimiento de la institución en 1950 se debe a la visión y a la voluntad del gran compositor y maestro moreliano Miguel Bernal Jiménez. En 1995 fui nombrado presidente de la Fundación del Conservatorio y, por tanto, se hizo mucho más cercana mi relación con la institución. Nuestro objetivo es que el más antiguo conservatorio de América Latina llegue a convertirse en el mejor. El Conservatorio ha puesto en marcha un proyecto de educación musical integral, vanguardista e innovador. Se cosechan ya los primeros y muy halagüeños resultados.

En 2007 tuvimos el privilegio de que Yo-Yo Ma diera un concierto en la Ciudad de México a beneficio del Conservatorio de las Rosas y que visitara sus instalaciones en Morelia. El programa del concierto incluyó la *Suite para dos violonchelos* de Samuel Zyman y el *Quinteto para dos violonchelos* de Schubert, con la participación del Cuarteto Prieto.

El Concurso Internacional de Violonchelo Carlos Prieto

El Conservatorio de las Rosas, el Consejo Nacional para la Cultura y las Artes y el Gobierno de Michoacán organizan el Concurso de Violonchelo que, pese a mis objeciones, lleva mi nombre.

Fue inicialmente (1998) un concurso nacional. Debido a su éxito, el concurso fue creciendo y ampliando su ámbito. Se convirtió en Concurso Latinoamericano en 2000 y 2002; en 2004 se volvió Concurso Iberoamericano y, en 2006 y 2009, en Concurso Internacional de Violonchelo. El concurso siempre se ha llevado a cabo en el Conservatorio de las Rosas, en Morelia, México.

El objetivo de los concursos es estimular la actividad violonchelística y atraer la atención del mundo hacia el violonchelo en Iberoamérica. Una de sus particularidades es que, para incrementar y difundir el repertorio violonchelístico, se incluye en el programa obligatorio la ejecución de una obra compuesta expresamente para el concurso. En 2006, fue la obra *Lejanía interior* de Arturo Márquez, de México, y en 2009, *Of Broken Bells and Shadows* de Jimmy López, de Perú.

La lista de ganadores es la siguiente:

1998. Juan Hermida (primer lugar), Manfredo Gracia (segundo) y Mónica del Águila (tercer lugar).
2000. Jesús Castro Balbi (Perú-EUA), primer lugar
2002. Primer lugar, desierto
2004. Dmitri Atapine (Rusia-España), primer lugar
2006. Patrick Jee (Corea–EUA), primer lugar: Pavel Gomzyakov (Rusia), segundo; Mihai Marica (Rumania) y Sophie Shao (EUA), tercero. Premios especiales a Georgina Sánchez Torres (España), Gabriel E. Cabezas (EUA-Costa Rica), de 14 años; Santiago Cañón (Colombia), de 11 años.
2009. Dmitry Volkov (Rusia), primer lugar; Marion Platero y Alexandre Castro-Balbi (ambos de Francia), segundo. Tercer lugar, desierto; premio especial a Rolando Fernández Lara (México).

Por primera vez se contó con la participación de un joven violonchelista chino, Chongwu Wang, cuyo desempeño fue notable.

El jurado fue integrado en 2006 y 2009 por Jesús Castro-Balbi (Perú-EUA), William Molina (Venezuela), Philippe Müller (Francia), Aldo Parisot (Brasil-EUA), Asier Polo (España), y José Luis Gálvez y yo, de México.

Nuevas obras

Como se habrá advertido en páginas anteriores, mi afán permanente es promover y estrenar nuevas obras, procurando conciliar en mis conciertos el enriquecimiento de la literatura violonchelística con el repertorio tradicional. Esta tarea es a veces ingrata. Cuando aborda uno las grandes obras del pasado, el camino es, ciertamente, más seguro. Se trata de obras cuya categoría excepcional les ha permitido salir victoriosas del juicio de la posteridad. Son las que, como la parte superior de un *iceberg*, sobresalen de la enorme masa de composiciones mediocres, hoy olvidadas. Cuando se estrena una composición nueva, no existe seguridad alguna de cuál vaya a ser su destino. Indudablemente muchas quedarán relegadas al olvido. Por ello, se me tacha a veces de adoptar una actitud quijotesca puesto que una gran parte de mi esfuerzo resultará a la postre estéril. En el tiempo requerido para aprender una composición nueva de incierto futuro, podría yo fácilmente dar una veintena de conciertos y de recitales de obras consagradas y de éxito fácil. Pero ejerce sobre mí una irresistible atracción la búsqueda permanente de las obras maestras del futuro. Si sobrevive una fracción del repertorio en cuya creación he estado involucrado, estaré más que satisfecho.

TERCERA PARTE

BREVE HISTORIA DE LA MÚSICA
PARA VIOLONCHELO DESDE LA ÉPOCA
DE STRADIVARIUS HASTA NUESTROS DÍAS

VII. SIGLOS XVII Y XVIII

Repertorio anterior a 1700

Durante la mayor parte del siglo XVII el violonchelo estaba reducido a un papel meramente acompañante, tocando la parte llamada de *bajo continuo* en música religiosa vocal e instrumental o tocando piezas de canto y danza. Muchos violonchelos de la época estaban adaptados para colgarse del cuello del ejecutante que, así, podía tocar de pie o andando en procesiones. Con su poderosa sonoridad en los registros graves, los violonchelos grandes eran perfectamente adecuados para su papel acompañante.

En las últimas décadas del siglo XVII empezó a cambiar la función del violonchelo, llamado a ocupar a veces partes solistas.

Entre las primeras obras que muestran un cambio habría que mencionar los *XII Tríos para dos violines y violonchelo* de Corelli compuestos en 1683. También hay que señalar a una serie de compositores, miembros de la Accademia dei Filarmonici, fundada en 1675 en Bolonia.

Entre ellos destacaban Domenico Gabrielli (1659-1690), Giovanni Battista degli Antonii (1660-1697) y Giuseppe Jacchini (1670-1727), cuyas obras para violonchelo llaman la atención por su frescura y originalidad.

Gabrielli y Jacchini eran violonchelistas altamente apreciados que compusieron también "sonatas" —no en el sentido actual del término sino obras para ser "sonadas"—[1] para violonchelo y bajo continuo.

---

[1] El sentido original de *sonata* era simplemente "obra a ser 'sonada' por medio de un instrumento"; *cantata* era obra a ser candada, y *toccata,* obra a ser tocada en clave u órgano. La palabra *sonata* adquirió posteriormente un significado diferente, como veremos más adelante.

Primeras sonatas para violonchelo y continuo. Primeros conciertos. Vivaldi, Marcello y otros

A partir de 1700 cobra mayor importancia el violonchelo con Alessandro y Domenico Scarlatti, Porpora, Marcello y, sobre todo, Vivaldi que, con sus seis sonatas, llevó la sonata para violonchelo y bajo continuo a su punto culminante y que fue el primero en escribir conciertos para violonchelo y orquesta, de los cuales conocemos nada menos que 27.

Indudablemente, el nuevo patrón que diseñó Stradivarius a partir de 1707 responde a la necesidad de los violonchelistas de contar con instrumentos más cómodos, que permitieran tocar notas más agudas y pasajes de mayor virtuosismo que antes.

Las obras para violonchelo solo más antiguas que se conocen son las siguientes:

Giovanni Battista Degli Antonii. *12 Ricercare* (1687).

Domenico Gabrielli. *Ricercari per violoncello solo, con un Canone a due violoncelli e alcuni Ricercare per violoncello e basso continuo* (1689).

Domenico Galli. *Trattenimiento Musicale Sopra il Violoncello a solo* (1691).

Las Suites para violonchelo solo de J. S. Bach

Los *Ricercari* de Gabrielli y de Degli Antonii son obras perfectas en su forma y exigen ya un importante dominio del violonchelo. Sin embargo, no tienen comparación alguna con el monumento que nos dejó Bach, sus *Seis suites para violonchelo solo*, la primera obra fundamental en la historia del violonchelo, que jamás había sido llamado a tocar obras de tanta riqueza musical y de tan considerable dificultad técnica.

Las *suites* para violonchelo solo datan del periodo durante el cual Bach fue maestro de capilla y director de música de Anhalt-Köthen (1717-1723).

El príncipe Leopold von Anhalt-Köthen (1694-1728) era un apasionado de la música y tocaba el violín, la viola da gamba y el clave. Tenía una excelente orquesta —un "Collegium Musicum"— de 18 músicos. Bach compuso en esa época la mayoría de sus obras instrumentales y casi la totalidad de su música de cámara, incluyendo las tres sonatas de gamba y clave, las seis *suites* para violonchelo solo y las tres partitas y tres sonatas para violín solo. En la orquesta de Köthen coexistían el violonchelo y la viola da gamba. En la lista de sus músicos aparecen C. Bernhard Linike, violonchelista, y Christian Ferdinand Abel, gambista. Este último era, además, un destacado violonchelista y se supone que fue para él para quien compuso las sonatas de gamba y las suites para violonchelo.

El violonchelo no había demostrado aún su capacidad sonora en los registros agudos ni su potencial *cantabile* y, por esa razón, Bach utilizó un instrumento "tenor", la viola da gamba, para sus tres sonatas con clave, al igual que hizo en varias de sus cantatas y en pasajes dolientes en las dos *Pasiones*. Todavía 36 años más tarde, en 1756, Leopold Mozart, padre del compositor y prominente violinista y pedagogo, escribió lo siguiente: "La viola da gamba difiere del violonchelo en muchos aspectos. Tiene seis o incluso siete cuerdas, en tanto que el 'bassel' (cello) tiene sólo cuatro. Se afina de manera totalmente diferente; tiene un sonido más agradable y se usa para registros más elevados que los del violonchelo".[2]

En las *Suites para violonchelo solo,* Bach incursionó en terrenos nuevos para sí mismo y para la música. Se ha dicho que al componer sus *suites* para violonchelo solo, Bach persiguió un objetivo pedagógico, aparte del puramente musical, como es el caso de las *Invenciones a dos y tres voces* y de la primera parte del *Clave temperado*. Sabemos que Bach, famoso sobre todo como organista y clavecinista, era además excelente violinista y violista. Las partitas y sonatas son prueba fehaciente del extraordinario conocimiento que tenía de las posibilidades del violín. Nada nos indica que también supiera tocar el violonchelo. Es posible, por tanto, que el carácter pedagógico de las *suites* obedeciera asimismo al deseo del propio Bach de ir descubriendo el potencial del violonchelo, cuya técnica estaba mucho menos desarrollada que la del violín. Y, en efecto, es

---

[2] Leopold Mozart, *A Treatise on the Fundamental Principles of Violin Playing*, Oxford, 1948, p. 10f.

clara la dificultad creciente que cada suite plantea al ejecutante.

Adolfo Salazar nos dice lo siguiente acerca de estas obras: "El gigantesco esfuerzo de Bach por encerrar en un solo instrumento, las voces de la polifonía hace a sus sonatas, *suites* o partitas para violín y violonchelo solo, sin bajo acompañamiento, de una dificultad tal que apenas se comprende cómo pudieron ser ejecutadas en su tiempo".[3]

La *suite*, tipo de composición musical de origen francés, es lo que indica su nombre, una sucesión o serie de movimientos basados en danzas. Originalmente la *suite* barroca constaba de cuatro movimientos: *allemande, courante, sarabande* y *gigue*. En sus *suites* para violonchelo, Bach agregó un *preludio*, como primer movimiento e intercaló entre la *zarabanda* y la *giga* un par de danzas "galantes" o *galanterien*. El orden en todas las *suites* es, pues, el siguiente: *Preludio, alemanda, corranda, zarabanda*, par de danzas *galantes, giga*. El par de danzas "galantes" consiste en dos *minuetos* en las *Suites I* y *II*, dos *bourrées* en las *Suites III* y *IV* y dos *gavotas* en las *Suites V* y *VI*.

Los *preludios* son movimientos introductorios, de forma más bien libre, herederos de las grandes improvisaciones en las que Bach no tenía igual, y que dan el carácter general que va a tener la *suite*.

Los demás movimientos están basados en danzas de orígenes variados.

Las *alemandas*, obviamente de tierras germanas, eran, en tiempos de Bach, un movimiento de carácter fluido pero reflexivo, escrito por lo general en compás de 4/4.

Las *courantes* o *corrandas* son danzas de origen francés y el verbo *courir (correr)* describe su tempo rápido. (La *corranda* tiene dos variantes: la *corranda italiana* con compás de 3/4 y la francesa, un poco más lenta y con ritmos más nerviosos compuestos en compás de 3/2.)

La *zarabanda* es de origen español. Era popular en la Nueva España, y llegó a pensarse que era originaria de esta tierra. Fray Diego de Durán menciona que antes de 1579 la *zarabanda* era muy conocida en la Nueva España y que "pecaba de sensuali-

[3] Adolfo Salazar, *Juan Sebastian Bach*, El Colegio de México, México, 1951, p. 142.

dad".[4] Por tal motivo, la Inquisición la prohibió no sólo en la Nueva España sino en todo el imperio español. En tiempos de Bach esa danza había perdido el carácter obsceno o lascivo. Las *zarabandas* de las *suites* de violonchelo son todas lentas y equivalen a los *adagios* de las sonatas clásicas.

Los movimientos "galantes" provienen todos de antiguas danzas de origen francés. Los *minuetos* o *menuets* debían bailarse con gracia y con pasos pequeños, como indica su origen filológico (de *pas menu* o paso menudo). Las *bourrées* se originan en la región de Auvernia y su nombre procede del verbo *bourrir* (en francés antiguo, mover las alas o aletear). Las *gavotas* eran danzas que bailaban los *gavots*, habitantes de la región francesa del Dauphiné.

Finalmente, la *giga* proviene probablemente de la *jig* de Irlanda, de donde pasó a Inglaterra y al continente.

La *Suite I*, en sol mayor, es la menos complicada musical y técnicamente y, al igual que la *Suite II*, utiliza predominantemente los registros de más fácil emisión sonora del violonchelo.

En la *Suite III*, en do mayor, Bach amplía la gama sonora para explotar la resonancia de la cuerda más grave, el do, y de los acordes en que predominan las cuerdas abiertas. Desde el majestuoso *preludio* impresionan las secuencias de notas que parecen verdaderas cascadas de sonido.

La *Suite IV* plantea nuevas dificultades, por su incómoda tonalidad de mi bemol mayor y por los bruscos saltos del arco entre las cuerdas más distantes, el do y el la.

La *Suite V*, en do menor, es la más dramática y profunda de las seis y requiere una gran comprensión musical, unida a un dominio técnico completo del violonchelo. El *preludio* se inicia con una sección de carácter grave y termina con una fuga, la única en las seis *suites*, que es un prodigio de escritura polifónica en un instrumento esencialmente monofónico. La *zarabanda* es uno de los movimientos más austeros y sublimes de toda la obra de Bach. Esta *suite* está escrita para un violonchelo *discordato*, o sea, afinado de una manera diferente, pues la cuerda la debe bajarse un tono, a sol. La *scordatura* hace posi-

---

[4] Robert Stevenson, "La música en el México de los siglos XVI a XVIII", en Julio Estrada (ed.), *La música de México*, UNAM, México, 1986, p. 27.

ble la ejecución de ciertos acordes y, por otra parte, confiere al violonchelo un sonido más oscuro, que conviene perfectamente al carácter dramático y sombrío de esa *suite*.[5]

La *Suite* VI fue originalmente concebida por Bach para tocarse en un violonchelo, no de cuatro cuerdas, como es normal, sino de cinco. Se ha especulado mucho acerca de la naturaleza del instrumento destinatario de esta *suite* y se llegó a pensar que Bach había inventado una viola de gran tamaño llamada *viola pomposa*. En realidad, la compuso para un *violoncello piccolo*, o sea, parecido al del nuevo patrón de Stradivarius, pero dotado de cinco cuerdas. Bach parece haber intuido en su sexta *suite* que el violonchelo tenía un potencial mucho mayor que el que se le conocía. En efecto, se utilizaba entonces menos de la mitad del rango sonoro del violonchelo actual. La nota más aguda posible era un sol, nota determinada porque en su escala ascendente por la cuerda la, la mano izquierda se topa con el cuerpo del violonchelo precisamente en ese sol. No se había aún desarrollado la técnica llamada "del pulgar", que permite continuar subiendo hasta acercarse, como en el violín, al puente y a notas extremadamente agudas.

Ante tal situación, la solución ideada o aprovechada por Bach fue la que consiste en utilizar una quinta cuerda, un "mi", una quinta por encima del la —la cuerda normalmente más aguda—, con la consiguiente ampliación del rango posible de notas. Pero la *Suite* VI no difiere de las anteriores nada más en su cuerda adicional original, sino en que, además, exige del ejecutante un virtuosismo fuera de lo común, aún mayor considerando que en nuestros días esa obra se toca con un violonchelo normal de cuatro cuerdas. En su grandiosa escala y en su carácter pleno de alegría, la *sexta suite* es la culminación con la que Bach cierra este extraordinario ciclo.

---

[5] No era inhabitual en aquella época la *scordatura*. Todavía se hacían experimentos con la afinación e incluso el número de cuerdas de los instrumentos. En 1618, Praetorius escribió que el violonchelo era llamado —como ya hemos visto— *bajo de viola da braccio* y tenía cinco cuerdas: fa, do, sol, re, la. Pero la afinación podía ser variable. El mismo Praetorius escribió: "Atención: la manera como una u otra persona afinan su violín o viola no tiene gran importancia siempre y cuando puedan tocar con exactitud, claridad y afinación". (Reproducido en Hans Vogt, *Johann Sebastian Bach's Chamber Music*, Amadeus Press, 1988, p. 48.)

No se tienen datos acerca de las primeras ejecuciones de las *suites*. Probablemente el propio Bach las compuso para que se tocaran en el palacio, sin la idea de ulteriores ejecuciones y menos en público. Lo que sí sabemos es que, a su muerte, quedaron sumidas en el olvido, tal como ocurrió con la mayor parte de su obra. Se perdieron los manuscritos originales de las *suites* y de las sonatas y partitas para violín. La primera publicación de las obras de violín en 1802 y de las de violonchelo, en 1825, se basó en copias, algo imprecisas y descuidadas, hechas por la segunda esposa de Bach, Anna Magdalena.

En 1890 tuvo lugar un descubrimiento sensacional. Apareció en Munich el manuscrito original de las partitas y sonatas para violín. Se trata, sin duda, de uno de los más hermosos manuscritos de Bach, escrito con nitidez excepcional. Johannes Brahms —apasionado coleccionista de manuscritos autógrafos— se quedó deslumbrado cuando lo vio y estuvo a punto de adquirirlo, aunque, como escribe en una carta, "es imposible ponerle precio a un tesoro así".[6]

La importancia de un descubrimiento como éste radica en el hecho de que permitió aclarar inmediatamente todas las imprecisiones de la copia de Anna Magdalena y, como el propio Bach marcó con toda claridad sus arcadas, se tiene una noción mucho más precisa de las intenciones del autor y del correcto fraseo de cada movimiento.

Joseph Joachim, que fue el primer violinista en tocar en público estas obras, vio por primera vez el manuscrito en 1892 y, gracias a su cuidadoso examen, pudo preparar una nueva edición de las sonatas y partitas, la primera basada en la fuente original.

No corrieron con la misma fortuna las *suites* para violonchelo. Nunca se ha descubierto el original. A falta de tal documento, se encontraron en 1960 dos copias adicionales hechas por discípulos de Bach: Kellner y Westphal y el cotejo de estas copias con la de Anna Magdalena es un ejercicio útil en la incesante e inacabable búsqueda de la interpretación ideal. Las *Suites para violonchelo solo*, compuestas hacia 1720, han quedado

---

[6] Hans Vogt, *Johann Sebastian Bach's Chamber Music*, Amadeus Press, 1988, p. 21.

como un insuperable monumento musical y constituyen una serie de obras fundamentales en la historia y en el repertorio del violonchelo.

Franciscello (1691-1739) y el desarrollo de la técnica del violonchelo

Se atribuye al violonchelista Francesco Alborea —mejor conocido como Franciscello— el haber sido el primero en utilizar la posición "del pulgar" y haber contribuido así a dar un impulso considerable a la técnica de ejecución del violonchelo. Muy poco se sabe sobre Franciscello, salvo que sus contemporáneos lo consideraban "sobrenatural". Quantz lo oyó tocar con Alessandro Scarlatti y lo llama "incomparable" y "sobresaliente".[7] El propio Scarlatti opinaba que "sólo un ángel podía tocar como él".

La técnica de Franciscello fue adoptada por Jean Baptiste Stück, "Batistin", que viajó a Francia y formó parte de la orquesta al servicio de Luis XIV. Los principios de Franciscello y su técnica "del pulgar" quedaron incorporados en el tratado de 1741 de Michel Corrette titulado nada menos que "Méthode théorétique et pratique pour apprendre en peu de temps le Violoncelle dans sa Perfection" ("Método teórico y práctico para aprender en poco tiempo a tocar el violonchelo a la perfección").

Giuseppe Tartini (1692-1770) y Carl Philipp Emanuel Bach (1714-1788)

No muy conocidos pero dignos de tocarse son los dos conciertos para violonchelo de Tartini, uno de los grandes violinistas-compositores del siglo XVIII, y los tres conciertos de Carl Philipp Emanuel Bach, el segundo de los hijos de Johann Sebastian Bach.

---

[7] Elizabeth Cowling, *The Cello, Charles Scribner's Sons*, Nueva York, 1975, p. 67.

Boccherini (1743-1805), el primer gran virtuoso moderno del violonchelo[8]

Todos los progresos de la técnica instrumental fueron utilizados por Luigi Boccherini, que se distingue en la música por haber sido el primer gran virtuoso moderno del violonchelo y el único violonchelista importante que fue, además, un compositor de altos vuelos.

Nació en Lucca, población cercana a Florencia, en 1743. Allí hizo sus primeros estudios con su padre Leopoldo, contrabajista y violonchelista.

Desde muy joven deslumbró con sus ejecuciones al violonchelo de sus propias obras en Italia y en Viena, donde obtuvo un éxito memorable. En Milán se quedó un año y tuvo allí la experiencia de formar lo que quizá sea el primer cuarteto de cuerdas de que se tenga noticia. Lo integraban Filippi Manfredi, primer violín; Pietro Nardini, segundo violín; Giovanni Cambini, viola, y Luigi Boccherini, violonchelo.

En 1768 dio con enorme éxito una serie de conciertos en París, con Manfredi. Los editores parisinos se disputaban sus obras y le sonreían la fama y la fortuna. Allí adquirió ese mismo año un violonchelo de Stradivarius. Boccherini y Manfredi conocieron en París al embajador de España, el conde de Fuentes, quien les pintó un panorama deslumbrante sobre la corte española, abierta como ninguna a la música y a las artes y en la que el príncipe de Asturias no sólo era un apasionado de la música sino un violinista de excelente nivel.

Armados con elocuentes cartas de presentación del embajador, Boccherini y Manfredi se presentaron en Madrid en 1768, el mismo año de su llegada a París. La imagen que tenían de la corte se disipó como un espejismo. La actividad musical había decaído notoriamente desde 1759, a raíz de la muerte de la reina Bárbara de Braganza, discípula de Scarlatti.

Entre los integrantes de la orquesta figuraban su amigo Manfredi y una familia de músicos, los Font, con quienes fraternizó

---

[8] He consultado, entre otros: Ugo Biagioni, *Boccherini*, Istituto Italiano di Cultura, Madrid, 1993; Germaine de Rothschild, *Boccherini*, Nueva York; Ramón Barce, *Boccherini en Madrid*, Instituto de Estudios Madrileños (sin fecha).

de inmediato; el padre y sus tres hijos formaban un cuarteto de cuerda y Boccherini no tuvo más que añadir su propio violonchelo para que naciera un nuevo género musical: el quinteto con dos violonchelos, de los cuales compuso más de un centenar.

Boccherini fue un compositor de extraordinaria fecundidad. Escribió 10 conciertos para violonchelo y cerca de 30 sonatas, obras que merecerían conocerse mejor. Es una curiosa paradoja que su concierto más conocido, el *Concierto en si bemol mayor*, no es auténtico en su totalidad sino que fue recreado con muchas libertades por el violonchelista alemán Grützmacher. El segundo tiempo, *adagio*, es auténtico pero pertenece a otro concierto y en los dos *allegros*, Grützmacher hizo modificaciones sustanciales.

Franz Joseph Haydn (1732-1809)

Haydn fue Kapellmeister en la corte del príncipe de Esterházy de 1778 a 1790. Haydn dirigía la orquesta desde su lugar de primer violín, o bien, según conviniera, desde el clave. Entre 1761 y 1769 el violonchelista de la orquesta fue Joseph Weigl y posteriormente lo fue Anton Kraft, uno de los más prominentes violonchelistas de su época. Haydn le enseñó composición durante algún tiempo a Kraft y recibió sin duda valiosas enseñanzas de Weigl y Kraft acerca del violonchelo, como lo demuestran sus conciertos en re mayor y en do mayor, que por su belleza e importancia ocupan un lugar preferente en el repertorio de todos los violonchelistas.

El *Concierto en do mayor* constituye un caso curioso. Durante muchos años no se conoció aunque se sabía de su existencia por la mención que el propio Haydn hizo en el catálogo de sus obras, llamado el Entwurf-Katalog, que inició a fines de 1765. En 1961 se encontró una copia en el Fondo Radenín del Museo Nacional de Praga. Desde entonces, la obra conquistó los escenarios con una velocidad extraordinaria. El *Concierto en do mayor* data de entre 1762 y 1765 y fue escrito probablemente para Joseph Weigl.

El *Concierto en re mayor* es de 1783 y fue erróneamente atribuido por algunos a Anton Kraft pues hoy está comprobado fuera de toda duda como obra auténtica de Haydn. Es probable que haya sido compuesta precisamente para Anton Kraft, y que haya sido éste quien lo estrenara.

Otros conciertos para violonchelo y orquesta atribuidos a Haydn son más que dudosos pues no existe evidencia documental ni estilística alguna que avale su legitimidad.

Mozart (1756-1791). Su aparente desprecio por el violonchelo. El concierto perdido para violonchelo

A todos los violonchelistas nos intriga tanto como lamentamos que Mozart haya "ninguneado" al violonchelo —para usar un verbo mexicano elocuente e insustituible—, máxime que compuso múltiples y prodigiosas obras para los más variados instrumentos. Baste mencionar sus conciertos para violín, la *Sinfonía concertante* para violín y viola, los dúos para violín y viola y las sonatas para violín y piano, para suponer lo que hubiera podido componer para el violonchelo.

No podemos aducir como explicación la relativa novedad del violonchelo como instrumento solista. Mozart, cuya curiosidad estaba siempre abierta a todas las manifestaciones musicales, habrá, sin duda, conocido las sonatas y los conciertos de Vivaldi y de Boccherini, los conciertos de su admirado contemporáneo Haydn y el virtuosismo de violonchelistas activos en Viena como Anton Kraft y su hijo Nicolaus Kraft. También conocía la obra del hijo de Juan Sebastian Bach, Carl Philipp Emanuel, por quien sentía una gran amistad y admiración y que había compuesto estimables conciertos para violonchelo. No conoció, en cambio, las *suites* de Bach, cuya música, considerada anticuada, había caído en el olvido.

Quizá la razón estribe en que, en épocas en que nadie componía sin que mediara un encargo destinado a un estreno inmediato, no haya habido violonchelista interesado en su música.

El rey Federico Guillermo II de Prusia, hijo de Federico el Grande y violonchelista aficionado de alta jerarquía, es acreedor a nuestro eterno agradecimiento por haber encargado numerosas obras para violonchelo a los principales compositores de la época. Entre ellas se cuentan tres de las pocas obras concebidas por Mozart para ese instrumento: sus tres últimos cuartetos de cuerda, dedicados por supuesto al rey, y en los cuales el violonchelo tiene una parte de especial relevancia.

La famosa *Sinfonía concertante* para violín, viola y orquesta fue concebida inicialmente como una obra en la que habría también un violonchelo solista, como lo demuestran algunos borradores, pero Mozart optó pronto por descartarlo.

Hacia 1782 inició un *Andantino en si bemol mayor* para violonchelo y piano que abandonó a los 33 compases.[9]

Es sabido también que Mozart compuso un concierto para violonchelo y orquesta, K. 206a. El manuscrito se perdió y nada se sabe acerca de sus posibles ejecuciones en vida del compositor.[10]

Fin del periodo de las sonatas para violonchelo y bajo continuo

La sonata para violonchelo con bajo continuo fue un género fundamental de la literatura para este instrumento. Prácticamente la totalidad de las sonatas anteriores a Beethoven fueron de ese género, como las de Vivaldi, Marcello, Scarlatti y Boccherini. Se usa la palabra *continuo* porque el clave tiene a su cargo una línea continuada de las notas graves de la armonía que, a veces, aparecen "cifradas", o sea, que bajo cada nota del continuo, el compositor escribía el complemento armónico por medio de cifras —por ejemplo, 5 o 6/4. Este bajo "cifrado" podía tocarse o, más precisamente, "realizarse", de diversas maneras, lo cual exigía un sólido conocimiento por parte del ejecutante de clave para no incurrir en errores de armonía.[11]

En nuestros días, pocos ejecutantes dominan la práctica del bajo cifrado y por ello estas sonatas se tocan en general en versiones modernas con la parte cifrada realizada al piano por diversos autores. Así, por ejemplo, para las sonatas de Vivaldi existen por lo menos seis versiones diferentes de la parte del bajo continuo, ejecutado en nuestros días en el piano.

[9] *The Mozart Compendium*, editado por H. C. Robbins Landon, Schimers Books, Nueva York, 1990, p. 343.
[10] *Ibid.*, p. 355.
[11] La escritura "cifrada" equivale a una especie de taquigrafía musical.

Las sonatas de Boccherini fueron compuestas para *violoncello solo e basso*. No sabemos con certeza cuál era el instrumento que tocaba el *basso* con el compositor. Podía ser el harpsicordio, el contrabajo o incluso el violín, como podría desprenderse de grabados de la época. Hoy sus sonatas suelen tocarse con acompañamiento de piano. Lo que es claro es que la descripción *cello solo* no deja lugar a confusiones. Son sonatas concebidas para poner de relieve las calidades líricas y virtuosísticas del violonchelista y no se justifican las versiones pianísticas muy elaboradas compuestas por diversos compositores.

VIII. DE BEETHOVEN A FINALES DEL SIGLO XIX

Los violonchelistas-compositores de los siglos XVIII y XIX

Cuando examinamos la literatura para violonchelo de los siglos XVIII y XIX, nos llama la atención tanto la abundancia de obras escritas por violonchelistas-compositores como la escasez de obras de los grandes compositores.

Sin embargo, ningún violonchelista alcanzó un gran nivel como compositor. Tampoco ninguno de ellos fue la gran figura, cuya personalidad y magnetismo permitiera colocar al violonchelo en igualdad con el piano o el violín. El violonchelo no tuvo, por ejemplo, a un Paganini, que asombró a toda Europa y que demostró las extraordinarias posibilidades del violín. En cuanto al piano, bastaría recordar la enorme talla que tuvieron como pianistas Mozart o Beethoven, y, años después, Chopin o Liszt. Ello explica que casi la totalidad de los compositores del siglo XIX se hayan sentido atraídos por el piano y el violín para sus conciertos, sonatas y otras obras y que sea tan amplio el repertorio de estos instrumentos.

En cambio, como veremos, es más escaso el repertorio de grandes obras para violonchelo que nos ha legado la era romántica. Ni Beethoven, ni Brahms, ni Chaikovsky compusieron conciertos para violonchelo, aunque Beethoven nos dejó un *Triple concierto para violín, violonchelo, piano y orquesta*, y Brahms un *Doble concierto para violín, violonchelo y orquesta*.

Entre las sonatas del repertorio fundamental del violonchelo hay que mencionar las de Beethoven, Schubert, Mendelssohn, Brahms, Chopin, Grieg, Saint-Saëns y Strauss. De las obras para violonchelo y orquesta del siglo XIX, pocas han sobrevivido al juicio del tiempo y han entrado al repertorio habitual. La lista se reduce, en adición al ya mencionado *Triple concierto* de Beethoven, al concierto de Schumann (1850), al primero de los dos conciertos de Saint-Saëns (1873), a las *Variaciones sobre un tema rococó* de Chaikovsky (1876), al *Doble concierto* de Brahms (1887), al concierto de Lalo (1887), al *Concierto, op. 104,* de Dvorak (1895) y al *Don Quijote* de Richard Strauss (1897).

Beethoven (1770-1827)

Las primeras sonatas clásicas. La evolución del piano. El triple concierto para violín, violonchelo, piano y orquesta.

Examinaremos con mayor detalle la obra de Beethoven por constituir una ruptura con el pasado y haber marcado el rumbo de la evolución futura del violonchelo.

Cuando llegamos a Beethoven, el término *sonata* tiene ya un significado diferente, pues se aplica a una forma y a un género musicales enteramente nuevos, tanto que aplicar ese mismo término a las sonatas de Vivaldi y a las de Beethoven parece un contrasentido.

La forma "sonata" es un invento de Haydn y otros, desarrollado después por Mozart y Beethoven, que define las características del primer movimiento de las sinfonías y de obras de cámara como dúos, tríos, cuartetos, etcétera.

El término *sonata* se aplica también a un género de obras para instrumentos sin acompañamiento, como el piano, o a dúos (como violín y piano, o violonchelo y piano, etc.), cuyo primer movimiento corresponde a la forma "sonata".

Para evitar confusiones hablaremos de la "sonata barroca", como las de Vivaldi, y de la nueva "sonata clásica". Como ni Haydn ni Mozart incursionaron en ese género violonchelístico, las primeras sonatas clásicas para violonchelo y piano fueron las cinco que escribió Beethoven.

Las cinco sonatas se ubican en cada uno de los tres periodos en que se suele dividir la obra de Beethoven. Las dos primeras son su composición número 5; la *Tercera sonata, op. 69,* corresponde al periodo "medio" del compositor y la *Cuarta* y *Quinta, op. 102,* pertenecen a su último periodo.

Las dos *Sonatas, op. 5* fueron compuestas en 1796 para el virtuoso francés Jean Pierre Duport, que estaba al servicio del rey de Prusia, Federico Guillermo II, a quien están dedicadas.

El estreno de ambas sonatas se hizo en Berlín ante el rey, con Duport al violonchelo y el propio Beethoven al piano. Como podría suponerse en un compositor que era, además, un pianista excepcional, la parte del piano es brillante y virtuosística. Dicha parte está escrita en su totalidad. En cambio, las sonatas compuestas en esos mismos años por los violonchelistas Anton Kraft, Bréval y Duport tienen todavía un acompañamiento cifrado de bajo continuo, o sea, un acompañamiento sujeto, con ciertos límites, a la improvisación.

Tres obras adicionales muestran el entusiasmo con el que se entregó Beethoven a la combinación piano-violonchelo: dos series de variaciones sobre temas de *La flauta mágica* de Mozart y unas variaciones sobre temas del *Judas macabeo* de Haendel. Con este conjunto de obras y especialmente con las sonatas, Beethoven estableció el conjunto piano-violonchelo como un dúo auténtico. Elevó la jerarquía del piano de su papel meramente acompañante de bajo continuo al de un igual en el diálogo musical. Este caso es precisamente el inverso de lo ocurrido con el violín. Las sonatas para violín y piano tienen su origen en las sonatas para clave con violín obligado, en las cuales el violín doblaba simplemente la mano izquierda del clave y, a veces, la mano derecha.

La *Tercera sonata, op. 69,* data del año de 1808, uno de los más fértiles de su vida, durante el cual compuso los dos extraordinarios *Tríos, op. 70* y, simultáneamente, la quinta y sexta sinfonías. En su tercera sonata, Beethoven logró el equilibrio ideal entre las partes de piano y violonchelo. Se ha dicho en muchas ocasiones que esta sonata es una de las mejores obras jamás escritas para dos instrumentos. Es también, probablemente, la obra ejecutada con más frecuencia de todo el repertorio de sonatas del violonchelo. Por su fluir aparentemente fácil y alegre, podría suponerse que fue concebida por Beethoven en alguno de sus raros momentos de felicidad. Sin embargo, se pueden leer las siguientes palabras en el manuscrito: "Inter lacrimas et luctum" ("Entre lágrimas y tristeza").

En alguna fecha no precisada de 1815, Beethoven le envió el siguiente mensaje a su amigo, el violonchelista Linke: "Querido Linke: tenga usted la bondad de desayunar conmigo mañana temprano, tan temprano como quiera pero no despúes de las

7:30. Traiga un arco de violonchelo pues tengo algo que discutir con usted".[1] Lo que deseaba Beethoven era mostrarle a Linke el manuscrito o algún borrador ya muy avanzado de sus dos últimas sonatas para violonchelo y piano, op. 102.

Ambas obras pertenecen al mismo mundo de abstracción y extraordinaria profundidad de las últimas sonatas para piano y de los últimos cuartetos de cuerda. Las dos sonatas (y especialmente la fuga con la que concluye la quinta sonata) fueron recibidas no sólo mal, sino con abierta hostilidad por público y críticos, al igual que ocurrió con las demás obras de este periodo. La fuga en cuestión le había costado un inmenso esfuerzo a Beethoven, como se desprende de las numerosas páginas de borradores llenos de tachaduras que precedieron a la versión final más concisa y menos cromática que dejó finalmente satisfecho al compositor.

Al analizar y tocar estas sonatas es preciso recordar el tipo de pianos que se usaban en aquella época. Beethoven vivió durante un periodo de rápido desarrollo del piano. Los diferentes pianos que tuvo el compositor —A. Walker (Viena, 1785), Erard (Francia, 1803), Broadwood (Inglaterra, 1817), Graf (Viena, 1825)— tenían una sonoridad diferente entre sí pero todos tenían en común una estructura de madera relativamente ligera y cuerdas delgadas no sujetas a grandes tensiones. Pensemos que los pianos modernos —cuya antigüedad no pasa de un siglo— tienen una pesada estructura de hierro, indispensable para aguantar el esfuerzo de más de 30 toneladas que ejercen cuerdas mucho más gruesas y ajustadas con una tensión muy elevada. Los pianos de la época de Beethoven se caracterizaban por su sonoridad transparente y clara como el cristal y no por la potencia que tienen los pianos de nuestros días. Me atrevo a asegurar que no existe hoy violinista o violonchelista que, al tocar sonatas o tríos de Beethoven, no le haya sugerido al pianista bajar, en algún momento, su volumen sonoro para no "tapar" a los instrumentos de cuerda, particularmente al violonchelo. Este tipo de problema ciertamente no existía en aquella época y hasta hubiera podido darse el caso inverso. Los títulos

---

[1] *Ludwig van Beethoven,* editado por J. Schmidt y H. Schmidth, Praeger Publishers, Nueva York, 1969, p. 153.

mismos de las diferentes sonatas nos ilustran con elocuencia acerca de la evolución del piano. Las dos sonatas, op. 5, tienen por título *Deux grandes Sonates pour le Clavecin ou Piano-Forte avec un Violoncelle obligé.* La tercera ya no menciona al clavecín y dice su portada: *Grande Sonate pour Pianoforte et Violoncelle.* Las dos últimas se llaman *Sonatas pour le Piano et le Violoncelle.*

Beethoven inició una larga serie de composiciones que quedaron inconclusas, plasmadas en borradores a veces de unos cuantos compases, a veces de muchas páginas. Quizás sea sorpresa para algún lector enterarse de que Beethoven empezó unas 50 sinfonías. Se conservan algunas páginas de su *Sinfonía número 10,* de su sexto concierto para piano, de una ópera *(Vestas Feuer),* de una misa, de un quinteto de cuerdas que estaba componiendo al morir y de otras obras. Se sabe que compuso en su juventud un concierto para violín y otro para oboe y orquesta, cuyos manuscritos desaparecieron.

Sin embargo, nunca contempló la posibilidad de componer un concierto para violonchelo y orquesta. Convivió con varios de los más distinguidos violonchelistas de su época, como Jean Luis y Jean Pierre Duport, Nikolaus Kraft y Josef Linke, sucesor de Kraft en el Cuarteto Schuppanzigh, y a quien dedicó Beethoven sus sonatas para chelo, op. 102. En su juventud, Beethoven formó parte, como violista, de un cuarteto de cuerdas con F. Ries, primer violín, Andreas Romberg, segundo violín y el gran Bernhard Romberg, violonchelo. Su amistad con Romberg duró más de tres décadas.

Varias razones pueden explicar el que Beethoven no se haya interesado en componer un concierto para violonchelo. Por una parte, los violonchelistas como los hermanos Duport, Kraft, Romberg y otros tocaban sus propios conciertos para violonchelo y no los de otros compositores. Por otra, dichos violonchelistas no tuvieron quizá el interés de encargar un concierto a Beethoven y, ciertamente, carecían de los medios financieros adecuados. Recordemos que un buen número de las obras de Beethoven fueron comisiones bien remuneradas, tales como los tres cuartetos op. 59, dedicados al conde Razumovsky, los tres cuartetos, op. 127, 131 y 132, dedicados al príncipe Galitzin, la *Misa en do,* comisionada por el príncipe de Esterházy, las sonatas para piano, op. 78 y 79, encargadas por el editor y músico Clementi y tantas otras obras.

Beethoven tenía un excelente conocimiento del potencial del violonchelo, como lo prueban sus sonatas, tríos, cuartetos y, sobre todo, el *Triple concierto en do mayor* para violín, violonchelo, piano y orquesta (1804).

No deja de ser extraño que se le haya ocurrido componer un concierto para tal combinación de instrumentos. No fue fruto de una inspiración momentánea. Existen largos borradores de otro triple concierto, que abandonó Beethoven para retornar a ese género años después.

El *Triple concierto* es, dentro de la producción de Beethoven, una obra singular. Lo es, en primer lugar, por ser un concierto para una combinación de instrumentos que no tenía precedente en el repertorio concertístico (y que ha tenido pocos sucesores). El problema del equilibrio entre el piano, el violín y el violonchelo está magistralmente resuelto gracias a que Beethoven encarga al violonchelo, instrumento menos sonoro, un papel predominante y, en particular, la presentación de los principales temas de los tres movimientos. Es singular, también, por sus anormales dimensiones. Dura 46 minutos. Los conciertos para piano de Beethoven duran entre 30 minutos (el segundo) y 40 minutos (el primero y más largo), y el de violín, 43 minutos. Además, el gigantesco primer movimiento dura más que la suma del breve y bellísimo *adagio* y el *finale*. Es singular, finalmente, porque los temas del concierto —con excepción de los del *adagio*— no están, por lo menos en mi opinión, a la altura a la que el compositor nos tiene habituados.

Franz Schubert (1792-1828)

La sonata *Arpeggione* de 1824 ocupa un lugar especial en el repertorio del violonchelo pues fue compuesta para *arpeggione*, instrumento inventado por G. Stauffer en 1823. El *arpeggione* era un híbrido entre la guitarra y el violonchelo. Tenía seis cuerdas y, como la guitarra, carecía de esquinas y su batidor tenía trastes. Como el violonchelo, se tocaba con arco y se sujetaba entre las rodillas. La sonata de Schubert se encontró pronto sin destinatario pues el *arpeggione* cayó en desuso casi al nacer. El instrumento que mejor se prestó a remplazarlo fue el violonchelo y, dado que la sonata tiene el atractivo típico de Schubert y el repertorio del violonchelo era escaso, pronto se hicieron transcripciones para ese instrumento. La sonata sigue tocándose actualmente con relativa frecuencia.

Felix Mendelssohn (1809-1847)

Mendelssohn compuso cuatro obras para violonchelo y piano: las *Variaciones concertantes, op. 17,* dos sonatas, op. 45 (1838) y op. 58 (1843), y una *Canción sin palabras, op. 109.*

Las *Variaciones concertantes* —un tema y ocho variaciones— no pasan de tener un limitado interés. La primera sonata es una obra fina pero algo superficial y la parte del violonchelo sufre un marcado desequilibrio en relación con la preponderante parte de piano.

La segunda sonata, terminada en 1843, es, en todos sentidos, más interesante. Consta de cuatro movimientos: *allegro assai vivace, allegretto scherzando, adagio* y *molto allegro vivace.* Tiene un carácter más dramático y expresivo que la primera y el tratamiento de ambos instrumentos es más equilibrado.

La *Canción sin palabras, op. 109,* es una preciosa obra, digna de las mejores que en ese género compuso Mendelssohn para piano.

Chopin (1810-1849)

Federic Chopin nos dejó dos obras de épocas muy diferentes: la *Polonesa brillante, op. 3,* y la *Sonata, op. 65* (1847), escrita para el violonchelista francés Auguste Franchomme.

Por supuesto, en ambas obras se advierte claramente la condición de pianista del compositor y no siempre es óptimo el equilibrio entre el violonchelo y el piano. Son, sin embargo, dos obras de indudables méritos musicales. El *largo* de la sonata contiene algunas de las más hermosas páginas líricas de Chopin.

Schumann (1810-1856)

El interés de Schumann en el violonchelo data de sus épocas como violonchelista, en su juventud. Las cualidades expresivas del violonchelo, que abarcan desde el canto elegiaco hasta el discurso musical excitante y apasionado, se prestaban perfectamente al exaltado romanticismo de Schumann. Prueba de ello es su *Concierto en la menor, op. 129,* de 1850, uno de los de mayor belleza temática de todo el repertorio. Schumann concibió esta obra como un "pieza concertante para violonchelo con acompañamiento orquestal". La descripción es exacta pues nunca existe entre el solista y la orquesta la "rivalidad" típica de otros conciertos. La orquestación es transparente y sencilla y el violonchelo se oye siempre con claridad. Hay quienes consideran pobre la orquestación. Dmitri Shostakovich hizo en 1963 una nueva orquestación del concierto, añadiendo un pícolo, arpa, dos cornos e introduciendo sordinas para los instrumentos de cuerdas en el segundo movimiento. Schumann compuso el concierto en un muy breve lapso: inició el primer borrador el 10 de octubre de 1850 y terminó la partitura completa el 20 del mismo mes. Durante largos años la obra permaneció intocada. Fue en junio de 1860 cuando la Orquesta de la Capilla de Oldenberg y su primer violonchelista, Ludwig Ebert, lo tocaron por vez primera, en una velada dedicada al compositor en su 50 aniversario.

El concierto tardó muchos años en entrar al repertorio. Fue tocado por segunda vez en 1867, cuando David Popper, uno de los más grandes virtuosos del violonchelo del siglo XIX, lo estrenó en Breslau (Wroclaw). El crítico musical que reseñó el evento escribió lo siguiente: "El excelente artista [Popper] tocó el concierto de Schumann por primera vez y todos deberíamos estar agradecidos. Creo que ningún violonchelista se ha atrevido a tocar esta obra tan difícil... La obra no está concebida para el público general pero un conocedor puede apreciar sus extraordinarios méritos musicales."[2]

Schumann no compuso sonatas para violonchelo y su única

---

[2] Ginsburg, *History of the Violoncello*, 1983, Paganiniana Publications, p. 92.

obra original para violonchelo y piano son las *Cinco piezas en estilo popular, op. 102*. También han entrado al repertorio las transcripciones para violonchelo y piano de otras dos hermosas obras: el *Adagio y Allegro, op. 70*, y las *Piezas de fantasía, op. 73*, originales para corno y piano y clarinete y piano, respectivamente.

Camille Saint-Saëns (1835-1921)

Camille Saint-Saëns compuso dos sonatas para violonchelo y piano, op. 32 (1837) y op. 123 (1905). La primera sonata ha desaparecido del repertorio actual y la segunda, aunque bastante más interesante, se toca con poca frecuencia.

Además, escribió dos conciertos para violonchelo y orquesta, el op. 33 en 1873 y el op. 119 en 1903. De ellos, el primero ha ganado un indiscutible lugar en las preferencias del público y de los violonchelistas. No aspira a grandes profundidades musicales pero es perfecto en su forma y tiene una orquestación ideal para un concierto para violonchelo. La orquesta, integrada por la dotación orquestal normal, es más rica y sonora que la del concierto de Schumann, pero nunca cubre al violonchelo. Supe por Mstislav Rostropovich que cuando Shostakovich empezó a concebir su primer concierto para violonchelo, analizó las partituras de los principales conciertos del pasado y llegó a la conclusión de que ninguno era tan perfecto en su orquestación como el de Saint-Saëns.

Hay también que mencionar el famosísimo *Cisne* para violonchelo y dos pianos, uno de los movimientos del *Carnaval de los animales*.[3]

Chaikovsky (1840-1893)

Chaikovsky contempló alguna vez la posibilidad de escribir un concierto para violonchelo, similar en dimensiones a sus conciertos para piano o para violín. Nunca lo hizo. Sólo compuso dos obras para violonchelo y orquesta pero ninguna en la esca-

---

[3] Existe todo un zoológico para el violonchelo, cuyos más conocidos miembros son el ya mencionado *Cisne*, el abejorro del *Vuelo del abejorro* de Rimsky-Korsakov, el *Papillon* de Fauré, la *Abeja* de Schubert, el *Mosquito* de Fairchild...

la monumental de sus conciertos: las encantadoras y virtuosísticas *Variaciones sobre un tema rococó, op. 33*, y el *Pezzo capriccioso, op. 62*. Además transcribió para violonchelo y orquesta el *Andante Cantabile* del *Cuarteto de Cuerdas, op. 11,* y el *Nocturno, op. 19*.

Chaikovsky compuso sus *Variaciones sobre un tema rococó* en 1876, algunos meses antes de la *Cuarta Sinfonía* y de la ópera *Eugene Onegin*. El tema escogido, de estilo dieciochesco, y las siete variaciones virtuosísticas-separadas por interludios orquestales y cadenzas, reflejan la admiración del compositor por Mozart y la música galante. Pasajes de extremo virtuosismo, que explotan todas las posibilidades técnicas del instrumento solista, alternan con cantilenas elegantes y alegres. La obra fue escrita para el chelista Wilhelm Fitzenhagen que convenció al autor de suprimir una de las ocho variaciones originales y de alterar su orden. La versión original fue publicada hace algunos años y diversos violonchelistas la prefieren a la "definitiva".

El *Pezzo capriccioso*, escrito en 1887 y dedicado a Anatoly Brandukov, consta de dos partes, una introducción lenta y dramática *(Andante),* y un brillante *Scherzo* de carácter altamente virtuosístico.

Edouard Lalo (1823-1892): *Concierto en re menor para violonchelo y orquesta* (1876)

El *Concierto en re menor* de Edouard Lalo fue compuesto en 1876. Sus tres movimientos, *allegro maestoso, intermezzo* y *allegro vivace* se caracterizan por sus temas cantantes y sus vivos ritmos, inspirados por la música popular española.

El concierto, bien concebido para el violonchelo y cuya orquestación transparente nunca tapa al solista, se ha establecido como uno de los favoritos del repertorio romántico si bien no alcanza la popularidad de su *Sinfonía española* para violín y orquesta. Con esta obra hizo Pablo Casals su histórico debut en París en 1899.

Johannes Brahms (1833-1897)

Las dos sonatas de Johannes Brahms, obras maestras indiscutibles, son, junto con las de Beethoven, las que más frecuentemente aparecen en los programas de recitales.

Brahms se sintió atraído por el violonchelo desde su juventud. Compuso un dúo para violonchelo y piano que tocó en Hamburgo en una ocasión y cuyo manuscrito destruyó, por desgracia, en uno de sus arranques de autocrítica.

En 1862 Brahms escribió tres movimientos de lo que sería su primera sonata para violonchelo y piano pero no fue sino hasta 1865 cuando terminó el *finale*, con una fuga. Antes de publicarlo suprimió uno de los tres movimientos de 1862, un *adagio*. Una copia del *adagio* sobrevivió hasta la década de 1930, cuando fue a engrosar la larga lista de obras o movimientos perdidos.

La *Sonata en mi menor, op. 38,* consta en su versión definitiva de tres movimientos. Terminada cuando Brahms tenía 32 años de edad, es indudablemente la más importante sonata para violonchelo desde Beethoven. Es, además, la primera de las siete sonatas que nos dejó Brahms para instrumentos diversos y piano. Las tres para violín vinieron muchos años después, al igual que la segunda para violonchelo, y aún posteriores son las dos para clarinete.

El primer movimiento es un espléndido *allegro non troppo*, caracterizado por la nobleza de sus temas y por el equilibrio perfecto entre las partes del piano y del cello. El segundo —*allegretto quasi menuetto*— está pleno de gracia melancólica y el *finale*, con su abrupto y violento estilo *fugato*, evoca la fuga con la que concluye la última sonata de Beethoven para violonchelo.

Habrían de transcurrir 20 años para que Brahms compusiera su *Segunda sonata en fa mayor, op. 99* (1886), obra colosal dedicada al violonchelista Robert Hausmann.

Esta sonata, que consta de cuatro movimientos, es más compleja y más larga que la primera y se distingue por la riqueza de su contenido temático, sus tormentosos desarrollos y sus vivos contrastes.

Los violonchelistas recibimos un gran regalo en 1975, una tercera sonata de Brahms para violonchelo. Se trata de la publicación de su sonata para violín y piano, op. 78, transcrita para violonchelo por el propio compositor. Brahms no se contentó con una mera transcripción. Cambió la tonalidad de sol mayor a re mayor para ajustarse mejor a la naturaleza del violonchelo e hizo 200 modificaciones adicionales, algunas en la parte del violonchelo, otras en la parte del piano.[4]

Cuando Brahms decidió en 1887 componer su *Doble concierto*, no existían precedentes de un concierto para violín y violonchelo. Los conciertos para violonchelo seguían siendo relativamente escasos y poco tocados, incluyendo el de Schumann, compositor con el que mantuvo Brahms una estrecha relación. Es posible que el autor haya tomado como modelos el *Doble concierto* de Bach para dos violines, la *Sinfonía concertante* de Mozart para violín y viola y el *Triple concierto* de Beethoven para piano, violín y violonchelo.

En una carta de agosto de 1887, Brahms le cuenta a Clara Schumann que se le había ocurrido una "idea divertida", la del doble concierto y añade:

> Si está bien compuesto, podemos divertirnos. ¡Puede usted imaginar el tipo de bromas que pueden gastarse en un caso así! ¡Pero no imagine usted demasiado! Debería haber dado la idea a alguien que conozca el violín mejor que yo. (Pero por desgracia Joachim ya no compone.) Es un asunto muy diferente componer para un instrumento cuya naturaleza y sonido conoce uno superficialmente o sólo escucha en la mente, que para un instrumento que conoce uno tan profundamente como es mi caso con el piano... Pero esperemos y veamos. Joachim y Hausmann quieren probar...[5]

Clara le contestó:

> Ciertamente esta maravillosa combinación no ha sido probada anteriormente. Lo he comentado mucho con Joachim, que me visitó hace unos días, y estamos ambos entusiasmados con la idea. Pienso

---

[4] Esta versión fue publicada por Simrock en 1897 con el título "Edición para violonchelo y piano", pero posteriormente se perdió la pista de esta edición. Fue recientemente cuando se localizó una copia y pudo, por tanto, volver a publicarse (International Music Co., 1975).

[5] Malcolm MacDonald, *Brahms*, Schirmer Books, 1990.

que alguien que ha escrito tales sinfonías y tales sonatas para violín y para violonchelo debe conocer estos instrumentos a fondo y debe ser capaz de concebir para ellos armonías insospechadas...[6]

Sabemos por su correspondencia que, al terminar su *Doble concierto*, Brahms convocó a Joachim y a Hausmann a reunirse con él en Baden-Baden, el 21 de septiembre de 1887, para examinar juntos la partitura. Todos llegaron puntualmente y esa noche se reunieron en el Deutsche Haus, donde vivía Clara Schumann. Allí hicieron la primera lectura de la obra, con Brahms al piano tocando la parte orquestal. Brahms quedó tan satisfecho que organizó para dos días después una segunda lectura, esta vez con la Orquesta Municipal que dirigió el mismo. El estreno se llevó a cabo el 18 de octubre en Colonia con los mismos solistas.

El *Doble concierto* es una obra excepcional por su originalidad, profundidad y belleza. El difícil problema del equilibrio entre el violín —instrumento de sonoridad brillante y penetrante— y el violonchelo, de sonoridad más grave y más oscura fue perfectamente resuelto por Brahms, que otorga al violonchelo la tarea de presentar, a veces a solo, la mayor parte de los temas.

Richard Strauss (1864-1949). *Sonata para violonchelo y piano* y *Don Quijote. Poema sinfónico*

Richard Strauss compuso dos obras para violonchelo, la *Sonata en fa mayor, op. 6*, escrita en 1883, y el poema sinfónico *Don Quijote, op. 35*, en 1897.

La *Sonata en fa mayor* es una obra de juventud, compuesta a los 19 años de edad. Poco hay en ella que permita vislumbrar la evolución posterior del compositor. Es una atractiva sonata, concebida en el estilo tradicional, que a veces hace pensar en Mendelssohn y en Brahms y cuya parte de violonchelo refleja el conocimiento de las cuerdas derivado de los estudios juveniles de violín del compositor.

El *Don Quijote* es un poema sinfónico para violonchelo, viola y orquesta, que consiste en una introducción, seguida por 10

[6] *Idem*.

"variaciones fantásticas" y una conclusión. Es una obra programática, basada en diversos episodios de *El Quijote,* en la cual el violonchelo representa a don Quijote y la viola a Sancho Panza.

La música, extremadamente original e imaginativa, sigue muy de cerca el texto de Cervantes.

Antonin Dvorak (1841-1904)

Es un hecho poco conocido que Dvorak compuso en su juventud, en 1865, un primer concierto para violonchelo. La obra evidentemente no le satisfizo pues no llegó a orquestarla ni le puso número de opus.[7]

El gran violonchelista bohemio Hanus Wihan, amigo y compañero de Dvorak en el Conservatorio de Praga, intentó durante años convencerlo de componer otro concierto, pero este sólo accedió a escribirle dos piezas cortas para violonchelo y piano, *Los bosques silenciosos* y el *Rondó, op. 94,* cuyo éxito lo llevaron a hacer sendas versiones con orquesta.

Durante su estancia en los Estados Unidos, Dvorak escuchó en marzo de 1894 al violonchelista y compositor norteamericano de origen irlandés, Victor Herbert, interpretar en Brooklyn su propio *Concierto número 2* para violonchelo y orquesta. Muy favorablemente impresionado por dicha obra, Dvorak por fin se animó a atender los insistentes ruegos de Wihan y componer un concierto para violonchelo.

El resultado fue el *Concierto en si bemol menor, op. 104,* la última obra que compuso Dvorak durante su estancia de tres años en Nueva York como director del Conservatorio Nacional de esa ciudad (1892-1895).

Empezó la composición a fines de 1894. Durante ese invierno, el compositor fue presa de una intensa nostalgia por su familia y por su tierra. Quizá por ello, de todas sus obras compuestas en los Estados Unidos, el concierto es la que muestra la menor influencia de la música popular americana. El segundo movimiento contiene una cita de una de sus canciones, "Lasst

---

[7] El manuscrito de este concierto fue descubierto en Württemberg en 1925. Véase J. Clapham, *Music and Letters,* 1956, pp. 350-355. Alguna vez lo ha tocado el violonchelista checo Milos Sadlo en versión orquestal de Jan Burghauser.

mich allein" ("Dejadme solo"), canción predilecta de su cuñada Josefina Kauniková, gravemente enferma en Bohemia, y por quien el compositor sentía un gran afecto desde su juventud. Dvorak terminó el tercer y último movimiento en Nueva York en febrero de 1895. La conclusión de este movimiento fue, sin embargo, objeto de una importante revisión a su regreso a Bohemia, tanto que el manuscrito de la nueva y definitiva conclusión dice: "Terminé el concierto en Nueva York, pero cuando regresé a Bohemia, cambié la conclusión totalmente, tal como aparece aquí".[8]

Es posible que la razón del cambio haya sido la fuerte impresión que le causó a Dvorak el fallecimiento de su cuñada, en mayo de 1895. Sustituyó siete compases de *crescendo* triunfal que conducen a la sección final del concierto por 64 nuevos compases de música contemplativa y triste, que constituyen una especie de tributo en memoria de su cuñada.

Por supuesto, Dvorak dedicó el concierto a su amigo el violonchelista Hanus Wihan. Éste le hizo algunas sugerencias que fueron aceptadas, con excepción de una gran cadenza que quería incluir para hacer más brillante el final del concierto pero que era totalmente contraria a las ideas del compositor. En una carta de octubre de 1895 a su editor Simrock, confirma Dvorak: "No hay *cadenza*... El *finale* concluye con un *diminuendo* gradual, como un suspiro, con reminiscencias del primer y segundo movimientos. El solo del violonchelo disminuye a un *pianissimo* para crecer nuevamente y conducir a un *tutti* orquestal de varios compases con los que concluye la obra de manera tormentosa".[9]

Es probable que por estas diferencias entre Wihan y Dvorak, haya sido el violonchelista inglés Leo Stern quien estrenara el concierto el 19 de marzo de 1896 en Londres, con la Orquesta de la Sociedad Filarmónica dirigida por el propio Dvorak

El concierto para violonchelo y orquesta de Dvorak es una obra maestra de principio a fin, considerada por muchos músicos como el rey de los conciertos para violonchelo. Brahms, amigo y admirador de Dvorak, conoció la partitura y, en una

[8] John Clapham, "*Dvorak's Cello Concerto*, A Masterpiece in the Making", *The Music Review*, vol. 40, núm. 2, mayo de 1979, pp. 123-140.

[9] *Ibid.*, p. 123.

carta al editor Simrock, la califica como "gran y excelente obra".[10] Son bien conocidas las expresiones del mismo Brahms a su amigo, el violonchelista Robert Hausmann: "¿Por qué diablos no supe que se podía escribir un concierto así para violonchelo? De haberlo sabido, lo hubiera compuesto hace tiempo.[11] Por desgracia, esto ocurrió cuando Brahms, que murió a los pocos meses, ya había dejado prácticamente de componer. ¡Menos mal que Dvorak escuchó a tiempo el concierto de Victor Herbert!

[10] Carta de Brahms a Simrock del 27 de enero de 1896, en Michael Beckerman (ed.), *Dvorak and his World*, Princeton University Press, 1993, p. 80.

[11] Donald Francis Tovey, *Essays in Musical Analysis*, vol. 3, Oxford University Press, 1978, p. 148.

IX. EL SIGLO XX: LA PLENA MADUREZ DEL VIOLONCHELO

Si bien, como hemos visto, el violonchelo no recibió tanta atención por parte de los compositores como el violín o el piano en siglos anteriores, el siglo XX ha producido una verdadera explosión de obras de todo tipo para violonchelo. El perfeccionamiento en la técnica de ejecución de este instrumento y la aparición de violonchelistas de calidad y personalidad excepcionales pusieron en pie de igualdad al violonchelo con los otros instrumentos solistas y le atrajeron el interés de muchos de los grandes compositores del siglo. Por otra parte, surgieron numerosos compositores y violonchelistas de latitudes que antes no habían figurado en el mapa musical del mundo.

Algunos violonchelistas fundamentales del siglo XX[1]

Abarcar este tema en toda su amplitud requeriría un espacio excesivo en este libro. Me referiré únicamente a un grupo muy pequeño de violonchelistas cuya importancia histórica es excepcional y deberé omitir a muchos otros artistas, pese a su muy elevada jerarquía.

Pablo Casals (1876-1973)

En primer lugar debemos mencionar a Pablo Casals. Su condición de artista excepcional y su poderosa personalidad lo convirtieron desde principios de siglo en una figura que generó hacia el violonchelo una atención y un interés sin precedentes. Existen muchas biografías de Pablo Casals y no tendría caso

---

[1] Mi libro *Las aventuras de un violonchelo* (México, FCE, 2010) contiene notas sobre los grandes violonchelistas de los siglos XVIII y XIX así como biografías mucho más completas de los violonchelistas incluidos en este inciso.

hacer aquí un resumen de su vida. Solo destacaré aspectos importantes de su vinculación con México.

Casals estuvo por primera vez en México en 1919. El propio Casals cuenta lo siguiente al respecto:

> Mi primer viaje a México coincidió con el agitado periodo que sucedió a la caída del dictador Porfirio Díaz.
>
> A pesar de los acontecimientos que sumían a la capital federal en la incertidumbre, los mexicanos me acogieron con gran simpatía. Melómanos venían a buscarme y empujaban mi auto hasta el teatro y, al finalizar el concierto, me llevaban del mismo modo al hotel. El último concierto tuvo lugar en la Plaza de Toros... ¡Qué espectáculo tan bello ofrecían las graderías, donde se agitaban multitudes de mexicanos, vestidos con sus pintorescos trajes y expresando a gritos su entusiasmo![2]

Uno de sus conciertos se llevó a cabo en el Teatro Arbeu, el 19 de enero de 1919, con el siguiente programa:[3]

TEATRO ARBEU

TEMPORADA DE GRANDES CONCIERTOS
POR CELEBRIDADES MUNDIALES
Gran Matinée Extraordinaria
para el domingo 19 de enero
de 1919 a las 4 p.m. en punto

POR EL EXIMIO VIOLENCHISTA
Pablo Casals
(el maestro del violonchelo
en el mundo)

PROGRAMA

1° *Concierto (en re)*   HAYDN
(con acompañamiento de la
Orquesta Sinfónica Nacional)

2° *Chanson Louis XIII
et pavane*   COUPERIN
15° preludio   CHOPIN
Primavera   MENDELSSOHN
Rondó   DVORAK
(con acompañamiento al piano
del señor Miguel Cortázar)

3° *Concierto (en la menor)*   SCHUMANN
(con la Orquesta Sinfónica
Nacional)

---

[2] J. M. Corredor, "Conversations avec Pablo Casals", *Pluriel,* Hachette, 1982, p. 112.
[3] José García Borrás, *Pablo Casals, peregrino en América,* México, 1957, p. 70.

Durante esa misma estancia en México, Casals participó en un espectáculo en el que participó la legendaria bailarina rusa Anna Pavlova. Cuenta el propio Casals:

> En el tren, me enteré por los periódicos que una representación de los Ballets Russes debía llevarse a cabo en pocos días en la Ciudad de México a beneficio de la célebre bailarina Anna Pavlova, que yo conocía y admiraba. En el programa figuraba, por supuesto, *La muerte del cisne*, de Saint-Saëns. Se me ocurrió la idea de participar en ese homenaje de manera un poco especial. A mi llegada a México, hablé con el director de la orquesta, Smolens. "Anna Pavlova no sabe nada —le dije— ni siquiera que estoy aquí. Quiero darle una sorpresa." Convinimos que en el momento en que Anna Pavlova fuera a bailar *La muerte del cisne*, el primer violonchelo de la orquesta se callaría y yo tocaría su parte entre bastidores. Así hicimos. Sin embargo, la gran bailarina se percató de que algo insólito ocurría y empezó a mirar hacia el lado... A la terminación del ballet, corrió hacia mí y me abrazó y me besó no sé cuantas veces... Anna Pavlova me tomó de la mano y me obligó, costara lo que costara, a salir a escena, aunque mi cara mostrara trazas excesivamente visibles de su maquillaje.[4]

Desde que tenía yo ocho o nueve años, Casals era para mí una figura legendaria. Su inconfundible sonido me causó una honda impresión desde la primera vez que lo oí. Recuerdo la frecuencia con la que escuchaba sus grabaciones de los conciertos de Boccherini y de Dvorak y de las *suites* de Bach.

Tuve la suerte de conocer a Casals en 1950. Mi padre, que era amigo suyo, concertó una cita con él para visitarlo en Prades precisamente el 1° de enero de 1950, día en que yo cumplía 13 años. Don Pablo nos recibió con gran amabilidad en su modesta casa y conversó largamente con mis padres acerca de diversos temas, entre los que recuerdo la situación de numerosos amigos comunes, refugiados españoles en México. Al enterarse de que yo estudiaba el violonchelo, me pidió que le tocara algo. En un instrumento que me prestó, toqué un *adagio* de Bach, transcrito para violonchelo por el propio Casals. No me

---

[4] J. M. Corredor, *op. cit.*, pp. 112-113.

interrumpió y cuando terminé, me dijo: "Tienes talento, muchacho, pero te voy a enseñar cómo debe interpretarse este *adagio*". Sin dejar su pipa, procedió a demostrarme la correcta ejecución, deteniéndose a veces para señalarme algunos detalles que le parecían importantes.

En aquellos años, el violonchelo era para mí una afición muy profunda pero no se definía aún en mi mente la posibilidad de dedicarme por completo a la música. Sin embargo, aquella visita a don Pablo quedó indeleblemente grabada en mi memoria.

Al despedirse, nos regaló a mi hermano Juan Luis y a mí sendas fotografías dedicadas y nos presentó a un joven pianista estadunidense que vivía en una casita situada a la entrada de su pequeña finca: era Eugene Istomin.

"Si algún día llegaran a cambiar las circunstancias que me retienen en Prades, el primer país que me gustaría visitar sería México, en homenaje a la lealtad de la que ha hecho prueba en relación con la España democrática", dijo Casals en 1954.

En diciembre de 1955 y enero de 1956, Casals cumplió su anhelado deseo de visitar Puerto Rico, la tierra de su madre, y cumplió también su promesa de volver a México.

Llegó a Puerto Rico el 11 de diciembre de 1955, acompañado por su discípula puertorriqueña Marta Montañez, con quien se casaría un año después. Su estancia en la isla fue particularmente emotiva y culminó con el homenaje que el día 17 se rindió a don Pablo y a la memoria de su madre, doña Pilar Defilló y Amiguet, en Mayagüez, su pueblo natal.

La visita de don Pablo a México fue corta y partió de La Habana. Por prescripción médica se limitó a Veracruz, pues la altura de la Ciudad de México podía serle perjudicial. No había vuelos directos La Habana-Veracruz; todos tenían escala en la Ciudad de México. Por tal razón, mi padre —capitán de industria, excelente músico aficionado y hombre que nunca regateó su apoyo a las causas artísticas y humanitarias— organizó que se pusiera a la disposición de don Pablo un avión privado del Banco Nacional de México e incluso voló a la capital cubana en compañía de mi madre y de mi hermano Juan Luis, para acompañar a Casals en su viaje a Veracruz.

Yo me encontraba entonces sometido a los rigores de mis estudios en el Instituto Tecnológico de Massachusetts (MIT) y era tal la presión de mis exámenes allí que opté por privarme de la histórica oportunidad que me brindaron mis padres de acompañar yo también a Casals. Huelga decir que mi excesivo celo estudiantil es hoy motivo de profundo arrepentimiento.

El 23 de enero de 1956 cenaron con Casals a solas en un restaurante de La Habana y el 24 emprendieron el vuelo La Habana-Veracruz don Pablo, su amigo catalán de México, José García Borrás —que fue el alma de su viaje a México—, mis padres y mi hermano.

Un nutrido grupo de mexicanos y españoles esperaba a Casals en el aeropuerto de Veracruz. A las 14:45 horas, el avión aterrizó en tierras mexicanas. Antes de que intentara descender por la escalerilla del avión, le acercaron varios micrófonos para captar sus primeras palabras que fueron: "Doy gracias a Dios por haberme dado vida para volver a México, al que tanto quiero y admiro".

Don Pablo se hospedó en la casa del doctor Vicente F. Melo. Sus primeras decisiones fueron enviar los siguientes telegramas[5] al presidente de la República, don Adolfo Ruiz Cortines y al general Lázaro Cárdenas:

Señor Don Adolfo Ruiz Cortines
Presidente de la República
Palacio de los Pinos
México, D. F.

Profundamente emocionado recibimiento acaban dispensarme autoridades y pueblo veracruzanos, ruégole aceptar mis afectuosos saludos y sinceros votos por su felicidad personal y la del pueblo mexicano tan patrióticamente dirigido por usted.

PAU CASALS

General de División Don Lázaro Cárdenas
Donizetti 10
México, D.F.

Al pisar su noble tierra mexicana, uno de mis primeros pensamientos es para el gobernante digno que en la hora de desgracia de mis

---

[5] José García Borrás, *Pablo Casals, peregrino en América,* México, 1957, p. 40.

compatriotas encarnó excepcionales virtudes, generosidad y justicia de la gran nación mexicana. Ruégole acepte abrazo afectuoso que vivamente desearía darle personalmente.

Pau Casals

Tres años después, Casals regresó a México, a la ciudad de Xalapa, para asistir al Primer Festival de Música Pablo Casals y al Segundo Concurso Internacional de Violonchelo.

En el festival participaron la Orquesta Sinfónica de Xalapa, la Orquesta Sinfónica Nacional y grupos musicales y de danza.

El concurso se llevó a cabo entre el 19 y el 31 de enero de 1959 y reunió a un excepcional jurado, presidido por el compositor Blas Galindo e integrado por los violonchelistas Pablo Casals, Gaspar Cassadó, Maurice Eisenberg, Rubén Montiel, André Navarra, Zara Nelsova, Adolfo Odnoposoff, Mstislav Rostropovich, Milos Sadlo y el compositor brasileño y violonchelista Heitor Villa-Lobos.[6]

Casals regresó a México a finales de 1960 y dirigió en Acapulco el estreno mundial de su oratorio *El Pessebre*, en un concierto para celebrar su aniversario 84. Quiso don Pablo que el estreno se llevara a cabo en México, país que nunca estableció relaciones diplomáticas con el gobierno de Franco y que abrió de par en par sus puertas a muchos miles de refugiados españoles que allí encontraron su segunda patria.

Casals se casó en 1956 con su joven alumna puertorriqueña Marta Montañez, mujer de talento, capacidad de trabajo y simpatía fuera de lo común, cuyo apoyo resultó invaluable para don Pablo y para las instituciones musicales del mundo. Su relación con Puerto Rico, la tierra de su madre, se hizo más intensa. El nuevo matrimonio se instaló en San Juan, donde pronto dieron principio los Festivales Pablo Casals que, como los de Prades, atrajeron a la élite musical del mundo.

Casals falleció en Río Piedras, Puerto Rico, en 1973.

---

[6] Los ganadores del concurso fueron Rama Jucker, de Suiza; Anner Bijlsma, de Holanda, y Josef Chuchro, de Checoslovaquia.

Emanuel Feuermann (1902-1942)

Feuermann fue uno de los más grandes virtuosos del siglo XX. Nació en Kolomea, en el seno de una familia musical, pero vivió en Viena desde niño. Son legendarios la perfección de la técnica de Feuermann, su sonido y la elegancia de sus interpretaciones.

La carrera de Feuermann era cada vez más brillante y hubiera alcanzado alturas insospechadas si una tragedia —un error en una operación quirúrgica sin importancia— no le hubiera cortado la vida en 1942, a los 39 años de edad. Si pensamos que Casals cumplió 39 años en 1916, que de ese año datan sus primeras grabaciones (unas piezas de salón, hoy olvidadas) y que aún vivió 59 años más, podemos aquilatar mejor la terrible pérdida que representó para el mundo de la música el fallecimiento de Emanuel Feuermann, una de las más grandes figuras en la historia del violonchelo.

Gregor Piatigorsky (1903-1976)

Piatigorsky fue no sólo uno de los grandes violonchelistas del siglo XX sino una figura carismática. Su personalidad, sentido del humor y su manera de disfrutar la vida lo hicieron particularmente apreciado en su país de adopción, los Estados Unidos, donde hizo mucho por difundir y popularizar el repertorio del violonchelo.

Nació en 1903 en Ekaterinoslav, en el sur de Ucrania. Empezó el estudio del violonchelo a los siete años de edad en el conservatorio local. La familia se mudó a Moscú y el niño Grisha, de nueve años, obtuvo una beca e ingresó al Conservatorio de Moscú, a la clase de un alumno del famoso Davidov, el profesor Alfred von Glehn.

Hacia el final de la década de los treinta, Piatigorsky, como tantos otros músicos europeos, se hizo ciudadano estadunidense y se fue a vivir a Los Ángeles.

El gran interés de Piatigorsky en la música contemporánea redundó en una importante serie de encargos y de estrenos mundiales como los conciertos de Walton, Castelnuovo-Tedes-

79. Con Rostropovich examinando la partitura del *Concierto número 1* de Shostakovich, México, 1994.

80. El Cuarteto Prieto y Rostropovich, México, 1994. Carlos Miguel Prieto, Juan Carlos Prieto, Mstislav Rostropovich, el autor y Juan Carlos Prieto R.

81. Con los violonchelistas Leonard Rose, Raya Garbusova y Mstislav Rostropovich, 1981.

82. El autor, después de recibir el premio Eva Janzer, "Chevalier du Violoncelle", de la Universidad de Indiana, de manos del violonchelista Janos Starker. Los acompaña Tsuyoshi Tsutsumi, 2001.

83. El autor tras recibir el Premio al Liderazgo Cultural de la Escuela de Música de la Universidad de Yale de manos del decano Robert L. Blocker, 2002.

84. El autor al recibir la condecoración de Oficial de las Artes y de las Letras de manos del embajador de Francia Bruno Delaye en junio de 1999.

co, Hindemith, Dukelsky, Pizzetti, el *Schelomo* de Bloch y otras obras.

En 1961 Heifetz y Piatigorsky fundaron los "Conciertos Heifetz-Piatigorsky", dedicados a la música de cámara. Tocaron con mucha frecuencia en Los Ángeles y en Nueva York y grabaron un buen número de discos en los que también participaron Artur Rubinstein, William Primrose, Leonard Pennario y muchos más.

Mstislav Rostropovich (1927-2007)

No dudaría yo en calificar a Mstislav Rostropovich como uno de los más importantes violonchelistas de la historia. No sólo es un virtuoso con un supremo dominio del instrumento, un gran director y un músico excepcional sino que, movido por su entusiasmo por la música contemporánea, ha promovido un enriquecimiento sin precedente del repertorio del violonchelo.

Por otra parte, Rostropovich siempre se ha distinguido por su apasionada defensa de los derechos humanos, aun cuando ello haya implicado riesgos y amenazas.

Conocí a Rostropovich en 1959, cuando vino a México al Primer Festival de Música Pablo Casals y al Segundo Concurso Internacional de Violonchelo que se celebraron en Xalapa. Dio un concierto en la Ciudad de México y nuestros amigos comunes Vladimir Wulfman y su hija Luz Vernova me lo presentaron. Era Rostropovich un hombre de 33 años de edad, muy delgado e irradiaba energía. Cuando Luz Vernova le dijo que yo tocaba el violonchelo, Rostropovich me invitó a su camerino y sacó su violonchelo. "¿Cuál movimiento de las *suites* de Bach quieres escuchar?" "La gavota de la sexta *suite*", le dije. Tocó ese movimiento y la *giga* de la misma *suite*. No siguió tocando porque tenía un compromiso. Yo mismo lo llevé a la embajada soviética donde, tras algunas copas de vodka, causó sensación tocando una pieza al piano. Rostropovich es un excelente pianista pero lo que causó sensación es que tocó la misma pieza en tres posturas diferentes: sentado frente al piano, sentado de espaldas al piano y, finalmente, acostado bajo el piano.

En 1982 asistí al Primer Congreso Estadunidense de Violonchelistas celebrado en la Universidad de Maryland, muy cerca de la ciudad de Washington. Rostropovich era el presidente honorario del congreso y el único concierto formal del evento corrió a cargo de Leonard Rose, quien ejecutó magistralmente obras de Beethoven, Schumann, Debussy, Bernstein y Chopin. El público puesto en pie reclamó un *encore* y Rose le pidió a Slava que subiera al escenario para acompañarlo al piano en la *Elegía* de Fauré. Me consta que nadie había avisado a Slava acerca del *encore* y, aunque es un actor consumado, su cara de sorpresa fue genuina. Rose conocía, claro, la capacidad pianística de su ilustre colega quien, antes de empezar, le preguntó con su inconfundible acento ruso: "¿Qué *tempo* quieres? Rápido o lento?" "In between" ("Entre los dos"), le contestó Rose y procedieron a tocar la *Elegía*, dedicada por ambos a la memoria de Pablo Casals.

En México estuvimos largamente con Slava en ocasión de los cuatro conciertos que dio en el Palacio de Bellas Artes en mayo de 1994, dos con la Orquesta Sinfónica Nacional de México, dirigida por Enrique Diemecke, y dos con la Orquesta de Montreal, dirigida por Charles Dutoit.

Tras el concierto, un domingo, nos reunimos a comer con él en nuestra casa con lo que iba a ser un pequeño grupo de amigos y familiares. Pero el grupo creció considerablemente por los amigos invitados por el propio Slava a última hora. Antes de despedirse, Slava quiso conocer el Piatti y estuvo tocándolo un rato. Nada en su pulso ni en su afinación reflejó efecto alguno de las cantidades nada despreciables de vodka, vino y tequila que acababa de ingerir. La vitalidad y energía de Rostropovich no conocían límites, como tampoco los conocieron sus invaluables contribuciones al violonchelo y a la música.

Yo-Yo Ma (1955)

Pablo Casals fue la gran figura del violonchelo de la primera parte del siglo xx; Mstislav Rostropovich, la de la segunda mitad. En nuestros días la figura dominante en el universo del violonchelo es Yo-Yo Ma, por su musicalidad, su técnica, su extraordinario carisma y su polifacética actividad tan enriquecedora no sólo del violonchelo sino de la música en general.

Ya me referí con bastante detalle a Yo-Yo Ma en los capítulos v y vi y, por lo tanto, ya no daré más datos aquí acerca de su meteórica carrera.

Algunos otros violonchelistas excepcionales

Gaspar Cassadó, Pierre Fournier, Leonard Rose, Janos Starker, Jacqueline du Pré

La explosión demográfica que ha caracterizado a nuestra época no ha dejado de lado al mundo de los violonchelistas: nunca ha habido tantos ni tan brillantes. Cualquier lista que presentara yo aquí adolecería de graves omisiones y, por tanto, sólo me referiré brevemente a cinco violonchelistas adicionales de especial trascendencia.

Gaspar Cassadó (1897-1966). Me referí con bastante detalle en el capítulo v a la carrera de este brillante violonchelista español, alumno de Casals, compositor y maestro, que tocó durante algún tiempo el Piatti. El lector encontrará algunos comentarios acerca de su obra como compositor más adelante, en la sección dedicada a la obra compuesta para violonchelo en el siglo xx.

Pierre Fournier (1906-1986). Estudió en el conservatorio de París, su ciudad natal. Tocó con los más destacados directores de su época, como Furtwängler, Kubelik y Karajan, entre otros. Estrenó la sonata de Poulenc, la *Sonata número 1* y el *Concierto número 1* de Martinú y otras obras que le están dedicadas. Hizo grabaciones excepcionales de obras fundamentales del repertorio violonchelístico. Tocó y grabó numerosos tríos con el violinista Henryk Szeryng y el pianista Artur Rubinstein. Dirigió las clases de violonchelo en la Escuela Normal de Música de París y, posteriormente, en el Conservatorio de la capital francesa. (Lo tuve como maestro en Ginebra, en 1978.)

Leonard Rose (1918-1984). Nacido en Washington, D. C., fue uno de los mejores violonchelista y maestros estadunidenses del siglo xx. Después de ser violonchelista principal de las orquestas sinfónicas de NBC, Cleveland y Nueva York, se dedicó de tiempo completo a su carrera de solista y de maestro. Integró con Isaac Stern y Eugene Istomin un extraordinario trío. Fue maestro en la Escuela Juilliard de Nueva York. En la pléyade de sus alumnos se cuentan, entre los más conocidos, a Yo-Yo Ma, Lynn Harrell y Stephen Kates. (Tuve la suerte de tenerlo como maestro en Nueva York.)

Janos Starker (1924). Uno de las grandes virtuosos del siglo XX. Nació y estudió en Budapest. En 1948 emigró a los Estados Unidos donde, por invitación del director húngaro Antal Dorati, ocupó el puesto de violonchelista principal de la Orquesta Sinfónica de Dallas. Posteriormente lo fue de las orquestas de la Ópera Metropolitana de Nueva York y de la Orquesta Sinfónica de Chicago. A partir de 1958 se dedicó de tiempo completo a su doble actividad de solista internacional y maestro. Ha tocado numerosos estrenos de obras que le fueron dedicadas. Ha grabado más de 150 discos del más variado repertorio violonchelístico. Fundamental es su actividad pedagógica en la Escuela de Música de la Universidad de Indiana, en Bloomington y en clases maestras y seminarios internacionales.

Jacqueline du Pré (1945-1987). Nacida en Inglaterra, fue una de las violonchelistas más extraordinarias del siglo, cuya vida y meteórica carrera se vieron truncadas por una esclerosis múltiple. Fue alumna de William Pleeth, Casals, Tortelier y Rostropovich. Su histórica grabación del Concierto de Elgar la lanzó al estrellato musical en 1965. Estuvo casada con el pianista y director Daniel Barenboim, con quien formó una de las grandes parejas en la historia de la música.

Principales obras para violonchelo del siglo XX

La obra compuesta para violonchelo en el siglo XX es tan abundante que un relato pormenorizado al respecto rebasa los propósitos de este libro.[7] Por tal motivo, he preparado dos

---

[7] El profesor Donald Homuth incluye una lista nada menos que de 4600 obras

cuadros sintéticos, incluidos en el apéndice 1, que muestran algunas de las principales obras para violonchelo de este periodo.

El apéndice A muestra la obra de compositores de todo el mundo salvo Iberoamérica.

El apéndice 1B se refiere a los compositores de Iberoamérica (incluyendo España y Portugal). Este cuadro incluye un número relativamente mayor de obras porque, a mi entender, nunca se ha publicado una lista de obras para violonchelo de los compositores de esta región. Aparecen obras de cerca de 200 autores. Aquí me limitaré a hacer algunos comentarios breves acerca de unas cuantas obras fundamentales del repertorio del violonchelo en el siglo que termina.

No tendría sentido que estos cuadros pretendieran formular una relación exhaustiva de obras. El concepto de obras "importantes" es subjetivo y relativo, y además existen, sin duda, obras que merecerían ser mencionadas pero que desconozco. Viceversa, varias de las obras que sí aparecen no han pasado todavía la prueba y el juicio del tiempo y en el futuro habrán probablemente de caer en el olvido.

Existen incontables composiciones para violonchelo que se incluían con gran frecuencia en los conciertos de fines del siglo XIX o principios del XX y que hoy no se tocan nunca. Tal es el caso, por ejemplo, de la *Primera sonata* de Anton Rubinstein, autor de dos sonatas y dos conciertos para violonchelo, los conciertos del húngaro Robert Volkmann (1815-1883) o de Eugène d'Albert. Casals consideraba como extraordinarias obras que hoy no se tocan: los conciertos de Emanuel Moor, la primera sonata del holandés Julius Röntgen, que don Pablo tocó por toda Europa, el concierto de Donald F. Tovey, digno, según Casals, "de figurar entre los primeros títulos de la literatura para violonchelo".[8]

Un somero examen de los cuadros anteriores nos lleva a dos

para violonchelo compuestas sólo desde 1960: 2119 para violonchelo y piano, 1541 para violonchelo solo, 695 para violonchelo y orquesta, 125 para violonchelo y orquesta de cuerdas y 120 para violonchelo y orquesta de cámara. Por supuesto, por falta de información, incluye pocas obras latinoamericanas (D. Homuth, *Cello Music since 1960*, Fallen Leaf Press, Berkeley, California, 1994).

[8] Corredor, *op. cit.*, p. 162.

conclusiones evidentes. La primera: el repertorio violonchelístico ha aumentado en el siglo XX de manera explosiva. Y la segunda: dicho repertorio se ha diversificado enormemente en cuanto a su origen geográfico. Recordemos que en tanto que en los siglos XVIII y XIX las principales obras para violonchelo provenían de unos cuantos países europeos —Italia, Francia, Austria, Alemania, Checoslovaquia y Rusia principalmente—, en el siglo XX la geografía del violonchelo se ha ampliado considerablemente. En Europa se han agregado muchos países de gran tradición musical pero escasa producción violonchelística anterior —como Inglaterra, España, Polonia y Hungría— y algunos más alejados de las grandes corrientes de la música clásica occidental, como Grecia, Armenia o Georgia.

Los Estados Unidos se han convertido en un país de extraordinaria fecundidad musical. La vida musical estadunidense se enriqueció considerablemente como resultado de las sucesivas oleadas de músicos que emigraron de Europa, huyendo de guerras y revoluciones (entre los que se encuentran muchos de los compositores, directores, instrumentistas y musicólogos más importantes del siglo) y gracias también a su visionaria política educativa, que no ha escatimado recursos materiales y humanos y ha llevado la educación musical a los más altos grados de excelencia.

Los países iberoamericanos han hecho en el siglo XX aportaciones significativas al repertorio musical mundial, incluyendo el del violonchelo. Han sido, además, aportaciones muy variadas dadas sus diversas tradiciones culturales. México, Guatemala y Perú, dueños de antiquísimas aunque primitivas culturas musicales, fueron durante el periodo colonial particularmente receptivos a la influencia de las tradiciones musicales europeas, en especial de España e Italia. La composición y la ejecución musical alcanzaron muy altos niveles en la Nueva España y en Perú. Apenas en nuestros días empiezan a tener reconocimiento universal compositores geniales como el mexicano Manuel de Sumaya. Toda Iberoamérica, desde México y Cuba hasta Argentina y Chile, absorbió la tradición musical europea y la enriqueció posteriormente, bien sea con sus propias tradiciones e instrumentos musicales precolombinos —como los casos de México y Perú— o con las aportaciones de otras culturas musicales, como la africana, que tan originales e impactantes resultados ha tenido en Cuba, Brasil y los Estados Unidos. Este sincretismo, que le dio a la música iberoamericana una personalidad más propia y original, se logró sobre todo a partir del siglo XX, pues los compositores anteriores tendían, en general, a copiar los estilos y las modas imperantes en Europa. La composición de obras iberoamericanas para violonchelo no fue muy abundante en la primera mitad del siglo XX pero en fechas posteriores, los compositores de esta región han otorgado al violonchelo un papel bastante más destacado.

Otros países, cuya aportación al violonchelo había sido nula, empiezan a destacar en el mapa violonchelístico mundial. Es el caso de Japón, China, Corea del Sur y Australia.

Veamos ahora, a ojo de pájaro, algunas de las contribuciones violonchelísticas de los países indicados en los cuadros anteriores.

ALEMANIA

Entre la obra alemana que conozco para violonchelo del siglo XX destacaría las tres *suites* para violonchelo solo de Max Reger, de 1915, inspiradas, sin duda, por el modelo de las *suites* de Bach.

Paul Hindemith —amigo de los eminentes violonchelistas Emanuel Feuermann y Gregor Piatigorsky— compuso numerosas obras para violonchelo. Entre las más importantes citaré la *Sonata, op. 25, número 3,* para violonchelo solo (1923), el *Concierto para violonchelo y orquesta* (1940) y la *Sonata para violonchelo y piano* (1948).

Bernd Alois Zimmermann (1918-1970) hizo varias importantes aportaciones al repertorio violonchelístico con obras para violonchelo solo, con piano y con orquesta, varias dedicadas al violonchelista Siegfried Palm, gran campeón de la música contemporánea.

El apéndice 1 muestra las grandes aportaciones alemanas a la música de violonchelo, incluyendo las muy recientes de Matthias Pintscher (1971) y Jörg Widmann (1973).

Austria

Anton Webern (1883-1945), violonchelista activo mientras fue estudiante, compuso sus tres obras para este instrumento durante su juventud: *Dos piezas para violonchelo y piano* (1889), *Sonata para violonchelo y piano* (1914) y *Tres pequeñas piezas para violonchelo y piano* (1914). Las tres obras se caracterizan por su laconismo y concentración. Las *Tres pequeñas piezas* contienen sólo 9, 13 y 20 compases respectivamente.

Schönberg (1874-1951) también fue violonchelista en su juventud. En 1914 publicó una edición del *Concierto en sol menor para violonchelo,* del compositor vienés preclásico Georg Mathias Monn (1717-1750), y en 1932-1933 hizo un arreglo, dedicado a Casals, para violonchelo y orquesta del *Concierto para harpsicordio en re mayor,* también de Monn.

Entre las obras recientes destacaría la sonata de Thomas Larcher (2011).

Bélgica

El gran violinista Eugène Ysaÿe (1858-1931) conocía a fondo el violonchelo. Prueba de ello es su *Poema para violonchelo y orquesta, op. 16,* y su excelente *Sonata para violonchelo solo, op. 28* (1924).

Checoslovaquia

Figura dominante en la música checa del siglo xx es Bohuslav Martinu, prolífico compositor que nos dejó muy diversas obras para violonchelo, dos conciertos para violonchelo y orquesta, tres sonatas para violonchelo y piano, dos series de variaciones y otras obras menores. De ellas, destacaría yo su primer concierto, su segunda sonata y las *Variaciones sobre un tema de Rossini*.

Leos Janacek compuso *Prohadka, un cuento de hadas*, para violonchelo y piano.

China

La música para violonchelo aparece sobre todo a partir de 1960. Muchas obras están ligadas a la influencia enriquecedora de Yo-Yo Ma, como son los casos de Tan Dun, Chen Yi y Yhou Long.

Estados Unidos

Los primeros conciertos compuestos en los Estados Unidos son los de Victor Herbert (1884 y 1898), aproximadamente en la misma época que el concierto de Ricardo Castro en México.

Walter Piston (1894-1976). Estudió en Harvard y luego en Francia con Paul Dukas y Nadia Boulanger. Fue un excelente maestro, habiendo tenido entre sus más conocidos alumnos a Elliott Carter y a Leonard Bernstein. En 1966 compuso sus *Variaciones para violonchelo y orquesta*, dedicadas a Rostropovich.

Elliott Carter (1908). Su *Sonata para violonchelo y piano* (1948) es una obra esencial en la música de los Estados Unidos para violonchelo. La sonata es muy compleja, sobre todo desde el punto de vista rítmico. Carter explota el carácter diferente de los dos instrumentos otorgando a cada uno un contenido melódico e incluso un *tempo* diferente, lo cual contribuye a crear la impresión de que los intérpretes se dedican a improvisar independientemente el uno del otro.

Samuel Barber (1910) compuso dos excelentes obras para violonchelo: la *Sonata para violonchelo y piano, op. 6* (1932) y el *Concierto para violonchelo y orquesta* (1945). Ambas obras son románticas o neorrománticas y confirman la teoría de Barber de que la música no debería ser difícil de comprender. Barber componía para sí mismo y pensaba que la buena música termina por ser apreciada por el público. La parte solista del concierto es de una gran dificultad pero enfatiza las calidades líricas del instrumento.

Lukas Foss (1922) nació en Alemania y emigró de niño, en 1933, a los Estados Unidos. Entre sus obras destaca el excelente y pintoresco *Capriccio* para violonchelo y piano (1946), dedicado a Gregor Piatigorsky y su radicalmente diferente *Concierto para violonchelo y orquesta*, en el cual el solista aparece doblemente, habiendo previamente grabado en cinta una de las dos voces del violonchelo. La obra fue estrenada en 1967 por Mstislav Rostropovich, a quien está dedicada.

Leon Kirchner (1919) compuso su *Música para violonchelo y orquesta* para Yo-Yo Ma, a quien conoció cuando el violonchelista tomó su curso de ejecución y análisis en la Universidad de Harvard. El estreno lo llevaron a cabo Yo-Yo Ma, el director David Zinman y la Orquesta de Filadelfia en 1992.

George Crumb (1929). Obra importante en el repertorio contemporáneo estadunidense es la de Crumb (1955). Se trata de una obra dinámica y emotiva que requiere, pese a que sólo dura 10 minutos, los más variados recursos técnicos del violonchelo.

John Harbison (1938) estudió en las universidades de Harvard y Princeton, tras lo cual ingresó como profesor al Departamento de Música del Instituto Tecnológico de Massachusetts (MIT), donde recibió el premio Killian en 1994 "por sus extraordinarios logros profesionales". Ha compuesto hasta ahora dos obras para violonchelo: un excelente *Concierto para violonchelo y orquesta* (1993), estrenado en 1994 por Yo-Yo Ma, Seiji Ozawa y la Orquesta Sinfónica de Boston, y una breve *Suite para violonchelo y piano* (1993).

Stephen Alpert (1941-1992). Muerto trágicamente en 1992, fue uno de los compositores más premiados de su generación: dos premios de Roma, un premio Pulitzer, un Grammy y muchos más. Su música tiene sólidas raíces en las técnicas tradicionales de composición, utilizadas con un lenguaje contemporáneo muy personal. Una de sus últimas obras fue su *Concierto para violonchelo y orquesta*, comisionado por la Orquesta Sinfónica de Boston para Yo-Yo Ma.

Robert X. Rodríguez (1946). Su educación superior incluyó estudios con Hunter Johnson, Halsey Stevens, Jacob Druckman y Nadia Boulanger y clases magistrales con Bruno Maderna y Elliott Carter. Rodríguez ha sido "compositor en residencia", entre otras, de la Orquesta Sinfónica de Dallas y de la Orquesta de Cámara de Los Ángeles. Entre sus obras recientes se cuentan tres obras que estrené: *Máscaras,* concierto para violonchelo y orquesta; *Lull-a Bear* para violonchelo y piano, y *Tentado por la samba* para violonchelo y piano.

Christopher Rouse (1949). Su *Concierto para violonchelo y orquesta*, compuesto en 1992, es una "meditación acerca de la muerte, la lucha por negarla y su definitiva inevitabilidad". Fue compuesto para Yo-Yo Ma y la Orquesta Filarmónica de Los Ángeles, quienes lo estrenaron en 1994 bajo la batuta de David Zinman.

Richard Danielpour (1956). Originario de Nueva York y actualmente profesor en la Manhattan School of Music, Danielpour compuso su *Concierto para violonchelo y orquesta* en 1993, dedicado a Yo-Yo Ma, quien lo estrenó en 1994. Consta de cuatro movimientos: 1. *Invocación (arioso),* 2. *Profanación (danza),* 3. *Soliloquio* y 4. *Rezo y lamentación (himno).*

FINLANDIA

La figura más conocida de la música finlandesa es, por supuesto, Jean Sibelius (1865-1957). En tanto que su concierto para violín y orquesta es una de las obras principales del género, sus composiciones para violonchelo son obras menores, como la *Malinconia para violonchelo y piano, op. 20.*

Su compatriota Leif Segerstam (1944), compositor y director de fama mundial, pianista y violinista, es una de las figuras más interesantes de la música escandinava actual y uno de los compositores más prolíficos del siglo. Ha compuesto seis conciertos para violonchelo y orquesta, y actualmente está terminando el séptimo. También está a punto de concluir la composición de su *Sinfonía número 24;* el número de sus cuartetos alcanza ya 28.

FRANCIA

Cualquier comentario acerca de la obra francesa para violonchelo del siglo XX debe destacar la magnífica sonata para violonchelo y piano de Debussy (1862-1918), compuesta en 1915. Ese año anunció Debussy la composición de una serie de seis sonatas instrumentales con el título *Six sonates pour divers instruments composées par Claude Debussy, Musicien Français.* Sólo pudo escribir tres, la de violonchelo y piano (1915), la de flauta, viola y arpa (1915) y la de violín y piano (1917). La sonata para violonchelo es una obra original en todos los sentidos, en su forma, sus temas, sus sonoridades y efectos novedosos. Sus tres movimientos, *Prologue (Lent), Sérenade (Fantasque et léger)* y *Finale (Animé, léger et nerveux)* son tan variados y crean atmósferas tan diversas que se resiste uno a creer que la obra dura sólo 10 minutos.

Las dos sonatas de Gabriel Fauré (1918 y 1922) contienen música de gran belleza. Podrían asemejarse a dos cuadros pintados en colores pastel, que rehúyen los matices vivos y los grandes efectos. Son obras de incuestionable valor musical que no fueron concebidas para el lucimiento de los instrumentistas y que no se tocan con la frecuencia que merecerían. En cambio, varias de sus piezas cortas para violonchelo y piano han ganado un indiscutible lugar en el repertorio y las mencionaré aquí aunque fueron compuestas a finales del siglo XIX: la *Elégie, op. 24* (1883), *Papillon, op. 77* (1898) y *Sicilienne, op. 78,* también de 1898.

Maurice Ravel (1875-1937) compuso en 1920-1922 una estupenda *Sonata para violín y violonchelo*, estrenada en 1922 por la violinista Helène Jourdan-Morhange y por Maurice Maréchal, eminente violonchelista de la primera mitad del siglo que estrenó diversas obras notables del repertorio francés.

André Caplet (1878-1925) compuso un gran fresco sinfónico para violonchelo y orquesta, titulado *Epiphanie*, cuya parte solista es particularmente demandante y cuya primera audición corrió a cargo también de Maurice Maréchal en 1922.

Arthur Honegger (1892-1955) compuso una sonata para violonchelo y piano y un concierto para violonchelo y orquesta, dedicado a Maréchal. El concierto es una obra de modestas dimensiones (15 minutos) que requiere una orquesta restringida. Su atmósfera es ligera, a la manera de un *divertimento*, y contiene algunos ecos jazzísticos.

Entre las diversas obras para violonchelo de Darius Milhaud (1892-1974), compositor extremadamente prolífico, sobresale, en mi opinión, su *Concierto número 1, op. 136,* también dedicado a Maréchal. Es una obra divertida, típica de su autor. El concierto empieza por una cadenza para violonchelo solo, de tono aparentemente grave y solemne que conduce nada menos que a un *fox-trot* en la entrada de la orquesta. Sus tres movimientos *(Nonchalant, Grave, Joyeux)* duran apenas 14 minutos.

La sonata de Francis Poulenc (1899-1963), terminada en 1948, fue dedicada a Pierre Fournier, quien le ayudó en aspectos técnicos del violonchelo, instrumento que era poco familiar al compositor. Los cuatro movimientos de esta magnífica sonata son: *allegro-tempo di marcia, cavatine, ballabile* y *finale.*

El *Concierto para violonchelo y orquesta* de Henri Dutilleux (1916) es, a mi juicio, una de las grandes obras del último cuarto del siglo XX. Tiene el título *Tout un monde lointain...* (Todo un mundo lejano...). Como ya señalé anteriormente, Dutilleux estaba apasionadamente entregado a la relectura de los versos y la prosa de Baudelaire durante la larga gestación de la obra. Cada uno de los cinco movimientos se inspira en poemas de *Las flores del mal*. Tras una larga gestación, la obra vio la primera luz pública en el Festival de Aix-en-Provence el 25 de julio de 1970, teniendo como solista a Mstislav Rostropovich, que fue quien la comisionó.

Hungría

El panorama musical de Hungría en la primera mitad del siglo XX es dominado por la figura de Bela Bartok (1881-1945), uno de los gigantes de la historia de la música. Por desgracia, sólo existe una obra de Bartok para violonchelo y piano, que ni siquiera fue concebida para violonchelo. Se trata de la transcripción, hecha por el propio compositor, de su *Primera rapsodia para violín y piano*.

En cambio, Zoltan Kodaly (1882-1967), compañero y colega de Bartok, nos ha dejado varias obras muy importantes para el violonchelo, encabezadas por la magistral *Sonata para violonchelo solo, op. 8,* una de las obras que mejor explotan todas las posibilidades sonoras y expresivas del instrumento. Hay que mencionar también la *Sonata para violonchelo y piano, op. 4* (1909-1910) y el *Dúo para violín y violonchelo, op. 7*.

Por lo que toca a la segunda mitad del siglo, la figura más importante es Georgy Ligeti (1923). En el capítulo VI me referí a su *Concierto para violonchelo y orquesta,* compuesto en 1966.

Italia

Ottorino Respighi (1879-1936) compuso en 1921 un *Adagio con variaciones* para violonchelo y orquesta, magnífica obra de estilo neoclásico que ha entrado plenamente al repertorio contemporáneo.

Alfredo Casella (1883-1947) compuso varias obras para violonchelo: dos sonatas con piano, un *Concierto para violonchelo y orquesta* (1934-1935) y un *Triple concierto* para violín, violonchelo y orquesta. *La primera sonata, op. 8*, una obra clara y melódica, fue compuesta en 1907 y dedicada a Pablo Casals.

Luigi Dallapiccola (1904-1975) ha dejado dos excelentes obras: *Ciaccona, Intermezzo e Adagio para violonchelo solo* (1945) y *Dialoghi* para violonchelo y orquesta (1960). Ambas fueron dedicadas a Gaspar Cassadó.

Más recientemente, Luciano Berio (1925) compuso en 1977 *Il Ritorno degli Snovideni* para violonchelo y conjunto instrumental y *Les Mots sont allés* para violonchelo solo.

Polonia

En las épocas en que los países de la órbita soviética amordazaban la expresión artística con los candados del realismo socialista, Polonia conoció un espléndido renacimiento musical y se convirtió en uno de los más importantes foros de la música contemporánea.

Witold Lutoslawski (1913-1994) compuso un notable concierto para violonchelo, del que hablo en el capítulo VII, y las *Sacher-Variationen* para violonchelo solo.

Krzysztof Penderecki (1933) es autor de dos conciertos para violonchelo, el primero dedicado a Siegfried Palm y el segundo a Yo-Yo Ma. También compuso el *Capriccio per S. Palm* para violonchelo solo.

Reino Unido

Tras Purcell y Haendel, y durante casi siglo y medio, el Reino Unido careció de compositores de talla equiparable a los del continente europeo. Apenas a finales del siglo XIX se inicia en Gran Bretaña un espléndido renacimiento musical. El repertorio del violonchelo se ha enriquecido con múltiples obras de todo tipo de compositores británicos. Son tan numerosas que aquí sólo mencionaré a cuatro compositores cuyas aportaciones han sido particularmente significativas: Delius, Elgar, Walton y Britten.

Frederick Delius (1862-1934) compuso varias obras importantes para el violonchelo: *Romanza para violonchelo y piano* (1896), *Doble concierto para violín, violonchelo y orquesta* (1916), *Sonata para violonchelo y piano* (1917), *Capricho y elegía para violonchelo y orquesta* (1925) y *Concierto para violonchelo y orquesta* (1921).

El *Concierto para violonchelo y orquesta* de Edward Elgar (1857-1934), compuesto en 1919, es uno de los últimos grandes conciertos románticos, digno de figurar al lado de los de Schumann o Dvorak.

William Walton (1902-1983) compuso en 1956 su concierto para violonchelo, dedicado, como hemos visto, a Gregor Piatigorsky. Consta de tres partes: un melódico *moderato*, un *allegro appassionato* —que es como un *scherzo* lleno de energía rítmica— y un *tema con variaciones*.

Uno de los compositores que más importante legado violonchelístico han dejado es sin duda Benjamin Britten (1913-1976) quien, motivado por su amistad con Rostropovich, compuso cinco magníficas, originales e imaginativas obras, todas dedicadas al gran músico ruso: la *Sonata para violonchelo y piano, op. 65,* de 1961; la *Sinfonía para violonchelo y orquesta, op. 68,* de 1963, y *Tres suites para violonchelo solo, op. 72* (1964), op. 80 (1968) y op. 87 (1971).

Rusia y la URSS

Son numerosas las composiciones para violonchelo de compositores de Rusia y de varias de las naciones que conformaron la URSS. En parte fueron impulsadas, durante la segunda mitad del siglo, por ese espíritu motor que es Mstislav Rostropovich. Pero, como ya señalé, aquí sólo echaremos un vistazo, a ojo de pájaro, sobre algunas de las principales.

Sergei Rajmaninov (1873-1943) compuso su *Sonata en sol menor, op. 19*, en 1901, inmediatamente después de su segundo concierto para piano. La sonata es una obra llena de riqueza melódica y típica del compositor en el apogeo de su fuerza creadora. Los diversos temas son muy apropiados para la naturaleza del violonchelo pero, a veces, el carácter de gran virtuoso del piano del compositor lo lleva a otorgar a su instrumento una excesiva preponderancia. Sin embargo, no dudo en incluir esta sonata entre las obras importantes para violonchelo del siglo y ciertamente entre las más hermosas.

Igor Stravinsky (1882-1971) nació en Rusia pero emigró desde antes de la Revolución rusa.[9] Su única obra para violonchelo es la *Suite Populaire Italienne* para violonchelo y piano, transcripción realizada con Gregor Piatigorsky de la *suite* del ballet *Pulcinella*.

Sergei Prokofiev (1891-1953). Entre sus más importantes obras para violonchelo, destacaré su *Sonata, op. 119* (1949), para violonchelo y piano, y la *Sinfonía concertante, op. 126* (1966), ambas dedicadas a Rostropovich y a cuyo origen ya me referí en páginas anteriores.

Aram Jachaturián (1903-78), originario de Armenia, compuso un concierto (1946) y un concierto-rapsodia (1963) para violonchelo y orquesta, y una sonata para violonchelo y piano.

Dmitri Kabalevsky (1904-1987) compuso diversas obras para violonchelo, dos sonatas para violonchelo y piano, y dos conciertos para violonchelo y orquesta. El primero de ellos, dedica-

---

[9] En mi libro *De la URSS a Rusia* (FCE, México, 1993) relato mis experiencias al lado de Stravinsky en el único viaje que realizó a Rusia, en 1962, tras 50 años de ausencia.

do a la juventud, es una obra más bien ligera pero particularmente bien lograda.

Dmitri Shostakovich (1906-1975). En 1995 se cumplieron 20 años del fallecimiento de Shostakovich. Mucho se ha revalorizado su figura, marcada desde su juventud por los conflictos y la controversia. Sus óperas, antes tan discutidas, sus sinfonías, sus conciertos y su numerosa obra de cámara han tomado un lugar preponderante en el repertorio actual.

Compuso tres obras para violonchelo que han conquistado un merecido lugar entre las obras fundamentales para violonchelo del siglo: la *Sonata, op. 40*, y los *Conciertos número 1, op. 107*, y *número 2, op. 126*. La sonata y el primer concierto se tocan con gran frecuencia, más que el *Concierto, op. 126*, a pesar del gran valor que también tiene esta obra. Ambas figuran entre las que yo mismo he tocado más por todo el mundo.

Alfred Schnittke (1934-1998) fue uno de los compositores rusos más importantes de su generación. Compuso dos conciertos para violonchelo y orquesta, un *Triple concierto* para violín, viola, violonchelo y orquesta, y dos sonatas para violonchelo y piano.

Sulján Tsintzadze,[10] quizá el más destacado compositor de Georgia junto con Giya Kancheli (1935), fue violonchelista durante sus años de estudiante. Entre sus numerosas obras para violonchelo destacan los *24 preludios para violonchelo y piano*.

Suiza

Dos compositores sobresalen en el panorama de la música de este país: Ernest Bloch y Frank Martin.

La obra violonchelística de Bloch (1880-1959) que con mayor frecuencia aparece en los programas es el *Schelomo,* rapsodia hebraica para violonchelo y orquesta, una de sus mejores y más elocuentes composiciones. En ella, Bloch otorga al violonchelo solista el papel de representar los sentimientos y las pasiones del rey Salomón (Schelomo en hebreo). Bloch compuso

---

[10] Conocí a Tsintzadze en 1991 en Tbilisi, Georgia. En mi libro *De la URSS a Rusia* (FCE, México, 1993) hablo con más detenimiento sobre este compositor.

otra obra, de menor envergadura para violonchelo y orquesta, *Una voz en el desierto*, y *Tres suites para violonchelo solo*.

Merece señalarse el *Concierto para violonchelo y orquesta* de 1966 de Frank Martin (1890-1974), dedicado a Pierre Fournier.

Arthur Honegger nació en Suiza pero vivió casi toda su vida en Francia y se le asocia con los compositores de ese país. Por tal motivo, hablé brevemente de su obra en la sección dedicada a Francia.

Iberoamérica

El apéndice 1 muestra, como señalé antes, obras de aproximadamente 200 compositores. Reitero que la referida lista no pretende ser exhaustiva. Adolecerá sin duda de graves omisiones y está condenada, *a priori,* a incluir obras que el paso del tiempo se encargará de descartar.

Aquí, como he hecho en el caso de los demás países, sólo echaré un vistazo a ojo de pájaro sobre algunas de las principales obras.[11] En el capítulo vi me referí con bastante detalle a mi relación con muy diversos compositores de esta región y a muchos de los estrenos en los que me tocó participar.

Argentina

Es preponderante la figura de Alberto Ginastera (1916-1983), que compuso seis obras para violonchelo, lo cual se explica en parte porque su esposa, Aurora Nátola-Ginastera, hoy viuda, es una destacada violonchelista. La *Pampeana número 2* para violonchelo y piano (1950), en la que utiliza ritmos de las Pampas, es una de las obras que más frecuentemente he tocado pues me parece una de las joyas de la literatura violonchelística latinoamericana. Veintinueve años después, Ginastera compuso una nueva obra para violonchelo y piano, la *Sonata, op. 49*, obra mucho más compleja que la *Pampeana* pero también excelentemente lograda. El último movimiento utiliza en una de sus sec-

---

[11] Agradezco mucho los datos proporcionados por el Centro de Música Latinoamericana de la Universidad de Indiana, en Bloomington, y, en particular, por Carmen Téllez y Gerardo Dirié.

ciones el ritmo incaico del "karnavalito". Los dos conciertos para violonchelo y orquesta son obras asimismo de alto interés.

La actividad de Ginastera como director del Centro de Estudios Musicales Avanzados en el Instituto Torcuato di Tella (1962-1970), en Buenos Aires, benefició a un elevado número de jóvenes compositores iberoamericanos

Astor Piazzolla (1921-1992). Remito al lector al capítulo VII, en el cual presenté una mini biografía de Piazzolla. Sólo añadiré aquí que su obra original para violonchelo incluye *Tres piezas breves para violonchelo y piano, op. 4*, compuestas en su juventud, y la más conocida, *Le Grand Tango*, una de sus obras de cámara mejor logradas, en la cual combina el apasionado estilo del tango con armonías politonales y con *clusters*.

He grabado con Edison Quintana las *Tres piezas*, *Le Grand Tango*, una *milonga* original para violín y piano y una serie de tangos transcritos por el propio Edison.

Entre los compositores de la primera mitad del siglo XX destaco a los hermanos José María, Juan José y Washington Castro. José María Castro (1892-1964) y Washington Castro (1909) fueron, además, violonchelistas, autores de diversas obras para violonchelo que aparecen en el apéndice 1.

Juan José Castro (1895-1968) fue el más influyente como compositor y maestro pero para violonchelo solamente compuso una sonata. A propuesta de Pablo Casals, Juan José Castro fue decano de estudios en el Conservatorio de Música de Puerto Rico (1959-1964).

Osvaldo Golijov (1960) estudió en Argentina, Israel y los Estados Unidos, donde reside actualmente. Cualquier lista de obras para violonchelo estaría incompleta sin sus notables aportaciones para este instrumento (véase el apéndice 1B).

Esteban Benzecry (1970) ha compuesto también varias importantes obras para violonchelo.

BOLIVIA

Alberto Villalpando, nacido en La Paz, en 1940, es probablemente el más destacado compositor boliviano de su generación. A los 17 años se trasladó a Buenos Aires para continuar sus estudios de piano y composición en el Conservatorio Nacional Carlos L. Buchardo. Entre sus principales maestros se cuenta Alberto Ginastera.

Lo conocí en ocasión de la serie de conciertos y de presentación de la edición anterior de este libro, en La Paz, en mayo de 1999.

Ha compuesto una *Sonatita de piel morena* para violonchelo y piano, que nos dedicó a Edison Quintana y a mí (1999).

Brasil

Heitor Villa-Lobos (1887-1959), tan prolífico como las junglas de su Brasil natal, compuso más de 1000 obras de todos los géneros musicales concebibles. El violonchelo tuvo para él una importancia especial. Lo estudió desde su niñez y llegó a dominarlo a fondo, así como la guitarra. De sus experiencias juveniles surgió en 1913 una primera serie de obras para violonchelo y piano, bautizadas por su editor de Rio, Arthur Napoleão, como *Pequenha suite*. Compuso dos sonatas para violonchelo y piano. Para violonchelo y orquesta compuso dos conciertos y una *Fantasía*.

Quizás sus obras más importantes para violonchelo, y ciertamente las más frecuentemente tocadas, son la primera y la quinta de sus *Bachianas brasileiras*. La idea de esta serie de obras fue combinar una forma "inspirada por el ambiente musical de Bach", como dijo el compositor, con diversos tipos de materiales musicales brasileños. La primera, dedicada a Casals, es para ocho violonchelos; la quinta es para soprano y ocho violonchelos. (Me tocó, por cierto, participar en el estreno en México de las *Bachianas brasileiras*, en mi primer concierto en el Palacio de Bellas Artes, creo que en 1953.)

Camargo Guarnieri (1907-1991) fue una de las principales figuras de la música del Brasil, sobre todo dentro de la escuela nacionalista y a él me referí en el capítulo v. Aquí sólo añadiré que su obra para violonchelo incluye tres sonatas para violonchelo y piano; *Chôro* para violonchelo y orquesta (1961); y *Ponteio e Dansa* (1946), en versiones para violonchelo y orquesta o violonchelo y piano.

Claudio Santoro (1919-1989). Se ha dividido la música de Santoro en tres periodos. De 1939 a 1947, su obra tiende hacia el atonalismo y el dodecafonismo. De 1948 a 1960 se orientó hacia el nacionalismo y un estilo afín a las teorías soviéticas acerca del arte. De 1960 a su muerte, Santoro retornó al serialismo y al uso de técnicas aleatorias.

La lista de sus obras para violonchelo y piano está detallada en el apéndice 1B.

Marlos Nobre (1939). Tras titularse en el Conservatorio de Pernambuco, Nobre estudió en São Paulo con su compatriota Camargo Guarnieri y, posteriormente, en Buenos Aires, con Ginastera. Nobre utiliza en sus composiciones las más diversas técnicas: música aleatoria, serialismo libre, utilización de motivos rítmicos y tímbricos indígenas. Marlos Nobre me dedicó varias obras de considerable importancia, como su *Partita latina para violonchelo y piano, op. 92,* su *Cantoria II para violonchelo solo* y varias cantilenas para violonchelo y piano. Su obra incluye, además, el *Desafío II, op. 31,* para violonchelo y piano (y para violonchelo y cuerdas), la *Cantoria I* para violonchelo solo, y *Poema III número 3 para violonchelo y piano, op. 94.*

Chile

Domingo Santa Cruz (1899-1987). Santa Cruz fue durante casi medio siglo, desde los veinte hasta finales de los sesenta, la figura principal de la música chilena. Fundamental fue su actividad como compositor, profesor, fundador de instituciones musicales y educativas, organizador y promotor de la música.[12]

Su estilo musical se caracteriza por su linearidad cromática y su contrapunto particularmente rico. Sus raíces se remontan a los contrapuntistas del siglo XVI y a Bach, pero en sus obras se perciben también elementos rítmicos y melódicos de origen hispano.

Su única pero importante aportación al repertorio violonche-

---

[12] Sólo como un ejemplo de sus múltiples aportaciones, se puede mencionar la fundación, en 1945, de la *Revista Musical Chilena*, quizás la más importante publicación latinoamericana en su género.

lístico fue su *Sonata para violonchelo y piano, op. 38*, compuesta en 1974-1975.

Juan Orrego-Salas (1919). Tras sus estudios en su país (con Pedro Humberto Allende y Domingo Santa Cruz) y en los Estados Unidos, Orrego-Salas ha desarrollado una labor muy importante como compositor, pedagogo y promotor de la música y musicología iberoamericanas. En 1961 se estableció en Bloomington y fue nombrado profesor en la Escuela de Música de la Universidad de Indiana, en donde fundó el Latin American Music Center.

Su relación con el gran violonchelista Janos Starker, maestro también en dicha universidad, ha redundado en dos obras para violonchelo: la *Balada, op. 84* (1984) para violonchelo y piano y el *Concierto para violonchelo y orquesta* (1994), ambos estrenados por Starker. Además ha compuesto *Canciones de advenimiento* para mezzosoprano, violonchelo y piano, op. 25 (1948), *Dúos concertantes* para violonchelo y piano, op. 41 (1955), *Concerto a tre,* para violín, cello, piano y orquesta, op. 52 (1962) y *Serenata para flauta y violonchelo, op. 70* (1972).

El maestro Orrego-Salas me dedicó dos obras: *Espacios,* para violonchelo y piano (1998), de la que hablé en el capítulo VI, y *Fantasías* para violonchelo y orquesta (2000).

Gustavo Becerra-Schmidt (1925) hizo sus estudios en el Conservatorio Nacional de Música y en la Universidad de Chile. Fue ayudante of Domingo Santa Cruz en su cátedra de composición en el Conservatorio y luego fue nombrado profesor titular en dicho conservatorio. Desde 1950 se ha dedicado a la triple labor de compositor, profesor e investigador.

Al caer el gobierno presidido por Salvador Allende, Becerra-Schmidt solicitó asilo político en la República Federal Alemana, donde ha vivido desde entonces.

Su obra es excepcionalmente extensa y variada, como lo es su obra para violonchelo: tres partitas para violonchelo solo, cinco sonatas para violonchelo y piano, y un concierto para violonchelo y orquesta (dedicado al gran violonchelista chileno Arturo Valenzuela).

La *Sonata número 5* data de 1997 y está dedicada a mí. Toqué el estreno mundial en Santiago de Chile en 1999.

Colombia

Guillermo Uribe Holguín (1880-1971) fue el primer director del Conservatorio Nacional de Colombia, fundado en 1909, y el más importante compositor de su generación. Estudió con Vincent D'Indy en la Schola Cantorum en París y es manifiesta la influencia francesa sobre todo en su obra anterior a 1930, cuando se inclinó hacia el nacionalismo. Uribe Holguín compuso dos sonatas para violonchelo y piano.

Blas Emilio Atehortúa (1933) estudió en su país y posteriormente en Buenos Aires con Ginastera, Xenakis y Nono, entre otros. Su obra para violonchelo incluye *Romanza* (de cinco piezas románticas, op. 85) para violonchelo y piano y un *Concierto para violonchelo y orquesta, op. 162* (1990).

Francisco Zumaqué (1945) me dedicó *Cantos de mi tribu* para violonchelo y piano en 2010, cuyo estreno está programado para 2011.

Andrés Posada (1954) ha compuesto hasta ahora dos obras para violonchelo: *Cuatro piezas para violonchelo y piano* (1984) y *Movimiento para violonchelo y piano* (1992).

Cuba

Relaté en el capítulo v mi estancia en Cuba y mi relación con los músicos y la música cubanos. Aquí sólo citaré algunas obras de unos cuantos compositores.

Amadeo Roldán (1900-1930) compuso para violonchelo y piano *Dos canciones populares cubanas*.

Aurelio de la Vega (1925), compositor residente en los Estados Unidos, compuso la *Leyenda del ariel criollo* para violonchelo y piano.

Leo Brouwer (1939), compositor, guitarrista y director, nació en La Habana. Estudió guitarra con I. Nicola, alumno de Pujol, y se especializó en composición, completando sus estudios en la Juilliard School of Music y en el Departamento de Música de Hartford (1959-1960). Fue director general de la Orquesta Sinfónica de Cuba y desde 1992 dirige también la Orquesta de Córdoba, España.

Ha llevado a cabo una brillante carrera como guitarrista, compositor, director de las más destacadas orquestas y como promotor de la música.

Compuso en 1960 una sonata para violonchelo solo que toqué en Madrid en 1995. En 1994 hizo una versión revisada, más virtuosística, de dicha obra.

Carlos Fariñas (1934) nació en Cienfuegos y comenzó estudios de música desde muy pequeño en Santa Clara. En 1948 ingresó en el entonces Conservatorio Municipal de La Habana, completando dichos estudios en 1948. Allí tomó clases principalmente con José Ardévol y Harold Gramatges. En 1956 asistió a los cursos de Aaron Copland, en Tanglewood, y de 1961 a 1963 estudió en el Conservatorio de Moscú.

Fue director de la sección de música del Teatro Nacional de Cuba, profesor y director del Conservatorio García Caturla, y formó parte de la Comisión de Reforma de la Enseñanza; fue jefe del Departamento de Música de la Biblioteca Nacional y Profesor titular de la Facultad de Música del Instituto Superior de Arte, en La Habana, donde fundó, en 1988, el primer Estudio de Música Electroacústica por computadora.

En el capítulo VI relaté las incidencias de la gestación y estreno mundial del concierto para violonchelo que me dedicó. Fariñas compuso en 1961 una sonata para violín y violonchelo.

Guido López Gavilán (1944) compuso un *Monólogo* para violonchelo solo.

Ecuador

Francisco Salgado, Luis Humberto Salgado, Claudio Aizaga y Lucía Patiño han compuesto obras, que se detallan en el apéndice 1.

España

Son numerosas las obras para violonchelo de compositores españoles, como se podrá ver en el apéndice 1. Aquí sólo mencionaré las que conozco mejor y me parecen más significativas.

Manuel de Falla (1876-1946). Entre sus primeras obras figuran las dos únicas piezas que compuso para violonchelo: *Ro-

manza y *Melodía* (1897-1899). La obra de Falla que con mayor frecuencia se toca al violonchelo y piano es la *Suite popular española*, transcripción de las *Siete canciones populares españolas*.

Enrique Granados (1867-1916) compuso algunas piezas de carácter ligero pero agradables para violonchelo y piano.

Gaspar Cassadó (1897-1973), gran violonchelista, compuso un buen número de obras para su instrumento, todas caracterizadas por su gracia y su carácter melódico y virtuosístico, cual podía uno esperar de un virtuoso como él. Entre las más conocidas están su *Sonata en el estilo antiguo español*, la *Suite para violonchelo solo*, el *Concierto para violonchelo y orquesta*, piezas varias como *Requiebros*, *Lamentos de Boabdil* y la *Danza del Diablo Verde*, y la transcripción de una toccata de Frescobaldi.

Joaquín Rodrigo (1901) ha compuesto dos conciertos para violonchelo y orquesta, una *Sonata a la breve* y una *Siciliana* para violonchelo y piano, *Como una fantasía* para violonchelo solo y algunas otras obras.

Roberto Gerhard (1896-1970) fue el único alumno español de Schönberg, con quien estudió en Viena y en Berlín entre 1923 y 1928. Gerhard es autor de una magnífica sonata para violonchelo y piano (1956). La sonata, estructurada en tres movimientos, es una especie de síntesis entre el serialismo y la herencia popular hispana.

Rodolfo Halffter (1900-1987), aunque nació en España, compuso la mayor parte de su obra en México y hablaré de él en la sección dedicada a México.

Xavier Montsalvatge (1912-2002) se sitúa entre la generación nacionalista y la vanguardia, por lo que ha mantenido una posición independiente y ecléctica que lo ha conducido a una serie de obras de gran calidad musical y de estilo muy personal. Excelente ejemplo de su estilo individual es la *Sonata concertante* para violonchelo y piano, escrita en 1972. Particularmente novedoso es el tercer movimiento, *Scherzo*, que utiliza cuartos de tono, altísimos registros y efectos insólitos de *pizzicato*. Edison Quintana y yo tocamos el estreno en México de esta obra en 1995 y en 1998 grabamos su pieza corta titulada *Evocación* (1995).

Cristóbal Halffter (1930) es una de las máximas figuras de la música actual en Europa; lleva escritas tres obras para violonchelo, las tres con orquesta y cada una ligada con un violonchelista concreto. La primera, la *Partita para violonchelo y orquesta*, data de 1957 y fue realizada por encargo de Gaspar Cassadó. Es el último tributo del compositor al neoclasicismo y consta de tres movimientos: *Preludio a la madrigalesca*; *Fiamenga, Courante*; *Chacona*.

El primer concierto para violonchelo y orquesta, pensado para Siegfried Palm y terminado en 1974, fue un encargo de la Comisaría Nacional de la Música para el Festival de Granada. El segundo concierto para violonchelo y orquesta (1985) fue producto de la insistencia de Mstislav Rostropovich y del deseo del compositor de rendir homenaje a la figura de Federico García Lorca.

Manuel Castillo (1930) realizó sus estudios en Sevilla y posteriormente en Madrid, con Lucas Moreno y Conrado del Campo. En París fue alumno de Lazare Levy y de Nadia Boulanger. En 1959 se le otorgó el Premio Nacional de Música y en 1964 fue nombrado director del conservatorio de su ciudad natal. En 1992 la Consejería de Educación y Ciencia denominó "Manuel Castillo" al Conservatorio Superior de Música de Sevilla.

Su obra para violonchelo incluye un concierto para violonchelo y orquesta, una sonata y *Alborada*[13] para violonchelo y piano. Toqué el estreno mundial de *Alborada* en México en 1995 y el estreno en España, en Madrid, en 1996, y en 1997 apareció en grabación que hicimos Edison Quintana y yo.[14]

Claudio Prieto (1934) estudió con Luis Guzmán, Samuel Rubio y Ricardo Dorado en España, con Goffredo Petrassi y Bruno Maderna en Italia, y con Georgy Ligeti, Karlheinz Stockhausen y Earle Brown, en Alemania.

Su dominio de la técnica, el colorido, la tímbrica instrumental y el poder comunicativo de sus mensajes lo situaron muy pronto entre las primeras figuras de la música española, como demuestra su amplio catálogo que ha ido jalonando de éxitos su trayectoria profesional.

---

[13] Véase el capítulo v.
[14] Urtext Digital Classics, México, 1997.

Ha sido galardonado con numerosos premios nacionales e internacionales.

Es autor de un *Concierto de amor* para violonchelo y orquesta, una *Sonata para violonchelo y piano* y otras numerosas obras para violonchelo.

Tomás Marco (1942) es una polifacética figura de gran relevancia en el panorama cultural español: compositor de obras en los más variados géneros, autor de importantes libros y ensayos, crítico musical y promotor de la música.

En el capítulo v podrá el lector encontrar una breve explicación del propio Marco acerca de su *Concierto para violonchelo y orquesta* (1975), del *Primer espejo de Falla* para violonchelo y piano (1994),[15] la *Partita Piatti* para violonchelo solo, *Chelo Prieto* para violonchelo solo, el *Laberinto marino* para violonchelo y cuerdas y *Ensueño y resplandor de don Quijote* para violín, violonchelo y orquesta.

José Luis Turina (1952) inició su formación musical en el Conservatorio Superior Municipal de Música de Barcelona y continuó posteriormente en el Real Conservatorio Superior de Música de Madrid y en la Academia Española de Bellas Artes en Roma.

Ha recibido numerosos premios tales como el Premio Internacional de Composición Reina Sofía de la Fundación Ferrer Salat en 1986 y el Premio Nacional de Música del Ministerio de Educación y Cultura en 1996.

Toqué el estreno mundial de su *Concierto da Chiesa* para violonchelo y orquesta en 2003 en San Petersburgo.

México

Ya en el capítulo vi me referí a la relación que he tenido con muchos compositores mexicanos y a la serie de obras que he conocido, tocado, estrenado y, en muchos casos, grabado. Aquí sólo presentaré un brevísimo resumen de algunas de las principales obras mexicanas para violonchelo.

---

[15] En 1996 grabé el *Primer espejo de Falla* con Edison Quintana (Urtext Digital Classics, México, 1997).

Ricardo Castro (1865-1906) es autor del primer concierto para violonchelo y orquesta conocido de compositor mexicano. Su concierto data de finales del siglo XIX o principios del XX y su estreno mundial se llevó a cabo en París en 1903. La obra cayó luego en el olvido. El estreno en México se hizo 78 años después cuando Jorge Velazco, la Orquesta de Minería y yo lo tocamos en 1981.

Julián Carrillo (1875-1965). No lo mencioné en el capítulo VI y, por tanto, dedicaré un poco más de espacio aquí a la figura y obra de este singular personaje, cuya vida es digna de una novela.

Julián Carrillo nació en 1875 en un pequeño y remoto poblado del estado de San Luis Potosí. En 1899 el presidente Porfirio Díaz asistió a un concierto de violín del joven Julián y le otorgó *ipso facto* una beca para estudiar en Europa.

Julián estudió composición, dirección y violín en el Real Conservatorio de Leipzig y durante tres años tocó en la famosa Orquesta del Gewandhaus, bajo la dirección de Arthur Nikisch. Su *Primera sinfonía* fue estrenada en esa ciudad por la Orquesta del Real Conservatorio.

Estudió después violín en el Conservatorio Real de Gante, en Bélgica y ganó en 1904 el primer premio del Concurso Internacional de Violín de Gante.

Desde su regreso a México fue un personaje polémico, lo cual no obstó para que fuera nombrado director de la Sinfónica de México, y dos veces director del Conservatorio Nacional.

Desde su juventud le obsesionó la idea de dividir el intervalo musical no en semitonos sino en fracciones más pequeñas. El sistema tradicional de la música occidental es, desde Bach, el sistema "temperado", cuya escala está dividida en 12 semitonos iguales. A partir de 1924 Carrillo compuso obras utilizando tercios, cuartos, octavos y dieciseisavos de tono. Por haber traspasado el límite de los 12 semitonos, Carrillo bautizó su sistema con el nombre de "sonido 13". Desde el principio, don Julián estuvo convencido de que su invento era de máxima trascendencia en la historia de la música. En un libro anterior a sus primeras composiciones en el nuevo sistema, Carrillo escribió: "Después de los 12 sonidos ¿qué seguirá? Puedo asegurar que estamos en vísperas de presenciar el acontecimiento de mayor trascendencia que se haya producido en la música, no ya desde el Renacimiento o de la Edad Media, sino desde todos los tiempos: *se avecina el sonido 13*".[16]

Sus obras despertaron interés en los Estados Unidos y Europa. Leopold Stokowsky estrenó sus obras con la Orquesta de Filadelfia en la Academia de Música de esa ciudad y en el Carnegie Hall de Nueva York.

Don Julián Carrillo tenía sin duda un oído excepcional pues afirmaba distinguir con toda claridad cada uno de los dieciseisavos en que dividió el tono. Sus obras requieren instrumentos especiales, como los "pianos metamorfoseadores". Los violonchelos y demás instrumentos de cuerda pueden, por contra, utilizarse tal cual.[17]

Manuel M. Ponce (1882-1948). Dos obras compuso Ponce para el violonchelo: la *Sonata para violonchelo y piano* (1915-17), compuesta en Cuba, y los *Tres preludios para violonchelo y piano* (1932-1933), compuestos durante su estancia en París.

María Teresa Prieto (1896-1982). Esta compositora, tía mía, nació en España pero compuso prácticamente toda su obra en México. Para violonchelo compuso *Adagio y fuga* para violonchelo y orquesta y *Sonata para violonchelo y orquesta*. Ambas obras existen también en versiones para violonchelo y piano.

Carlos Chávez (1899-1978) fue, sin duda, una de las figuras fundamentales de la música en México en el siglo XX. Inició en 1975 un *Concierto para violonchelo y orquesta* según relato en el capítulo VI.

Chávez compuso, además, una *Sonatina para violonchelo y piano* (1923) y un *Madrigal* (1922).

Rodolfo Halffter (1900-1987) repartió su vida por partes aproximadamente iguales entre España y México. Fue en México donde escribió la mayor parte de su obra, desde el *Concierto para violín* (1939-1940), hasta su ensayo para percusionistas *Paquilitzli* (1983), y donde, además, desarrolló una actividad fundamental como guía, maestro, editor y promotor musical.

---

[16] "Pláticas musicales", 1917, citado en Julián Carrillo, *Testimonio de una vida*, San Luis Potosí, 1992, p. 194.

[17] La mayor parte de las desafinaciones de un violonchelista o de un violinista consisten precisamente en incursiones involuntarias al "sonido 13".

Rodolfo Halffter compuso la *Sonata para violonchelo y piano op. 26* por encargo de la Comisión Organizadora del Segundo Festival Interamericano de Música de Washington, donde fue estrenada en abril de 1961 por Adolfo Odnoposoff y la pianista Alicia Urreta. Años después, y en presencia del autor, la misma Alicia Urreta y yo la grabamos en un disco de Ediciones Interamericanas de Música.[18] En 1995 la grabé nuevamente, esta vez en Nueva York con Edison Quintana, en un disco compacto[19] de una colección dedicada a la música para violonchelo de Iberoamérica.

Blas Galindo (1910-1993) dejó una abundante producción violonchelística, entre la que destacaré su *Sonata para violonchelo y piano* de 1948, comisionada por la Fundación Koussevitsky y estrenada por el violonchelista Leonard Rose y el pianista Leonid Hambro en 1953, en la Biblioteca del Congreso de los Estados Unidos en Washington. Y dos obras que me dedicó: la *Sonata para violonchelo solo* de 1981 y el *Concierto para violonchelo y orquesta* de 1984.

Manuel Enríquez (1926-1994). Con Manuel me ligó una gran amistad que redundó en cuatro obras que me dedicó en las circunstancias que relato en el capítulo v: el *Concierto para violonchelo y orquesta* (1984), la *Fantasía* para violonchelo y piano (1991) y las transcripciones para violonchelo de las *Danzas tarascas* de Miguel Bernal Jiménez y de las *Tres piezas* de Silvestre Revueltas, ambas originales para violín y piano.

Enríquez compuso otras importantes obras para violonchelo: el *Poema* con orquesta de cámara, la *Sonatina para violonchelo solo* y las *Cuatro piezas para violonchelo y piano*. Con excepción del *Poema*, he grabado toda la obra de Manuel Enríquez en discos compactos.

Joaquín Gutiérrez Heras (1927). Este gran compositor ha compuesto un *Dúo para flauta en sol y violonchelo,* dos piezas para violonchelo (1999) y dos obras que he tocado múltiples veces: *Canción en el puerto* para violonchelo y piano y *Fantasía concertante* para violonchelo y orquesta.

Manuel de Elías (1939) compuso un *Concierto para violonche-*

---

[18] OEA, Washington, 1981.
[19] Urtext Digital Classics, México, 1997; Ediciones Interamericanas de Música, OEA, Washington, 1981.

lo y orquesta, que estrené en México en 1993 y varias obras para violonchelo solo.

Mario Lavista (1943) compuso cinco excelentes obras para violonchelo: *Cuaderno de viaje* (dos piezas para violonchelo solo), *Quotations* para violonchelo y piano, *Tres piezas seculares* (1994), también para violonchelo y piano, cuyo origen y estreno relato en el capítulo VI y una obra para violonchelo y orquesta, cuyo estreno tengo programado para marzo de 2011.

Federico Ibarra (1946). Conocí a Federico Ibarra en 1988 y fruto de nuestra amistad han sido, hasta ahora, dos encargos que han tenido un éxito notable: el *Concierto para violonchelo y orquesta* (1989) —obra que he tocado en innumerables países y que ha merecido grandes elogios del público y la crítica— y su *Sonata para violonchelo y piano* (1992), que ha corrido con una suerte parecida. Compuso también una sonata para dos violonchelos y piano.

Arturo Márquez (1950) ha compuesto dos obras para violonchelo: *Espejos en la arena* para violonchelo y orquesta, que he tocado en muchas ocasiones, como relato en el capítulo VI, y *Lejanía interior* para violonchelo y piano.

Marcela Rodríguez (1951) ha compuesto un *Concierto para violonchelo y orquesta* (1994) que estrené en 1997 en el Vigesimoquinto Festival Internacional Cervantino y una obra para violonchelo solo, *Lumbre*.

Eugenio Toussaint (1954-2011). Compuso cinco obras para violonchelo: una *Pieza para violonchelo solo y piano*,[20] dos conciertos para violonchelo y orquesta, unas *Variaciones concertantes* para guitarra, violonchelo y conjunto instrumental, *Pour les Enfants* para violonchelo y piano y *Bachriación* para violonchelo solo.

Samuel Zyman (1956). En el capítulo V encontrará el lector el relato del estreno mundial, lleno de *suspense*, que hice de su *Concierto para violonchelo y orquesta* en el Lincoln Center de Nueva York en 1990. Desde entonces Samuel ha compuesto varias obras para violonchelo, una *Sonata* y una *Fantasía*, ambas para violonchelo y piano, una *Suite para dos violonchelos* y una *Suite para violonchelo solo*.

---

[20] Estrenada por el violonchelista Ignacio Mariscal, a quien está dedicada.

Javier Álvarez (1956). Este gran compositor ha desarrollado buena parte de su carrera en Europa, principalmente en Inglaterra y Suecia. Es actualmente rector del Conservatorio de las Rosas en Morelia. Ha compuesto una obra para violonchelo y piano, titulada *Serpiente y escalera*.

Perú

Perú y México fueron los centros más importantes de la colonia española en América y no es de extrañar que, como México, Perú haya desarrollado también una vida musical muy activa, cuyos ejes fueron Lima y Cuzco.

La actividad musical decayó sensiblemente tras la independencia y sólo en el siglo xx vuelven a aparecer algunas figuras destacadas:

Theodoro Valcárcel (1900-1942) fue el principal compositor de la primera parte del siglo y su estilo pasó del impresionismo al nacionalismo.

La llegada a Perú de los compositores y musicólogos europeos Andrés Sas y Rodolfo Holzmann tuvo una importancia fundamental en la educación y en el ulterior desarrollo musical del país.

Entre los compositores actuales, destaco la eminente figura de Celso Garrido-Lecca (1926), de quien hablé largamente en el capítulo v, autor de la sonata *Fantasía* para violonchelo y orquesta —que existe también en versión con piano— y del *Soliloquio para violonchelo solo*, que estrené en 1991 y 1997, respectivamente.

Edgar Valcárcel (1932-2010) se formó en Lima, Nueva York (Hunter College), en Buenos Aires (Instituto Torcuato di Tella) y en el Centro Columbia-Princeton de Música Electrónica. Su obra más importante para violonchelo es su *Concierto indio para violonchelo y orquesta* (2004).

Aurelio Tello (1951) es un distinguido compositor y musicólogo peruano, residente en México, donde ha hecho significativas aportaciones a la musicología novohispana. Hasta hoy no ha compuesto nada para violonchelo.

Jimmy López (1978) compuso la obra *Of Broken Bells and*

Shadows para violonchelo y piano (2009), obra obligatoria para el Concurso Internacional de Violonchelo de Morelia de 2009.

Portugal

Fernando Lopes-Graça (1906) estudió en Lisboa y en París. Su obra suele dividirse en tres periodos. En el primero es clara la influencia de Stravinsky, Schönberg y Bartok. Durante el segundo, iniciado a su regreso de París, se orientó hacia un nacionalismo basado en las características melódicas y rítmicas de la música portuguesa. Un tercer periodo se inicia hacia 1961, cuando su lenguaje se libera de la inmediata influencia de la música portuguesa y tiende a la ampliación de sus posibilidades tonales y rítmicas y a una mayor concentración estructural. De este periodo es su *Concierto da camera* para violonchelo y orquesta, encargado y estrenado por Mstislav Rostropovich. Es quizá el compositor portugués que mayor atención ha prestado al violonchelo, como podrá advertirse en las cinco obras que aparecen en el apéndice 1.

Luis Felipe Pires (1934). Sus primeras composiciones muestran una tendencia neoclásica, pero a partir de 1961 su estilo sufrió una radical transformación que lo ubica en las filas de la "vanguardia". Para violonchelo sólo ha compuesto una obra, su *Sonatina para violoncelo e piano* (1954).

Antonio d'Almeida (1940) compuso en 1973 tres preciosas *Bagatelas* para violonchelo y piano.

Puerto Rico

El gran compositor Roberto Sierra (1953) ha compuesto una serie de importantes obras detalladas en el apéndice 1B.

Uruguay

Eduardo Fabini (1882-1950), violinista y principal compositor de su era, no compuso nada para violonchelo. Lo mismo podemos decir, por lo menos hasta hoy, de Héctor Tosar (1923), figura fundamental de la música de Uruguay, y del destacado compositor Antonio Mastrogiovanni (1936).

Jaurès Lamarque Pons (1917-1982) compuso *Pieza para violonchelo y piano* (1981)

León Biriotti (1929), compositor, oboísta y director, perteneciente en los años sesenta a la "vanguardia", compuso un concierto para violonchelo y orquesta de cámara (1980).

El gran director y compositor uruguayo-estadunidense José Serebrier (1938) me dedicó en 2006 una *Suite para violonchelo solo*.

Venezuela

Las figuras más conocidas de la música venezolana de finales del siglo XIX y principios del XX fueron Teresa Carreño y Reynaldo Hahn.

Teresa Carreño, nacida en Caracas en 1853, fue pianista de fama mundial, compositora, cantante y directora. Su carrera fue especialmente importante en Alemania, en donde vivió 30 años. Murió en 1917 en Nueva York.

Me referiré aquí a Reynaldo Hahn por haber nacido en 1875 en Caracas, aunque debe ser considerado más bien un compositor francés, ya que desde los tres años de edad vivió en París, en donde adoptó la ciudadanía francesa, estudió e hizo toda su carrera. Una de sus obras más conocidas es *Le dieu bleu* (1912), ballet compuesto para los Ballets Rusos de Diaghilev. Para violonchelo solamente compuso unas *Variations chantantes pour violoncelle et piano*. Murió en París en 1947.

Posteriormente, otras dos figuras tuvieron especial relevancia: Vicente Emilio Sojo (1887) —el compositor y músico más influyente entre 1920 y 1960— y Juan Bautista Plaza (1898-1965), educador, director, compositor de corte nacionalista y experto en música colonial. Sojo no compuso nada para violonchelo. Plaza nos dejó únicamente unas *Diferencias sobre un aire venezolano* y una *Melodía*, ambas para violonchelo y piano

Venezuela, que incursionó más tarde que otros países iberoamericanos en el campo de la música clásica, se ha convertido, en la actualidad, en uno de los focos musicalmente más dinámicos de la región. Remito al lector al capítulo VI para no repetir aquí mis comentarios al respecto.

De los principales compositores actuales, me referiré a continuación a aquellos que conozco y que han escrito alguna obra para violonchelo.

Aldemaro Romero (1928) es un compositor y pianista que ha incursionado con éxito por los caminos de la música de concierto y de la música popular. Ha compuesto una suite para violonchelo y piano (1976) y *Concierto del Delfín* (2003) para violonchelo y orquesta.

Alfredo Rugeles (1949) realizó sus estudios musicales en la Escuela Juan Marino Olivares de Caracas. Estudió composición con Yannis Ioannidis hasta 1976, año en que viajó a Alemania para continuar allí sus estudios.

Desde 1991 es director musical asociado de la Orquesta Sinfónica Simón Bolívar. Es, además, director del Festival Interamericano de Música que anualmente se celebra en Venezuela.

Para violonchelo ha compuesto hasta ahora una sola obra, *Inventio* para violonchelo solo (1978), transcripción de su obra del mismo nombre para clarinete.

Paul Desenne (1959) es un violonchelista solista y compositor nacido en Caracas. Estudió composición con Iannis Ioannidis y el violonchelo en el Conservatorio Superior de París. Pasó 10 años en Europa, en donde, con muchos grupos iberoamericanos, tocó desde música clásica y contemporánea hasta tangos y "salsa".

Se dedica a componer sobre todo obras de cámara en un estilo que él llama "galeónico", refiriéndose a las raíces hispánicas, africanas e indígenas de la música venezolana y de parte de la música del resto de Iberoamérica. Frecuentemente utiliza en sus obras el "cuatro", el instrumento nacional de Venezuela, que es básicamente una pequeña guitarra de cuatro cuerdas muy parecida a las guitarras del Renacimiento.

Ricardo Lorenz (1961), nacido en Maracaibo, es uno de los más brillantes talentos jóvenes de Venezuela.

Se formó en Caracas en los Conservatorios Juan Manuel Olivares y Juan José Landaeta, además de estudiar con las pianistas Elizabeth Marichal y Harriett Serr. Hizo la maestría en composición en la Universidad de Indiana y el doctorado en música en la Universidad de Chicago.

Durante los años de 1987 y 1992 Ricardo Lorenz se desempeñó como director interino del Latin American Music Center de la Universidad de Indiana, continuando así la labor del compositor chileno Juan Orrego-Salas, con quien realizó sus estudios de composición.

Como relato en el capítulo VI, estrené en Caracas, en mayo de 1998, *Cecilia en azul y verde* para violonchelo y piano. Es autor también de *Chicago es Michoacán* para violonchelo solo.

APÉNDICE 1A
Principales obras para violonchelo. Siglos XX y XXI (excluye América Latina, España y Portugal, que figuran en el apéndice 1B)

AUSTRIA

Zemlinsky, Alexander von (1872-1942)
- *Sonata para violonchelo y piano* (1894)
- *Tres piezas para violonchelo* (1891)

Arnold Schönberg (1874-1951)
- Monn-Schönberg. *Dos conciertos* (1913 y 1932)

Anton von Webern (1883-1945)
- *Dos piezas* (1899)
- *Tres pequeñas piezas para violonchelo y piano*, op. 11 (1914)
- *Sonata para violonchelo y piano* (1914)

Egon Wellész (1885-1974)
- *Dos suites para violonchelo solo*

Ernst Toch (1887-1964)
- *Sonata*, op. 50
- *Concierto para violonchelo y orquesta de cámara*, op. 35 (1925)
- *Impromptu*, op. 90, para violonchelo solo

Ernst Krenek (1900-1991)
- *Concierto para violonchelo y orquesta*
- *Capriccio* para violonchelo y orquesta
- *Suite para violonchelo solo*, op. 84 (1939)

Thomas Larcher (1963)
- *Mumien* para violonchelo y piano (2006)
- *Sonata para violonchelo y piano* (2011)

AZERBAIJÁN

Frangis Ali-Sade
(1947)

Habil-sajahand para violonchelo y piano

BÉLGICA

Eugène Ysaÿe
(1858-1931)

Meditation, op. 16, para violonchelo y orquesta
Sonata para violonchelo solo, op. 28 (1924)
Poema-nocturno para violín, violonchelo y orquesta

CANADÁ

Sophie-Carmen Eckhardt-Gramatte
(1899-1974)

Dúo concertante para violonchelo y piano

Murray Adaskin
(1906-2002)

Sonata para violonchelo y piano (1987)

Jean Coulthard
(1908-2000)

Sonata para violonchelo y piano (1947)

John Weinzweig
(1913)

Israel, sonata para violonchelo y piano (1949)

Elliot Weisgarber
(1919)

Sonata para violonchelo solo (1965)
Sonata para violonchelo y piano (1980)

Michael Colgrass
(1932)

Wolf para violonchelo solo (1975)

Yré Prevost
(1934-2001)

Dos sonatas para violonchelo y piano (1962 y 1985)
Improvisation II para violonchelo solo (1976)
Concierto para violonchelo y orquesta (1973-1976)
Menuhin, présence para violonchelo y orquesta de cámara (2001)

Walter Buczynski
(1933)

Concierto núm. 1 para violonchelo y piano (1985)

Jacques Hétu (1938-2010)	*Variaciones, op. 11* (1967) *Triple concierto, op. 69*, para violín, violonchelo, piano y orquesta (2001)
Bruce Mather (1939)	*Música para San Francisco* para violonchelo y ensamble (oboe, corno francés, arpa [tres cuerdas afinadas un cuarto de tono más bajo], violín, viola y piano) (2005) *Dialogue pour Trio Basso et Orchestre* para viola, violonchelo, *double bass* y orquesta
Brian Cherney (1942)	*Mobile II* para violonchelo (1968) *Tangents* para violonchelo (1975) *Music for a Solitary Cellist* (1993) *Quelques pensées sur le 300ᵉ anniversaire du voloncelle Carlo Tonini d'Antonio Lysy...* para violonchelo (2003)
Alexina Louie (1949)	*Bringing the Tiger Down from the Mountain II* para violonchelo y piano

CHINA[1]

Wang Qiang	*Ga Da Mei Ling* para violonchelo y orquesta (1960)
Chen Yi (1953)	*Romance de Hsiao y Ch'in* para violonchelo y piano (1998) *Sound of the Five* para violonchelo y cuarteto de cuerdas (1998) *Suite para violonchelo e instrumentos de viento* (2004) *Eleanor's Gift* para violonchelo solo y orquesta
Zhou Long (1953)	*Rites of Chimes* para violonchelo y ensamble chino (2000)

---

[1] Agradezco la colaboración de Chen Yi, Zhou Long, Mu La Na y Zhu Mu.

Bright Sheng (1955)	*Spring Dreams* para violonchelo y orquesta tradicional china
Tan Dun (1957)	*Intercourse of Fire and Water* para violonchelo y orquesta (1994)
	Intercourse of Fire and Water para violonchelo solo (1996)
	Symphony 1997: Heaven, Earth, Mankind para violonchelo solo, antiguas campanas bianjong, coro infantil y orquesta
	Crouching Tiger, concierto para violonchelo y orquesta (2000)
	The Map, concierto para violonchelo, video y orquesta (2002)
Huang Ruo (1976)	*People Mountain-People Sea*, concierto para violonchelo
Angel Lam	*Awakening from a Disappearing Garden* para violonchelo y orquesta

ESTONIA

Arvo Pärt (1935)	*Concierto italiano* para violín, violonchelo y orquesta de cámara (1978)
	Fratres para cuatro, ocho y 12 violonchelos
	Fratres, transcripción para violonchelo y piano
	Spiegel im Spiegel para violonchelo y piano

ALEMANIA[2]

Max Reger (1873-1916)	*Cuatro sonatas para violonchelo y piano* (1892, 1898, 1904 y 1911)
	Tres suites para violonchelo solo (1915)

---

[2] Agradezco la valiosa colaboración del gran violonchelista alemán Alban Gerhardt.

Egon Wellesz (1885-1974)	*Sonata, op. 42,* para violonchelo solo (1920)
	Suite, op. 39, para violonchelo solo (1924)
Erwin Schulhoff (1894-1942)	*Sonata, op. 17,* para violonchelo y piano (1914)
	Dúo para violonchelo y violín (1925)
Hindemith (1895-1964)	*Concierto, op. 3, E-Flat* (1915)
	Dos sonatas para violonchelo y piano (1922 y 1948)
	Tres piezas para violonchelo y piano, op. 8 (1917)
	Sonata núm. 3 para violonchelo solo, op. 25. (1923)
	Kleine Sonate para violonchelo y piano (1942)
	Varias piezas para violonchelo y piano
	Concierto para violonchelo y orquesta de cámara, op. 3
	Concierto para violonchelo y orquesta (1940)
Hans Eisler (1898-1962)	*Dúo para violín y violonchelo núm. 1, op. 7*
Weill, Kurt (1900-1950)	*Sonata para violonchelo y piano* (1920)
Wolfgang Paratner (1907-1987)	*Concierto* (1951)
	Sonata para violonchelo y piano (1948)
	Suite para violonchelo solo (1932; rev. 1961)
Boris Blacher (1903-1975)	*Sonata para violonchelo y piano* (1940-1941)
	Concierto (1964)
	Variaciones sobre un tema de Chaikovsky (Rokoko-Variationen) para violonchelo y piano (1974)
Harald Genzmer (1909-2007)	*Cuatro conciertos* (1950, 1969, 1984 y 1988)
	Dos sonatas (1953 y 1981)

Isang Yun (1917-1995)	7 *Etüden* (1993) y *Glissées* (1970) para violonchelo solo *Concierto* (1974) *Espace* (1992) y *Nore* (1964) para violonchelo y piano
Bernd Alois Zimmermann (1918-1970)	*Concierto para violonchelo y orquesta de cámara* (1953) *Canto di Speranza* para violonchelo y orquesta de cámara (1957) *Sonata para violonchelo solo* (1960) *Concierto para violonchelo y orquesta* (1965-1966) *Intercommunicazione* para violonchelo y piano (1967)
Hans Werner Henze (1926)	*Oda al viento del este* para violonchelo y orquesta (1954) *Serenata para violonchelo solo* (1949) *Capriccio per Paul Sacher* para violonchelo solo *Epitafio* para violonchelo solo (1979) *Baladas y sonatas inglesas para violonchelo y piano* (1984-1985)
Giselher Klebe (1925)	*Tres conciertos* (*op. 18* [1954], *op. 29* [1957], *op. 99* [1988]) *Nenia* para violonchelo solo (1974)
Karl-Heinz Stockhausen (1928)	*4 Sterne aus Amour, op. 127, núm. 44, 2/3* para violonchelo solo (1976 y 1978) *In Freundschaft, op. 137, núm. 46, 7/8* para violonchelo solo (1977) *Violoncello: aus Orchester-Finalisten (vom Mittwoch aus Licht), op. 274,* para violonchelo y *live electronics*
Mauricio Kagel (1931-2008)	*Siegfried P.* para violonchelo solo *Unguis incarnatus est für Klavierund...* para violonchelo y piano (1972)

Helmut-Friedrich Lachenmann (1935)	*Notturno, Musik für Julia* para violonchelo y orquesta de cámara (1966-1968; rev. 1989)
	Pression para violonchelo solo (1969-1970)
Aribert Reimann (1936)	*Concierto* (1959)
	Doble concierto para violín y violonchelo (1988-1989)
	Solo (1981) y *Solo 2* (2001) para violonchelo solo
	Sonata para violonchelo y piano (1963)
Wolfgang Rihm (1952)	*Grat* (1972) y *Über die Linie* (1998) para violonchelo solo
	Monodram para violonchelo y orquesta (1982-1983)
	Styx und Lethe para violonchelo y orquesta (1997-1998)
Unsuk Chin (1961)	*Concierto* (2009)
Matthias Pintscher (1971)	*Reflections on Narcissus* para violonchelo y orquesta (2005)
	Janusgesicht para violonchelo y piano
	Partita para violonchelo solo (1991)
Jörg Widmann (1973)	*Concierto para violonchelo, cantante y orquesta* (¿2000?)

FINLANDIA

Jean Sibelius (1865-1957)	*Maliconia, op. 20,* para violonchelo y piano (1901)
	Cuatro piezas para violonchelo y piano, op. 78 (1915)
	Melodías solemnes para violín o violonchelo y orquesta, op. 77
Leif Segerstam (1944)	*Siete conciertos para violonchelo y orquesta*

Kaaja Saariaho (1952)

Im Traume para violonchelo y piano (1980)
7 *Papillons* para violonchelo solo (2000)

FRANCIA[3]

Gabriel Fauré (1845-1924)

Elégie, op. 24, para violonchelo y orquesta (1883)
Dos sonatas, op. 109 y *op. 117* (1918 y 1922)
Seis piezas para violonchelo y piano; entre las más famosas: *Elégie, op. 24* (1883), *Papillon, op. 77* (1898), y *Sicilienne, op. 78* (1898)

Vincent d'Indy (1851-1931)

Lied para violonchelo y orquesta (1885)
Sonata, op. 84 (1926)

Claude Debussy (1862-1918)

Sonata (1915)

Albert Roussel (1869-1937)

Concertino para violonchelo y orquesta (1936)

Maurice Ravel (1875-1937)

Sonata para violín y violonchelo

Jean Huré (1877-1930)

Tres sonatas

Yré Caplet (1878-1925)

Epiphanie d'après une légende ethiopienne (1923)

Jacques Ibert (1890-1962)

Concierto para violonchelo e instrumentos de viento (1926)
Etude-Caprice pour un Tombeau de Chopin para violonchelo solo (1949)
Ghirlarzana para violonchelo solo

Arthur Honegger (1892-1955)

Sonata para violonchelo y piano (1920)

---

[3] Agradezco la valiosa colaboración del gran violonchelista francés Philippe Muller.

Arthur Honegger	*Concierto para violonchelo y orquesta* (1929)
Darius Milhaud (1892-1974)	*Dos conciertos para violonchelo y orquesta* (1935 y 1947)
	Suite Cisalpine para violonchelo y orquesta o violonchelo y piano
	Elegía para violonchelo y piano (1945)
	Sonata para violonchelo y piano (1959)
Francis Poulenc (1899-1963)	*Sonata*
Henri Sauguet (1901)	*Sonata para violonchelo y piano,* (1964)
	Balada para violonchelo y piano, (1964)
	Mélodie concertante para violonchelo y orquesta (1964)
	Sonata para violonchelo solo
Yré Jolivet (1905-1975)	*Nocturno para violonchelo y piano* (1943)
	Concierto núm. 1 (1961)
	Concierto núm. 2 (1966)
	Suite en concierto para violonchelo solo (1965)
Jean Françaix (1912)	*Fantasía* para violonchelo y orquesta (1934)
	Variaciones sobre un tema para violonchelo y piano (1951)
Maurice Ohana (1913-1992)	*Syrtes* para violonchelo y piano (1970)
	Noctuaire para violonchelo y piano (1975)
	Anneau du Tamarit para violonchelo y orquesta (1976)
	In Dark & Blue para violonchelo y orquesta (1989-1990)
Paul Tortelier (1914)	*Dos conciertos para violonchelo y orquesta*

Paul Tortelier	*Concierto para dos violonchelos*
	Sonata (1946)
	Suite para violonchelo solo (1944)
Henri Dutilleux (1916)	*Tout un monde lointain...* para violonchelo y orquesta (1968-1970)
	Trois strophes sur le nom de Sacher para violonchelo solo (1976-1982)
Claude Ballif (1924-2004)	*Solfeggietto* para violonchelo solo (1985)
Pierre Boulez (1925)	*Messagesquisse* para siete violonchelos, uno solista (1976-1977)
Yvo Malec (1925)	*Arco 1* para violonchelo solo (1987)
	Arc-en-violonchelo para violonchelo y orquesta (2000)
Gilbert Amy (1936)	*Quasi Scherzo* para violonchelo solo (1981)
	Mémoire para violonchelo y piano (1989)
	Concierto para violonchelo y orquesta (1999-2000)
Claude Bolling	*Suite para violonchelo y trío de jazz*
Georges Aperghis (1945)	*Sonata para violonchelo solo* (1994)
	Cuatro recitaciones para violonchelo solo (1980)
	Pieza para dos violonchelos (1970)
	Bloody Luna para violonchelo y ensamble (2007)
Jean-Louis Florentz (1947-2004)	*Le chant de Nyandarua* para cuatro violonchelos (1985)
	Le songe de Lluc Alcari para violonchelo y orquesta (1992-1994)
	L'ange du Tamaris para violonchelo solo (1995)
Kaaja Saariaho (1952)	*7 Papillons* para violonchelo solo (2000)
	Notes on Light para violonchelo y orquesta (2006)

Pascal Dusapin (1955)	*Incisa* para violonchelo solo (1982) *Item* para violonchelo solo (1985) *Invece* para violonchelo solo (1991) *Loop* para dos cuartetos de violonchelos (1996) *Celo* para violonchelo y orquesta (1996)
Philippe Schoeller (1957)	*Sternklang* para violonchelo solo (2007) *Anges* para violonchelo solo (2007-2008) *The Eyes of the Wind* para violonchelo y orquesta (2004-2008)
Patrick Burga (1960)	*Dionysos* para doce violonchelos (1994) *Mars* para cuarteto de violonchelos (2001) *Feux* para violonchelo solo (2007)
Nicolas Bacri (1961)	*Seis suites, op. 31, 50, 70b y 88,* para violonchelo solo (1987-2004)
Eric Tanguy (1968)	*Convulsive Beauty* para violonchelo y ocho instrumentos *Concierto núm. 1* para violonchelo y orquesta (1994-1995) *Concierto núm. 2* para violonchelo y orquesta (2000)

GEORGIA

Suljan Tsintzadze (1920-2000)	*24 preludios para violonchelo y piano*
Giya Kancheli (1935)	*SIMI (Thoughts without Happiness)* para violonchelo y orquesta (1995)

GRECIA

Iannis Xenakis (1922)	*Nomos Alpha* para violonchelo solo (1965) *Kottos* para violonchelo solo (1977)

HUNGRÍA

Emanuel Moor (1863-1931)	*Siete sonatas para violonchelo y piano* *Dos conciertos para violonchelo y orquesta* *Concierto para dos violonchelos y orquesta, op. 69* (1908) *Dos rapsodias para violonchelo y orquesta* *Múltiples piezas adicionales para violonchelo y orquesta y violonchelo y piano*
Ernst von Dohnanhy (1877-1960)	*Sonata, op. 8,* para violonchelo y piano *Konzertstück, op. 12,* para violonchelo y orquesta (1906)
Bela Bartok (1881-1945)	*Sonata, op. 4* (1910) *Sonata para violonchelo solo, op. 8* (1915) *Rapsodia para violonchelo y piano* (versión de Bartok de su *Rapsodia núm. 1* para violín y piano) (1928)
Zoltan Kodaly (1882-1967)	*Sonata, op. 4,* para violonchelo y piano (1909-1910) *Dúo para violín y violonchelo* *Sonata, op. 8,* para violonchelo solo (1915) *Capriccio* para violonchelo solo (1915) *Tres preludios corales de Bach* para violonchelo y piano (1924) *Rondó Magyar* para violonchelo y piano (1917)
Georgy Ligeti (1923)	*Sonata para violonchelo solo* (1948-1953) *Concierto para violonchelo y orquesta* (1966)

IRLANDA

Brian Boydell (1917)
: Sonata para violonchelo y piano, op. 24 (1945)

John Kinsella (1932)
: Música para violonchelo y orquesta de cámara (1971)
Concierto para violonchelo y orquesta (2000)
Una giga para Carlos (2006)

Philip Martin (1947)
: Suite para violonchelo solo (1996-1997)

Kevin Volans (1949)
: Concierto para violonchelo y orquesta (1997)

Kevin O'Connell (1958)
: Sonata para violonchelo y piano (1993-1994)

ITALIA

Ferrucio Busoni (1866-1924)
: Adagio con variaciones para violonchelo y piano
Serenata para violonchelo y piano en sol menor, op. 34
Chromatic Fantasy and Fugue, arreglo para piano (sobre un tema de J. S. Bach)
Kleine Suite para violonchelo y piano
Kultaselle, variaciones sobre una canción tradicional finlandesa para violonchelo y piano
Valse oubliée, arreglo para violonchelo y piano (sobre un tema de Liszt)

Ottorino Respighi (1879-1936)
: Adagio con variaciones para violonchelo y piano

Ildebryo Pizzetti (1880-1968)
: Sonata para violonchelo y piano (1921)
Tres cantos para violonchelo y piano (1924)

Ildebryo Pizzetti

Tre Canti para violonchelo y piano (1924)
Concierto para violonchelo y orquesta (1934)

Gian Francesco Malipiero
(1882-1975)

Sonata para violonchelo y piano (1907-1908)
Sonatina (1942)
Concierto para violonchelo (1937)
Fantasie Concertanti III

Alfredo Casella
(1883-1947)

Sonata núm. 1 para violonchelo y piano (1907)
Sonata núm. 2 (1927)
Concierto para violonchelo, op. 58 (1934-1935)
Triple concierto para violín, violonchelo, piano y orquesta

Mario Castelnuovo Tedesco
(1895-1968)

Sonata para violonchelo y piano (1928)
I Nottambuli, variaciones fantásticas para violonchelo y piano (1928)
Concierto para violonchelo (1935)

Luigi Dallapiccola
(1904-1975)

Diálogo para violonchelo y orquesta (1945)
Ciaccona, Intermezzo e Adagio para violonchelo solo (1945)

Luigi Nono

Diario polacco para violonchelo solo (1982)

Luciano Berio
(1925)

Ritorni di Snovidenia para violonchelo y orquesta (1976)
Les mots sont allés (1976)

JAPÓN

Tomojiro Ikenouchi
(1906)

Tres sonatinas (1946)

Hisatada Otaka
(1911-1951)

Concierto (1944)

Yasushi Akutagawa (1925)	*Concierto* (1969)
Toshiro Mayuzimi (1929)	*Bunkaru* para violonchelo y piano
Akio Yashiro (1929)	*Concierto* (1960)
Michio Mamiya (1929)	*Seis canciones populares japonesas para violonchelo y piano* *Cinco canciones populares finlandesas para violonchelo y piano* *Sonata para violonchelo solo* *Concierto* (1975)
Takemitsu Toru (1930-1996)	*Cassiopea* para violonchelo y orquesta (1970) *Orión* para violonchelo y piano (1984) *Orión y Pleiades* para violonchelo y orquesta (1984)
Yudzo Toyama (1932)	*Concierto* (1966)

POLONIA

Witold Lutoslawski (1913-1994)	*Concierto para violonchelo y orquesta* *Grave para violonchelo y piano* *Sacher-Variationen* para violonchelo solo
Jablonski Henryk (1915)	Seis *Capriccios* para violonchelo solo
Krzysztof Penderecki (1933)	*Dos conciertos para violonchelo y orquesta* *Concierto para tres violonchelos y orquesta* *Capriccio per Siegfried Palm* para violonchelo solo
Krzysztof Meyer (1943)	*Canzona para violonchelo y piano, op. 56* (1981)

Krzysztof Meyer — *Sonata núm. 1 para violonchelo y piano, op. 62* (1983)
Sonata núm. 2 para violonchelo y piano, op. 99 (2004)

RUMANIA

Georges Enesco (1881-1955) — *Symphonie concertante* (1909)

RUSIA

Alexander Glazunov (1865-1936) — *Chant du Ménestrel, op. 71,* para violonchelo y orquesta (1901)
Concert-Ballata, op. 108, para violonchelo y orquesta (1933)
Varias piezas para violonchelo y piano

Sergei Rachmaninov (1873-1943) — *Sonata, op. 19* (1901)
Preludio y danza oriental, op. 2 (1892)

Reinhold Glière (1875-1956) — *Balada para violonchelo y piano, op. 4* (1902)
12 piezas para violonchelo y piano, op. 51 (1910)
10 dúos para dos violonchelos, op. 53 (1910)
Concierto para violonchelo y orquesta, op. 87 (1946)

Nicolas Roslavetz (1881-1944) — *Meditación* para violonchelo y piano (Boelke-Bom)

Nikolai Miaskovsky (1881-1950) — *Dos sonatas para violonchelo y piano, op. 12* y *op. 81*
Concierto para violonchelo y orquesta, op. 66 (1945)

Igor Stravinsky (1882-1971) — *Suite italiana para violonchelo y piano* (1954)

Sergei Prokofiev (1891-1953) — *Balada para violonchelo y piano, op. 15* (1912)

Sergei Prokofiev	*Sonata, op. 119,* para violonchelo y piano (1949) *Concierto núm. 1, op. 58,* para violonchelo y orquesta (1938) *Sinfonía concertante, op. 125,* para violonchelo y orquesta, (1952) *Concertino para violonchelo y orquesta, op. 132* (terminado por D. Kabalevsky y M. Rostropovich)
Vladimir Vogel (1896-1984)	*Concierto dedicado a G. Cassado,* (1954) *Poema para violonchelo solo* (1974)
Dmitri Kabalevsky (1904-1987)	*Dos conciertos para violonchelo y orquesta* (núm. 1, 1949; núm. 2, 1964) *Sonata, op. 22,* para violonchelo y piano *Sonata, op. 71,* para violonchelo y piano
Vissarion Shebalin (1902-1963)	*Sonata, núm. 3, op. 51,* para violonchelo y piano (1950) *Concierto para violonchelo y orquesta* (1950)
Aram Jachaturián (1903-1978)	*Sonata para violonchelo y piano* (1946) *Concierto para violonchelo y orquesta* (1946) *Concierto-rapsodia para violonchelo y orquesta* (1963)
Dmitri D. Shostakovich (1906-1975)	*Tres piezas, op. 9* (1924) *Sonata, op. 40,* para violonchelo y piano (1934) *Concierto núm. 1, op. 107* (1958) *Concierto núm. 2, op. 126* (1966)
Moishei Vainberg (1919-1996)	*Sonata núm. 1* para violonchelo y piano, op. 21 (1945) *Concierto para violonchelo, op. 43* (1948)

Moishei Vainberg

Fantasía, op. 52, para violonchelo y orquesta, (1951-1953)
Sonata núm. 2 para violonchelo y piano, *op. 63* (1958-1959)
Sonata para violonchelo solo núm. 1, op. 72 (1960)
Sonata para violonchelo solo, núm. 2, op. 86 (1965)
24 preludios para violonchelo solo, *op. 100* (1968)
Sonata para violonchelo solo, núm. 3, op. 106 (1971)
Sonata para violonchelo solo, núm. 4, op. 140 (1986)

Galina Ustvolskaya
(1919-2006)

Sonata para violonchelo y piano (1946)
Gry Duet para violonchelo y piano (1959)

Edison Denisov
(1929-1996)

Suite para violonchelo y piano (1961)
Tres piezas para violonchelo, op. 26 (1967)
Concierto para violonchelo y orquesta (1972)
Variaciones sobre un canon de Haydn para violonchelo y orquesta (1982)
Concierto para fagot, violonchelo y orquesta (1982)
Variaciones sobre una canción de Schubert para violonchelo y piano (1982)
Cadences, conciertos de Haydn para violonchelo (1982)

Sofia Gubaidulina
(1932)

Detto II para violonchelo y 13 instrumentos (1972)
Detto III para violonchelo y ensamble (1974)
10 preludios para violonchelo solo (1974)

Sofia Gubaidulina	*Seven Words* para violonchelo, bayan y orquesta (1982) *Partita para violonchelo* (1990) *The Festivities at their Height,* concierto para violonchelo (1993)
Alfred Schnittke (1934-1998)	*Dos sonatas para violonchelo y piano* *Dos conciertos para violonchelo y orquesta* *Hymnus I* para violonchelo, arpa y percusión *Hymnus II* para violonchelo y contrabajo (1954) *Hymnus III* para violonchelo, fagot, cémbalo y glockenspiel *Hymnus IV* para violonchelo y diversos instrumentos *Madrigal in memoriam Oleg Kagan* para violonchelo solo (1991) *Improvisación para violonchelo solo* (1993)

SUDÁFRICA[4]

Horace Barton (1872)	Obras varias para violonchelo y piano: *Balada, Hebrew Song of Suplication, Invocación, Impromptu, Sarabye, To Proteas Stefans* *Sonata para violonchelo y piano*
Klass van Oostveen (1911-1992)	Elegía para violonchelo e instrumentos de cuerda
Stefans Grove (1922)	*Sonata para violonchelo y piano*
Hubert du Plessis (1922)	*Sonata para violonchelo solo*
Langley, Bernard (1929)	*Tempo di pavane* para violonchelo y piano

---

[4] Agradezco la información proporcionada por South African Music Rights Organisation (SAMRO).

Alan Soloman (1938)	*Old Storyteller* para violonchelo y piano
Peter Klatzow (1945)	*Temptation of St. Anthony* para violonchelo y orquesta
Jeanne Zaidel-Rudolph (1948)	Cuatro *Minim*. 1. *Citron*. 2. *Palm Branch*. 3. *Myrtle*. 4. *Willow* para violonchelo y piano
	Suite Afrique. War Dance, Rain Dance, Hypnotic Dance, Afro Augst. Dos versiones: simple y virtuosística
	Variaciones para violonchelo y piano sobre un tema de Chassidic
Kevin Volens (1949)	*Concierto para violonchelo y orquesta* (1997)
Peter Louis Van Dijk (1953)	*Contrastes para violonchelo solo*
	Música para violonchelo y piano
John Reid Coulter (1958)	*Dos sonatas para violonchelo y piano*
Arthur Wegelin	*Squaters'Anger,* pieza para violonchelo y piano
Graham Newcater	*Concierto para violonchelo y orquesta*
Peggy Haddon	*Suite Piccanin* para violonchelo y piano
Hermaan Jordaen	*Pieza para violonchelo y piano*
Barry Jordan (1957)	*Sun in the Dark* para violonchelo solo
Anton Els (1959)	*Música para violonchelo y piano*
Waldo Malan (1964)	*Sonata para violonchelo y piano*
	Sound Difusion para violonchelo y piano
Periyros Lykiarddopulos (1970)	*Prosefchie Efcharistias* para violonchelo, tambourine y órgano

SUIZA

Ernest Bloch (1880-1959)	*Schelomo, Hebraic Rhapsodia* para violonchelo y orquesta (1916) *Hebraic Meditation* (1925) *Tres Sketches of Jewish Life* (1924) *Voice in the Wilderness* para violonchelo y orquesta (1936) *Tres suites para violonchelo solo* (1957-1958)
Frank Martin (1890-1974)	*Balada para violonchelo y piano* (1949) *Concierto para violonchelo y orquesta* (1966)
Heinz Holliger (1939)	*Tema para violonchelo solo*

CHECOSLOVAQUIA

Leos Janacek (1854-1928)	*Pohadka* para violonchelo y piano (1910, 1923)
Bohuslav Martinu (1890-1959)	*Dos conciertos para violonchelo y orquesta* (1939, 1946) *Sonata para violonchelo y orquesta de cámara* (1940) *Tres sonatas para violonchelo y piano* *Variaciones sobre un tema de Rossini para violonchelo y piano* *Variaciones sobre un tema eslovaco para violonchelo y piano* *Piezas diversas para violonchelo y piano*
Erwin Schulhoff (1894-1942)	*Sonata, op. 17,* para violonchelo y piano (1914) *Dúo para violonchelo y violín* (1925)

ESTADOS UNIDOS

Leo Ornstein (1894-2002)	*Composición para violonchelo y piano*

Leo Ornstein	*Sonata núm. 1* para violonchelo y piano (1918)
	Sonata núm. 2 para violonchelo y piano (1920)
	Seis preludios para violonchelo y piano (1930)
	Dos piezas para violonchelo y piano, op. 33
Walter Piston (1894-1976)	*Variaciones para violonchelo y orquesta* (1966)
Virgil Thomson (1896-1989)	*Concierto para violonchelo y orquesta* (1950)
Henry Cowell (1897-1965)	*Cuatro declamaciones con himno y tonada en fuga*
Quincy Porter (1897-1966)	*Fantasía para violonchelo y pequeña orquesta* (1950)
	Poema para violonchelo y piano
Ross Lee Finney (1906)	*Chromatic Fantasy in E* (1957)
Elliott Carter (1908)	*Sonata para violonchelo y piano* (1948)
Samuel Barber (1910-1981)	*Concierto para violonchelo y orquesta, op. 22* (1946)
	Sonata, op. 6, para violonchelo y piano (1932)
William Schuman (1910)	*Song of Orpheus* para violonchelo y orquesta (1963)
Alan Hovhaness (1911)	*Suite, op. 193*
John Cage (1912-1992)	*Etudes Borealis (I-IV)* para violonchelo solo (piano opcional)
Morton Gould (1913-1996)	*Suite para violonchelo y piano* (1981)
Norman Dello Joio (1913)	*Sonatina* (1943)
	Dúo concertante para violonchelo y piano (1945)
David Diamond (1915)	*Sonata para violonchelo y piano* (1938)

David Diamond	*Concierto para violonchelo y orquesta* (1938)
	Sonata para violonchelo solo
Leonard Bernstein (1918-1990)	*Three Meditations from Mass* para violonchelo y orquesta (1977)
Leon Kirchner (1919)	*Música para violonchelo y orquesta*
Foss Lukas (1922)	*Capriccio* para violonchelo y piano (1947)
	Concierto (1967)
Peter Mennin (1923)	*Concierto para violonchelo y orquesta* (1956)
Gunther Schuller (1925)	*Fantasy, op. 19*
George Crumb (1929)	*Sonata para violonchelo solo* (1955)
Philipp Glass (1937)	*Concierto para violonchelo y orquesta* (2001)
	Songs and Poems para violonchelo solo (2007)
	Tissues (from Naqoyqatsi) para violonchelo, percusión y piano
	Doble concierto para violín, violonchelo y orquesta (2010)
Harbison John (1938)	*Concierto para violonchelo y orquesta*
Stephen Alpert (1941-1992)	*Concierto para violonchelo y orquesta*
Joan Tower	*Música para violonchelo y orquesta* (1984)
Robert X. Rodríguez (1946)	*Máscaras* para violonchelo y orquesta (1993)
	Lull-a-Bear para violonchelo y piano*
	Tentado por la samba para violonchelo y piano (2006)
John Adams (1947)	*Sonata* (1987)
Christopher Rouse (1949)	*Concierto*

Peter Child (1953)	*Sonatina para violonchelo y piano* (2011)
Roberto Sierra (1953)	*Salsa on the C String* para violonchelo y piano (1981)
	Concierto para violonchelo y orquesta* (1999)
	Sonata elegiaca para violonchelo y piano* (2006)
	Sonata núm. 2 para violonchelo y piano (2007)
Richard Danielpour (1956)	*Concierto para violonchelo y orquesta* (1994)

REINO UNIDO

Edward Elgar (1857-1934)	*Concierto para violonchelo y orquesta, op. 85* (1919)
Frederick Delius (1862-1934)	*Romanza para violonchelo y piano* (1896)
	Doble concierto para violín, violonchelo y orquesta (1915)
	Sonata para violonchelo y piano (1917)
	Capricho y elegía para violonchelo y orquesta (1925)
	Concierto para violonchelo y orquesta (1921)
Ralph Vaughan Williams (1872-1958)	*Six Studies in English Folksongs* para violonchelo y piano
Gustav Holst (1874-1934)	*Invocacation* para violonchelo y orquesta (1911)
Donald F. Tovey (1875-1940)	*Sonata, op. 4* (1900)
	Variaciones elegiacas para violonchelo y piano (1909)
	Sonata para dos violonchelos (1912)
	Sonata para violonchelo solo, op. 30 (1914)
	Concierto para violonchelo y orquesta (1935)

Frank Bridge (1879-1941)	Concierto elegiaco *Oratio* (1930)
John Irely (1879-1962)	*Sonata* (1924)
Arnold Bax (1883-1953)	*Sonata* (1923) *Concierto para violonchelo* (1932)
William Walton (1902-1983)	*Concierto para violonchelo y orquesta* (1957)
Benjamin Britten (1913-1976)	*Sonata para violonchelo y piano, op. 65* (1961) *Sinfonía para violonchelo y orquesta, op. 68* (1963-1964) *Tres suites para violonchelo solo* (1964, 1969, 1972) *Tema Sacher* para violonchelo solo
Alun Hoddinott (1929)	*Noctis Equi*, escena para violonchelo y orquesta (1989)
Jonathan Harvey (1939)	*Dialogue and Song* para violonchelo (1965, 1977) *Curve with Plateaux* para violonchelo solo (1982) *Lauds* para coro y violonchelo solo (1987) *Philia's Dream* para violonchelo y sintetizador *Three Sketches* para violonchelo solo (1989) *Concierto para violonchelo* (1990) *Chant* para violonchelo solo (o viola sola) (1992-1994) *Advaya* para violonchelo, teclado electrónico y otros instrumentos electrónicos (1994)
John Tavener (1944)	*The Protecting Vail* para violonchelo y cuerdas (1987) *Wake up and die* para violonchelo y conjunto de violonchelos (1996)

Peter Child *Sonatina para violonchelo y piano**
(1953) (2011)

UZBEKISTÁN

Dmitri Yanov-Yanovsky *Concierto para violonchelo y orquesta* (2009-2010)

APÉNDICE 1B. *Principales obras de los siglos XX y XXI para violonchelo de compositores de América Latina, España y Portugal*

ARGENTINA[6]

Alberto Williams
(1862-1952)

Sonata, op. 52, para violonchelo y piano (1906)

Julián Aguirre
(1868-1924)

Rapsodia argentina, transcripción para violonchelo y piano de C. Marechal (1898)

Huella, op. 49, transcripción para violonchelo y piano de A. Schiuma (1917)

Constantino Gaito
(1878-1945)

Sonata, op. 26, para violonchelo y piano (1918)

José María Castro
(1892-1968)

Sonata para violonchelo y piano (1946)

Sonata para dos violonchelos (1946)

Concierto para violonchelo y 17 instrumentos (1946)

Tres estudios para violonchelo y piano (1946)

Tres piezas para violonchelo y piano (1947)

Juan José Castro
(1895-1968)

Sonata para violonchelo y piano (1916)

Washington Castro
(1909)

Sonata para violonchelo y piano (1943)

Rapsodia para violonchelo y orquesta (1965)

Monólogo para violonchelo solo (1966)

---

[6] Estudios propios y tesis doctoral de Eugenio Gassé (Universidad de Ohio en Columbus, 1993). Agradezco a Gerardo Dirié, coordinador del Latin American Music Center de la Universidad de Indiana, en Bloomington, el haberme facilitado una copia de este trabajo.

Washington Castro	*Tangos para violonchelo y piano* (1969)
Carlos Guastavino (1914)	*La rosa y el sauce,* original para voz y piano, transcripción de Aurora Nátola
José Bragato (1915)	*Graciela y Buenos Aires* para violonchelo y piano (1984) *Graciela y Buenos Aires* para violonchelo y orquesta de cuerdas *Milotán* para violonchelo y piano
Alberto Ginastera (1916-1983)	*Concierto núm. 1, op. 36* (1968) *Concierto núm. 2, op. 50* *Pampeana núm. 2, op. 21,* para violonchelo y piano *Puneña núm. 2, op. 45* (1976) *Sonata, op. 49,* para violonchelo y piano (1979) *Serenata para violonchelo, barítono y orquesta* (1973) *Triste,* transcripción de Pierre Fournier
Marcelo Koc (1918)	*Concierto para violonchelo y orquesta*
Astor Piazzolla (1921-1992)	*Milonga en re,* original para voz y piano *Tres piezas breves, op. 4* *Le Grand Tango* *Siete tangos,* transcripción de E. Quintana: *Michelángelo 70, Balada para mi muerte, Escolaso, Tristeza de un doble A, Río Sena, Adiós Nonino, Contrastes*
Dianda Hilda (1925)	*Adagio-allegro* para violonchelo y piano *Concertante para violonchelo y orquesta* (1955) *Estructuras núms. 1-3* para violonchelo y piano (1960) *Núcleos* (1963) *Ludus I-II* (1968-1969)

Werner Wagner (1927)	*Rapsodia para violonchelo y orquesta* (1973; rev. 1985)
Mauricio Kagel (1931-2008)	*Siegfried P.* para violonchelo solo
	Unguis incarnatus est für Klavier und... para violonchelo y piano (1972)
	Match para dos violonchelos y percusión (1964)
M. Davidovsky (1934)	*Synchronismus* para violonchelo y cinta
	Graciela y Buenos Aires. Tango. Dos versiones: para violonchelo y orquesta de cuerdas y para violonchelo y piano
Luis Jorge González (1936)	*Oxymora* para violonchelo y piano
	Confín sur (1995-1996)
	Suite para violonchelo y piano
	Concierto para violonchelo y orquesta* (2001)
Gerardo Gandini (1936)	*Sarabanda et Double* para violonchelo solo (1973)
Emilio Terraza	*Tango M. 32* para violonchelo y piano
Máximo Flugelman (1945)	*Rapsodia* para violonchelo y orquesta
Carlos Gratzer (1956)	*Alquimia* para violonchelo y piano (1983)
Pablo Ortiz (1956)	*Crocodile Tears* para dos violonchelos (1987)
Jorge Arandia Navarro	*Variantes de la pena negra* para violonchelo solo (1999)
Osvaldo Golijov (1960)	*Mariel* para violonchelo y marimba (1999)
	Azul para violonchelo y orquesta (2006)
	Mariel para violonchelo y orquesta (2008)
Esteban Benzecry (1970)	*Toccata* y *Misterio* para violonchelo y piano (1991)

Esteban Benzecry — *Concertino para violonchelo y orquesta de cuerdas* (1992)
Rapsodia andina para violonchelo y piano (2001)

BOLIVIA

Jaime Mendoza Nava (1925) — *Estampas y estampillas* para ensamble de violonchelos

Alberto Villalpando (1940) — *Sonatita de piel morena* para violonchelo y piano* (1999)[7]

BRASIL

Henrique Oswald (1852-1931) — *Sonata, op. 21,* para violonchelo y piano
Fantasía, op. 44, sonata para violonchelo y piano
Berceuse para violonchelo y piano (1916)
Elegía para violonchelo y piano

Alberto Nepomuceno (1864-1920) — *Mazurka, op. 1,* para violonchelo y piano (1887)
Romance e Tarantella para violonchelo y piano (1908)
Romance e Taratella para violonchelo y orquesta (1908)

Franciso Braga (1868-1945) — *Toada* para violonchelo y piano

B. Mossurunga (1879-1970) — *Divagando*

Luciano Gallet (1893-1931) — *Elegía para violonchelo y piano*

Heitor Villa-Lobos (1887-1959) — *Dos coros para violín y violonchelo*
Elegía para violonchelo y piano (1916)
Sonhar, op. 14, melodía para violonchelo y piano (1914)

[7] Véase el capítulo VI.

Heitor Villa-Lobos	*Gry Concerto* para violonchelo y orquesta (1915) *Fantasía* para violonchelo y orquesta (1945) *Concierto núm. 2* para violonchelo y orquestra (1955) *Pequeña suite para violonchelo y piano* (1913) *Dos sonatas para violonchelo y piano* (1915 y 1916) *Assobio a Jato* para flauta y violonchelo *Varios dúos para violín y violonchelo* *Bachianas Brasileiras* (núm. 1 para ocho violonchelos; núm. 5 para ocho violonchelos y soprano) *Divagación* para violonchelo, piano y tom-tom *(ad lib)* *Diversas piezas y transcripciones para violonchelo y piano* (entre las más conocidas: O Canto do Cisne Negro, O Canto de Capadocio, O Trensinho de Caipira, etcétera.)
Lorenzo O. Fernandez (1897-1958)	*Nocturno elegiaco* para violonchelo y piano
Francisco Mignone (1897)	*Serenata campestre* *Modinha* (1939) *Sonata núm. 1* para violonchelo y piano (1967) *Sonata núm. 2* para violonchelo y piano (1976)
Armando Albuquerque (1901-1986)	*Música para violonchelo y piano* (1955)
Burle Marx Walter (1902-1991)	*Samba-tango de concierto* para violonchelo y piano *Concierto para violonchelo y orquesta*

Radamés Gnatalli (1906-1988)	*Sonata para violoncelo solo* (1935) *Concierto para violonchelo y orquesta* (1941) *Concierto para violonchelo y piano* *Tres sonatas para violonchelo y piano* *Sonata para viola y violonchelo* *Modinha e Baião* para violonchelo y piano
Camargo Guarnieri (1907-1993)	*Coro para violonchelo y orquestra* (1961) *Tres sonatas para violonchelo y piano* *Ponteio e Dansa* (1946). Dos versiones: con piano y con orquesta
José Siqueira (1907-1985)	*Concierto para violonchelo y orquesta* (1952) *Tres cantigas para Iemanjá* para violonchelo solo (c. 1960)
J. Guerra Vicente (1907-1976)	*Cenas cariocas* para violonchelo y piano
Guerra Peixe (1914-1993)	*Tres piezas* (1957)
Claudio Santoro (1919-1989)	*Concierto para violonchelo y orquesta* *Adagio para violonchelo y piano* (1946) *Sonata núm. 2* para violonchelo y piano (1947)[8] *Sonata núm. 3* (1951) *Sonata núm. 4* (1963) *Encantamiento*
Bruno Kiefer (1923-1987)	*Errância* para violonchelo solo
Osvaldo Lacerda (1927)	*Aria para violonchelo y piano* *Chôro Seresteiro* para dos violonchelos

---

[8] Santoro retiró su primera sonata para violonchelo y piano (1942-1943).

Edino Krieger (1928)	*Seresta. Homenagem a Villa-Lobos* para violonchelo y piano
Ernst Mahle (1929)	*Sonata para violonchelo y piano* (1968)
	Ocho duetos para dos violonchelos (1974)
	Sonatina para violonchelo y piano (1976)
	Concertino para violonchelo y orquesta (1976)
Terraza Emilio (1929)	*Tango M. 32*
Aldo Taranto (1933)	*Varias piezas para violonchelo y piano*
Tsuna Iwami	*Sonata para violonchelo y piano* (1978)
Eduardo Bértola (1939-1996)	*Um no outro* para dos violonchelos
Marlos Nobre (1939)	*Desafio II, op. 3 1/2,* para violonchelo y orquesta de cuerdas (1968)
	Desafio II, op. 3 1/2, para violonchelo y piano
	Desafio II, op. 3 1/2, para ocho violonchelos
	Partita Latina, op. 92, para violonchelo y piano (2001)*
	Cantoria I para violonchelo solo,
	Cantoria II para violonchelo solo*
	Cantilenas para violonchelo y piano* (2009)
José Antonio de Almeida (1943)	*Sonata para violonchelo y piano* (2003)
Ronaldo Miranda (1948)	*Tres momentos para violoncelo solo* (1986)
Ernani Aguiar (1950)	*Meloritmias* para violonchelo solo (1975)
	Ponteando
Jaime M. Zenamon (1953)	*Suite Iguatú para violonchelo solo*

Paulo Costa Lima (1954)	*Corrente de Xangô* (1993)
Sergio Di Sabbato (1955)	*Concierto para dos violonchelos y orquesta* (1997) *Sonata para dos violonchelos* (1993)
Harry Crowl (1958)	*Aethra I* para violonchelo solo con piano obligado *Solilóquio II* (2000) *Lumen de Lumine* para violonchelo y cinco instrumentos *Visões Noturnas** (2002)
Guilherme Schroeter (1960)	*Fantasía* para violonchelo y piano
Dmitri Cervo (1968)	*Papaji, op. 11,* para violonchelo y piano (1997)
Albert Andrés Heller	*14 bis* para violín, violonchelo y orquesta* (2002)

CHILE

Adolfo Allende (1885-1959)	*Concierto para violonchelo y orquesta* (1915)
Domingo Santa Cruz (1899-1977)	*Sonata para violonchelo y piano, op. 38* (1974-1975)
Juan Orrego-Salas (1919)	*Canciones de advenimiento* para mezzosoprano, violonchelo y piano, op. 25 (1948) *Dúos concertantes* para violonchelo y piano, op. 41 (1955) *Concierto a tre, op. 52,* para violín, violonchelo, piano y orquesta (1962) *Balada, op. 84,* para violonchelo y piano (c. 1984) *Serenata para flauta y violonchelo, op. 70* (1972) *Concierto para violonchelo y orquesta* (1994)

	Espacios para violonchelo y piano* (1998)
	Fantasías para violonchelo y orquesta* (2000)
Alfonso Montecino (1924)	*Tres piezas para violonchelo solo, op. 28* (1989)
Gustavo Becerra-Schmidt (1925)	*Sonata núm. 1 para violonchelo y piano* (1950)
	Sonata núm. 2 para violonchelo y piano (1954)
	Sonata núm. 3 para violonchelo y piano (1956)
	Partita núm. 1 para violonchelo solo (1957)
	Partita núm. 2 para violonchelo solo (1957)
	Partita núm. 3 para violonchelo solo (1983)
	Concierto para violonchelo y orquesta (1984)
	Sonata núm. 4 para violonchelo y piano (1990)
	Sonata núm. 5 para violonchelo y piano* (1998)
Pelayo Santa María (1950-1971)	*Sonata para violonchelo y piano* (1969)
Joakin Bello (1953)	*Suite para violín y violonchelo en cinco movimientos* (1975)
Eduardo Romero Cáceres (1955)	*Entrelunas* para violonchelo y piano (1996)
Estela Cabezas	*Saudade*

COLOMBIA

Guillermo Uribe Holguín (1880-1971)	*Dos trozos, op. 30,* para violonchelo y piano (1928)
	Página de álbum y *Scherzo*
	Dos sonatas para violonchelo y piano, op. 61 y *op. 62*

Guillermo Uribe Holguín	*Canto heroico* para violonchelo y piano
Roberto Pineda Duque (1910-1977)	*Triple concierto para violín, violonchelo, piano y orquesta* (1963)
	Sonata para violonchelo solo (1971)
Guillermo Rendón García (1935)	*Trópico de Capricornio* para violonchelo solo (1984)
Miguel Pinto Campa	*Sinfonía-concierto para violonchelo y orquesta, op. 4* (1993)
Luis Torres Zuleta (1941)	*Concertante para violonchelo y orquesta* (1971)
	Cántico y fantasía temática para violonchelo y cuerdas
Francisco Zumaqué (1945)	*Cantos de mi tribu* para violonchelo y piano* (2010)
Andrés Posada (1954)	*Cuatro piezas para violonchelo y piano* (1984)
	Movimiento para violonchelo y piano (1992)
Alba Lucía Potes Cortés (1954)	*Reflexiones para violín, viola, violonchelo y orquesta de cuerdas* (1991)
	Aprisa para flauta, violonchelo y piano (1994)
	Toques de arrullos para violonchelo solo (2001)
César Augusto Zambrano	*Suite para violonchelo solo*
Luis Pulido Hurtado (1958)	*Ramaje para flauta y violonchelo* (1988)
Claudia Calderón (1959)	*Preludio y revuelta circular para violonchelo y piano* (2000)

CUBA

Joaquín Nin Castellanos (1879-1949)	*Cuatro canciones españolas para violonchelo y piano*
	Suite española para violonchelo y piano

Joaquín Nin Culmell (1908)	*Concierto para violoncello y orquesta* (1962) *Suite para violoncello solo* (1964)
Amadeo Roldán (1900-1939)	*Dos canciones populares cubanas*
Alejandro García Caturla (1906-1940)	*Melodía disonante para violoncello y piano* (1925), *Danza del tambor de las danzas cubanas* para violoncello y piano (1929)
José Ardévol (1911-1981)	*Sonata para violoncello y piano* (1948) *Sonatina* (1950) *Variaciones sinfónicas para violoncello y orquesta* (1951) *Tres piezas breves para violoncello y piano* (1965)
Nilo Rodríguez (1921-1997)	*Ámbitos V,* monólogo para violoncello solo *Homenaje a La Habana* para violoncello solo (1988)
Aurelio Vega (1925)	*Leyenda del Ariel criollo* para violoncello y piano (1953) *Memorial de la ausencia* para violoncello solo (1985)
José A. Pérez Fuentes	*Toccata* para violoncello y piano
Carlos Fariñas (1934-2002)	*Sonata para violín y violoncello* (1961) Concierto para violoncello y orquesta* (1995-1996)
Calixto Álvarez (1938)	Cinco piezas breves para violoncello solo (1987) *Marcha para violoncello y piano* (1984) *Guajira para violoncello y piano* (1984)
Leo Brouwer (1939)	*Sonata para violoncello solo* (1960) *Sonata para violoncello solo* (1960; rev. 1994)

Leo Brouwer	*Triple concierto para violín, violonchelo, piano y orquesta* (1995)
Tania León (1943)	*Sonata para violonchelo solo* (1981)
	Sonata para violonchelo y piano (1981)
	Cuatro piezas para violonchelo solo (1996)
Jorge López Marín (1949)	*Concierto cubano para violonchelo y pequeña orquesta* (1983)
Guido López Gavilán (1944)	*Monólogo para violonchelo solo*
	Variantes, Coral, Leyenda para violín, violonchelo y piano con percusión alternada (1986)
José María Vitier (1954)	*Balada del amor adolescente* para violonchelo y piano (1989)
	Intimidad para violonchelo y piano (1992)

ECUADOR

Francisco Salgado (1880-1970)	*Balada para violonchelo y cuerdas* (1915-1920)
	Nocturno para violonchelo y piano (1920)
Luis Humberto Salgado (1903-1977)	*Capricho español* para violonchelo y piano (1930)
	Concierto para violonchelo y orquesta (1974-1975)
	Sonata para violonchelo y piano (1962)
Claudio Aizaga	*Fantasía en mi menor* para violonchelo y cuerdas (1992)
Lucía Patiño	*Fantasía para violonchelo* y piano (2004)

ESPAÑA

Enrique Granados (1867-1916)	*Madrigal para violonchelo y piano*
	Danza gallega

Enrique Granados	*Pequeña suite* *Trova para violonchelo y piano* (1915)
Manuel de Falla (1876-1946)	*Dos piezas para violonchelo y piano* *Suite popular española para violonchelo y piano,* transcripción de M. Maréchal *Danza ritual del fuego y danza del terror* para violonchelo y piano, transcripción de G. Piatigorsky
Pablo Casals (1876-1973)	*Cant dels ocells,* canción popular catalana arreglada para violonchelo y orquesta *Sardana* para violonchelo y ensamble (1951)
Joaquín Nin Castellanos (1879-1949)	*Cuatro canciones españolas* para violonchelo y piano *Suite (seguida) española* para violonchelo y piano
Federico Mompou (1893-1987)	*El Pont* para violonchelo y piano (1982)
Roberto Gerhard (1896-1970)	*Sonata para violonchelo y piano* (1966)
Gaspar Cassadó (1897-1973)	*Concierto para violonchelo y orquesta* (c. 1927) *Rapsodia catalana para violonchelo y orquesta* (1928) *Sonata en el estilo antiguo español* (1925) *Sonata para violonchelo y piano* *Partita para violonchelo y piano* *Suite para violonchelo solo* (1907) *Piezas varias para violonchelo y piano* *Requiebros* *Lamento de Boabdi* *Serenata* *Danza del diablo verde,* varias transcripciones para violonchelo y piano (*Toccata de Frescobaldi,* works de Couperin, etcétera)

María Teresa Prieto	Véase México
Salvador Bacarisse (1898-1963)	*Concierto en la menor para violonchelo y orquesta*, op. 22 (1935)
	Toccata para violonchelo y piano, op. 54 (1964)
	Introducción, variaciones y coda, op. 102, para violonchelo y piano (1956)
	L'ours et le petit ourson para violonchelo solo, op. 132 (1962)
Rodolfo Halffter (1900-1987)	Véase México
Joaquín Rodrigo (1901-1999)	*Siciliana para violonchelo y piano*
	Sonata a la breve para violonchelo y piano
	Concierto galante para violonchelo y orquesta
	Concierto como un divertimento para violonchelo y orquesta
	Como una fantasía para violonchelo solo
Ernesto Halffter (1905-1989)	*Fantasía española para violonchelo y piano*
	Canzona e Pastorella, originalmente para violín
Joaquín Nin Culmell (1908)	*Concierto para violonchelo y orquesta* (1962)
	Suite para violonchelo solo (1964)
Xavier Montsalvatge (1912-2002)	*Sonata concertante para violonchelo y piano*
	Evocación para violonchelo y piano
	Invención a la italiana para violonchelo y piano* (2000)
Ramón Barce (1928)	*Sonata Leningrado* para violonchelo y piano
	Métrica I para violonchelo y piano
Carmelo Bernaola (1929)	*Tiempos: música para un centenario: Casals* (1976)
	Ofrenda para violonchelo y piano (1998)

Manuel Castillo (1930)	*Concierto para violonchelo y orquesta*
	Sonata para violonchelo y piano
	Alborada para violonchelo y piano* (1994)
Cristóbal Halffter (1930)	*Partita para violonchelo y orquesta* (1957)
	Concierto núm. 1 para violonchelo y orquesta (1974)
	Concierto núm. 2 para violonchelo y orquesta (1985)
	Variationen über das Thema Sacher para violonchelo solo
Luis de Pablo (1930)	*Ofrenda*, seis piezas *in memoriam* Manuel Azaña para violonchelo solo
Joan Guinjoan (1931)	*Dúo para violonchelo y piano* (1970)
	Cadencia para violonchelo solo (1980)
	Microtono para violonchelo solo
	Música para violonchelo y orquesta (1975; rev. 1980)
	Elegía (monodía) para violonchelo solo (1996)
	Diptico para ocho violonchelos (2000)
Leonardo Balada (1933)	*Three Transparences of a Bach Prelude*
Antón García Abril (1933)	*Dos piezas para violonchelo y piano* (1981)
Claudio Prieto (1934)	*Fantasía para violonchelo y piano* (1974)
	Lindajara para violín y violonchelo (1985)
	Caprice a Party para violonchelo y piano (1992)
	Sonata 7, Canto de amor, para violonchelo y piano

Claudio Prieto	*Concierto de amor* para violonchelo y orquesta (1985-1986)
	Camino por la aventura para octeto de violonchelos (1996)
Joseph Soler (1935)	*Concierto para violonchelo y orquesta*
Jesús Villa Rojo (1940)	*Concierto para violonchelo y piano*
	Expresiones para violonchelo solo
Tomás Marco (1942)	*Maya*, pieza para violonchelo y piano
	Concierto para violonchelo y orquesta
	Primer espejo de Falla para violonchelo y piano* (1994)
	Partita Piatti para violonchelo solo* (1999)
	Laberinto marino para violonchelo y cuerdas* (2002)
	Ensueño y resplandor de don Quijote para violín, violonchelo y orquesta* (2004)
	Chelo Prieto para violonchelo solo (2007)
Ángel Climent (1942)	*Concierto para violonchelo y orquesta* (2000)
	Sonata para violonchelo y piano (1996)
Zulema de la Cruz Castillejo (1950)	*Alternancias para violonchelo y piano* (1981)
	Nova para violonchelo y piano (1981)
José Luis Turina (1952)	*Dos duetos*
	Concerto da Chiesa para violonchelo y cuerdas* (1998)
Salvador Brotons Solar (1959)	*Sonata para violonchelo y piano, op. 19* (1978)
Alberto García Demestres (1960)	*Siete canciones de soledad* (1982)
Jesús Rueda (1961)	*Love Songs* para violonchelo y piano

Jesús Torres (1965)	*Variaciones para violonchelo y piano* *Glosa para violonchelo solo*
Gabriel Erkoreka (1969)	*Dipolo* para violonchelo y piano (1995) *Kin* para violonchelo y acordeón (2003) *Noche serena* para soprano y octeto de violonchelos (2005)

GUATEMALA

Rodrigo Asturias (1940)	*Concierto para violonchelo y orquesta* (1975)

MÉXICO

Ricardo Castro (1864-1906)	*Concierto para violonchelo y orquesta*
Julián Carrillo[9] (1875-1965)	*Concertino en cuartos, octavos y dieciseisavos de tono,* para violín, violonchelo, arpa y orquesta (1926) *Concertino para violonchelo y orquesta en cuartos, octavos y dieciseisavos de tono* (1945) *Horizontes,* poema sinfónico para violín, violonchelo en 1/4 de tono, arpa en 1/16 de tono y orquesta (1947) *Triple concierto para violín, violonchelo, flauta y orquesta, en nueva escala de seis tonos (1950)* *Seis sonatas en 1/4 de tono para violonchelo solo* (1959)
Manuel M. Ponce (1882-1948)	*Sonata para violonchelo y piano* (1915-1917)

---

[9] Lolita Carrillo. Catálogo por orden cronológico de las composiciones de Julián Carrillo, San Ángel, Distrito Federal, 1989.

Manuel M. Ponce	*Tres preludios para violonchelo y piano* (1932-1933)
	Estrellita para violonchelo y piano
José Rolón (1883-1945)	*Lied*
Rubén Montiel (1892-1985)	*Cantinela y varias piezas para violonchelo y piano*
Antonio Gómezanda (1894-1961)	*Lagos,* poema sinfónico para violonchelo, piano y orquesta
María Teresa Prieto (1896-1982)	*Adagio y fuga para violonchelo y orquesta* *
	Adagio y fuga, * versión para violonchelo y piano
	Sonata para violonchelo y orquesta
	Sonata para violonchelo y piano
Silvestre Revueltas (1899-1940)	*Tres piezas,* transcritas por Manuel Enríquez*
Carlos Chávez (1899-1978)	*Madrigal para violonchelo y piano* (1921)
	Sonatina para violonchelo y piano
	Concierto (inconcluso) para violonchelo y orquesta
E. Hernández Moncada (1899-1995)	*Pieza para violonchelo y piano* *
Rodolfo Halffter (1900-1987)	*Sonata para violonchelo y piano* (1961)
Alfonso de Elías (1902-1984)	*Tres piezas*
Luis Sandi (1905)	*Sonatina para violonchelo y piano* (1958)
	Hoja de álbum para violonchelo y piano (1958)
	Sonata para oboe y violonchelo (1984)
Simón Tapia Colman (1906-1993)	*Sonata para violonchelo y piano* (1959)
Gerhart Muench (1907-1988)	*Out of Chaos* (1973)

APÉNDICES

Roberto Téllez (1909)	*Destellos* para violonchelo solo (1968)
	La tarde para violonchelo y piano (1968)
Miguel Bernal Jiménez (1910-1956)	*Tres danzas tarascas,* transcritas por M. Enríquez*
Blas Galindo (1910-1993)	*Suite para violín y violonchelo* (1933)
	Cuarteto para violonchelos (1936)
	Sonata para violonchelo y piano (1948)
	Sonata para violonchelo solo* (1981)
	Concierto para violonchelo y orquesta* (1984)
	Dúo para violín y violonchelo (1984)
Salvador Contreras (1912-1982)	*Sonata para violín y violonchelo* (1982)
Carlos Jiménez Mabarak (1916-1994)	*Dos piezas para violonchelo y piano* (1966): 1. *Paisaje con jacintos.* 2. *Nana*
Armando Lavalle (1924-1994)	*Sonata para violonchelo y piano* (1973)
	Concierto para violín, violonchelo y orquesta
Manuel Enríquez (1926-1994)	*Cuatro piezas para violonchelo y piano*
	Sonatina para violonchelo solo
	Poema para violonchelo y orquesta de cámara
	Fantasía para violonchelo y piano* (1991)
	Concierto para violonchelo y orquesta*
	Ambivalencia para violonchelo y violín (1967)
Joaquín Gutiérrez Heras (1927)	*Dúo para flauta en sol y violonchelo* (1964)
	Canción en el puerto* (1994)
	Dos piezas para violonchelo y piano (1999)

Joaquín Gutiérrez Heras	*Fantasía concertante para violonchelo y orquesta* (2005)
Mario Kuri Aldana (1931)	*Canto de Cinco Flor* para violonchelo y orquesta de cámara
	Concierto tarahumara para violonchelo y orquesta de cámara*
	Macui xochitl para violonchelo y piano (1957)
Hermilio Hernández (1931)	*Sonata para violonchelo y piano*
Raúl Ladrón de Guevara (1934)	*Movimiento concertante**
Emanuel Arias (1935)	*Cantilena*, op. 9
	Concierto, op. 25, para violonchelo y orquesta*
José Antonio Alcaraz (1938)	*Otros violonchelos, otros ámbitos* para narrador, violonchelo y piano* (1995)
Manuel de Elías (1939)	*Concierto para violonchelo y orquesta** (1991)
	Preámbulo (1992)
	Fantasía (1962)
Eduardo Mata (1942-1995)	*Sonata* (1966)
Julio Estrada (1943)	*Canto alterno* para violonchelo solo (1978)
Mario Lavista (1943)	*Quotations* para violonchelo y piano
	Tres piezas seculares para violonchelo y piano* (1994)
	Cuaderno de viaje. Dos piezas para violonchelo solo: *Como un canto* y *Volátil*
	*Concierto para violonchelo y orquesta** (2011)
Graciela Agudelo (1945)	*Invocación para violonchelo solo* (1993)
Federico Ibarra (1946)	*Concierto para violonchelo y orquesta**

Federico Ibarra	*Sonata para violonchelo y piano** (1992)
	Sonata para dos violonchelos y piano (2004)
Tisharsky Radko	*Kiddush,* pieza para violonchelo solo
Max Lifchitz (1948)	*Transformations* para violonchelo solo (1979)
	Voces nocturnas (1993)
	Concierto para violonchelo y orquesta*
Arturo Márquez (1950)	*Espejos en la arena* para violonchelo y orquesta* (1998)
	Lejanía interior para violonchelo y piano* (2006)
Marcela Rodríguez (1951)	*Lumbre* para violonchelo solo
	Concierto para violonchelo y orquesta* (1994)
Federico Álvarez del Toro (1953)	*El constructor de sueños* para barítono, mezzosoprano, violonchelo y arpa
Eduardo Díazmuñoz (1953)	*Zonante* para violonchelo solo (1980)
	Cuatro humorescas, op. 11A (1980)
Ramón Montes de Oca (1953)	*Elegía** (1994)
Jorge Córdoba (1953)	*Contra el tiempo...** (1992)
Eugenio Toussaint (1954-2011)	*Concierto para violonchelo y orquesta* (1991)
	Pieza para violonchelo solo (1994)
	Variaciones concertantes para guitarra, violonchelo y ensamble (1994)
	Concierto núm. 2 para violonchelo y orquesta* (1998)
	Tango para violonchelo y piano (1999)
	Pour les enfants para violonchelo y piano* (2000)

Arturo Salinas
(1955)

Leandro Espinosa
(1955)

Samuel Zyman
(1956)

Javier Álvarez
(1956)

Ana Lara
(1959)

Gabriela Ortiz
(1964)

Hebert Vázquez
(1965)

José Luis Elizondo

Horacio Uribe
(1970)

Alexis Aranda
(1974)

Bachriación. Estudio Bop núm. 7 para violonchelo solo (2005)

Netik núm. 1 para violonchelo y piano

Dúo para violonchelo y piano, transcripciones del opus 22 de Schumann

Concierto para violonchelo y orquesta *
Sonata para violonchelo y piano
Fantasía para violonchelo y piano (1994)
Suite para dos violonchelos (1999)*
Suite para violonchelo solo * (2006)
Suite para dos violonchelos y dos guitarras * (2011)

Serpiente y escalera para violonchelo y piano* (1995)

Koaiá para violonchelo solo
Tribulaciones para dos violonchelos y piano (2004)

Things Like that Happen para violonchelo y *tape* (1994)

Concierto para violonchelo y orquesta (1994-1995)

Suite barroca para dos violonchelos * (1997)

Danzas latinoamericanas para dos violonchelos* (1997)

Introspecciones para violonchelo y piano (1991)

Tres diálogos para violín y violonchelo (1991-1992)

Alborada para violonchelo y piano* (2001)

El violonchelo rojo * para violonchelo solo (2003)

Credo para violonchelo y piano *
Concierto de fuego para violonchelo y orquesta * (2010)

PANAMÁ

Roque Cordero
(1917)

Sonata para violonchelo y piano (1963)

PERÚ

Teodoro Valcárcel
(1900-1942)

Himno al sol para violonchelo y piano

Celso Garrido-Lecca
(1926)

Sonata fantasía para violonchelo y piano

Concierto para violonchelo y orquesta *

Soliloquio II para violonchelo solo (1996)

Armando Guevara Ochoa
(1927)

Bronce andino para violonchelo y piano

Doce danzas para violonchelo y piano

Edgar Valcárcel Arze
(1932-2010)

Cuando me vaya para violonchelo y piano (1985)

Flor de sancayo para violonchelo y piano (1985)

Concierto indio para violonchelo y orquesta (2004)

Jimmy López
(1978)

El viaje para violonchelo y piano (1985)

Of Broken Bells y Shadows para violonchelo y piano* (2009)

PORTUGAL

Luiz Costa
(1879-1960)

Sonata para violonchelo y piano

Cláudio Carneyro
(1895-1963)

Arioso e Capriccietto (1954)
Sonatina (1961)

Luis de Freitas Branco

Sonata para violonchelo y piano (1913)

Federico de Freitas (1902-1980)	*Sonata para violín y chelo* (1924) *Nocturno sobre un soneto de Antero* para violonchelo y piano
Armando José Fernandes (1906-1983)	*Sonata para violonchelo y piano*
Fernando Lopes-Graça (1906)	*Adagio ed alla danza* para violonchelo y piano *Tres canciones populares portuguesas* *Quatro Invençoes* para violonchelo solo *Página esquecida* para violonchelo e piano *Concierto de cámara para violonchelo y orquesta* (1965) *Tres inflorescéncias* para violonchelo solo
José Manuel Joly Braga Santos (1924-1988)	*Aria I y II* para violonchelo y piano (1943) *Concierto para violonchelo y orquesta de cámara* (1987)
Luis Filipe Pires (1934)	*Sonatina para violonchelo y piano* (1954)
Antonio V. D'Almeida (1940)	*Tres bagatelas* para violonchelo y piano (1973)
Jorge Peixnho (1940-1995)	*Récit* para violonchelo solo
Sergio Azevedo (1968)	*Sonatina para violonchelo y piano* (1995) *Slendro* para violonchelo solo (2000)

PUERTO RICO

Jack Delano (1914-1997)	*Sonata para violonchelo y piano* (1954)
Roberto Sierra (1953)	*Salsa on the C String* para violonchelo y piano (1981) *Concierto para violonchelo y orquesta** (1999)

Roberto Sierra	*Sonata elegiaca* para violonchelo y piano* (2006)
	Sonata núm. 2 para violonchelo y piano (2007)

URUGUAY

Jaurès Lamarque Pons (1917-1982)	*Pieza para violonchelo y piano* (1981)
León Biriotti (1929)	*Suite para violín y violonchelo* (1952)
	Concierto para violonchelo y orquesta de cámara (1995)
René Marino Rivero (1936)	*Bagatelas para violonchelo y piano*
José Serebrier (1938)	*Suite para violonchelo solo* (2006)

VENEZUELA[10]

Rogerio Caraballo (siglo XIX)	*Elegía para violonchelo y piano*
Andrés Delgado Pardo (1870-1940)	*Miryo al mar,* melodía dramática
Joaquín Silva Díaz (1886-1977)	*Barcarola para violonchelo y piano* (1935)
	Serenata para violonchelo y piano (1935)
	Berceuse en fa mayor para violonchelo y piano (1943)
Juan Bautista Plaza (1898-1965)	*Diferencias sobre un aire venezolano*
	Melodía para violonchelo y piano
Primo Casale (1904-1981)	*Serenatilla para violonchelo y piano*
	Nocturno
Carlos Teppa (1923)	*Dos conciertos para violonchelo y orquesta de cámara*
	Suite criolla

[10] Maestro Juan Francisco Sans, presidente de la Fundación Vicente Emilio Sojo, de Caracas, Venezuela, e investigaciones propias.

Carlos Teppa	*Sonata para violonchelo*
	Sonata para violonchelo solo
Modesta Bor (1926)	*Suite para violonchelo y piano*
Aldemaro Romero (1928)	*Suite para violonchelo y piano*
	Concierto del Delfín para violonchelo (2003)
Diógenes Rivas (1942)	*Obra para violonchelo solo*
Juan Carlos Núñez (1947)	*Poulet concerto* para violonchelo y orquesta
	Yocasta para violonchelo y piano
Alfredo Rugeles (1949)	*Inventio* para violonchelo solo (1978)
Emilio Mendoza (1953)	*Cuatro estudios* para violín y violonchelo (1974)
Pedro Simón Rincón (1953)	*Dos piezas*
Domingo Sánchez Bor (1955)	*Sonotráfico* para violonchelo solo
Paul Desenne (1959)	*Cuaderno abierto de piezas* para tres violonchelos
	Pizziguasa (1985)
	Los ricochelos (1987)
	Pizzi-Quitiplas (1989)
	Aeroglifos para ocho violonchelos (1994)
	Preludio (1995)
	Quitiglass para ocho violonchelos (1995)
	Birimbaos para ocho violonchelos (1996-1987)
	Suite para violonchelo solo (1999-2000)
	Concierto para violonchelo y orquesta* (2001)
Juan Palacios (1961)	*Dúo para violín y violonchelo* (1984)

| Ricardo Lorenz (1961) | *Cecilia en azul y verde* para violonchelo y piano* (1998) *Michigan es Michoacán* para violonchelo solo* (2006) |

APÉNDICE 2. Lista de grabaciones de Carlos Prieto, clasificada por autores

Álvarez del Toro, Federico, *Constructor de sueños*, Sincronía, México, 1995.
Bach, J. S., *The Complete Suites for Cello Solo*.
———, *Suites núms. 1, 2, 3*, PMG Classics, México.
———, *Suites núms. 4, 5, 6*, PMG Classics, México.
———, *Suite núm. 6*, OM Record International, EUA.
Becerra-Schmidt, Gustavo, *Sonata núm. 5*,* con Edison Quintana al piano, Urtext Digital Classics, JBCC 024, 1999.
Beethoven, CD, UNAM, 2009.
Siete variaciones sobre un tema de Mozart, Héctor Vasconcelos al piano; *12 variaciones sobre un tema de Mozart*, Héctor Vasconcelos al piano.
Bernal-Jiménez, Miguel. *Tres danzas tarascas*, transcripción de M. Enríquez,* Urtext Digital Classics JBCC 033.
Boccherini, Luigi, *Sonata in A major*, OM Record International, EUA.
Bruch, Max, *Kol Nidrei for Cello and Orchestra*, National Orchestra of Mexico, bajo la dirección de Diemecke, PMG Classics.
Calderón, Claudia, *La revuelta circular** (estreno mundial), Urtext Digital Classics JBCC 045, 2002.
Cassadó, Gaspar, *Sonata en el estilo antiguo español*, Urtext Digital Classics JBCC 017, 1998.
Castillo, Manuel, *Alborada** (estreno mundial), Urtext Digital Classics JBCC 015.
Castro, Ricardo, *Concert for Cello and Orchestra*, Orquesta Sinfónica de Berlín, bajo la dirección de J. Velazco, PMG Classics. 1992.
Chaikovsky, *Pezzo capriccioso, op. 62*, con Doris Stevenson al piano, OM Records International, EUA.

* Obras dedicadas a Carlos Prieto.

dial), Orquesta de las Américas, bajo la dirección de C. M. Prieto, Urtext Digital Classics JBCC 023.

Chávez, Carlos, *Sonatina for Cello and Piano,* Urtext Digital Classics JBCC 023, 1999.

——, *Madrigal for Cello and Piano,* Urtext Digital Classics JBCC 023, 1999.

Chopin Feuermann, *Polonaise Brillante,* con Edison Quintana al piano, Urtext Digital Classics, 2004.

Elías, Alfonso de, *Chanson Triste,* PMG Classics, PMG 92003, 1992.

Falla, Manuel de, *Suite popular española,* Urtext Digital Classics, JBCC 015.

Enríquez Manuel, *Concert for Cello and Orchestra,** INBA-SACM, México, 1993.

——, *Cuatro piezas para violonchelo y piano,* Urtext Digital Classics JBCC 033, 2001.

——, *Sonatina para violonchelo solo,* Urtext Digital Classics JBCC 033, 2001.

——, *Fantasía para violonchelo y piano** (estreno mundial, 1997), Urtext Digital Classics JBCC 2001.

Fauré, Gabriel, *Elégie, op. 24,* OM Record International, USA.

Foss, Lukas, *Capriccio,* con Edison Quintana al piano, Urtext Digital Classics, 2004.

Garrido-Lecca, Celso, *Sonata fantasía,** PMG Classics, UNESCO, 1997.

——, *Soliloquio,** Urtext Digital Classics JBCC 024, 1999.

——, *Cello Concerto.**

Gerhard, Roberto, *Sonata,* Urtext Digital Classics JBCC 017, 1998.

Ginastera, Alberto, *Pampeana núm. 2,* con E. Quintana al piano, Urtext Digital Classics JBCC 024, 1999.

——, *Triste,* Urtext Digital Classics JBCC 014, 1997.

——, *Sonata,* Urtext Digital Classics JBCC 017, 1998.

Grantham, Donald, *Son of Cimetière,* con Doris Stevenson al piano.

Guarnieri, M. Camargo, *Chôro for Cello and Orchestra,* Orquesta de las Américas, bajo la dirección de C. M. Prieto, Urtext Digital Classics JBCC 023, 1999.

Gutiérrez Heras, Joaquín, *Canción en el puerto,* Urtext Digital Classics JBCC 015, 1997.

——, *Fantasía concertante para cello y orquesta** (estreno

mundial), Orquesta Sinfónica de Xalapa, bajo la dirección de Carlos Miguel Prieto, Urtext Digital Classics JBCC 015, 1997.

Haendel-Halvorsen, *Passacaglia for Violin and Cello,* con Juan Luis Prieto R., Urtext Digital Classics, 2004.

Halffter, Rodolfo, *Sonata para violonchelo y piano,* Urtext Digital Classics JBCC 015, 1997.

————, Ediciones Interamericanas de Música, OEA, Washington.

Halffter, Ernesto, *Canzona e Pastorella,* Urtext Digital Classics JBCC 015, 1997.

Ibarra, Federico, *Concert for Cello and Orchestra,** IMP Masters MCD 70, Inglaterra, 1993 (nueva grabación), Orquesta de las Américas, bajo la dirección de C. M. Prieto, Urtext Digital Classics JBCC 023. 1999.

————, *Sonata para violonchelo y piano,* Urtext Digital Classics JBCC 015, 1997.

Lamarque Pons, Jaurès, *Pieza para violonchelo y piano,* con E. Quintana al piano, Urtext Digital Classics. JBCC 024, 1999.

Lavista, Mario, *Quotations for Cello and Piano,* PMG Classics, 1992.

————, *Tres danzas seculares,** Urtext Digital Classics JBCC 015, 1997.

Lorenz, Ricardo, *Cecilia en azul y verde,* con E. Quintana al piano, Urtext Digital Classics JBCC 023, 1999.

Kinsella, John, *Cello Concerto,** Orquesta Sinfónica de Xalapa, bajo la dirección de C. M. Prieto, Urtext Digital Classics JBCC, 2004.

Kodaly, Zoltan, *Sonata para violonchelo solo, op. 8,* PMG Classics.

Mahle, Ernst, *Dúos Modais* (con Juan Hermida al violonchelo), Urtext Digital Classics, 2004.

Marco, Tomás, *Primer espejo de Falla** (estreno mundial), Urtext Digital Classics JBCC 015, 1997.

————, *Partita a Piatti** (estreno mundial), Urtext Digital Classics JBCC 045, 2002.

Márquez, Arturo, *Espejos en la arena,* concierto para violonchelo y orquesta (estreno mundial), Urtext Digital Classics JBCC 047, 2001.

Martinu, Bohuslav, *Sonata núm. 2 para violonchelo y piano,* con Doris Stevenson al piano, OM Records International, EUA.

Mignone, Francisco, *Modinha,* con Edison Quintana al piano, Urtext Digital Classics, 2004.

Montsalvatge, Xavier, *Invención a la italiana** (estreno mundial), Urtext Digital Classics JBCC 045, 2001.

Nin, Joaquín, *Suite española,* con Edison Quintana al piano, Urtext Digital Classics JBCC 024, 1999.

Nobre, Marlos, *Partita latina,** con Edison Quintana al piano (estreno mundial), Urtext Digital Classics, 2004.

Orrego-Salas, Juan, *Espacios** (estreno mundial), Urtext Digital Classics, 2002.

Piazzolla, Astor, *Le Grand Tango,* IMP MASTERS MCD 70, Inglaterra, 1993 (nueva grabación), Urtext Digital Classics JBCC 014, 1997.

――――, *Tres piezas breves, op. 4* (estreno mundial), Urtext Digital Classics, 1998.

――――, *Balada por mi muerte.*

――――, y J. Bragato, *Milonga.*

――――, y E. Quintana, *Michelángelo 70.*

Ponce, Manuel M., *Sonata para violonchelo y piano,* Urtext Digital Classics JBCC 033, 2001.

――――, *Three Preludes for Cello and Piano,* Urtext Digital Classics. JBCC 033, 2001.

Prieto, María Teresa, *Adagio y fuga para violonchelo y orquesta** (estreno mundial), Orquesta de Córdoba, España. J. L. Temes, bajo la dirección de Prokofiev-Piatigorsky, Urtext Digital Classics, 2004.

Rachmaninov, *Vocalise,* con Edison Quintana al piano, Urtext Digital Classics, 2004 (nueva grabación), con Doris Stevenson al piano), PMG Classics.

Revueltas Silvestre, *Three Pieces for Cello** (estreno mundial), Urtext Digital Classics JBCC 033, 2001.

Rodrigo, Joaquín, *Siciliana,* Urtext Digital Classics, México, 1998.

Rodríguez, Robert X., *Lull-a-Bear,** Urtext Digital Classics JBCC 014, 1997.

Romero, Aldemaro, *Golpe with Fandango,* con Edison Quintana al piano, Urtext Digital Classics JBCC 024, 1999.

Saint-Saëns, *Cello Concerto núm. 1,* IMP Classics PCD 1084, Inglaterra, 1994.

Shostakovich, *Cello Concerto núm. 1,* Orquesta Sinfónica de Xalapa, bajo la dirección de H. de la Fuente, IMP Classics PCD 1084, Inglaterra.

――――, *Cello Concerto núm. 1,* Orquesta Sinfónica de Xalapa, bajo la dirección de Herrera de la Fuente, Urtext Digital Classics, 2004.

Shostakovich, *Sonata, op. 40,* con Doris Stevenson al piano, IMP Classics PCD 1084, Inglaterra, 1994.

———, *Sonata, op. 40,* y *Sonata, op. 147,* con Doris Stevenson al piano, Urtext Digital Classics. JBCC 123.

Sierra, Roberto, *Cuatro versos,* concierto para violonchelo y orquesta* (estreno mundial), Urtext Digital Classics JBCC 047, 2001.

———, *Sonata elegiaca** (estreno mundial), Urtext Digital Classics, 2006.

Toussaint, Eugenio, *conicerto núm. 2* para violonchelo y orquesta* (estreno mundial), Orquesta de las Américas, bajo la dirección de C. Miguel Prieto, Urtext Digital Classics JBCC 047, 2001.

———, *Pour les enfants for cello and piano** (estreno mundial), Urtext Digital Classics, 2004.

———, *Bachriation para violonchelo solo. Estudio Bop. núm. 7** (estreno mundial), Urtext Digital Classics JBCC 183.

Villa-Lobos, Heitor, *Aria from Bachianas Brasileiras núm. 5,* Urtext Digital Classics JBCC 014, 1997.

Villalpando, Alberto, *Sonatita de piel morena** (estreno mundial), Urtext Digital Classics JBCC 045, 2001.

Zyman Samuel, *Concierto para violonchelo y orquesta,** Orquesta Nacional de México, bajo la dirección de E. Diemecke, IMP Masters, Inglaterra, 1993.

———, *Concierto para violonchelo y orquesta,** Orquesta Nacional de México, bajo la dirección de E. Diemecke, Urtext Digital Classics.

———, *Fantasía para violonchelo y piano,** con Edison Quintana al piano, Urtext Digital Classics JBCC 017, 1998.

———, *Suite for dos Cellos,** con Jesús Castro-Balbi (estreno mundial), Urtext Digital Classics JBCC 045, 2001.

———, *Suite para violonchelo solo** (estreno mundial), Urtext Digital Classics.

APÉNDICE 3. *Algunas críticas*

Desde muy niño tuve un interés natural por la música, pero no se me reveló como la pasión mayor de una vida hasta la noche milagrosa en que descubrí el alma del chelo en las manos de Carlos Prieto. Fue una revelación que me contagió para siempre con los misterios de la música y la felicidad de un gran amigo.

GABRIEL GARCÍA MÁRQUEZ, 2006

Como Rostropovich, Carlos Prieto es un auténtico paladín del violonchelo.

Es un artista creador, un sabio y un escritor. Carlos Prieto ha contribuido de manera notable al enriquecimiento de la música en Occidente. Ha estrenado obras de algunos de los más grandes compositores contemporáneos y ha contribuido al desarrollo de una generación entera de los más talentosos músicos de Iberoamérica.

Es para mí un privilegio conocerlo como colega y un honor considerarlo mi amigo.

YO-YO MA, 2006

Música como una gran aventura de la mente y del cuerpo. Esto es lo que nos brinda Carlos Prieto en este muy animado libro.

CARLOS FUENTES, 2006

Que sepamos, ninguno de los grandes ejecutantes y compositores, presentes y pasados, se ha detenido a contar la historia del instrumento que con mayor perseverancia y años haya estado acompañándolo. ¿Por qué ese olvido o negligencia voluntaria y culpable? No quiero hacer el esfuerzo de dilucidarlo. El libro de Carlos Prieto, un concertista del chelo de fama mundial y un hombre culto y sensible, con la inagotable curiosidad de los sabios, ha venido a resolverme esa incógnita en forma tan plena que me deja tranquilo y feliz.

ÁLVARO MUTIS, en el prólogo

ESTADOS UNIDOS

Hombre del renacimiento. ¿Pero cuando duerme? Edith Eisler interroga al violonchelista Carlos Prieto acerca de su vida asombrosamente rica como intérprete, autor, trotamundos e incansable promotor de compositores iberoamericanos.

Strings

Carlos Prieto: brillante en la ejecución de las seis *suites* de Bach.

Carlos Prieto, de México, tocó las *Suites completas para violonchelo solo* de Bach en noviembre, en el Alice Tully Hall en Nueva York, una hazaña de capacidad mental y física. Fueron admirables su facilidad y su técnica de arco, especialmente sus acordes... Puntos culminantes fueron la *Suite en mi mayor* y la dramática *Suite en do menor*, en la cual bajó un tono a la cuerda la, tal como prescribió Bach. Tuvieron especial encanto todos los movimientos líricos y lentos.

EDITH EISLER, *Strings*

El señor Prieto no conoce limitación técnica alguna y sus instintos musicales son impecables. Brillantísima interpretación.

The New York Times

El señor Prieto tocó con un sonido lleno de color y de belleza..., bien apoyado por la excelente colaboración de D. Stevenson.

ALLAN KOZINN, *The New York Times*

Prieto es un cellista de gran talento e impresionante dominio técnico. Quizá la interpretación más destacada haya sido la de la *Sonata para violonchelo solo* de Kodaly, largo y complicado conjunto rapsódico ejecutado con verdadera brillantez y con plena atención a los valores musicales.

En la *Sonata en re mayor* de Bach demostró una sensibilidad que parecía hacer hablar y cantar a la línea instrumental. Sonido de gran belleza y perfecta afinación.

RICHARD BUELL, *The Boston Globe*

La segunda sonata de Bach estuvo plena de claridad rítmica y equilibrio de matices y fue bella la concepción y la expresión de su andante.

Asimismo, tanto Prieto como la pianista Doris Stevenson estuvieron con facilidad a la altura de los distintos estados anímicos y de los requisitos técnicos y de conjunto de la sonata de Shostakovich. Su excelente interpretación tuvo toda la sutileza, ingenio y pasión que caracterizan a esa maravillosa obra.

ROY GUENTHER, *The Washington Post*

Gran intérprete con imponente sonido.

DANIEL WEBSTER, *The Philadelphia Inquirer*

Carlos Prieto: espectacular. Su técnica es impecable y su sonido maravilloso. El concierto resultó en todo momento extraordinario.

JAMES WIERBICKI, *St. Louis Post-Dispatch*

Varias características pudieron advertirse inmediatamente en las ejecuciones de Carlos Prieto: un gran sonido así como una técnica que le permite tocar con seguridad y agilidad notables.

En su estreno mundial, la sonata del compositor mexicano Federico Ibarra fue objeto de una interpretación impresionantemente pulida e inteligente por parte de Carlos Prieto y del pianista Edison Quintana.

CARL CUNNINGHAM, *The Houston Post,* 5 de octubre de 1992

Durante todo el concierto Carlos Prieto tocó con un sonido puro y bello en interpretaciones de gran elegancia. Forma con la pianista Doris Stevenson un dúo excepcional.

Daniel Cariaga, *Los Angeles Times*

Prieto tiene un estilo personal. Toca, cuando se requiere, con gran belleza.

Pero el punto culminante del concierto fue la sonata de Kodaly. Cualquiera que pueda salir indemne tras esa obra tiene garantizado el éxito. Pero Prieto logró mucho más que solamente sobrevivir. Transmitió un extraordinario sentimiento panorámico, que destacó la grandiosidad e importancia del concepto de Kodaly en vez de concentrarse meramente en el exhibicionismo técnico.

El elemento virtuosístico estuvo perfectamente en su lugar. Considerando el entusiasmo del público, parece evidente que Prieto será invitado a regresar y cuanto antes, mejor, pues su concierto fue realmente distinguido.

Con todo su talento, Janos Starker ni se acercó a la apasionada interpretación de Carlos Prieto.

Heuwell Tircuit, *The San Francisco Chronicle*

Carlos Prieto es uno de esos músicos excepcionales capaces de provocar gritos de emoción en el público. Músico de energía y virtuosismo prodigiosos.

Jim Kopp, *The Atlanta Constitution*

Canadá

El programa escogido por Carlos Prieto y su musicalidad dieron al concierto un brillo extraordinario. Chelista con sonido excepcional y con enfoque dramático de la interpretación... Su Bach fue robusto, con movimientos lentos que causaron honda impresión. Fue notable la claridad contrapuntística y la afinación fue infalible.

Sin embargo, el *tour de force* del concierto fue la *Sonata, op. 8,* de Kodaly. En ella se reveló Carlos Prieto como un verdadero virtuoso con fuerte sentimiento para el contraste dramático y emocional.

Un concierto prodigioso.

The Globe and Mail, Toronto

Prieto es un chelista de alta escuela con un dominio soberano de su instrumento.

JACOB SISKIND, *The Ottawa Citizen*

INGLATERRA

El apasionante programa mantuvo atónitos a los asistentes. Hay que felicitar a Carlos Prieto por su magistral interpretación. Espero pronto su regreso a Londres.

ADAN BLAKE, *Music and Musicians,* Londres

El violonchelista mexicano Carlos Prieto y la pianista americana Ursula Oppens, cada uno famoso por promover la nueva música de sus respectivos países, abrieron el ciclo con una mezcla de obras antiguas y modernas latinoamericanas y de obras europeas tradicionales.

La *suite* de Bach sonó cálida y resonante. Preciosa me pareció la *Fantasía para violonchelo y piano* de Samuel Zyman, ejecutada en estreno mundial. *Le Grand Tango* de Piazzolla cerró la velada y, fieles al estilo, Prieto y Oppens mantuvieron un apropiado balance de pasión y de reserva.

KEN SMITH, *The Strad Magazine,* Londres

¿Cómo pueden las frases cortas y los punzantes y violentos comentarios del *Concierto para cello* de Ibarra convertirse en una completa pieza sinfónica? La respuesta se encuentra en la forma de sus ideas melódicas y rítmicas y en su rica inventiva... todo ello ejecutado con brillante precisión por el chelista Carlos Prieto.

ROBERT MAYCOCK, *The Independent,* Londres

Prieto es un excelente chelista, muy expresivo, serio y comprometido; su sonido es grande, cálido y bello, puro en todos los registros. Su admirable técnica estuvo a la altura de todas las formidables demandas técnicas de la música.

Strings, Nueva York, Londres

IRLANDA

El Stradivarius Piatti usado por Carlos Prieto está en manos que lo merecen. Ni una nota que sonara mal, ni una frase poco musical fueron concebibles en el recital del lunes. El señorío caracterizó a la sonata de Beethoven: la música cantó sin forzarse, con la naturalidad de un manantial siempre renovado...

DOUGLAS SEALY, *The Irish Times,* 24 de octubre de 1997

ALEMANIA

Triunfo de un violonchelo: el chelista Carlos Prieto en Meersburg.
 El concierto fue un triunfo único de un violonchelo de belleza maravillosa en manos de un artista de la más elevada musicalidad y virtuosismo. Todo lo que este instrumento puede ofrecer, sonoridades vigorosas y al mismo tiempo delicadas, tiernos colores acústicos, infinitos efectos dinámicos surgieron de las manos del famoso chelista mexicano y cobraron vida a un grado que rara vez se escucha.

Südkurier, Alemania

*El mexicano Carlos Prieto abre el "Invierno
de Meersburg". Hartmut Schneider al piano*

Personalidad soberana con gran temperamento y expresividad. Su Bach estuvo caracterizado por su fraseo sutil, ritmos danzantes y sonido expresivo. Su Shostakovich estuvo pleno de ironía y de color... Hartmut Schneider fue un acompañante ideal.

Schwabische Zeitung

España

Violonchelos en estado de gracia. Yo-Yo Ma (París, 1955) y el no menos valioso colega mexicano Carlos Prieto, unidos por el Niemeyer, ofrecieron un concierto celestial y terrenal. La comunión fue perfecta.

Alberto Piquero, *La Voz de Asturias,* 18 de septiembre de 2010

La *Suite para dos violonchelos* del mexicano Samuel Zyman (1956), profesor de la prestigiosa Juilliard School de NY, se adapta a Yo-Yo Ma y a Carlos Prieto al darles protagonismo por igual, sumado al empaste increíble de las dos joyas que utilizan. Merecidísimos aplausos para ambos.

El Comercio, España, 18 de septiembre de 2010

Yo-Yo Ma y el destacado violonchelista mexicano Carlos Prieto interpretaron la *Suite para dos violonchelos* del mexicano Samuel Zyman. La compenetración personal y artística entre ambos solistas se materializó para el deleite del público en una obra que combina la maestría compositiva con una orgullosa y sutil estética latinoamericana.

Joaquín Valdeón, *La Nueva España,*
Oviedo, 19 de septiembre de 2010

Todo se torna sintético y, a veces, bordea el puntillismo, en la *Sonata fantasía para violonchelo y orquesta* (1989) que, en su estreno madrileño ha protagonizado Carlos Prieto, un artista de temple, emotividad y depurado estilo. Obra seductora, por riqueza de color y contraste, de serenidad y viveza, de transformación de diseños y temas, obtuvo un éxito total para compositor e intérpretes.

Enrique Franco, *El País,* 11 de junio de 2001

El concierto del violonchelista mexicano Carlos Prieto fue una experiencia curiosa e irrepetible. La Sala Polisón del Teatro Principal se llenó para acoger la interpretación musical y la irrepetible alocución de este virtuoso y escritor mexicano. Porque lo vivido ayer fue un concierto con piezas de Bach y Tomás Marco y la presentación del libro *Las aventuras de un violonchelo*. Una introducción tan rítmica o más que el posterior recital, repleto de anécdotas gloriosas.

Luis González, *El Correo de Burgos*, 3 de septiembre de 2004

Ejemplar concierto de Carlos Prieto

Hay conciertos y series que al puro goce musical añaden un valor aleccionador. Así los del violonchelista Carlos Prieto, quien contó con la excelente e identificativa colaboración de la pianista madrileña Chiky Martin en el interesante ciclo de la Fundación Juan March.

Compositores españoles e iberoamericanos se sucedieron en las versiones rigurosas, dominadoras, comunicativas y limpias de estilo de Carlos Prieto un artista y un intelectual mexicano de origen español. También, un ejemplo de inquietud por su atención a la música de su tiempo, que interpreta y encarga.

El entusiasmo del público fue muy grande y Carlos Prieto y su colaboradora regalaron una versión de la más célebre *Bachiana brasileira* de Villa-Lobos. En resumen: un concierto ejemplar.

Enrique Franco, *El País*

El concierto de violonchelo que interpretó Carlos Prieto el domingo desde la restaurada sala de actos de Valdediós: vivencia única e irrepetible... Prieto recreó un Bach infinito que trasciende al propio instrumento.

Ramón G. Avello, *El Comercio*

La cálida musicalidad que es gala del criterio interpretativo de Prieto y el sonido mágico del formidable instrumento que maneja, se fueron imponiendo en las páginas de Foss y Revueltas hasta culminar bellamente en las de Ginastera, redondeando un recital gratísimo que fue largamente ovacionado.

J. L. García del Busto, *ABC*

El libro-concierto de Carlos Prieto

El mexicano Carlos Prieto no sólo es el máximo violonchelista en su país, sino uno de los más grandes solistas internacionales de su generación.

Del libro hablaron Prieto y los escritores Arturo Azuela, Carlos Bousoño y Julián Marías más el musicólogo Emilio Casares. Pero además el acto incluía un recital en el que Carlos Prieto, con el pianista Edison Quintana, interpretó de manera magistral páginas de Chaikovsky, Rachmaninoff y Shostakovich.

Tomás Marco, *Diario 16,* Madrid

Es especialmente raro escuchar versiones realmente buenas, perfectas del concierto de Schumann: la de Carlos Prieto lo fue. Es un gran violonchelista y un gran intérprete.

F. Vizoso, *El Comercio*

Hace poco más de una año, la aparición en Asturias y Madrid de Carlos Prieto fue para muchos una revelación. Ahora, con su excelente versión del primer concierto de Shostakovich, se produce la confirmación... Así, en pocos años, el nombre de Carlos Prieto ha saltado a las primeras filas de la violonchelística actual... Es no sólo un virtuoso, sino un artista completo, con una inteligencia arquitecturada intelectualmente. El éxito fue grande, a lo que contribuyó una brillante colaboración por parte de Odón Alonso y los sinfónicos de RTVE, que cumplían, dentro de la escueta sencillez de su trabajo habitual, mil conciertos de edad.

Enrique Franco, *El País*

En el centro del programa figuraba como gran aliciente la presentación en España del violonchelista Carlos Prieto... Su actuación fue todo un curso de fina musicalidad... Alcanzó momentos extraordinarios al frasear los pasajes cantabile del concierto de Dvorak... Grande y justo éxito.

J. L. García del Busto, *El País,* Madrid, 9 de junio de 1979

Verdadera expectación se había creado en torno al solista y, desde luego, su actuación en el concierto de Dvorak lo acredita como intérprete de técnica muy depurada y, sobre todo, como un músico muy completo. El éxito fue grande y nuestro público tributó al artista una ovación de antología.

J. J. Rozón, *Asturias,* Oviedo, 7 de junio de 1979

Espléndido concierto de la Orquesta Nacional, dirigida por Ross Marbá con Carlos Prieto como solista.

Carlos Prieto es un violonchelista de gran clase y capacidad, de una musicalidad inteligente y sensible... La pureza y belleza de su sonido sirven de vehículo perfecto a los cantabile líricos en que es pródigo el concierto de Dvorak y que él expuso con total perfección técnica y bellísima emotividad... El público aplaudió con fervor e interminablemente.

F. Vizoso, *El Comercio,* Gijón, 2 de junio de 1979

Francia

Concierto fascinante de Carlos Prieto acompañado por la pianista Doris Stevenson en el Teatro Toursky. Dos grandes intérpretes. Carlos Prieto se revela igualmente mágico como músico y como narrador.

Raoul Desjardins, *Aix Infos,* Marsella, 1° de diciembre de 2006

Carlos Prieto es un músico de gran clase. Tocó con un dominio total, con un sonido y relieve musical extraordinarios.

Les Dernières Nouvelles d'Alsace

Pudimos apreciar el virtuosismo de Carlos Prieto así como su sonoridad expresiva y cálida.

M. R. Clouzot, *Activités Musicales,* París

Argentina

El violonchelista mexicano Carlos Prieto se destacó
En el recital que nos ocupa dio evidencias Prieto de musicalidad y de técnica que se tradujeron en realizaciones decididamente afortunadas... En la tercera suite de Bach, Prieto realizó un trabajo en todo digno de la espléndida obra... Luego se escucharon *Tres preludios* de Ponce, que Prieto presentó de manera óptima. Ejecuciones igualmente convincentes tuvieron las obras de Chaikovsky y de Piazzolla... La labor del pianista Edison Quintana resultó inobjetable y lo llevó a compartir con el violonchelista la cálida adhesión del numeroso auditorio...

Alberto Emilio Giménez, *La Nación,* Buenos Aires, 15 de mayo de 1994

El concierto de Samuel Zyman no es sólo la primera obra de su autor que se toca en nuestro país sino también el primer ejemplo en su género —orquesta y violonchelo— de autor iberoamericano viviente que llega a una sala porteña. Hasta ese punto nos ignoramos mutuamente los pueblos de habla hispana.

La obra de Zyman, dedicada a Carlos Prieto, que estrenó en Nueva York y en Buenos Aires, no concede al violonchelo solista la preponderancia de las piezas "para virtuoso", a pesar de que lo exige técnicamente. Sus ideas son de carácter introspectivo, equilibrado por una orquestación brillante con abundantes explosiones del metal y la percusión... Hay que saludar a un autor diestro en oficio y denso en contenido. Sus intérpretes le hicieron honor. Carlos Prieto es un gran violonchelista, cuya mano izquierda luce una seguridad y una afinación pasmosas. Lo demostró más rotundamente en el *Pezzo capriccioso* de Chaikovsky, inejecutable si no es por un músico fuera de serie. Prieto debería ser oído aquí en otras ocasiones.

Napoleón Cabrera, *Clarín,* Buenos Aires, 23 de mayo de 1991

Recital con la presencia de un violonchelista de excepción
En la *Sonata para violonchelo solo* de Kodaly se pudo apreciar las condiciones poco comunes de Carlos Prieto. Se trata de una obra que exige la presencia de un artista auténtico, de una técnica sin fisuras. Prieto puso en evidencia sensibilidad, talento y penetrante poder expresivo. El arco amplio, la digitación ágil, la afinación precisa y el sonido cálido aparecieron manteniéndose en forma explícita. Deslumbrante el manejo de los sobreagudos.

Abel L. Rodríguez, La Capital, Rosario, 8 de mayo de 1991

Música y magia
El notable chelista Carlos Prieto nos permitió participar el domingo de un concierto extraordinario gracias a una técnica ilimitada y una sensibilidad y pasión interpretativas profundas...Fue acompañado magistralmente por el pianista Edison Quintana.

Marcelo Chevalier, Río Negro, General Roca
11 de mayo de 1994

Un chelista de rango
Una gratificante velada nos ha proporcionado el prestigioso violoncelista mexicano Carlos Prieto... A todo lo largo de su actuación, Carlos Prieto se distinguió por una absoluta *maitrise*, afinación perfecta y una generosa tirada de arco que le permitió arrancarle a su instrumento todo el potencial sonoro que era posible.

Edgard M. de la Branniere, La Nueva Provincia,
Bahía Blanca, 8 de mayo de 1994

Carlos Prieto y Edison Quintana mostraron su maestría
Un hombre de sobria presentación comenzó a inundar de sonido el Teatro Alberdi con su solitario chelo. Las voces de J. S. Bach salían de los dedos del mexicano Carlos Prieto, recorrían el arco y desembocaban en el corazón del instrumento. Con inusitada limpieza, el intérprete dialogaba con los pensamientos bachianos...

Le Grand Tango de Astor Piazzolla asomó su melancolía. El

alma rioplatense de Edison Quintana palpitaba su *swing* en el piano, mientras un bandoneón en la piel de un chelo traía ausencias y nostalgias. Fraseo, sutileza, emoción. En algún rincón del cosmos de los pentagramas, seguramente Piazzolla encontraba la felicidad...

Una figura de nivel mundial, el espigado Carlos Prieto, y un pianista que entregó su exquisitez, Edison Quintana, habían hermanado en la emoción a los tucumanos.

La Gaceta, Tucumán, 17 de mayo de 1994

COLOMBIA

Carlos Prieto es mucho más que un gran violonchelista; es escritor y polígota. Tal vez uno de sus libros más admirables sea *Las aventuras de un violonchelo*.

Revista Semana, Colombia, 6 al 13 de julio de 2009

Uno de los mejores conciertos que se hayan ejecutado en este recinto en los 19 años continuos de su funcionamiento.

M. MÉNDEZ, *El Tiempo,* Bogotá, 1985

Soberbio recital. Versión impecable de tres *suites* de Bach: limpieza extremada de ejecución, emocionante línea de fraseo y una calidad de sonido inefable.

H. CARO MENDOZA, *El Espectador,* Bogotá, 1985

Violonchelista muy notable. Gran artista.

OTTO DE GREIFF, *El Tiempo,* Bogotá

BRASIL

El concierto del 27 de mayo ha sido uno de los mejores eventos presentados en la historia del Teatro de Sesi. Carlos Prieto es un músico excepcional, con gran dominio sobre la obra que interpreta y que desde el primer momento revela su talento y su calidad de artista completo. Es un auténtico Embajador Cultural de México. Para redondear aún más la gran noche de gala, el concierto contó con la preciosa colaboración del pianista Edison Quintana, músico de excepcionales cualidades técnicas e interpretativas.

Wilson Simao, Estado de Minas, Belo Horizonte

Para Ouro Preto, la histórica ciudad de Minas Gerais, el concierto constituyó una noche de fiesta, un momento de excepcional belleza artística, gracias a la presencia de Carlos Prieto, uno de los mayores violonchelistas de la actualidad. El programa fue enriquecido con la participación del pianista Edison Quintana, extraordinario músico, incontestable colaborador.

Ronaldo Toffolo, Ouro Preto

Cuba

Un grande del chelo en el mundo.

Pedro de la Hoz, Granma

Perú

Concierto de Pro Lírica. El Concierto de Dvorak
De Carlos Prieto diríamos que corren parejos el dominio cabal del instrumento y la fina comprensión de la música, la seguridad portentosa de la técnica coincide con la inteligencia del estilo. Y en su juego todo es preciso, noble, transparente, impresionante, persuasivo; podrá ser conceptuado a justo título, un artista excepcional.

Nilda Urquiza, El Comercio, Lima, 18 de junio de 1991

Todavía se comenta la actuación en Lima del renombrado chelista Carlos Prieto, quien figuró en la programación de la Sociedad Filarmónica y del ciclo de la Orquesta Pro Lírica. A continuación la opinión de Jean Tarnawiecki, ella misma chelista y conocidísima directora de coros:

Vi el programa y pensé: ¿Cómo se le ocurre a Carlos Prieto poner el estreno de una nueva obra al final de un programa? ¡Y anterior a eso la obra de Manuel Ponce! ¡Qué audaz y... qué acertado!

Prieto tiene un dominio técnico tan extraordinario y, aparentemente, un cariño y facilidad tan especial para la música contemporánea que logró cautivar y convencer al público con su interpretación, sobre todo de las obras de Kodaly y Garrido-Lecca.

Nos gustó la obra de Garrido-Lecca muchísimo, yo y los amigos que encontré a la salida del concierto. Felicitamos a Celso, al audaz Prieto, a la Sociedad Filarmónica y al público de verdaderos amantes de la música, que pudieron apreciar y gozar de un concierto "tan difícil" con tanto placer.

El Comercio, Lima

URUGUAY

Prieto-Quintana: un recital de alto nivel. Amplio partido sacaron de sus respectivas partes Prieto y Quintana, con un sonido generosamente amplio y expandido.

G. PÉREZ MONTERO, *La República,* Montevideo, Uruguay

RUSIA

Carlos Prieto: un violonchelista mágico.

I. K. SEMENOVA, *Latinskaya Amerika,* Moscú, abril de 1992

Un violonchelo en las manos de un genio.

Novokuznetsky rabochi, 2005

Excelente violonchelista.

LEV GINSBURG, Moscú

Bélgica

Intérprete excepcional dotado de las más variadas cualidades. Tocó con un dominio total e intensa expresividad. Su concierto fue en todo momento apasionante.

Gazette de Liège

Italia

Fraseo impecable, técnica perfecta, profundidad interpretativa caracterizaron el concierto de Carlos Prieto.

Aurelio Musi, *Paese Sera,* Roma

Carlos Prieto demostró por qué está con justicia considerado uno de los más prestigiosos intérpretes de América Latina.

Giovanni Ferrara, *Il Mattino,* Nápoles

República Popular China

¡Qué gran año para la librería Bookworm (Pekín)!
Lonely Planets publicó la votación que nos eligió como una de las 10 mejores librerías mundiales... Recibimos al genial pianista Peng peng Gong y, claro, escuchamos al maravilloso Carlos Prieto...

The Beijing Bookworm Newsletter,
14 de diciembre de 2010

La precisión del violonchelo de Carlos Prieto
emociona en Pekín

El mexicano Carlos Prieto, considerado uno de los genios vivos del violonchelo, emocionó con su técnica precisa y cristalina al público pequinés, cuya respetuosa y apasionada reacción sorprendió hasta al propio músico.

Prieto, acompañado por el gran pianista nacionalizado mexicano Edison Quintana, dejó claro anoche por qué la élite lo califica como "hombre del Renacimiento", "artista completo", de "impecables instintos musicales", y a su técnica, "ilimitada" y "virtuosa".

Marga Zambrana, Agencia EFE, 20 de mayo de 2006

El concierto del famoso violonchelista mexicano Carlos Prieto maravilló a todo el público.

Wen Hui Bao, Shanghai

La excelente actuación del famoso músico mexicano fue premiada con una ovación muy calurosa. Se le considera entre los mejores violonchelistas del mundo.

Jiefang Ribao, Shanghai, 1985

Carlos Prieto causó una profunda impresión con su interpretación de las *suites* de Bach. El público apreció grandemente su maravilloso arte.

Qingdao Ribao, Qingdao

India

Desde el inicio del concierto se hizo evidente su sensibilidad como as entre los violonchelistas. Sonido, interpretación y técnica lo señalan como músico superior.

S. N. Chandrasekhar, Indian Express, 1985

Un gran intérprete de Bach. Su interpretación de tres de sus *suites* fue una esplendida adición al homenaje a Bach en su tricentenario.

The Statesman, Nueva Delhi, 1985

Algunas críticas del libro Las aventuras de un violonchelo

Pocas veces he leído un libro tan deslumbrante y enriquecedor como el que nos presenta el gran violonchelista y escritor Carlos Prieto... En su libro, Carlos Prieto ostenta un gran talento narrativo y un vocabulario rico que convierte su lectura en un verdadero deleite. Lo exhorto a seguir escribiendo.

Carlos Bousoño, poeta,
Premio Príncipe de Asturias, España

Carlos Prieto no es sólo uno de los más grandes violonchelistas de la actualidad y de los más comprometidos con la música contemporánea sino que, además, es un gran escritor. *De la URSS a Rusia* y sus libros anteriores ya nos lo habían demostrado. *Las aventuras de un violonchelo* es una nueva prueba de su talento de escritor. Es un libro interesantísimo, lleno de sentido del humor y que debe convertirse en un indispensable documento de consulta acerca del violonchelo y su repertorio y, especialmente, acerca del repertorio de España, Portugal e Iberoamérica.

Tomás Marco, compositor,
director general del inaem, España

Es un magnífico libro que me ha interesado muchísimo. Está escrito de manera ágil; su contenido es riquísimo y la información que nos proporciona es inencontrable en cualquier otra fuente.

Luis de Pablo, compositor y académico, España

El libro es tan interesante que no puede uno abandonar su lectura... El libro contiene un arduo trabajo de investigación para conocer los avatares de un violonchelo singular y que Carlos Prieto adquirió hace 20 años. Se trata de un violonchelo hecho en 1720, sobre cuya historia Prieto construye una novela en la mejor tradición de Dumas.

Al mismo tiempo, es un libro imprescindible en el campo de

la musicología, particularmente en el de la musicología iberoamericana.

Le pido a Carlos Prieto: "Sigue dándonos conciertos y sigue escribiendo".

EMILIO CASARES, catedrático de musicología,
Universidad Complutense

Carlos Prieto no se contenta con ser uno de los grandes violonchelistas de hoy. Es ciertamente un excelente escritor. Su libro es una novela apasionante, divertida y estupendamente narrada. Además, los capítulos que dedica Prieto a otros temas, por lo general densos, como la organología o la musicología, se leen con gran interés gracias a la agilidad de su estilo y a su sentido del humor.

ÁLVARO MARÍAS, músico y crítico musical, España

Un importante libro que será profundamente disfrutado por todos los amantes de la música.

ALDO PARISOT, Universidad de Yale, Estados Unidos

Un libro tan bien documentado, como interesante y entretenido.

JUAN ORREGO-SÁLAS, fundador del Centro Latinoamericano de Música, Universidad de Indiana en Bloomington

Algunas críticas de conciertos del Cuarteto Prieto

Inolvidable Cuarteto Prieto

La presentación del Cuarteto Prieto en el Teatro de la Filarmónica ha sido una experiencia musical de las que dejan huella... la maestría, la compenetración y la riqueza sonora y dinámica del Cuarteto Prieto propiciaron una conexión con un público que se mostró encantado, un público que es el suyo.

JOAQUÍN VALDEÓN, *La Nueva España*, Oviedo, España,
13 de febrero de 1998

El Cuarteto Prieto ofreció el miércoles un gran concierto en el Teatro Filarmónica, iniciando así una gira por Europa.

Todos ellos demostraron sus extraordinarias condiciones, diríamos que virtuosísimas, en el dominio de cada uno de los instrumentos, con un impecable acoplamiento en volúmenes y expresiones y gran sensibilidad interpretativa.

Luis Arrones, La Voz de Asturias, Oviedo, España,
14 de febrero de 1998

*Impresionante actuación del Cuarteto Prieto en el Helénico
(Mozart, Beethoven, Shostakovich)*

La atmosférica Capilla Gótica del Instituto Cultural Helénico fue la sede de una de las veladas de música de cámara más satisfactorias que recordamos en mucho tiempo.

Nos retiramos plenos de satisfacción y orgullo por contar en México con músicos de este calibre que nos han llevado a tres mundos a través de un nivel artístico pocas veces experimentado en México.

Ricardo Rondón, Novedades,
México, 13 de junio de 1995

Esto es calidad por cuatro.

*Atestiguan más de 600 personas el debut
del Cuarteto Prieto en Monterrey*

El sello de calidad musical del apellido Prieto, debido hasta ahora solamente al famoso chelista Carlos, quedó confirmado la noche del viernes en el primer concierto del Cuarteto que agrupa a otros tres miembros de esta familia.

El recital reunió a más de 600 personas, en el que quizá sea el evento musical más concurrido en la historia del Museo de Monterrey...

Un juego instrumental sensible y apasionado se advirtió durante toda la ejecución. Los Prieto tuvieron un extremo cuidado en los ritmos, en los matices, pero sobre todo, en el respeto del itinerario poético plasmado por el compositor en la riquísima variedad de sutilezas melódicas.

Alejandro Fernández, El Norte, Monterrey

Cuarteto Prieto: privilegio y delicia
El Cuarteto Prieto acaba de obtener un triunfo más en su carrera, al haber conmovido profundamente al público que llenó el sábado 4 la capilla del Instituto Cultural Helénico...

Con la interpretación del *Cuarteto* de Debussy dieron al público lo mejor de su arte...

Cada audición del Cuarteto Prieto se convierte en privilegio y delicia.

José Alfredo Páramo, *El Economista,* México

ÍNDICE DE NOMBRES

Abbado, Claudio: 312
Abd-el-Rahman III, califa: 58
Abel, Carl Friedrich: 21
Abel, Christian Ferdinand: 377
Abello, Jaime: 305
Abreu, José Antonio: 309-313, 359, 363
Adams, John: 474
Adaskin, Murray: 452
Adio Yashiro: 465
Adler, Samuel: 255
Agosti, Guido: 268
Agudelo, Graciela: 497
Agüero, Nicia: 346
Aguiar, Emani: 484
Águila, Mónica del: 370
Aguirre, Julián: 477
Aizaga, Claudio: 438, 489
Alba, duque de: 67, 83
Albani, Mathias: 28
Albano, Gerson: 284-285
Albert, Stephen: 181
Almeida, Antonio V. d': 447, 500
Albert, Eugène d': 259, 419
Alborea, Francesco (Franciscello): 382
Albuquerque, Armando: 481
Alburquerque, Alfonso de: 226
Alcaraz, José Antonio: 255, 268, 496; *Otros violonchelos, otros ámbitos*: 255, 496
Alday, Paul: 86
Alencar, José de: 282
Ali-Sade, Frangis: 452

Allende, Adolfo: 484
Allende, Pedro Humberto: 436
Allende, Salvador: 323
Almeida, José Antonio de: 483
Alonso, Odón: 265, 519
Alpert, Stephen: 424, 473
Álvarez del Toro, Federico: 255, 497, 505; *El constructor de sueños*: 255, 497
Álvarez, Calixto: 488
Álvarez, Javier: 245, 255, 446, 498; *Serpiente y escalera*: 255, 498
Amati, Andrea: 27-28, 30, 37-38, 40-41, 57
Amati, Antonio: 28-29, 37
Amati, dinastía: 27-30, 45, 67
Amati, Hieronymus I: 28-29, 37, 91
Amati, Nicolo: 28-30, 32, 34, 45-46, 132
Amy, Gilbert: 460
Andrade, Jeanette: 327
Andreu, Paul: 218
Andropov: 140
Anguiano, Eugenio: 184n, 210
Anhalt-Köthen, Leopoldo von: 376-377
Antonii, Giovanni Battista degli: 375-376; *Ricercare*: 376
Aperghis, Georges: 460
Araiza, Pera: 302
Aranda, Alexis: 256-257, 499
Arandia Navarro, Jorge: 479
Aranha, Oswaldo Euclides: 327
Ardévol, José: 347, 438, 487

Arensburg, Ismael: 299
Argenta, Ataulfo: 263-264
Arias, Emanuel: 496; *Cantilena*: 496; *Concierto, op. 25*: 496
Arias, Javier: 306
Arkadiev, Mikhail: 161, 163, 165, 179
Arriaga: 310
Arrones, Luis: 530
Asturias, Rodrigo: 493
Atapine, Dmitri: 370
Atehortúa, Blas Emilio: 255, 301, 317-318, 437; *Romanza*: 255, 317
Avello, Ramón G.: 518
Aymes, Roberto: 255; *El Señor de Ipanema*: 255
Azevedo, Sergio: 500

Bacarisse, Salvador: 490
Bach, Carl Philipp Emanuel: 382
Bach, Johann Sebastian: 21, 37, 42, 46, 67, 131, 133-134, 193, 223, 226, 230, 243-244, 268, 276, 299, 317, 376, 378-379, 385, 399, 406, 434-435, 442, 462-463, 492, 505; *Sexto concierto de Brandenburgo*: 38; *Suites*: 132, 135-136, 153, 168, 169, 220-221, 223, 225, 229, 233, 235-236, 243, 294, 298, 305, 307, 314-315, 321, 326, 328-329, 336, 354, 376-377, 380-382, 385, 406, 415, 421, 512, 521, 523
Bachman, Werner: 58n
Bacri, Nicolas: 461
Balada, Leonardo: 492
Baldayev, M. L.: 163
Ballif, Claude: 460
Band, Heinrich: 273
Bao Huiqiao: 194, 199, 204, 206-207, 209, 213-214, 221, 224

Barber, Samuel: 423, 472; *Concierto para violonchelo y orquesta*: 423; *Sonata para violonchelo y piano, op. 6*: 423
Barce, Ramón: 383, 491
Barenboim, Daniel: 418
Barreto, Lourdino: 227-228, 229, 254; *Kai borem suknem, pieza para violonchelo y orquesta*: 228-229, 254
Barrio, Miguel: 222
Bartok, Bela: 61, 244, 427, 447, 462
Barton, Horace: 469
Bátiz, Enrique: 266
Battista Volème, Giovanni: 46
Baudelaire, Charles: 231, 427
Bax, Arnold: 475
Bazykin: 119
Beare, Charles: 28n, 29n, 57, 96n
Becerra-Schmidt, Gustavo: 255, 322-323, 436, 485, 505; *Sonata núm. 5*: 255, 323, 436, 505
Beckerman, Michael: 403n
Beethoven, Ludwig van: 91, 151, 190, 192, 209, 244, 268, 385-386, 388-393, 398-399, 416; *Triple concierto para violín, violonchelo, piano y orquesta*: 388-389
Bell, Joshua: 246
Bello, Joakin: 485
Benedetti Michelangeli, Arturo: 268
Benzecry, Esteban: 321, 433, 480; *Concertino para violonchelo y orquesta de cuerdas*: 480
Berg, Alban: 97
Bergonzi, Carlo: 40
Berio, Luciano: 428, 464
Berlioz, Hector: 38; *Haroldo en Italia*: 38

Bernal Jiménez, Miguel: 338-369, 444, 495; *Tres danzas tarascas*: 137, 254, 269-270, 444, 495, 505
Bernaola, Carmelo: 491
Bernhardt, Sarah: 284
Bernstein, Leonard: 277, 416, 423, 473
Bértola, Eduardo: 483
Betancur, Adriana: 305
Betts, John: 84
Biagioni, Ugo: 383n
Biddulph, Peter: 42
Bijlsma, Anner: 409n
Biriotti, León: 448, 501
Blacher, Boris: 455
Blake, Adan: 515
Blanco, Lidia: 305
Bloch, Ernest: 431, 471; *Schelomo*: 415, 431, 471; *Voice in the Wilderness*: 471
Bloch, Vitale: 99-100
Blocker, Robert L.: 413
Blubacher, Thomas: 96n
Boccherini, Leopoldo: 383
Boccherini, Luigi: 38, 75, 80-82, 82n, 220, 367, 383-387, 383n, 406, 505; *Concierto en si bemol mayor*: 384; *Sonata in A major*: 505
Bogdanovic, Maya: 219n
Bolcolm, William: 181
Bolívar, Simón: 308, 318
Bolling, Claude: 181, 268, 460; *Suite para violonchelo y trío de jazz*: 460
Bonaparte, José: 84-85
Bonaparte, Napoleón: 84-85, 258
Booth, reverendo: 86
Bor, Modesta: 502
Borbones, los: 85

Borges, Jorge Luis: 251
Botero: 305
Botkin, doctor: 146-147
Bottesini: 244
Bottom, Flora: 186, 188
Boucher, Alexandre: 81
Boulanger, Nadia: 277, 347, 423-424, 440
Boulez, Pierre: 166, 460
Bousoño, Carlos: 315, 360, 528
Boydell, Bara: 87n, 234
Boydell, Brian: 463
Braga Santos, José Manuel Joly: 500
Braga, Francisco: 480
Braganza, Bárbara de: 70, 383
Bragato, José: 279, 478
Brahms, Johannes: 97, 244, 268, 381, 388-389, 398-400, 402-403, 403n; *Segunda sonata en fa mayor, op. 99*, 398; *Doble concierto para violín, violonchelo y orquesta*: 388-389, 399-400
Brandão, Maria Alice: 327
Brandukov, Anatoly: 397
Branniere, Edgard M. de la: 522
Brecht, Bertolt: 96
Brennan, Juan Arturo: 331, 332n
Bréval: 390
Brevig, Per: 263
Brezhnev, Leoniod: 129, 140, 148
Bridge, Frank: 475
Britten, Benjamin: 429, 475; *Sinfonía para violonchelo y orquesta, op. 68*: 429, 475; *Sonata para violonchelo y piano, op. 65*: 429, 475; *Tres suites para violonchelo solo, op. 72*: 429, 475
Broadwood: 391
Brotons Solar, Salvador: 493
Brouwer, Leo: 255, 296, 298, 348, 437,

488; *Sonata para violonchelo solo, op. 72*: 255, 296, 348-349, 488
Brown, Earle: 440
Bruch, Max: 143, 271; *Kol Nidrei*: 143, 271, 505
Brunetti, Francisco: 80-82
Buchardo, Carlos L.: 434
Buczynski, Walter: 452
Buell, Richard: 513
Burfin, Jean Marc: 297
Burga, Patrick: 461
Burghauser, Jan: 401n
Burgos Cantor, Roberto: 306, 317
Busch, Adolf: 94, 97, 97n, 100n, 110
Busch, Cuarteto de Cuerdas: 96, 96n, 100, 102
Busch, familia: 96, 99
Busch, Hermann: 94, 100, 100n, 102
Busch, Trío: 96-97, 102
Busoni, Ferrucio: 463
Busto, J. L. García del: 518
Butt, Bill: 235
Byrd, William: 21

Cabezas, Estela: 485
Cabezas, Gabriel E.: 370
Cabrera, Napoleón: 271, 521
Cage, John: 473
Caldas, Jonas: 327
Calderón, Claudia: 256, 316-317, 486; *La revuelta circular*: 256, 317, 486, 505
Calderón, Pedro I.: 289
Campbell Morgan, doctor: 274
Cambini, Giovanni: 383
Camões, Luís de: 227
Campo, Conrado del: 440
Cañada, Dámaso: 81
Cañón, Santiago: 370

Caplet, André: 426
Caplet, Yré: 458
Caraballo, Rogerio: 501
Cárdenas, Lázaro: 408
Cárdenas, Sergio: 230, 259-260, 269
Cariaga, Daniel: 514
Carlos II: 68, 68n
Carlos III: 71, 80-82
Carlos IV: 80-82, 84
Carlos IX de Francia: 27
Carlos V: 265
Carneyro, Cláudio: 500
Carpentier, Alejo: 339, 339n, 344, 347, 347n-348n
Carpentier, Lilia: 344
Carrasco, Félix: 332
Carreño, Teresa: 259, 448
Carrillo, Julián: 442-443, 443n, 494, 494n
Carrillo, Lolita: 494n
Carter, Elliott: 423-424, 472; *Sonata para violonchelo y piano:* 423
Caruso, Enrico: 283
Casadesus, Robert: 277
Casale, Primo: 502
Casals Istomin, Marta: 103n
Casals, Pablo: 44, 94-95, 103, 109-110, 180, 397, 404-409, 415-419, 422, 433-434, 489
Casares, Emilio: 315, 360, 528
Casasola, Leopoldo: 165
Casella, Alfredo: 428, 464
Cassadó, Gaspar: 94-95, 96, 102, 409, 417, 428, 439-440, 467, 489; *Concierto para violonchelo y orquesta*: 439, 489; *Danza del Diablo Verde*: 439, 490; *Lamentos de Boabdil*: 439, 490; *Requiebros*: 439, 490; *Sonata al estilo antiguo español*:

ÍNDICE DE NOMBRES

296, 439, 490, 505; *Suite para violonchelo solo*: 439
Castelnuovo-Tedesco, Mario: 464
Castillo, Francisco del: 75
Castillo, José Luis: 334
Castillo, Manuel: 255, 291, 295, 298, 440, 491; *Alborada*: 291, 295-296, 491, 505
Castro, Fidel: 342, 349, 353
Castro, José María: 433, 477
Castro, Juan José: 277, 347, 433, 477
Castro, Raúl: 352-353
Castro, Ricardo: 135, 254, 259-260, 423, 442, 493, 505
Castro, Washington: 423, 477
Castro-Balbi, Alexandre: 370
Castro-Balbi, Jesús: 183, 309n-310n, 370, 509
Celorio, Gonzalo: 368
Cernuda, Luis: 291
Cervantes Saavedra, Miguel de: 302, 401
Cervo, Dmitri: 484
Chaikovsky, Piotr Ilich: 388, 396-397, 519, 521; *Pezzo capriccioso, op. 62*: 133, 136, 295, 509; *Variaciones sobre un tema rococó, op. 33*: 295, 307, 318, 388-389, 397
Chandrasekhar, S. N.: 527
Chávez, Anita: 262-263
Chávez, Carlos: 261-263, 264, 292, 348, 495; *Concierto para violonchelo y orquesta*: 254, 443, 495, 505; *Madrigal*: 254, 443, 495; *Tercera sinfonía*: 347; *The Visitors*: 263; *Sonatina para chelo y piano*: 137, 254, 261, 443, 495
Chen Qijang: 218
Chen Yi: 218, 423, 453, 453n; *Romance de Hsiao y Ch'in*: 217, 221-222
Chernenko: 140
Cherney, Brian: 453
Chevalier, Marcelo: 522
Chi Zi, Juo: 184
Child, Peter: 257, 474, 476
Chongwu Wang: 370
Chopin, Frédéric: 388, 394, 405, 416; *Polonesa brillante*: 394; *Sonata, op. 65*: 394
Chotnizoff, Samuel: 100
Chuchro, Josef: 409n
Clapham, J.: 401n-402n
Claro, Antonio del: 280, 329
Clementi: 87
Cleri, marqués Desiderio: 67
Climent, Ángel: 493
Cock, Richard: 335
Colgrass, Michael: 452
Colosio, Luis Donaldo: 346n
Comet, Catherine: 136, 138-139
Confucio: 201-203
Contreras, José (el Granadino): 45
Contreras, Salvador: 495
Copland, Aaron: 261, 266, 277, 438
Cordero, Roque: 499
Córdoba, Jorge: 25, 498
Corelli, Archangelo: 27-28, 37, 58, 375; *XII Tríos para dos violines y bajo*: 37; *XII Tríos para dos violines y violonchelo*, 375
Corneloup, Claire: 135
Corral, Manuel Antonio del: 258
Corredor, José María: 109, 109n, 405n-406n, 419
Corrette, Michel: 382
Cortázar, Julio: 252
Cortázar, Miguel: 405

Costa Lima, Paulo: 484
Costa, Luiz: 500
Coulter, John Reid: 470
Coulthard, Jean: 452
Couperin: 405
Cowell, Henry: 472
Cowling, Elizabeth: 28n, 382n
Craft, Robert: 120-121
Craft, Vera: 121
Crowl, Harry: 327, 484
Crumb, George: 473
Cruz Castillejo, Zulema de la: 493
Cuba: 122-124, 272, 337-353, 437, 438, 487-488
Cubiles, Manuel: 317
Cuevas, José Luis: 243
Cunningham, Carl: 513

Dallapiccola, Luigi: 428, 464; *Ciaccona, Intermezzo e Adagio para violonchelo solo*: 428, 464; *Dialoghi*: 428, 464
Danielpour, Richard: 181, 425, 474; *Concierto para violonchelo y orquesta*: 425
Darío, Rubén: 251
Davidovsky, M.: 479
Debussy, Claude: 231, 416, 425, 458
Defilló y Amiguet, Pilar: 407
Dej, Gheorgiu: 123
Delano, Jack: 501
Delaye, Bruno: 414
Delgado Pardo, Andrés: 501
Delius, Frederick: 429, 474; *Capricho y elegía para violonchelo y orquesta*: 429; *Concierto para violonchelo y orquesta*: 429; *Doble concierto para violín, violonchelo y orquesta*: 429; *Romanza para violonchelo y piano*: 429; *Sonata para violonchelo y piano*: 429
Dello Joio, Norman: 473
Deng Ke: 190, 211
Deng Xiaoping: 188, 190, 208, 211, 217, 224
Denisov, Edison: 166, 468; *Cuadros para orquesta*: 166
Desenne, Paul: 316, 316n, 449, 502
Desjardins, Raoul: 520
Diamond, David: 181, 473
Diao Hong Li: 225
Díaz, Ernesto: 300-301
Díaz, Marcelo: 336
Díaz, Porfirio: 259
Díaz, Porfirio: 405, 442
Diazmuñoz, Eduardo: 262, 270, 307, 498; *Cuatro humorescas*: 498; *Zonante*: 498
Diéguez, Margarita: 320n
Diemecke, Enrique Arturo: 139, 290, 416
Dies, A. C.: 76, 77n
Dirié, Gerardo: 432n
Dittersdorf, von: 244
Dodd, John: 59
Dohnanhy, Ernst von: 462;
Dorado, Ricardo: 440
Dorati, Antal: 418
Doring, E. N.: 46n
Dostoievsky, Fedor: 154, 160
Dowell, Allen (don Alonso Dowell): 83-86, 106, 236
Dowell, Edmundo: 84
Doyle, C. W.: 92
Drachman, Evan: 36, 44
Druckman, Jacob: 424
Duarte, Roberto: 336
Dudamel, Gustavo: 313

ÍNDICE DE NOMBRES 539

Dueñas, Antonio: 184, 184n
Dukas, Paul: 423
Dultzin, Daniel: 234-235
Duport, Jean Luis: 392
Duport, Jean Pierre: 389-390, 392
Durel, Gerald: 293
Dusapin, Pascal: 461
Dutilleux, Henri: 230-232, 239, 427, 460; *Concierto para violonchelo y orquesta*: 231-232, 427
Dutoit, Charles: 416
Dvorak, Antonin: 264, 285-286, 300-301, 313, 322, 389, 401-403, 403n, 406, 429, 519-520, 524; *Concierto en si bemol menor:* 401; *Concierto para violonchelo y orquesta:* 149, 264, 300, 322, 345-346; *Los bosques silenciosos:* 401; *Rondó:* 401, 405
Dzubenko, Gennady: 152, 154

Ebert, Ludwig: 395
Echeverría, Luis: 262, 338
Eckhardt-Gramatte, Sophie-Carmen: 452
Einstein, Albert: 95
Eisenberg, Maurice: 409
Eisenhower, Dwight D.: 163
Eisler, Edith: 512
Eisler, Hans: 455
Elgar, Edward: 429, 474; *Concierto para violonchelo y orquesta:* 429
Elías, Alfonso de: 254, 495
Elías, Manuel de: 138, 254, 269, 445, 496; *Concierto para violonchelo y orquesta:* 254, 445, 496
Elizondo, José Luis: 256-257, 499
Els, Anton: 470
Emanuel, Carl Philipp: 385
En Lai, Zhou: 186
Enesco, Georges: 466

Enríquez, Manuel: 254, 268-270, 294, 296, 328, 356, 444; *Concierto para violonchelo y orquesta:* 444; *Cuatro piezas*: 136, 444; *Fantasía*: 444; *Sonatina*: 137, 269, 294, 296, 328, 444
Epstein, David: 138
Erard: 391
Erkoreka, Gabriel: 493
Ernst: 42, 92
Escanero, Mauricio: 217
Escobar, Pablo: 305
Espinosa, Leandro: 498
Esterházy, príncipe Nicolás de: 76, 392
Estrada, Julio: 348, 497
Eury, Nicolas: 59

Fabini, Eduardo: 447
Fairchild: 396n
Falla, Manuel de: 79, 295-296, 315, 438-439, 489, 506; *Danza ritual del fuego y danza del terror*: 489; *Romanza y melodía:* 438-439; *Suite popular española:* 295-296, 439, 489
Fallow, Alonso: 84
Fan Kun: 187-188
Fan, Felix: 36
Farinelli: 70-71
Fariñas, Carlos: 255, 344-346, 349, 438; *Concierto para violonchelo y orquesta*: 255, 349
Fariñas, Guillermo: 351-352
Farnese, familia: 26
Farnesio, Isabel de: 70
Fauré, Gabriel: 396n, 426, 458; *Elégie*: 426, 458; *Papillon, op. 77*: 426, 458; *Sicilienne, op. 78*: 426, 458

Federico el Grande: 385
Federico Guillermo II: 385, 389
Felipe V: 68, 68n, 70-71
Ferdinando, Carlos, duque de Gonzaga: 32
Fernandes, Armando José: 500
Fernández Lara, Rolando: 370
Fernández Retamar, Roberto 350
Fernández, Alejandro: 530
Fernández, Lorenzo O.: 481
Fernando VI: 70-71
Fernando VII: 84-85
Ferrara, Giovanni: 526
Ferrari, Gaudenzio: 19-20
Ferrer, Guillermo: 75
Ferrer, Horacio: 278
Feuermann, Emanuel: 36, 94, 97-98, 410, 421
Field, John: 86-87
Filippini, Rocco: 36
Finney, Ross Lee: 472
Firpo, Roberto: 274
Fisher, Edgar: 309n, 323
Fitzenhagen, Wilhelm: 397
Fleisher, Edwin E.: 259
Florenz, Jean-Louis: 460
Flores, José Guadalupe: 269, 290
Flugelman, Máximo: 479; *Rapsodia para violonchelo y orquesta*: 479
Forster: 45
Foss, Lukas: 423; *Capriccio para violonchelo y piano*: 423; *Concierto para violonchelo y orquesta*: 423
Fournier, Pierre: 44, 117, 417, 427, 432
Français, Jacques: 30n, 31, 110-113, 130, 167
Françaix, Jean: 459
Franchomme, Auguste: 394

Francisco II, duque de Módena: 66-67
Franco, Enrique: 291, 517-519
Franco, Francisco: 409
Freitas Branco, Luis de: 500
Freitas, Federico de: 500
Fresno, Saturnino del: 263
Friedländer, Max: 99-100
Fuentes, Carlos: 238, 240, 251, 293, 511
Fürtwängler, Wilhelm: 97
Fulton, David: 36
Furtseva, Ekaterina: 121
Furtwängler: 417

Gabrielli, Domenico: 131, 375-376; *Ricercare para violonchelo solo*: 131, 375-376
Gagarin, Yuri: 119
Gaitán, Jorge Eliézer: 299
Gaito, Constantino: 477; *Sonata para violonchelo y piano*: 477
Galilei, Galileo: 19
Galilei, Vincenzo: 19
Galimov, Ruslan: 153
Galindo, Blas: 254, 267-268, 355, 409, 444, 495; *Concierto para violonchelo y orquesta*: 254, 444; *Sonata para violonchelo solo*: 254, 444; *Sonata para violonchelo y piano*: 444; *Sones de mariachi*: 268
Galindo, Blas: 409, 444
Galitzin, príncipe: 392
Gallego, Antonio: 295
Gallet, Luciano: 480
Galli, Domenico: 376
Galsanov, Valery T.: 163
Gálvez, José Luis: 370
Gama, Vasco da: 226

ÍNDICE DE NOMBRES

Gandhi, Rajiv: 229
Gandini, Gerardo: 479
Gannibal, Ibrahim: 162
Gante, fray Pedro de: 368
Garbusova, Raya: 412
García Abril, Antón: 492
García Borrás, José: 405n, 408, 408n
García Caturla, Alejandro: 339, 347, 438, 487
García de la Parra, Benito: 263
García del Busto, José Luis: 316, 318
García Demestres, Alberto: 493
García Lorca, Federico: 440
García Márquez, Gabriel: 237, 241, 243-244, 251-252, 299, 301-302, 304-306, 359, 511; Quintento García: 306
García Márquez, Jaime: 305
García Márquez, Luis Enrique: 305
García Vigil, Federico: 322
Gardel, Carlos: 275-276
Garrido-Lecca, Celso: 138, 254, 257, 286, 288-289, 295, 319, 356, 446, 499, 506, 525; *Concierto para violonchelo y orquesta*: 499; *Soliloquio para violonchelo solo*: 319, 446, 499; *Sonata fantasía para violonchelo y orquesta*: 254, 287, 295, 310, 446, 499
Garrido-Lecca, Maritza: 288-289
Gazdar, Tehmi: 229
Gehry, Frank: 313
Geiringer, Karl: 77n
Geminiani: 86
Genghis Khan: 162-163, 195
Genzmer, Harald: 456
Gerhard, Roberto: 296, 439, 489; *Sonata para violonchelo y piano*: 296, 489

Giménez, Alberto Emilio: 521
Ginastera, Alberto: 270, 277, 295-296, 432-435, 437, 478, 506, 518; *Pampeana*: 136-137, 295-296, 432, 478, 506; *Sonata*: 432, 478, 506
Ginsburg, Lev: 395n, 525
Glass, Philipp: 473
Glazunov, Alexander: 466
Glehn, Alfred von
Glière, Reinhold: 466
Gnatalli, Radamés: 482
Godoy: 84
Goebbels: 97-98
Goering, (Reichmarschall): 100
Gofriller, Matteo: 43-44, 49, 67
Goldberg, Szymon: 97
Golijov, Osvaldo: 433, 479
Gomes, Carlos: 282
Gómezanda, Antonio: 494
Gomzyakov, Pavel: 370
Goncharuk, familia: 153
Gonzaga, familia: 26
González, Luis Jorge: 257, 479, 518; *Cánticos del esperar para violonchelo y piano*: 257; *Oxymora para violonchelo y piano*: 479; *Confín sur*: 479; *Suite para violonchelo y piano*: 479
Gorbachov, Mijail S.: 140, 142-145, 150-151
Gordigiani, Giulietta (esposa de Robert von Mendelshon): 94-96
Gore-Booth, sir Robert: 88
Gorín, Natalio: 276
Gorostiza, José: 261n
Gould, Morton: 473
Goya, Francisco de: 79, 82-83, 83n, 106
Graça Moura, Miguel: 297-298
Gracia, Manfredo: 370

Graffman, Cary: 133
Gramatges, Harold: 347, 438
Granados, Enrique: 439, 489
Grantham, Donald: 257
Gratzer, Carlos: 479
Graudan, Nikolai: 97
Greiff, Otto de: 299, 523
Grieg, Edvard: 388
Grove, Stefans: 470
Grueso, Natalio: 354
Grützmacher: 384
Grumb, George: 424
Guadagnini, dinastía: 45
Guajardo, Jorge: 224
Guarneri, Camargo: 280, 434-435, 482; *Chôro para violonchelo y orquesta*: 280, 434, 482; *Ponteio e Dansa*: 434, 482
Guarnerius del Gesú, Giuseppe: 26, 29, 31, 33, 40-45, 48, 58, 220
Guarnerius, Andrea: 29, 31-33, 37, 40
Guarnerius, dinastía: 57
Guarnerius, Petro Giovanni (Petrus de Mantua): 31-33, 220
Guarnerius, Pietrus de Venecia: 31, 40, 44, 50, 67, 220
Guastavino, Carlos: 478
Gubaidulina, Sofia: 469
Guenther, Roy: 513
Guerra, J. Vicente: 482
Guerra, Peixe: 482
Guevara Ochoa, Armando: 499
Guevara, R. L. de: 252
Guida, Guido M.: 357
Guillén, Manuel: 335
Guimarães Levinsohn, Ronald: 326
Guinjoan, Joan: 491
Guo Pei Zu: 225
Gutiérrez Heras, Joaquín: 154, 218, 221-222, 255-256, 310, 316, 323, 335-336, 496, 506; *Canción en el puerto*: 221-222, 316, 323; *Dúo para flauta en sol y violonchelo*: 444, 496
Guttentag, Werne: 320n
Guzmán, Abimael (comandante Gonzalo): 288-289
Guzmán, Luis: 440

Haddon, Peggy: 470
Haendel, Georg Friedrich: 37, 86, 390, 429
Hahn, Reynaldo: 448
Halffter, Cristóbal: 291, 439-440, 491; *Partita para violonchelo y orquesta*: 440
Halffter, Ernesto: 490, 507
Halffter, Pedro: 335
Halffter, Rodolfo: 263, 292, 294, 296, 439, 443-444, 490, 495, 507; *Sonata para violonchelo y piano*: 444
Halle, Charles: 92
Hambro, Leonid: 444
Han, Mawangdui: 191
Harbison, John: 181, 424, 473; *Concierto para violonchelo y orquesta*: 424, 473; *Suite para violonchelo y piano*: 424
Harrell, Lynn: 418
Hart, George: 68n
Hartman, Imre: 115, 264
Harvey, Jonathan: 476
Haung Ruo: 454
Hausmann, Robert: 398, 400, 403
Haydn, Franz Joseph: 38, 46, 73, 75n, 76-77, 79, 83, 95, 246, 258, 271, 328, 384-385, 389, 405, 468; *Concierto en do mayor*: 271; *Concierto en re*

mayor: 227-229; *La alondra*: 245; *Las Siete Palabras*: 76, 78-79, 253
Haynes, Jerome: 123
Heifetz, Jascha: 41-42, 104, 299, 415
Heinz, Hollinger: 471
Heller, Alberto Andrés: 256-257, 328, 484
Henryk, Jablonski: 465
Herbert, Victor: 401, 403, 423; *Concierto número 2 para violonchelo y orquesta*: 401
Hermida, Juan: 183, 370
Hernández Bencomo, Gerardo: 338, 350
Hernández Moncada, Eduardo: 254, 495; *Pieza para violonchelo y piano*: 254, 495
Hernández, Hermilio: 496
Herrera de la Fuente, Luis: 256, 263, 508; *Sonatina para violonchelo solo*: 256, 314
Herrera, Fernando: 351
Hétu, Jacques: 453
Hijar, duque de: 75
Hilda, Dianda: 478
Hill, Alfred E., Arthur F. y W. Henry: 28n, 31n, 32-34, 36, 40n, 41, 45, 66, 83, 84n, 87n-88n
Hindemith, Paul: 97-98, 261, 415, 421, 455; *Concierto para violonchelo y orquesta*: 421; *Sonata para violonchelo y piano*: 421; *Sonata para violonchelo solo*: 421
hiper-instrumentos: 61
Hisatada, Otaka: 465
Hockfield, Susan: 237
Hoddinott, Alun: 475
Hofer: 100
Holst, Gustav: 474
Holzmann, Rodolfo: 446

Homuth, Donald: 418n-419n
Honegger, Arthur: 426, 432, 459
Horowitz: 108
Houlihan, Roberto: 236
Hovhaness, Alan: 473
Hoyos, Bernando: 301, 304, 306, 317
Hoz, Pedro de la: 524
Hsieng Xinghai: 208; *Cantata del río amarillo*: 208
Huang Yijun: 206-207, 212-213
Huberman, Bronislaw: 94
Huiguo, Yuang: 206
Huré, Jean: 458
Hush, David: 254; *Partita*: 254

Ibarra, Federico: 138, 166, 243, 254, 289-291, 294, 296, 307, 318, 333, 338, 357, 445, 497, 507, 515; *Concierto para violonchelo y orquesta*: 166, 254, 307, 317, 351; *Sonata para violonchelo y piano*: 254, 296
Ibert, Jacques: 458
Ikenouchi, Tomojiro: 464
Ilíada (Homero): 17
Indy, Vincent d': 458
Íñigo Madrigal, Luis: 238
Ipatiev, Nikolai: 146, 148, 156, 173
Irely, John: 475
Isang Yun: 456
Istomin, Eugene: 407, 418
Itzachik, Itzaak: 141

Jacchini, Giuseppe: 375
Jachaturián, Aram: 122, 430, 467; *Concierto-rapsodia para violonchelo y orquesta*: 430, 467; *Sonata para violonchelo y piano*: 430, 467
Jachaturián, Emil: 263
Jacqué, Maurice: 114, 125

ÍNDICE DE NOMBRES

Jambe de Fer, Philibert: 22
Janacek, Leos: 422, 471
Janzer, Eva: 413
Javtorin, Boris P.: 153
Jee, Patrick: 370
Jerusalem, Ignacio de: 72
Jiang Qing: 208-209
Jiménez Mabarak, Carlos: 495
Jiménez Remus, Gabriel: 350-351
Jiménez Remus, Gloria: 351
Jiménez, Miguel: 285
Jiménez, Raphael: 332
Jo Tong, Guan: 185
Joachmin, Joseph: 41, 91-92, 381, 399-400
Johnson, Hunter: 424
Jolivet, Yré: 459
Jordaen, Hermaan: 470
Jordan, Barry: 470
Joublanc Montaño, Luciano: 179
Jourdan-Morhange, Helène: 426
Jramov, Igor: 153
Jrennikov, Tijon: 121
Jruschov, Nikita: 119, 123-124, 140, 159, 163
Juan V: 70
Jucker, Rama: 409n

Kabalevsky, Dmitri: 119, 430, 467
Kagel, Mauricio: 457, 479
Kaiser, Martinus: 43-44
Kakhidze, A.: 149
Kancheli, Giya: 431, 461
Kandinsky, Vassily: 97
Karajan, Herbert von: 184, 417
Karysheva, Rita: 163-164
Kaspé, Masha y Vladimir: 127-129
Kates, Stephen: 418
Katz, Alejandro: 321
Kauniková, Josefina: 402
Keller, Felicitas: 102n
Kennedy, John F.: 122-124
Kerlino, Giovanni: 30
Kiefer, Bruno: 482
Kinsella, John: 235-236, 239, 256-257, 463, 507; *Concierto para violonchelo y orquesta*: 463; *Una giga para Carlos*: 257, 463
Kirchner, Leon: 181, 424, 473; *Música para violonchelo y orquesta*: 424, 473
Kiss, Evgenii: 166
Kittel, Nicolas: 59
Klatzow, Peter: 470
Klebe, Giselher: 456
Klee, Paul: 97
Kleiber, Erich: 97, 263, 347
Klemperer, Otto: 97-98
Klinger, Cuarteto de Cuerdas: 96
Knushevitsky, S.: 163
Koc, Marcelo: 478
Kodaly, Zoltan: 131, 133, 153, 216, 218, 235, 270, 308, 427, 462, 512, 514, 515, 522, 525; *Sonata op. 8*: 131, 299, 314; *Sonata para violonchelo solo*: 133, 153, 216, 235, 270, 308, 507
Kokoschka, Oskar: 97
Kolchak, almirante: 146
Kong Li: 202
Kong Shangren: 202
Kong Zisi: 202
Kopp, Jim: 514
Koussevitsky: 244, 444
Kozinn, Allan: 512
Kozlov: 123
Kraft, Anton: 384-385
Kraft, Nicolaus: 385, 390, 392

ÍNDICE DE NOMBRES 545

Kreisler, Fritz: 41, 97, 98
Kremer, Gidon: 41, 280
Krenek, Ernst: 97-98, 451
Krieger, Edino: 483
Kubelik: 417
Kubitschek, Juscelino: 281
Kublai Kan: 195
Kuri, Mario: 254, 496; *Canto de cinco flor para violonchelo y orquesta de cámara*: 496; *Concierto tarahumara para violonchelo y orquesta*: 254, 496; *Macui Xóchitl para violonchelo y piano*: 496

Lacerda, Osvaldo: 483
Lachernmann, Helmut-Friedrich: 457
Laderman, Ezra: 181
Ladrón de Guevara, Raúl: 496; *Movimiento concertante*: 496
Lafer, Celso: 326, 361
Lagunas, Carlos: 134
Lalo, Edouard: 397; *Concierto en re menor*: 397
Lam, Angel: 454
Lamarque Pons, Jaurès: 448, 501; *Pieza para violonchelo y piano*: 448
Lang Lang: 219
Langley, Bernard: 470
Lara, Ana: 498
Larcher, Thomas: 422, 451
Lavalle, Armando: 496
Lavista, Mario: 154, 255, 257, 292-293, 308, 321, 358, 445, 497, 507; *Quotations*: 137, 293, 445; *Tres danzas seculares*: 255, 293, 295-296, 308, 315, 445
Le Blanc, Hubert: 22, 23n
Le Pera, Alfredo: 275
Lecerf de la Viéville, Jean Laurent: 22

Legrenzi, Giovanni: 43
Lener, Cuarteto: 115
Lenin, Vladimir Ilich: 146, 151, 156, 159, 162, 164, 186
León Ara, Agustín: 266
León-Portilla, Miguel: 368
León, Cecilia: 266
León, Tania: 488
Levy, Lazare: 440
Ley, Sergio: 193, 205
Li Fu Quan: 190
Li Jiwu: 225
Li Xiang: 222-223
Li Zhuang: 187-188
Lieberson, Peter: 181
Liévana, monje Beatus de: 58
Lifchitz, Max: 254, 497; *Voces de la noche*: 254, 497; *Transformations*: 497
Ligeti, Georgy: 297-298 427, 440, 463
Linares, duque de: 253
Lind, Jenny: 284
Ling, Luis: 205
Linhares da Silva, Francisco: 282-283
Linike, C. Bernhard: 377
Linke, Josef: 390-392
Liszt, Franz: 89, 91, 388
Liu Shao-chi: 208
Liu Shikun: 208
Livron, *monsieur*: 41
Lizalde, Eduardo: 368
Llorden, Moisés: 315
Loevensohn, Marin: 259
López Gavilán, Guido: 257, 344, 438, 488; *Como un antiguo bolero...*: 257; *Monólogo*: 438, 488
López Marín, Jorge: 488
López Mateos, Adolfo: 268
López, Jimmy: 257, 369, 447, 500

Lorenz, Alex: 308-309
Lorenz, Ana Cecilia: 308
Lorenz, Ricardo: 255, 257, 308, 316, 449-450, 503, 507; *Cecilia en azul y verde:* 255, 308, 316; *Michigan es Michoacán:* 257, 450
Louie, Alexina: 453
Lozano, Fernando: 271
Luis XIV: 68, 382
Lukas, Foss: 473
Lupot, François: 45, 59
Lutoslawski, Witold: 269, 428, 465; *Concierto para violonchelo y orquesta:* 269, 465
Lykiarddopulos, Periyros: 471
Lyra, Pedro: 325

Ma, Nicholas: 222
Ma, Yo-Yo: 9, 36, 44, 60, 176-178, 180-183, 211, 218, 222, 233, 242, 245-246, 280, 301, 307, 313, 336, 354, 359, 364-365, 367, 369, 416-418, 423-425, 428, 511, 517
Mac Dowell, Harry: 234
MacDonald, Malcolm: 399n
Machover, Tod: 61, 181
Maderna, Bruno: 424, 440
Maggini, Giovanni Paolo: 29-30, 35, 37-38
Magno, Alejandro: 141
Mahle, Ernst: 483
Mahler: 98
Mahoma: 141
Makarov, Vladimir: 143
Malan, Waldo: 471
Malec, Yvo: 460
Malipiero, Gian Francesco: 464
Malusi, Lauro: 20n, 30n
Manasarián, Ovsep S.: 145

Manfredi, Filippi: 383
Mannis, José Augusto: 328
Mantegazza, hermanos: 41
Manzano, Álvaro: 318
Mao Tse-tung: 185-186, 190, 207, 208-209
Mao Zedong: 191
Marais, Marin: 21
Marcello, Benedetto: 43, 376, 386
March, Juan: 295
Marchenko, Aleksandr: 165
Marco, María Rosa: 333
Marco, Tomás: 26, 255-256, 257, 291-292, 295, 315-316, 328, 333-334, 336, 358, 360, 441, 492, 507, 518-519, 528; *Chelo Prieto:* 257, 336, 441, 492; *Ensueño y resplandor de don Quijote:* 441, 492; *Laberinto marino:* 256, 333-334, 492; *Maya:* 492; *Partita Piatti:* 328, 441, 492; *Primer espejo de Falla:* 255, 292, 295, 315, 334, 441, 492
Marèchal, Maurice: 426
Marías, Álvaro: 315, 360, 529
Marica, Mihai: 370
Marichal, Elizabeth: 449
Marie, Jean Étienne: 292
Marino Rivero, René: 501
Mariscal, Ignacio: 445n
Markevitch, Igor: 232, 277
Márquez, Arturo: 256-257, 310, 330-331, 363, 369, 445, 497, 507; *Espejos sobre la arena:* 256, 310, 331, 445, 497; *Lejanía interior:* 257, 369, 445, 497
Martin, Chiky: 295, 315
Martin, Frank: 431-432, 471
Martin, Gerald: 301
Martin, Philip: 463

ÍNDICE DE NOMBRES

Martín, Víctor: 102n, 291, 334-335
Martínez Legorreta, Omar: 184n
Martínez, Ana Lourdes: 344
Martínez, Sebastián: 79-80, 82-83, 83n, 106
Martínez, Teófila: 316
Martinu, Bohuslav: 422, 471; *Variaciones sobre un tema de Rossini*: 422, 471
Marturet, Eduardo: 310, 333
Mastrogiovanni, Antonio: 448
Mata, Eduardo: 307, 312-313, 348, 497
Mather, Bruce: 453
Mattos Rodríguez, Gerardo: 274; *La cumparsita*: 274
Maucotel: 88
May, Frederick: 236
Maycock, Robert: 515
Mc Ferrin, Bobby: 181
Medina, Jesús: 290
Melo, Vicente F.: 408
Mendelssohn Bartholdy, Felix: 91, 93, 98, 246, 369, 388, 394, 400; *Canción sin palabras, op. 109*: 394; *Primavera*: 405; *Variaciones concertantes*: 394
Mendelssohn, Eleanore: 100-102
Mendelssohn, familia: 93-97, 101-103, 110
Mendelssohn, Francesco: 100-104, 108, 109, 110
Mendelssohn, Franz: 93
Mendelssohn, Moses: 93
Mendelssohn, Robert von: 93-94
Méndez, M.: 523
Mendoza Nava, Jaime: 480
Mendoza Rojas, J. A.: 259n, 260n,
Mendoza, Emilio: 502
Mendoza, H. Caro: 299, 523

Menegele, Beattrice: 329
Ménestrier, padre: 22
Mennin, Peter: 473
Merighi, Vincenzo: 90
Mesa, Salvador: 352
Messia Bedoya, Alonso: 75
Meyer, Edgar: 181; *Appalachia Waltz*: 181
Meyer, Krysztof: 466
Miaskovsky, Nikolai: 466
Michio Mamiya: 465
Mignone, Francisco: 481
Mijares, Rafael: 199
Mikoyan, Anastas I.: 119, 123
Milhaud, Darius: 426, 459; *Concierto número 1, op. 136*: 426
Milstein, Nathan: 94
Miranda, Ricardo: 258
Miranda, Ronaldo: 483
Molina, William: 10, 309-310, 316, 359, 370
Mompou, Federico: 489
Monn, Georg Mathias: 422; *Concierto en sol menor para violonchelo*: 422
Monroy Chazarreta, Germán: 320
Montagnana, Domenico: 44, 67, 89, 220
Montañez, Marta: 407, 409
Montecino, Alfonso: 485
Montes de Oca, Ramón: 255, 498
Monteverdi, Claudio: 26-27, 32, 43; *Orfeo*: 27
Montichiari, Zanetto da: 30, 57
Montiel, Rubén: 409, 494
Montsalvatge, Xavier: 256, 294, 324, 360, 439, 491, 507; *Evocación*: 439, 491; *Invención a la italiana*: 256, 491; *Sonata concertante*: 294, 439, 491

Moor, Emanuel: 419, 462
Morel, Français: 130
Morel, René: 39n, 104, 104n, 112, 130-131, 132, 167
Morelembaum, Henrique: 287
Moreno, Alfonso: 266
Moreno, Antonio Martín: 72n
Moreno, Lucas: 440
Moreno, Yolanda: 289
Moro, Carlo: 65n, 69-73, 75, 77, 80-82
Morozov, Valeri I.: 175
Moscheles: 91
Mossurunga, B.: 480
Moyse, Blanche Honegger: 100n
Moyse, Louis: 100n
Moyse, Marcel: 100n
Mozart, Leopold: 377, 377n
Mozart, Wolfgang Amadeus: 46, 385-386, 386n, 388-390, 397, 399, 505; *La flauta mágica*: 390; *Sinfonía concertante*: 385, 399
Müller, Philippe: 370
Muench, Gerhart: 495
Mulana: 223
Muñoz, Leticia: 154n
Musi, Aurelio: 526
Musicescu, Florica: 268
Mussolini, Benito: 96
Mussorgsky: 123; *Boris Godunov*: 123
Mutis, Álvaro: 5, 237-238, 252, 306-307, 314, 358, 512
Mutis, canónigo José Celestino: 238
Mutis, Manuel: 238

Napoleão, Arthur: 434
Nardini, Pietro: 383
Nátola-Ginastera, Aurora: 36
Navarra, André: 409
Nebra, Blasco de: 70n

Nelson, Almirante: 84
Nelsova, Zara: 36, 409
Nepomuceno, Alberto: 480
Neruda, Pablo: 251
Newcater, Graham: 470
Nicholas, L. H.: 100n
Nicola, I.: 437
Nicolás II: 146-147, 155-156
Niemeyer, Oscar: 326, 354
Nikisch, Arthur: 442
Nin Castellanos, Joaquín: 487, 489
Nin Culmell, Joaquín: 487, 491
Nobre, Marlos: 222, 256-257, 326, 360, 435, 483, 508; *Cantilena*: 257; *Cantoria II*: 256 435, 483; *Desafío II*: 435, 483; *Partita latina*: 256, 326, 435, 483; *Poema*: 222, 435
Nono, Luigi: 464
Norton, Charles Eliot: 261
Novikova, Olga: 128
Núñez, Juan Carlos: 502

O'Connell, cardenal: 274
O'Connell, Kevin: 463
O'Connor, John: 234
O'Connor, Marc: 181
O'Kelly, Eve: 235
Odnoposoff, Adolfo: 409, 444
Ohana, Maurice: 459
Oliveira, Elmar: 42
Oliver, coronel: 88, 110
Olivo, Gabriela: 316
Oostveen, Klass van: 470
Orbón, Julián: 348
Orellana, Francisco de: 286
Ornstein, Leo: 472
Orrego-Salas, Juan: 255, 257, 322-323, 436, 450, 484-485, 508, 529; *Balada*: 436, 485; *Canciones de adve-*

nimiento: 436, 484; *Concerto a tre:* 436, 484; *Concierto para violonchelo y orquesta:* 436, 485; *Dúos concertantes:* 436, 484; *Espacios:* 255, 322, 323, 436, 485; *Fantasía:* 257, 323, 436, 485; *Serenata para flauta y violonchelo:* 436, 485
Orsini, cardenal (Benedicto XIII): 66
Ortega, Neiva: 328
Ortiz Tirado, Alfonso: 332
Ortiz, Diego: 21
Ortiz, Gabriela: 498
Ortiz, Pablo: 479
Oswald, Henrique: 480
Ozawa, Seiji: 424

Pablo, Luis de: 491, 528
Pacheco, José Emilio: 337, 365
Paešky, Efraín: 279, 279n, 321
Paganini, Nicolo: 38-39, 41-42, 89-90, 388
Palacios, Juan: 503
Palm, Siegfried: 421, 428, 440
Pan Yan: 225
Pang Bo: 223
Paniushkin, Anatoly: 143, 145
Páramo, José Alfredo: 531
Paratner, Wolfgang: 455
Paredes, Beatriz: 345-346
Parisot, Aldo: 9, 219, 370, 529
Parker, Ralph: 121
Parma, María Luisa de: 82, 84
Pärt, Arvo: 454
Patiño, Lucía: 438, 489
Paula Micón, Francisco de, marqués de Méritos: 73, 76
Pavlova, Anna: 406
Paz, Octavio: 251
Péccatte, Dominique: 55, 59-60

Pedro el Grande: 162, 281
Pedro I.: 156, 160
Peixnho, Jorge: 500
Pemán Medina, María: 72-73, 82-83, 83n
Penderecki, Krzysztof: 428, 465; *Capriccio per S. Palm*: 428, 465
Pengfei, Ji: 185
Pennario, Leonard: 415
Perea, Alicia: 344-345
Pérez de la Riva, familia: 339
Pérez Fuentes, José A.: 487; *Toccata:* 487
Pérez Gay, José María: 330
Pérez Gay, Lilia: 330
Pérez Mesa, Enrique: 351
Pérez Montero, G.: 525
Pérez, Amauri: 345
Pérez, Víctor Pablo: 264-265
Pergolesi: 71
Perlman, Itzhak: 41-42
Perón, Eva: 275
Perón, Juan Domingo: 275
Pesantes, Rosario: 319n
Petrassi, Goffredo: 440
Piatigorsky, Gregor: 44, 94-95, 101, 108-110, 410, 415, 421, 423-424, 429-430, 489, 508
Piatti, Alfredo: 86-93, 107, 110; *Caprichos:* 131
Piatti-Lochis, condesa Rosa Constanza: 92n, 93
Piazzolla, Astor: 218, 243, 255, 268, 270, 276-279, 338, 433, 478, 521, 523; *Le Grand Tango:* 216, 222, 271, 279-280, 295-296, 308, 315, 321, 508, 515, 522; *La muerte del ángel:* 279; *Milonga en re para violonchelo y piano:* 279

Piazzolla, Dedé: 277-278
Picanyol, Joan: 354
Picasso, Pablo: 97
Pichardo, Esteban: 272n
Pigott, John A.: 87-88
Pigott, Samuel J.: 86-87, 234, 236
Pineda Duque, Roberto: 486
Pinkston, Russell: 257
Pinto Campa, Miguel: 486
Pinto Coelho, Fermino: 281
Pintscher, Matthias: 421, 457
Pipes, Richard: 146-147
Piquero, Alberto: 517
Pires, Luis Felipe: 447, 500; *Sonatina para violonchelo y piano*: 447
Piston, Walter: 423, 472
Pizzetti, Ildebryo: 464
Platero, Marion: 370
Plaza, Juan Bautista: 448-449, 502; *Diferencias sobre un aire venezolano*: 449; *Melodía para violonchelo y piano*: 449
Pleeth, William: 418
Plessis, Hubert du: 470
Plunckett, Catalina: 84
Pollens, Stewart: 47, 53
Polo, Asier: 370
Polonia, rey Augusto de: 46, 66
Pombo, Roberto: 303, 359
Ponce, Manuel M.: 190, 192, 218, 243, 260, 263, 271, 338, 494, 508; *Tres danzas*: 137; *Tres preludios*: 136, 216, 270, 296, 443, 521, 525; *Sonata para violonchelo y piano:* 137, 296, 443; *Trío romántico:* 185
Popper, David: 395
Porpora: 71, 376
Porrúa, Francisco: 303
Porter, Quincy: 472

Posada, Andrés: 437, 486
Potes Cortés, Alba Lucía: 486
Poulenc, Francis: 417, 427, 459; *Sonata para violonchelo*: 427, 459
Pré, Jacqueline du: 417, 418
Prevost, Yré: 452
Prieto Jacqué, Carlos: 264
Prieto, Carlos (padre del autor): 114, 125-126, 260
Prieto, Carlos Miguel (hijo del autor): 232, 236, 242, 244-246, 262, 309-310, 331-332, 336, 349, 362, 412, 506
Prieto, Carlos: 36, 114-124, 125-129, 151n, 182, 235-236, 260, 331, 334, 511
Prieto, Cécile Jacqué de (madre del autor): 114, 125-126, 260
Prieto, Claudio: 315, 360, 369, 440, 492
Prieto, Cuarteto: 114-115, 183, 235, 242, 244-245, 264, 365, 367, 369, 412
Prieto, Isabel (hija del autor): 232, 246
Prieto, Jean Luis: 125
Prieto, Juan Luis (hermano del autor): 111, 115, 120, 126, 221, 244, 260, 407
Prieto, María Isabel (esposa del autor): 142, 144, 148, 161, 163, 182, 188-189, 210, 212-214, 221, 224, 228, 232, 250, 267, 302, 318, 337, 350, 354, 359, 365
Prieto, María Teresa: 125, 256-257, 260, 263-264, 333, 443, 490, 494; *Adagio y fuga para violonchelo y orquesta:* 264, 333, 443, 494
Primrose, William: 415

ÍNDICE DE NOMBRES

Prissman, Betty: 127-128
Projorov, Vadim V.: 143
Prokofiev, Sergei: 122, 305, 430, 467; *Sinfonía concertante:* 430; *Sonata:* 430
Puente Leyva, Jesús: 316, 316n
Pujol: 437
Pulido Hurtado, Luis: 486
Purcel: 429
Pushkin, poeta: 162
Putin, Vladimir: 140, 175, 179

Qin Shi Huang: 218
Quintana, Edison: 210, 234, 252, 268-270, 279-280, 282-283, 287, 291-294, 301, 307, 314-322, 337, 356, 433-434, 439-440, 441n, 444, 505-509, 521-524, 526
Quintanar, Héctor: 292, 348

Radko, Tisharsky: 497
Radrigan, María Iris: 309n
Rajmaninov, Sergei: 321, 430, 466; *Sonata en sol menor:* 430
Rattle, Simon: 312
Ravel, Maurice: 231, 277, 426, 458
Razumovsky, conde: 392
Reger, Max: 454
Reimann, Aribert: 457
Reiter, Max: 103-104
Rembrandt: 98
Rendón García, Guillermo: 486
Repin, Vadim: 155
Respighi, Ottorino: 428, 463; *Adagio con variaciones:* 428
Revueltas, Silvestre: 269-270, 310, 321, 444, 494; *Tres piezas:* 269, 270, 494
Reyer, Max: 421

Reyes Alvarado, Alfonso: 251, 306
Ribao, Jiefang: 527
Ribao, Qingdao: 527
Ricci, Ruggiero: 42
Richter, S.: 163
Riedmayer, Francisco Javier: 80, 105
Ries, F.: 392
Ries, Louis: 92
Rihm, Wolfgang: 457
Rimsky-Korsakov: 120, 396n
Rincón, Pedro Simón: 502
Rivas, Diógenes: 502
Rivera, Alejandro: 224, 224n
Robbins Landon, H. C.: 46n, 386n
Rocca, Jeferson della: 328
Rocha Monroy, Ramón: 320
Roda, Joseph: 59
Roddy, Joe: 96n, 103n, 104n
Rodrigo, Joaquín: 131, 254, 266, 296, 355, 439, 490, 508; *Como una fantasía:* 131, 254, 266, 439; *Concierto como un divertimento:* 490; *Concierto Galante:* 490; *Sonata a la Breve:* 439, 490; *Siciliana:* 296, 439, 490, 508
Rodríguez Larreta, Enrique: 274
Rodríguez, Abel L.: 522
Rodríguez Ulloa, Aurea: 319
Rodríguez, Irina: 345
Rodríguez, Marcela: 445, 497; *Concierto para violonchelo y orquesta:* 445, 497; *Lumbre:* 445, 497
Rodríguez, Nilo: 487
Rodríguez, Robert X.: 255, 257, 294, 424, 474; *Máscaras:* 255, 424, 474; *Lull-a-Bear:* 255, 294, 424, 474; *Tentado por la samba:* 257, 424, 474
Rodríguez, Silvio: 353, 353n
Rogeri, Francesco: 29

Rogeri, Giovanni Battista: 29
Roldán, Amadeo: 339, 347, 437, 487; *Canciones vuelta abajeras:* 339; *Dos canciones populares cubanas:* 437; *Obertura sobre temas cubanos:* 339
Rolón, José: 254, 494
Romanov, familia: 146-147, 155, 155-156n
Romanov, Nicolás: *véase* Nicolás II
Romberg, Andreas: 392
Romberg, Bernhard: 392
Romero, Aldemaro: 449, 502; *Concierto del Delfín:* 449
Romero Cáceres, Eduardo: 485
Romero, hermanos: 367
Rondón, Ricardo: 530
Röntgen, Julius: 419
Rosand, Aaron: 42
Rose, Leonard: 89, 117, 132, 180, 412, 416-417, 444
Roslavetz, Nicolas: 466
Ross Marbá, Antoni: 264
Rostropovich, Leopoldo: 153
Rostropovich, Mstislav: 110, 153, 159, 163, 180, 231-232, 279, 346, 396, 409, 411-412, 415-416, 418, 423-424, 427, 429-430, 440, 447, 467, 511
Rothschild, Germaine de: 383n
Rothschild-Piatigorsky, Germaine: 36
Rouse, Christopher: 181, 425, 474; *Concierto para violonchelo y orquesta:* 425
Roussel, Albert: 231, 458
Rozón, J. J.: 520
Rubinstein, Anton: 419
Rubinstein, Arthur: 277, 415, 417
Rubio, Samuel: 440

Rueda, Jesús: 493
Rugeles, Alfredo: 310, 449, 502
Ruiz Cortines, Adolfo: 408
Rulfo, Juan: 251

Saariaho, Kaaja: 458, 461
Sabbato, Sergio Di: 484
Sacconi, Simone: 39, 39n
Sachs, Curt: 22n
Sadie, Stanley: 19n
Sadlo, Milos: 401n, 409
Sáenz Aguirre, Cecilia: 318
Sáenz de Santa María, padre José (marqués de Valde Íñigo): 73-80, 105
Sáenz Rico, Ignacia: 78
Saint-Saëns, Camille: 351, 388, 396, 406; *Carnaval de los animales:* 396; *Concierto en la menor:* 351; *La muerte del cisne:* 406
Sajarov, Volodia: 145
Salabue, conde Cozio di: 45
Salas, Horacio: 271-275
Salazar, Adolfo: 17, 347, 378, 378n
Salchow, William: 55, 60
Salgado, Francisco: 438, 488
Salgado, Luis Humberto: 438, 488
Salinas de Gortari, Carlos: 346n
Salinas, Arturo: 254, 295, 498
Salmon, Mary: 88
Salò, Gasparo da: 29-30, 37-38, 57
Salomonovich, Alexandr: 144
Sánchez Bor, Domingo: 502
Sánchez Málaga, Armando: 319n
Sánchez Torres, Georgina: 370
Sandi, Luis: 495
Santa Cruz, Domingo: 435-436, 484; *Sonata para violonchelo y piano:* 435-436, 484

ÍNDICE DE NOMBRES

Santa María, Pelayo: 485
Santoro, Claudio: 435, 482
Santos, José de: 286
Saramago, José: 330, 362
Saramago, Pilar: 330
Sarnoff, David: 100
Sas, Andrés: 446
Sassoon, Victor: 205
Sauguet, Henri: 459
Savín, Francisco: 269
Scarlatti, Alessandro: 376, 382
Scarlatti, Domenico: 70-71, 376, 383, 386
Schabert, Frau: 135
Schidloff, Peter: 38
Schiff, Heinrich: 36
Schmidt, H.: 391n
Schmidt, J.: 391n
Schnabel, Artur: 94, 97
Schnittke, Alfred: 141-143, 431, 469; *Hymnus*: 469; *Madrigal in memorian Oleg Kagan*: 469; *Triple concierto para violín, viola y violonchelo*: 431, 469
Schoeller, Philippe: 461
Scholz, Janos: 180
Schönberg, Arnold: 97-98, 422, 439, 447, 451
Schroeter, Guilherme: 484
Schubert, Franz: 93, 183, 369, 388, 393-394, 396n, 468; *Arpeggione*: 393-394; *Cuarteto en re menor*: 93
Schulhoff, Erwin: 455, 472
Schuller, Gunther: 473
Schumann, Clara: 92
Schumann, Robert: 92, 264, 297-298, 388, 395-396, 399-400, 405, 416, 429, 498, 519; *Adagio y Allegro, op. 70*: 396; *Cinco piezas en estilo popular, op. 102*: 396; *Concierto para violonchelo*: 94; *Concierto en la menor*: 264, 395, 405; *Piezas de fantasía*: 396
Schumann, William: 472
Schuster, Joseph: 97
Sealy, Douglas: 516
Segerstam, Leif: 425, 458
Seixas, Luis Felipe: 361
Seixas, Marilú: 326, 361
Selezniov, Aleksei: 179
Semenova, I. K.: 525
Serebrier, José: 256, 322, 448, 501
Serkin, Irene: 102
Serkin, Rudolf: 94, 96-97, 100, 100n, 102, 109-113
Serr, Harriett: 449
Serrano, Gastón: 332
Sevitsky, Fabian: 277
Shafran, Daniil: 144, 163
Shakespeare, William: 101-102, 209
Shao, Sophie: 370
Shearing, George: 255
Shebalin, Vissarion: 467
Sheng, Bright: 454
Shirakawa, Sam H.: 97n
Shostakovich, Dmitri: 116, 118-119, 122, 133, 143, 151-152, 166, 218, 245, 308, 321, 395-396, 516, 519, 530; *Concierto núm. 1*: 163, 166, 265, 298, 329, 349, 411, 508; *Décima sinfonía*: 149; *Sonata for cello and piano*: 216; *Sonata, op. 40*: 136, 295, 509, 513; *Sonata para viola y piano, op. 147*: 151; *Tres piezas, op. 9*: 467
Shostakovich, Irina: 151, 174
Shostakovich, Zoya: 174

Sibelius, Jean: 425, 457
Sierra, Roberto: 256-257, 310, 330, 362, 447, 474, 501, 509; *Espejos sobre cuatro versos:* 256, 310, 330; *Júbilo:* 330; *Sonata elegiaca:* 257
Silva Díaz, Joaquín: 501
Simao, Wilson: 524
Simrock: 402, 403n
Siqueira, José: 482
Siskind, Jacob: 515
Sivori: 92
Slonimsky: 274n
Smetana: 192
Smith, Ken: 515
Smolensk, Oleg: 179
Sojo, Vicente Emilio: 347, 448
Sokolev, Nikolai A.: 146
Solé, Pablo Antonio: 74n
Soler, Ángel: 265, 297
Soler, Joseph: 70n, 492
Solís, Ramón: 83n
Solís, René: 289
Soloman, Alan: 470
Solzhenytsin: 160
Soriano, Alexis: 154
Sorolla, Joaquín: 344
Stainer, Jacobus: 30-31, 37, 40, 45-46, 67
Stalin, José: 97, 119, 128-129, 146, 159, 186
Stanlein, conde: 90
Starker, Janos: 44, 413, 417-418, 436
Stauffer, G.: 393
Stern, Isaac: 41-42, 176, 418
Stern, Leo: 402
Stevens, Halsey: 424
Stevenson, Doris: 133, 136-138, 152, 243, 252, 262, 291, 300, 356, 506-509, 512-514, 520

Stevenson, Robert: 75, 76n, 379n
Stockhausen, Karlheinz: 292, 440, 456
Stokowsky, Leopold: 443
Stradivarius, Antonio: 26, 29-30, 32-41, 44-47, 53, 57-58, 65-69, 321, 375
Stradivarius, Francesca María: 65
Stradivarius, Francesco: 39, 67-69
Stradivarius, Omobono: 39, 67
Stradivarius, Paolo: 69
Straus, Ludwig: 92
Strauss, Richard: 314, 388-389, 400: *Don Quijote:* 314, 389, 400
Stravinsky, Igor: 118, 120-122, 125, 261, 430, 430n, 447, 466; *Suite Populaire Italienne*: 430, 466
Strocchi, Giuseppe: 19n
Strogoff, Michel: 160
Stück, Jean Baptiste "Bastistin": 382
Suárez, Jorge: 183, 188
Suárez, Manuel: 183-184, 188
Sumaya, Manuel de: 253, 253n
Syszlo, Fernando de: 287
Szeryng, Henryk: 41-42, 417

Takemitsu Toru: 465
Tallón, Sebastián: 273
Tan Dun: 181, 218-219, 423, 454
Tanaka, Marjorie: 306
Tanguy, Eric: 461
Tapia Colman, Simón: 495
Taranto, Aldo: 483
Tartini, Giuseppe: 382
Tavener, John: 476
Taylor, Simon: 234
Teixeira, Maria Candida: 327
Téllez, Carmen: 432n
Téllez, Roberto: 495
Tello, Aurelio: 446

ÍNDICE DE NOMBRES

Tello, Carlos: 145
Temes, José Luis: 264, 333, 508
Teppa, Carlos: 502
Terraza, Emilio: 479, 483
Terrill, Ross: 208n
Thome, Joel: 269
Thomson, Virgil: 472
Tircuit, Heuwell: 514
Tobias, Paul: 110, 112
Toch, Ernst: 451
Toffolo, Ronaldo: 524
Tononi: 44
Toralba, duque de: 67
Torres Zuleta, Luis: 486
Torres, Jesús: 493
Tortelier, Paul: 418, 460
Tosar, Héctor: 448
Toscana, príncipe Fernando de: 67
Toscanini, Arturo: 100, 103, 110
Toshiro Mayuzimi: 465
Tourte, François: 54, 58-60
Toussaint, Eugenio: 256, 305, 310, 330, 332-333, 336, 445, 498, 509; *Bachriación para violonchelo solo*: 256, 336, 445, 498; *Concierto número 2*: 256, 498; *Pieza para violonchelo solo y piano*: 445, 498; *Pour les enfants*: 256, 445, 498; *Variaciones concertantes*: 445, 498
Tovey, Donald Francis: 403n, 419, 475
Tower, Joan: 473
Trimble, Joan: 236
Trío México: 130, 183
Troilo, Aníbal *(el Gordo Troilo)*: 275, 277
Tsereteli, Zurab: 160
Tsintsadze, Iraklii: 149-150
Tsintsadze, Sulján: 149, 431, 431n, 461; *24 preludios para violonchelo y piano*: 431, 461
Tsuna Iwami: 483
Tsutsumi, Tsuyoshi: 413
Tubbs, James: 59
Turina, Jósé Luis: 152, 154, 256, 441, 493; *Concerto da Chiesa*: 256, 441, 493
Turrent, Isabel: 237

Ubaghs, Gerardo: 335
Unsuk Chin: 457
Ureña, marqués de: 73
Urgel, Claudio: 10, 329
Uribe Holguín, Guillermo: 437, 486
Uribe, Horacio: 257, 499
Urquiza, Nilda: 524
Urreta, Alicia: 444
Ustvolskaya, Galina: 468

Vaccari: 80-82
Vainberg, Moishei: 468
Valcárcel Arze, Edgar: 499
Valcárcel, Theodoro: 446, 499
Valdeón, Joaquín: 517, 529
Valdés, Maximiano: 298
Valenzuela, Arturo: 436
Valle, fray Tomás del: 78
Valmaseda, Alfredo: 340
Van Dijk, Peter Louis: 470
Varèse, Edgar: 347
Vargas Llosa, Mario: 252, 287
Vasconcelos, José: 270
Vassilieva, Tatiana: 36
Vázquez, Herbert: 499
Vega, Aurelio de la: 437, 487
Vega, Cirilo: 323
Vega, Rafael: 305

Velazco, Jorge: 135, 259, 259n, 442, 505
Vengerov, Maxim: 155
Veracini: 46
Verne, Jules: 160
Vernova, Luz: 415
Victory, Gerard: 236
Vieuxtemps, Henri: 41
Vikker, Rosa: 127-129
Villa Rojo, Jesús: 492
Villa, Margarita de la: 315, 360
Villa-Lobos, Heitor: 281, 347, 409, 434, 480; *Bachianas brasileiras*: 434, 480; *Fantasía*: 434, 480; *Pequenha suite*: 281, 434, 480
Villalpando, Alberto: 256, 320, 433, 480; *Sonatita de piel morena*: 256, 320, 480
Villaseñor, Ignacio: 285-286
Vinueza, María Elena: 350
Viotti: 58
Vitier, José María: 488
Vivaldi, Antonio: 43, 367, 376, 385-386, 389
Vizoso, F.: 519-520
Vogel, Vladimir: 467
Vogt, Hans: 46n, 381
Voirin, François N.: 59
Volans, Kevin: 463
Volème, Giovanni Battista: 66
Volens, Kevin: 470
Volkmann, Robert: 419
Volkov, Dmitry: 370
Vuillaume: 45, 88-90

Wagner, Werner: 479
Walewska, Christine: 278
Walker, A.: 391
Walter, Bruno: 97-98
Walter, Burle Marx: 481
Walton, William: 429, 475
Wang Qiang: 453
Wang Xin-Chi: 223
Webern, Anton von: 422, 451; *Dos piezas para violonchelo y piano*: 422, 451; *Sonata*: 422, 451; *Tres pequeñas piezas para violonchelo y piano*: 422, 451
Webster, Daniel: 513
Wegelin, Arthur: 470
Weigl, Joseph: 384
Weill, Kurt: 96-97, 455; *The Three Penny Opera*: 96
Weinzweig, John: 452
Weisgarber, Elliot: 452
Welcher, Dan: 257
Wellész, Egon: 451, 455
Wen Hui Bao: 527
Wenchen, Wu: 184, 188, 193
Werner Henze, Hans: 456
Whitehouse, W. E.: 90, 90n, 92n
Widmann, Jörg: 421, 457
Wieniawski, Henri: 41, 92
Wierbicki, James: 513
Wihan, Hanus: 401-402
Wilda, Bela: 276
Wilkins, Richard: 314
Williams, Alberto: 477
Williams, Ralph Vaughan: 474
Win-lu Hsu: 220
Wit, Antoni: 269
Wulfman, Vladimir: 415
Wurlitzer, Anna Lee: 99, 101-104
Wurlitzer, Marianne: 102, 103n, 110
Wurlitzer, Rembert: 101-104

Xenakis, Iannis: 433, 461
Xie Jingxian: 221

ÍNDICE DE NOMBRES

Xirau, Ramón: 237, 243, 368
Xu Shuya: 218

Yampolski, Victor: 145, 148
Yanov-Yanovsky, Dmitri: 476
Yasushi Akutagawa: 465
Yeltsin, Boris N.: 140, 148, 151, 155, 158-159
Yhou Long: 423
Yhu Mu: 222
Yi-Chen Lin, Gloria: 310
Yijun, Huang: 205
Yrigoyen, Hipólito: 275
Ysaÿe, Eugène: 41-42, 158, 422, 452; *Poema para violonchelo y orquesta:* 422, 452; *Sonata para violonchelo solo:* 452
Yudzo Toyama: 465
Yurovsky, Yakov M.: 146-147

Zaidel-Rudolph, Jeanne: 470
Zambelli, Antonia María: 65
Zambrana, Marga: 527
Zambrano, César Augusto: 486
Zanetti: 90
Zapata, Orlando: 351
Zayas, Alberto: 338
Zemlinsky, Alexander von: 451
Zenamon, Jaime M.: 484
Zetian, Wu: 200
Zhou Enlai: 223
Zhou Long: 218, 453, 453n
Zhu Mu: 223
Zhuang Zedong: 209
Zimmermann, Bernd Alois: 421, 456
Zinman, David: 424, 425
Zong, Xuan: 201
Zukerman, Pinchas: 41
Zuleta, Conrado: 306
Zumaqué, Francisco: 257, 304, 304n, 437, 486
Zumaya, Manuel de: 72n
Zuohang Chen: 333
Zyman, Samuel: 136-139, 170, 182, 271, 354, 445, 498, 509, 515, 517, 521; *Concierto para violonchelo y orquesta:* 136, 236, 254, 257; *Fantasía para violonchelo y piano:* 295-296; *Suite para dos violonchelos:* 222, 235, 256, 306, 313, 354, 364, 517

ÍNDICE GENERAL

Agradecimientos 7
Prólogo. La novela de un violonchelo y las memorias e historias de su feliz dueño, por Álvaro Mutis 9
Introducción a la nueva edición 11
   Origen e intenciones de este libro 11

Primera parte
BREVE HISTORIA DE LA LAUDERÍA

I. *Comentarios sobre el origen de los violines y los violonchelos* 17
   El origen remoto de los instrumentos de cuerda 17
   La familia instrumental de los violines. Nacimiento del violonchelo 19
   La anatomía del violonchelo 23

II. *Stradivarius, Guarnerius del Gesù y los grandes lauderos italianos* 26
   Andrea Amati y la dinastía Amati 27
   La Escuela de Brescia: Gasparo da Salò y Giovanni Paolo Maggini 30
   Jacobus Stainer 30
   La dinastía Guarnerius 31
   Antonio Stradivarius (1644-1737) y el pináculo de la laudería 34
   El extraordinario caso de Giuseppe Guarnerius del Gesù (1698-1744) 40
   La Escuela de Venecia: excelencia de sus violonchelos   43
   El hiper-cello y otros hiper-instrumentos 61

Segunda parte
LAS AVENTURAS DE UN STRADIVARIUS
DESDE 1720 HASTA NUESTROS DÍAS

III. *Las aventuras de un Stradivarius: de Cremona en 1720 hasta Nueva York en 1979* 65
 Nacimiento del violonchelo Piatti. 65
 Materiales usados y características del violonchelo de 1720 65
 Dudas acerca de quién encargó el Piatti 66
 Los primeros años del Piatti: 1720-1762 en Cremona 67
 Una breve digresión histórica 70
 El Piatti en Cádiz, España: 1762-1818 71
 El padre Santa María (marqués de Valde Íñigo), la Santa Cueva y *Las Siete Palabras* de Haydn 74
 Un breve paréntesis histórico 84
 Se inicia el éxodo de España de los grandes instrumentos 85
 El "Violonchelo Rojo" en Irlanda: 1818-1853. Allen Dowell, el reverendo Booth y el violonchelista Pigott. Alfredo Piatti descubre el violonchelo 86
 El Piatti en Inglaterra: 1853-1867. Sir Robert Gore-Booth, Maucotel, el coronel Oliver y Alfredo Piatti 88
 El gran violonchelista Alfredo Piatti, dueño del Piatti de 1867 a 1901 89
 El Piatti en Alemania: 1901-1936. La familia Mendelssohn 93
 El Piatti en los Estados Unidos. Francesco Mendelssohn 100
 Comentarios de Casals acerca del Piatti 109
 Rudolf Serkin, la Escuela y el Festival de Música de Marlboro 109
 Mis primeros contactos con el Piatti 111

IV. *Breve nota autobiográfica* 114
 Los cuartetos Prieto 114
 El Instituto Tecnológico de Massachusetts (MIT) . . . 115
 La industria del acero 116
 Una difícil metamorfosis 117

Largo contacto con Rusia y la URSS: Shostakovich y Stravinsky. Episodios de mi primera estancia en la URSS 118
Histórico viaje de Igor Stravinsky 120
Una gravísima crisis 122
Emocionante acercamiento de dos hermanas separadas hacía 25 años . . . . : . . 127

V. *Alrededor del mundo con el violonchelo. Notas y memorias* 130
Los primeros conciertos del Piatti en México 131
Primeras giras por los Estados Unidos y Canadá: 1983-1984 133
Alrededor del mundo con el violonchelo: 1985. 134
El tricentenario de J. S. Bach 134
Las *Suites completas para violonchelo* en el Lincoln Center de Nueva York 135
La obra integral de Bach para violonchelo en París . . 135
Alemania: una grabación en Berlín 135
Conciertos en Nueva York: octubre de 1990 a enero de 1991. La exposición "México: 30 siglos de esplendor". Samuel Zyman 136
Largo contacto con Rusia y la URSS: 1962-2005. 140
Mi última gira a la Unión Soviética: 1991 144
Una ilustrativa cena en Moscú 145
Un concierto en Ekaterinburgo. La casa de Nikolai Ipatiev y el asesinato del zar Nicolás II y de su familia 146
Ekaterinburgo-Tbilisi: un vuelo bien relajado 148
Conciertos en Tbilisi 149
Moscú-Nueva York: 2 de noviembre. Último contacto con la Unión Soviética 150
Con Irina y Zoya Shostakovich: 1993. La *Sonata para viola y piano* 151
Retorno a una nueva Rusia: 2003 152
San Petersburgo: estreno mundial del *Concerto da Chiesa* de José Luis Turina 154
Concierto en el Conservatorio Chaikovsky de Moscú 154
Algunas observaciones acerca de los cambios ocurridos en Rusia 155

Nueva gira por Rusia: abril de 2005 160
Largos años de amistad y conciertos con Yo-Yo Ma 180
El fructífero encuentro de dos violonchelos. Yo-Yo
   Ma, Samuel Zyman y una historia en cinco actos:
   1993-2010 182
China: 1979. 183
Nueva gira musical por China y un apasionante recorrido: 1985 193
Nuevos conciertos y el descubrimiento de la nueva
   China: mayo de 2006 210
Un alto en Corea y Taiwan: agosto de 2007 219
Nuevamente en China: 2010. 220
La India: 1985 226
Encuentro con Henri Dutilleux. Su *Concierto para
   violonchelo y orquesta* 230
Nuevamente las seis *suites* de Bach en el Lincoln
   Center de Nueva York: 1996 233
Conciertos en Irlanda: 1997-2008. Tras las pistas del
   Piatti. Conciertos y un estreno mundial 234
En Irlanda con el Cuarteto Prieto 235
Una nueva gira en 2000 235
El estreno mundial del concierto de John Kinsella:
   marzo de 2002 235
Nuevamente en Irlanda: febrero de 2008. 236
Nuevamente en el MIT: 2008 237
Una conversación con Álvaro Mutis 237
Una conferencia-concierto con Carlos Fuentes en Ginebra 238
Bach, García Márquez y el violonchelo 243
El Cuarteto Prieto. 244
Carlos Miguel Prieto 245
Algunas anécdotas de viajes con el Piatti 247

VI. *A lo largo de Iberoamérica. Notas y memorias de mi
   relación con la música y los músicos iberoamericanos* 251
Mi interés por la música iberoamericana. Obras estrenadas 251
México. Primeras obras para violonchelo 253

ÍNDICE GENERAL

Ricardo Castro 259
Manuel M. Ponce (1882-1948) 260
Carlos Chávez 261
María Teresa Prieto. 263
Primeros conciertos en España: Asturias y Madrid . . 264
El Festival de Granada. 265
Un homenaje a Joaquín Rodrigo 266
Blas Galindo 267
Edison Quintana 268
Manuel Enríquez (1926-1994) 268
Viajes y conciertos por Argentina: 1991. Preludio en Uruguay. El tango. Piazzolla 270
Astor Piazzolla 276
Le Grand Tango 279
Una gira de contrastes por Brasil: desde São Paulo hasta Manaus y el Amazonas 280
Unos días en Ecuador 285
Celso Garrido-Lecca y Perú en los tiempos del cólera 286
Federico Ibarra: génesis de un concierto y una sonata 289
Nuevos conciertos en España: Manuel Castillo, Cristóbal Halffter, Tomás Marco 291
Mario Lavista: *Tres danzas seculares* 292
México, cuatro conciertos, siete estrenos mundiales: marzo de 1995 294
Madrid, ciclo de recitales "Panorama del violonchelo iberoamericano del siglo xx": septiembre-octubre de 1996. 295
Conciertos en Portugal: 1984, 1994, 1996. La Fundación Gulbenkian, Miguel Graça Moura y la Orquesta Métropolitana de Lisboa. El concierto de Ligeti. 297
Nuevos conciertos en España en 1997: Asturias y Andalucía. 298
Colombia: 1983-2010. Giras, conciertos, libros, García Márquez 299
Dos giras por Colombia: 2009. 304
Colombia: septiembre de 2010. Bogotá, Medellín e Ibagué 306
Venezuela: 1991-2009 307

Caracas: 1999 309
Caracas: 2000. William Molina y el Festival Internacional de Violonchelo Simón Bolívar. Dos estrenos. 309
Caracas: febrero de 2003. Dos nuevos estrenos 310
Sistema Nacional de Orquestas Juveniles e Infantiles de Venezuela 311
Con Yo-Yo Ma en Caracas: 2009 313
Robert X. Rodríguez, *Máscaras, Don Quijote* y el Festival Cervantino de Guanajuato 313
Guadalajara. Lanzamiento de *Las aventuras de un violonchelo* en la Feria del Libro: diciembre de 1998 314
Una larga gira iberoamericana. 28 conciertos: marzo-abril de 1999 315
Barcelona: marzo de 2000 323
Por el vasto mundo de la lengua portuguesa. Presentaciones de *As Aventuras de um violoncelo* y conciertos en Brasil (2001 y 2002) y Portugal (2002) . . 324
Tres nuevos conciertos: 2000-2003. Roberto Sierra, Arturo Márquez, Eugenio Toussaint 330
Estrenos en España y Rusia: 2003. María Teresa Prieto, Federico Ibarra, José Luis Turina 333
El año Cervantes: 2004. *Ensueño y resplandor del Quijote* 334
Joaquín Gutiérrez Heras (México): 2005. *Fantasía concertante* para violonchelo y orquesta 335
Madrid: 2007. Presentación de un nuevo libro y estreno mundial de una obra de Tomás Marco 336
España: 2009. Conciertos y presentación de otro libro. José Emilio Pacheco 337
Dos estancias en Cuba: 1993 y 2010. Diez días en Cuba: 1993. 337
Nueva estancia en Cuba: marzo de 2010 349
Una charla y un concierto con Yo-Yo Ma en Asturias: 2010 354
Yo-Yo Ma, Asturias, Bueño 367
Concierto con el Cuarteto Romero y elección como miembro de número de la Academia: 2011 367
El Conservatorio de las Rosas en Morelia, México . . 368

El Concurso Internacional de Violonchelo Carlos
  Prieto 369
Nuevas obras 370

Tercera parte
Breve historia de la música para violonchelo desde la época de Stradivarius hasta nuestros días

VII. *Siglos xvii y xviii* 375
  Repertorio anterior a 1700 375
  Primeras sonatas para violonchelo y continuo. Primeros conciertos. Vivaldi, Marcello y otros 376
  Las *Suites para violonchelo solo* de J. S. Bach 376
  Franciscello (1691-1739) y el desarrollo de la técnica del violonchelo 382
  Giuseppe Tartini (1692-1770) y Carl Philipp Emanuel Bach (1714-1788) 382
  Boccherini (1743-1805), el primer gran virtuoso moderno del violonchelo 383
  Franz Joseph Haydn (1732-1809) 384
  Mozart (1756-1791). Su aparente desprecio por el violonchelo. El concierto perdido para violonchelo 385
  Fin del periodo de las sonatas para violonchelo y bajo continuo 386

VIII. *De Beethoven a finales del siglo xix* 388
  Los violonchelistas-compositores de los siglos xviii y xix 388
  Beethoven (1770-1827) 389
  Franz Schubert (1792-1828) 393
  Felix Mendelssohn (1809-1847) 394
  Chopin (1810-1849) 394
  Schumann (1810-1856) 395
  Camille Saint-Saëns (1835-1921) 396
  Chaikovsky (1840-1893) 396
  Edouard Lalo (1823-1892): *Concierto en re menor para violonchelo y orquesta* (1876) 397

Johannes Brahms (1833-1897) 398
Richard Strauss (1864-1949). S*onata para violonchelo y piano* y *Don Quijote. Poema sinfónico* 400
Antonin Dvorak (1841-1904). 401

IX. *El siglo xx: la plena madurez del violonchelo*. 404
    Algunos violonchelistas del siglo xx 404
    Algunos otros violonchelistas excepcionales 417
    Principales obras para violonchelo del siglo xx . . . 418
    Alemania 421
    Austria 422
    Bélgica 422
    Checoslovaquia 422
    China 423
    Estados Unidos 423
    Finlandia 425
    Francia 425
    Hungría 427
    Italia 428
    Polonia 428
    Reino Unido 429
    Rusia y la URSS 430
    Suiza 431
    Iberoamérica 432
    Argentina 432
    Bolivia 433
    Brasil 434
    Chile 435
    Colombia 437
    Cuba 437
    Ecuador 438
    España 438
    México 441
    Perú 446
    Portugal 447
    Puerto Rico 447
    Uruguay 447
    Venezuela 448

Apéndice 1A. Principales obras para violonchelo. Siglos xx y xxi (excluye América Latina, España y Portugal, que figuran en el apéndice 1B) 451
Apéndice 1B. Principales obras de los siglos xx y xxi para violonchelo de compositores de América Latina, España y Portugal 477
Apéndice 2. Lista de grabaciones de Carlos Prieto, clasificada por autores 505
Apéndice 3. Algunas críticas 511
Índice de nombres 533

Las aventuras de un violonchelo, de Carlos Prieto,
se terminó de imprimir y encuadernar en agosto de 2013
en Impresora y Encuadernadora Progreso, S. A. de C. V. (IEPSA),
calzada San Lorenzo, 244; 09830 México, D. F.

El tiraje fue de 1 300 ejemplares.